MAX DVOŘÁK
STUDIEN ZUR KUNSTGESCHICHTE

Reclam Bibliothek

KUNSTWISSENSCHAFTEN

Max Dvořák

STUDIEN ZUR KUNSTGESCHICHTE

Mit einem Essay von Irma Emmrich

1991

Reclam-Verlag Leipzig

Herausgegeben von Irma Emmrich
Mit 32 Abbildungen

ISBN 3-379-00463-4

Reclam-Bibliothek Band 1309
2. Auflage
Umschlaggestaltung: Friederike Pondelik unter Verwendung von:
Michelangelo, Der Morgen. Detail des Grabmals
für Lorenzo de' Medici, Florenz 1545
Printed in Germany
Dresdner Druck- und Verlagshaus GmbH
Gesetzt aus Garamond-Antiqua

Dürers Apokalypse

Als Dürer die Apokalypse für den Holzschnitt zu zeichnen begonnen hat, war er 25 Jahre alt. Er war vor kurzem von seinen großen Reisen zurückgekehrt, die ihn nach Westdeutschland und nach Italien geführt haben. Im Westen wurde er hauptsächlich durch die Kunst Schongauers mit dem niederländischen Naturalismus vertraut, den Schongauer nicht nur in seine große Kunst vollständig aufgenommen, sondern dem er auch eine neue Wendung und einen neuen Inhalt gegeben hatte. Im Süden lernte er hauptsächlich durch Mantegnas Werke die italienischen Probleme und Errungenschaften der Körperdarstellung kennen und eine zwar aus derselben Quelle fließende, dennoch der niederländischen entgegengesetzte Art der Naturbeobachtung und Naturdarstellung, die den Begriff des Naturwahren in der Kunst mit dem Begriffe der natürlichen Gesetzmäßigkeit und einer darauf beruhenden formalen Schönheit verbunden hat.

Beide Einflußsphären haben auf den jungen Dürer tief eingewirkt, ja man kann sagen, daß sie für die ganze Entwicklungsrichtung seiner Kunst in aller Folgezeit von entscheidender Bedeutung waren. Und dennoch ist das erste große Werk, mit dem er nach den Wanderjahren hervortrat – seine erste große graphische Publikation überhaupt – von beiden so weit entfernt wie nur möglich. Denn die fünfzehn Bilder, in denen Dürer die Offenbarung dargestellt hat, sind von einer Originalität, der gegenüber alles in der Fremde Erlernte in den Hintergrund trat und die mit einem Schlage nicht nur ihn zu einer führenden Stellung unter den deutschen Künstlern seiner Zeit, sondern, wie wir sehen werden, auch die deutsche Kunst selbst im Rahmen der Kunstbestrebungen der europäischen Völker zu einer neuen Bedeutung erhoben hat.

Bevor wir auf die Bilder eingehen, empfiehlt es sich, einige Worte über den Text zu sagen. Er fällt merkwürdig aus dem Inhalt und Stil der übrigen Bestandteile des Neuen Testaments heraus, die – weit entfernt von jedem Pathos – den Charakter einer ruhigen, sachlichen Berichterstattung ohne literarischen Ehrgeiz besitzen. Die Apokalypse überströmt

dagegen von einer leidenschaftlich maßlosen und zum Teil zweifellos absichtlich dunklen Phantastik wie kein zweites Werk der Weltliteratur: Bild reiht sich an Bild, Symbol an Symbol, Vision an Vision, alles in einer wilderregten und dadurch zuweilen mächtig hinreißenden Sprache – der alte jüdische Prophetismus zu schauerlichen Fieberträumen gesteigert. Das Werk eines kleinasiatischen Judenchristen, ist sie in der Zeit der großen neronischen Verfolgung oder unmittelbar darauf geschrieben worden. Diese Verfolgung, eine der größten, hat sich auf Christen und Juden erstreckt und führte zu dem großen Judenaufstand in Palästina, einem furchtbaren Verzweiflungskampfe ohne gegenseitiges Erbarmen. Als die Juden in Jerusalem das Übergewicht bekamen, erschlugen sie alle Römer und römisch Gesinnten, wofür in Cäsarea an einem Tage 20000 Juden hingemordet wurden. Die Tage brachte man mit Morden zu, die Nächte in banger Sorge – schreibt ein Zeitgenosse. In tiefster Erregung folgten die ganzen jüdischen und jüdisch-christlichen Gemeinden diesem Ringen, und die Aufregung wurde noch gesteigert durch allgemeine Verhältnisse. Überall im römischen Reiche herrschten Aufruhr und Blutvergießen, Kleinasien war von Erdbeben, Rom von Hunger und Pest heimgesucht. Nero hatte sich, als sich die Legionen gegen ihn erklärten, von einem Freigelassenen einen Dolch in die Kehle stoßen lassen; doch man glaubte es nicht und befürchtete sein Erscheinen im Orient. Und all dies erzeugte eine Stimmung der Verzweiflung, der geistigen Empörung und das Gefühl einer nahenden Weltkatastrophe, als dessen Niederschlag die Apokalypse entstanden ist.
Auf die Kunst hat die Offenbarung verhältnismäßig weniger eingewirkt als andere Teile des Neuen Testaments. Nur in Perioden religiöser Erschütterungen und Spannungen hat man sich lebhafter für sie interessiert, so zum Beispiel vor dem Ende des ersten Jahrtausends, als man an die Nähe des Weltgerichtes glaubte, dann im XII. und XIII. Jahrhundert, als die große Bewegung der mystischen Sekten und Häresien entstand, und in der zweiten Hälfte des XV. Jahrhunderts im Zusammenhange mit jener religiösen Revolution, aus der sich die deutsche Reformation entwickelt hat. Wohl haben einzelne apokalyptische Stoffe immer die darstellende Kunst beeinflußt; als Ganzes hat sie jedoch nur

einmal, in Dürers Holzschnitten, ein ganz großes Kunstwerk hervorgebracht. Zum Teil erklärt sich dies aus dem Texte selbst, in dem Christliches stärker als in den übrigen Teilen des Neuen Testaments mit jüdischen Elementen verflochten ist und der – mehr in den irrealen Phantasien und Meditationen eines bildlosen Volkes als in der Anschauung verankert – im höchsten Grade unbildlich ist. Dank den Umständen der Zeit und der Eigenart der damaligen deutschen Kunst wie auch seiner eigenen hat nun Dürer diesen zur ausführlichen Illustration kaum geeigneten Text – die älteren Darstellungen beschränkten sich auf einzelne Figuren und Szenen – in Bilder verwandelt, die künstlerisch unverhältnismäßig wirkungsvoller waren als ihr literarischer Ausgangspunkt und von denen einzelne ein dauernder Besitz des allgemeinen Phantasielebens geworden sind.

Daß ihm dies gelungen ist, beruht zuallererst auf dem künstlerischen Prinzip, welches den Bildern zugrunde liegt. Aus dem poetischen Überreichtum des Sendschreibens an die sieben asiatischen Gemeinden wählte Dürer Momente, die sinnlich darstellbar waren und in der Naturanschauung irgendwie verankert werden konnten – man könnte von einer Auflösung der gedanklichen Phantasie in bildliche Ausdrucksmittel sprechen. So wählt er aus der ersten Vision der sieben Leuchter die Gestalt des Jemand, der einem Menschensohn ähnlich sah, dessen Haupt wie weiße Wolle war, dessen Augen Feuerflammen glichen, der in seiner Rechten sieben Sterne hielt und aus dessen Munde ein scharfes zweischneidiges Schwert ging und dessen Angesicht wie Sonne strahlte; er wählt ferner die Leuchter und den Seher selbst. Und solche bildliche Elemente verbindet er zu Kompositionen, die man als bildliche Visionen und Phantasien bezeichnen könnte, und die mehr auf freier Vorstellung der Einbildungskraft beruhen als auf Naturanschauung, so daß der ins Sinnliche übertragene Inhalt der Apokalypse wiederum zu Bildern vereinigt wurde, die nicht in realen Situationen und Zusammenhängen, sondern in inneren Vorstellungen verankert sind. Er sieht die Szene in den Lüften: auf sonderbaren Wolken stehen die Leuchter und ruht der Regenbogen mit der Gestalt des Ersten und Letzten, vor dem der Seher selbst kniet; es ist also nicht

dessen Vision, sondern die Vision des Künstlers. In das Stoffliche und Wirkliche der Niederländer oder in das erdgebundene Statisch-Gesetzmäßige der Italiener übertragen, wäre eine solche Darstellung weder überzeugend noch wirkungsvoll. Dürer verwischt nicht ihren irrealen Charakter, sondern betont ihn im Gegenteil. Die gekrausten Linien, die nicht der Einwirkung der Schwere unterliegen, die lichten Wolken, die sich von dem dunklen Hintergrund körperlos abheben und alles entlasten, was sie tragen, die Unbestimmtheit des Raumes – all dies versetzt uns in eine Welt, die nur im Geiste existiert, in der andere Gesetze walten als in der sinnlich wahrnehmbaren und in der eine andere Wahrheit herrscht: in die Welt nicht des natürlichen, sondern des übernatürlichen Seins. Sie war ein Vermächtnis der mittelalterlichen Weltanschauung, welche sich als lebendiger und führender Faktor in der deutschen Kunst länger erhalten hat als anderswo. Dennoch wäre es falsch, den merkwürdigen Stil der Apokalypse aus einem letzten Aufflammen des mittelalterlichen Geistes erklären zu wollen.
Werfen wir einen Blick auf das zweite Bild: Johannes erhält die Weisung vom Himmel. Da sehen wir unten eine stille, liebliche Landschaft, die uns die Schönheit und die Weite der Erde vor Augen führt, und fast wie störend in der ruhigen Stimmung oben den geöffneten Himmel. Durch kuriose Wolken von der Zone des Irdischen getrennt, steht da ein gewaltiger Bau, dessen Tore aufgesprungen sind; Flammen schlagen heraus und bilden einen Kreis um eine Darstellung, in der alles im schärfsten Gegensatze zu der Wirklichkeit unten steht; eine von Himmelschören umgebende Mandorla, alte mittelalterliche Vorstellungen und Gestalten, phantastisch, unwirklich, in einem Idealraum zusammengedrängt – und mit diesem Traumbild ist auch der Seher verbunden, der sich dem Throne Gottes nähert, den Auftrag zu empfangen. Ich glaube – klar entrollt sich da die Entstehung eines solchen Bildes vor unseren Augen –, der Künstler hat den Text gelesen und denkt über ihn nach: zuerst sieht er die Schönheit der Welt, deren Schicksal nun entschieden wird, so wie er sie oft auf seinen Wanderungen mit dem Zeichenstift in der Hand gesehen hat; dann denkt er an die Gewalten, von denen dieses Schicksal abhängt, und wundersame altvertraute Vorstellungen der überweltli-

chen Mächte, Gestalten und Bilder, wie er sie in der Kirche oder in alten Manuskripten sah, die nur in der Phantasie leben und doch das Wirklichste sind, kommen ihm zum Bewußtsein. Und beide Sphären des geistigen Bewußtseins, jene, die aus der sinnlichen Erfahrung schöpft, und die, die auf der ideellen Erklärung der Umwelt und der Geschichte der Menschheit beruht, vereinigen sich zu einer traumhaften Einheit, in der der Künstler selbst der Dichter und Seher ist, seine inneren Gesichte als bildliche Offenbarungen den verbalen Meditationen entgegenstellend, wobei er, subjektiv nach seinem Ermessen Wirkliches mit Unwirklichem verbindend, den Grad der Realität der einzelnen bildlichen Elemente bestimmt.
Dieser Subjektivismus geht über alles Mittelalterliche hinaus, wo durch das theologische Welterklärungssystem der persönlichen geistigen Stellungnahme zur Umwelt bestimmte Schranken gezogen waren. Auf das engste berührt er sich dagegen mit dem niederländischen und italienischen Streben des XV. Jahrhunderts, dieses Verhältnis durch Beobachtung und Erfahrung neu zu begründen. Der Unterschied bestand nur darin, daß man dies im Westen und Süden hauptsächlich auf dem Wege der äußeren, sinnlichen Erfahrung zu erreichen suchte, durch Nachahmung der Natur und Erkenntnis der in ihr waltenden Gesetzmäßigkeit; in Deutschland dagegen durch innere Erfahrung, durch Bereicherung des inneren Vorstellungslebens auf dem Wege der Erbauung und des geistigen Selbstbildens. Eine dahinstrebende Entwicklung kann man in Deutschland durch das ganze XV. Jahrhundert beobachten. Die Rolle der Kunst im geistigen Leben war da eine grundsätzlich andere als im Westen und in Italien. Über esoterische Zwecke hinaus hatte sie da dem allgemeinen Bedürfnisse nach seelischer Erhebung, dem allgemeinen religiösen und profanen Bildungshunger zu dienen, und diese allgemeine geistige Aufgabe galt ihr als wichtiger als die Probleme der Form. Daraus erklärt sich, daß sich der Fortschritt weniger intensiv an den großen Altarwerken vollzogen hat als in Kunstgattungen, die aus diesem Erbauungs- und Bildungsbedürfnis entstanden sind, im Holzschnitt, Kupferstich und in den illustrierten Büchern. Auf dieser Entwicklung, in der sich eine Vermenschlichung der Kunst nicht minder vollzogen hat

als in der italienischen und niederländischen Kunst, nur auf einem anderen Wege, beruht die Apokalypse; mit dem Unterschiede, daß in ihr in persönlicher Genialität in einem großen Kunstwerk verkörpert wurde, was bis dahin mehr oder weniger das Kriterium einer breit und mehr oder weniger gleichmäßig dahinfließenden Produktion war, wie Shakespeares Meisterwerke auf der Basis unbedeutender Autoren entstanden sind. So ist aber die Apokalypse das erste große deutsche Kunstwerk der Neuzeit und zugleich ein Kunstwerk sui generis, eine Predigt von Luthers Tiefe und Beredsamkeit vor Luther, in der der Geist zum Geiste spricht und die mit anderen als ihren Maßstäben, welche die der deutschen Kunst jener Zeit sind, gar nicht gemessen werden kann. Nachdem Dürer einmal den Ton gefunden hat, entrollen sich die Bilder Schlag auf Schlag. Und in steigender Dramatik, wie wir sie in gleichzeitiger Kunst sonst vergeblich suchen würden, zieht an unseren Augen, wie dies der Künstler innerlich sah, die Vernichtung der Menschheit und der Kampf des Himmels und der Hölle vorbei. Im schauerlichen Vorwärts rasen die Verkörperer des Todes in vierfacher Form – die Vision des unaufhaltsam dahinjagenden Fatums, dem Hekatomben zum Opfer fallen. Man sieht in einem noch gewaltigeren Bilde die vier Würgengel ihres Amtes walten; eine formlose Masse, aus der sie sich emporheben; vier Gestalten und doch nur ein Akkord; von einer Dynamik der Bewegung, der die italienische Kunst nichts an die Seite stellen kann. Es sind keine Idealgestalten, diese Sendboten des Todes, wie in Italien, keine göttlichen Heroen, sondern Wikinger – durch den Furor ihrer Lebensenergien ins Göttliche gesteigert.

Doch all dies ist viel zu bekannt, als daß wir uns dabei aufhalten müßten; dagegen möchte ich über den Zusammenhang des Ganzen einige Worte sagen. Der Faden der Erzählung ist in dem Text der Apokalypse schwer zu verfolgen; es sind mehr zusammenhanglose Fieberschauer als eine klar fortschreitende Erzählung. Der Grundgedanke ist aber klar und einfach: schwere Heimsuchung der Menschheit in furchtbaren Erschütterungen und die Vernichtung des von Lastern und Fäulnis zerfressenen Rom, der Ursache des Unheils; es ist ein haßerfüllter Gesang gegen die Bedrücker und Weltbeherrscher, verbunden mit

dem Alleluja auf den endgültigen Sieg des wahren und einzigen Gottes.
Man könnte die Apokalypse des heiligen Johannes als eine Tendenzschrift bezeichnen, und ihre Grundtendenz berührt sich merkwürdig mit dem, was Dürer in der Zeit der Entstehung der Bilder so wie viele seiner Zeitgenossen in religiösen Fragen bedrückte. Daß Dürer diesen Zusammenhang im Auge hatte, als er die Illustrationen erfand, unterliegt keinem Zweifel. Besonders deutlich wird dies in der Darstellung der babylonischen Buhlerin. Es wird erzählt, daß sieben Engel den Seher in die Wüste führten, um ihm die babylonische Buhlerin zu zeigen. Da sah er sie in prächtigen Gewändern auf einem siebenköpfigen Tiere sitzen, einen goldenen Becher in der Hand, voll von dem Greuel und Unrat ihrer Buhlerei. Die sieben Köpfe des Tieres, das sind die sieben Hügel – eine deutliche Anspielung auf Rom –, und die zehn Hörner sind die Könige, die sie regierten und denen Gott den Sinn gab, sie wüste zu machen und bloß, ihr Reich dem Tiere zu opfern, damit Gottes Wille erfüllt werde auf Erden. Und Engel werden kommen und den Fall Babylons verkünden, denn die Buhlerin ist eine Behausung des Teufels geworden; von ihrem Weine haben alle Könige getrunken, und die Kaufleute sind reich geworden von ihrer Wollust; deshalb müsse sie vernichtet werden, daß niemand mehr ihre Ware kaufe; der Handel und die Schiffahrt sollen aufhören, die Stimme der Mühlen soll verlöschen und die Kunst nicht mehr gehört werden, denn all dies ist durch sie vergiftet worden; darum soll die große Stadt verschwinden und nie mehr erfunden werden. Und dann erscheint Jesus auf weißem Pferde und wird zu euch sprechen: Ich bin euer Bruder und Mitknecht. – Ich wüßte keinen historischen Bericht, in dem uns die furchtbaren Konvulsionen, in denen sich eine neue Religion durchringt, so anschaulich entgegentreten würden wie in diesem poetischen Verzweiflungsschrei. Wir kennen unter dem Einflusse der späteren kirchlichen Auffassung nur die eine Seite des Prozesses: die gewaltsame Unterdrückung durch die Heiden, die passive Ergebenheit und Aufopferung bei den Christen – die naturgemäße spätere Idealisierung eines Weltumsturzes. Doch daß diese Auffassung zumindest nur teilweise dem historischen Sachverhalt entsprach, lehrt uns

die Apokalypse. Da steht Welt gegen Welt, Partei gegen Partei: die eine, die über alle Macht und Weltherrschaft verfügt, und die zweite kleine, doch von glühender Begeisterung und Überzeugung von dem endlichen Siege ihrer Ideen erfüllte, die bereit ist, die bestehende Kultur auszurotten, um ihrem Glauben allgemeine Geltung zu verschaffen.

Und gerade dieser Zug der Apokalypse hat im jungen Dürer den größten Widerhall gefunden. Denn auch seine Apokalypse war ein Revolutionslied und ebenfalls gegen Rom gerichtet. Nicht gegen das Rom der Imperatoren, sondern gegen das päpstliche Rom. Noch im Jahre 1521 schreibt er, als er während seiner niederländischen Reise eine falsche Nachricht von Luthers Tode erhalten hatte, in sein Tagebuch unter ausdrücklicher Berufung auf die Apokalypse flammende Worte gegen die Kurie, die das wahre Christentum mordet und ihm das Blut aussaugt und die Quelle des unchristlichen Lebens ist. Und in dieses Rom seiner Zeit verwandelt sich ihm die babylonische Buhlerin. Er stellt sie, eine Naturstudie benützend, die er aus der Lagunenstadt mitgebracht hat, als eine schöne Venezianerin dar, fürstlich und verführerisch wie eine Zaubererscheinung, die den müden Wanderer, dem sie einen Becher zeigt, zu sich heranlockt. Sie erscheint jedoch nicht so wie in der Bibel dem Seher, sondern einer Schar von Männern und Frauen in Zeittracht. Nur einer scheint sie zu bewundern: ein Mönchlein mit weit geöffneten Augen und gespitzten Lippen sinkt anbetend vor ihr nieder. In den anderen Köpfen malt sich scheuer Schrecken oder Widerspruch. Ängstlich schielen der Edelknabe und die Frau hinüber. Mit starrem, verächtlichem Trotze blickt der Bauer. Kritisch, in unbeugsamer Haltung, breitspurig, mit Händen in den Hüften faßt die Buhlerin die Mittelfigur ins Auge, in der wir Dürer selbst vermuten können. Das Phantom erscheint nicht in der Wüste, sondern auf heimatlichem Boden, aus dem heimatliche Pflanzen wachsen. Es kommt jedoch den Fluß überschreitend aus der Ferne, die man im Hintergrunde sehen kann – das Meer und die Berge und das große Babylon, Rom, die ganze christliche Welt, die im Banne der Buhlerin stand. Dieser Bann wird bald gebrochen sein. Nach alter Art verbindet Dürer mehrere nacheinander folgende Momente der Erzählung zu einem Bilde. Schon erscheint in den Wolken der Engel mit dem Mühlstein, der die verruchte Sünderin zerschmettern wird. Schon naht ein zweiter, dessen Stimme verkündet: Babylon, das große, ist gefallen, und die Stadt brennt. Wie in gewaltigen Explosionen schlagen die Flammen bis zum Himmel, und eingerahmt von zusammengeballten Wolken zieht eine dritte Vision an unserem Auge vorbei: die siegbringende himmlische Schar, die – von Jesus, dem christlichen Ritter, angeführt – gekommen ist, das neue Jerusalem zu begründen, welches uns in dem letzten Blatte, dem friedlichen Schlußwort der Folge, gezeigt wird. Ein Engel schließt die alte Schlange, den Teufel, der das Unheil angerichtet hat, in den Abgrund, und ein anderer zeigt dem Seher nicht wie im Text das himmlische Paradies, sondern einen irdischen Himmel, eine schöne deutsche Stadt, an deren Toren der Friedensengel wacht.

So ist aber Dürers Apokalypse nicht nur eine Illustration, sondern nicht minder eine selbständige Dichtung in Bildern, in der Dürer seine persönliche Auffassung der wichtigsten geistigen Probleme der Zeit künstlerisch ausgedrückt hat, so daß man in dieser Verbindung von Wirklichkeit und Traum, von Wahrheit und Dichtung beinahe ein Stück Selbstbiographie wie in den Werken moderner Dichter sehen könnte. Auch das ist etwas Neues. Aus den Gemälden der gleichzeitigen italienischen und niederländischen Künstler kann man keinen Schluß auf ihr subjektives Geistesleben ziehen; in einem Gemälde Giambellins, Raffaels, Gerard Davids scheidet es im Verhältnis zu objektiven künstlerischen Problemen, die für alle Künstler ihrer Zeit und Heimat die gleichen waren, beinahe vollkommen aus. Noch deutlicher drückt sich dies in den Zeichnungen aus, die fast ausnahmslos ebenfalls mit Rücksicht auf diese objektiven, außerhalb des subjektiven Seelenlebens stehenden Ziele geschaffen wurden, wogegen wir bei Dürer im ganzen Verlaufe seines Lebens in Zeichnungen und graphischen Werken eine unerschöpfliche Fülle von Gesichtspunkten, ein ununterbrochenes Sichauseinandersetzen mit sich selbst und mit der Umwelt beobachten können.

In der Apokalypse tritt uns dieser Zug seiner Kunst ebenso stark wie nach der damaligen Gesamtlage der europäischen

Kunst überraschend entgegen. Sie ist ein persönliches geistiges Bekenntnis, dessen Inhalt nicht nur auf dem Gebiete der eigentlichen Probleme der Kunst liegt, sondern in all den schicksalsschweren Fragen, die damals alle tiefer veranlagten Menschen beschäftigten. Es ist in denselben Jahren entstanden, in denen in Florenz Savonarola gepredigt hat und verbrannt wurde. Doch in Italien handelte es sich nur um eine Bewegung zur Restitution des kirchlichen Regiments, während in Deutschland die Allgemeinheit, durch ein ganzes Jahrhundert zu tieferer religiöser Bildung und Empfindung erzogen, über die tieferen Ursachen des Verfalles des religiösen Lebens nachzudenken und in führenden Köpfen das Problem der geistigen Erneuerung des Christentums als die wichtigste Forderung der Zeit greifbare Gestalt anzunehmen begann; auch bei Dürer, dessen erstes großes Werk aus dem Gefühle der Verpflichtung dieser Hauptfrage des geistigen Lebens der Menschen gegenüber entstanden ist, die höher steht als die Sonderaufgaben der Kunst und die die Bilder in eine hinreißende Predigt verwandelt hat. Diese geistige Programmatik erinnert an das Mittelalter, wogegen das Persönliche des Bekenntnisses vorwegnimmt, was einige Jahrzehnte später in Michelangelo die unpersönlichen künstlerischen Ideale der Renaissance zerbrochen hat und nach Michelangelo die ganze europäische Kunst eroberte. So steht die Apokalypse zwischen zwei Welten, eine schließt sie ab und eine leitet sie ein, verbindend, was vor der Renaissance war und was nach ihr kommen sollte.

Eine merkwürdige Rolle spielt die Apokalypse in Dürers Entwicklung. Er hat in der Folgezeit bedeutendere oder zumindest ebenso bedeutende Werke geschaffen, doch nie mehr etwas, was in einem ähnlichen Grade von der stürmisch jugendlichen Entflammung für eine bestimmte Idee erfüllt gewesen wäre. Es ist wie wildaufschäumende Jugendkraft darin, und gewiß hat ihn nicht nur die Analogie der geschichtlichen Situation, sondern auch das Sturmbewegte des Geistes und der jugendlich glühenden Begeisterung für Zukunftsideale zu dem apokalyptischen Texte hingezogen. Nirgends können wir in der gleichzeitigen niederländischen, italienischen oder französischen Kunst einen ähnlichen Sturm und Drang der Jugend beobachten.

Da ist der Künstlerlauf ein allmählicher Aufstieg, und die kühnsten Werke entstehen nicht am Anfang, sondern am Ende der künstlerischen Laufbahn. Das ist sicher kein Zufall, und ebensowenig kann es ein Zufall sein, daß sich diese Erscheinung in der deutschen Kunst wiederholte und Deutschlands größte Dichter ihr künstlerisches Schaffen mit jugendlich radikaler Gesinnung und Fortschrittsbegeisterung eröffnet haben, so daß man von einem verwandten Künstlertypus sprechen könnte. Die Quelle dieser Verwandtschaft liegt in jenem Verhältnis zwischen Kunst und den Problemen des Daseins, wie es in Deutschland gerade um die Wende des XV. und XVI. Jahrhunderts begründet wurde und sich auch später in Deutschland bis in die Gegenwart erhalten hat. Es hängt mit jenem Drange zusammen, die Welt als ein Problem des Innenlebens zu betrachten, die Kunst als ein Mittel, sich mit Gott und Teufel, Diesseits und Jenseits, mit sich selbst und mit dem, was die Allgemeinheit bewegt, auseinanderzusetzen, was in der Jugend stürmischer als im Alter ausfallen mußte. Doch auch später behält die Gleichung ihre Berechtigung. Dürers ganzes Leben war ein Ringen um eine Bereicherung der geistigen Persönlichkeit, der er alles dienstbar zu machen versucht, was ihm die Zeit an großen geistigen Anregungen und Erlebnissen geboten hat: Humanismus und Reformation, die italienische und niederländische Kunstauffassung, Theorie und Praxis und die Schönheit und Mannigfaltigkeit des Lebens und der Natur. So entsteht aber ein Künstlertypus, der von den gleichzeitigen italienischen und niederländischen diametral verschieden war, der Typus eines neuen Bildungsidealismus und Universalismus, wobei dieser Universalismus nicht wie bei Leonardo auf naturwissenschaftlicher Empirie allein beruhte, sondern wie dreihundert Jahre später bei Goethe in einer nie versiegenden Anteilnahme an allem, was die Menschen geistig beschäftigte und der Phantasie Nahrung bot, begründet war.

Pieter Bruegel der Ältere

„Der Meister scheint in der allgemeinen Vorstellung nicht auf dem Platze zu stehen, der ihm gebührt."
Diese Worte Max J. Friedländers charakterisieren trefflich den gegenwärtigen Stand der Auffassung von Bruegels Kunst und Bedeutung. Für das große Publikum ist er noch immer in erster Linie der „Bauernbruegel", das heißt, das Verhältnis zu seinen Bildern ist noch immer fast ausschließlich durch stoffliche Interessen bedingt. Doch auch im Kreise der Kunstverständigen ist die Beurteilung Bruegels noch lange nicht so geklärt, wie es wünschenswert und notwendig wäre. Wohl haben Bastelaer und Friedländer mit allem Nachdruck darauf hingewiesen, daß Bruegel zu den ganz großen Künstlern zu zählen ist; ungeklärt blieb jedoch seine Stellung im Rahmen der gleichzeitigen Kunst, sowohl der niederländischen als auch der ganzen europäischen, aus deren italienisch beeinflußter, idealistischer Grundstimmung er eigenartig, beinahe wie ein Anachronismus emporragt.
Während Bastelaer in Bruegels Kunst eine Revolution des positiven niederländischen Geistes sah, leitet sie Friedländer aus einer „Unterströmung" ab, die in den Niederlanden neben und abseits des im Banne der Italiener stehenden großen Stiles sich erhalten hat.
Beides scheint mir nicht zu genügen, um Bruegels Bedeutung und Größe richtig und erschöpfend zu charakterisieren. Niemand wird daran zweifeln, daß Bruegels Kunst auf niederländischen oder, umfassender gesagt, nordischen Überlieferungen beruhte. Warum und wie sich jedoch diese Überlieferungen um die Mitte des XVI. Jahrhunderts scheinbar im Gegensatz zu den übrigen Kunstströmungen der Zeit zu einer weitaus überragenden und bahnbrechenden künstlerischen Persönlichkeit verdichten konnten, wie es kam, daß in dieser der nordische Geist den südlichen, Jan van Eyck den Michelangelo besiegte, das künstlerische Nebengebiet des Sittenbildes das Hauptgebiet der Mythologien und Historien, und warum dieser Sieg mehr war als eine territoriale oder nationale Episode und warum er der ganzen Entwicklung der Malerei nördlich der Alpen eine

neue Wendung gab: all dies sind Fragen, die durch die bisherige, rein niederländische Einstellung des Problems Bruegel kaum berührt werden, für dessen Lösung jedoch von fundamentaler Wichtigkeit sind. Nie steht ein führender, bahnbrechender Künstler jenseits der geistigen Gesamtlage seiner Zeit, und wenn uns die Fäden, die ihn mit ihr verbinden, nicht sichtbar sind, so besagt dies, daß wir in der Auffassung entweder seiner Kunst oder des Zeitalters nicht tief genug gedrungen sind.

Was Georg Simmel über Michelangelos tragischen Lebensabschluß geschrieben hat, gilt für die ganze Zeit. Die Kunst, als eine von den dunklen Abgründen und unlösbaren Fragen des Daseins losgelöste Sphäre einer künstlerischen Vergöttlichung der objektiven Form und ihrer sinnlichen Erscheinung, zur überrealen Vollendung durch die autonome Macht der Einbildungskraft entwickelt, gelangte zu Grenzen, die nicht mehr überschritten werden konnten.
Zugleich mußte aber, was noch wichtiger war, die ungeheure Kluft zwischen den künstlerischen Idealen und den tatsächlichen geistigen Bedürfnissen und Bedrängnissen einer Menschheit, die nicht, wie einst die Alten, dem Lebenskulte allein ergeben war, sondern auf dem eschatologischen Glauben ein kunstvolles dualistisches System von geistigen und materiellen, irdischen und himmlischen Gütern aufgebaut hatte, mit der Erkenntnis der Grenzen, die in der renaissancemäßigen Auffassung der Kunst enthalten sind, plötzlich zutage treten. So vollzog sich in geistig führenden Kreisen eine umwälzende Reaktion gegen den formalen Idealismus der Hochrenaissance, wobei es sich nicht um dieses oder jenes neue künstlerische Ziel gehandelt hat, sondern um die ganze Stellung zur Kunst und um ihre Rolle im Geistesleben. Wo sie früher führte, wurde sie plötzlich geführt, und aus dem Inbegriff der höchsten Werte der Menschheit verwandelte sie sich in ein Hilfsmittel des geistigen Ringens der Menschheit. Niemand hat diesen inneren Zusammenbruch des stolzen Gebäudes früher und tiefer begriffen als Michelangelo, niemand ergreifender als er, der sich im Alter von dem abgewendet hat, was der

Ruhm seines Lebens war, um aus dem neuen geistigen Bewußtsein der Kunst einen neuen Inhalt zu geben.
Doch es handelte sich nicht um diesen oder jenen Künstler. Wie nach einer festlichen Nacht mit dem erwachenden Morgen die Tagessorgen lebendig werden, so wurde überall in der christlichen Welt der unermeßliche Komplex von ungelösten Fragen, Widersprüchen, geistigen Notwendigkeiten, der, vom Mittelalter übernommen, unter dem Schleier der Renaissancekultur nur schlummerte, auf allen Gebieten des geistigen Lebens wiederum lebendig und führte zur Auflösung der kunstvollen Einheit dieser Kultur in eine Fülle von alten, plötzlich aktuell gewordenen und neuen Gesichtspunkten und Strömungen und zu kaum übersehbaren, scheinbar ganz auseinandergehenden und doch aus derselben Quelle fließenden Versuchen, der Kompliziertheit der Lebensprobleme, der die Renaissance aus dem Wege ging und die die Reformatoren durch eine gewaltsame Vereinfachung beseitigen wollten, ohne daß es ihnen gelungen wäre, historisch und psychologisch, spekulativ und praktisch, religiös und skeptisch, innerlich und extensiv gerecht zu werden. Es gab wenig Zeiten, die ohne äußerlich glanzvolle Schöpfungen in ähnlichem Maße von umgestaltenden Kräften, zerstörenden und befruchtenden, erfüllt gewesen wären.
Die Kunst, die ihre führende Rolle verlor, wurde dabei in dreifacher Beziehung neu orientiert.
1. *Gedanklich*, indem sie weit mehr als in der vorangehenden Periode das Sprachorgan aller geistigen Interessen und Wissensmaterien geworden ist. Die doppelte, auf Überlieferung und formalen Erwägungen beruhende Begrenzung in der Renaissance wurde weggefegt, und illustrative Bestrebungen gewinnen eine Rolle, wie sie sie einst im Mittelalter besessen haben, nur mit dem Unterschiede, daß anstelle eines geschlossenen Kreises gegebener, religiös bedingter bildlicher Vorstellungen zum erstenmal die ganze Diffusion einer sowohl auf religiösen als auch auf profanen Richtlinien, sowohl auf Wissen als auf Einbildungskraft beruhenden Weltbetrachtung getreten ist.
2. *In ihrem Verhältnis zum Subjekt,* dessen Auffassung der Umwelt und des geistigen Lebens in weit höherem Grade als die ideale Vollendung und Gesetzmäßigkeit des Geschaffe-

nen einen bestimmenden Einfluß auf die Kunst gewonnen hat. Da eine einheitliche Richtlinie fehlte, mußten sich daraus die große Verschiedenheit von Möglichkeiten und eine Fülle von Spannungen ergeben, vom äußersten Artisten- und Virtuosentum, welches entlehnte Formen, schöne Farben und Linien, gesteigerte Sinnlichkeit und ideelle Abstraktionen zu kunstvollen, doch blutleeren Gebilden vereinigte, bis zum flammenden Ausdruck des innersten Erlebens des dargestellten Inhaltes oder dessen sinnfälliger Erscheinung. So verschiedenartig sie auch erscheinen mögen, sind zum Beispiel Spranger und Greco, Tintoretto und Heemskerck die Vertreter einer und derselben Kunst, desselben neuen Idealismus, der von jenem der ersten Hälfte des Jahrhunderts so verschieden war wie etwa das Streben des heiligen Franz von Sales nach Erneuerung des Christentums von dem Luthers oder Savonarolas.

3. *In ihrem Verhältnis zur Natur:* Während in der Renaissance die Idealität mit ihrer sinnlichen Erscheinung und physischen Gesetzmäßigkeit untrennbar verkettet, eine einheitliche Naturanschauung ihre Quelle und Voraussetzung und das Ideal zur begrifflichen Vollendung erhobene Natur war, bildet sich nun mit der Verschiebung der Einheit vom Objekt auf das Subjekt eine dualistische Betrachtungsweise aus, und wie im Mittelalter finden wir in gleichzeitig bestehenden Richtungen, doch nicht minder bei einem und demselben Künstler, in einem und demselben Kunstwerke unbedingten gegenständlichen und formalen Realismus neben von jeder Naturbeobachtung losgelösten Stoffen und Formen, Porträt neben Formel, Genre neben überirdischer Bedeutsamkeit, Wirklichkeit neben ihrer Überwindung. Der Reichtum des heterogen verschiedenartigen künstlerischen Schaffens in den folgenden Jahrhunderten wäre gar nicht zu verstehen ohne diese grundsätzliche Möglichkeit, den Realitätsgrad subjektiv zu wählen und anzuwenden.

In diesen neuen Voraussetzungen lag der Ausgangspunkt der Kunst Bruegels. Er begann nicht anders als viele Manieristen seiner und der folgenden Generation. Zu den charakteristischen Zügen der neuen Kunstverhältnisse gehörte die Entstehung von Verlagshandlungen, die den mannigfaltigen neuen künstlerischen Bedürfnissen der Allgemeinheit zu dienen hatten. Für einen solchen Verlag, den ersten in den Niederlanden, hat Bruegel gearbeitet. Hieronymus Cock, der Gründer und Leiter des Unternehmens, gab verschiedene Kunstwerke heraus: neben alten und neuen italienischen Gemälden, die als Schule der hohen Kunst galten, auch Bilder von Bosch, alte und neue Merkwürdigkeiten, Grotesken, Porträts berühmter Männer, Landschaften und Ruinen, also Darstellungen, bei denen das gegenständliche Interesse im Vordergrunde stand. Es arbeiten für ihn der Italiener Ghisi, der berühmte flämische Landschafter Matthias Cock, der Holländer Heemskerck und viele andere Künstler, darunter auch Bruegel, dessen Hauptaufgabe ursprünglich darin bestanden zu haben scheint, Vorlagen für Stiche mit landschaftlichen Darstellungen zu liefern. Er zeichnet, wie es damals allgemein üblich war, Veduten, in denen Naturaufnahmen zu idealen Kompositionen verbunden wurden, und solcher Veduten halber dürfte er ähnlich wie Heemskerck in erster Linie nach Italien gereist sein.

Gewiß wäre es aber falsch, daraus zu schließen, daß Bruegel aus dem Süden nichts als landschaftliche Studien mitgebracht habe. In diesen selbst können wir den Einfluß der gleichzeitigen italienischen Kunst wahrnehmen. Die Kompositionen werden bewegter, und anstelle der Häufung der Einzelheiten und der ruhigen Linien wie auch des einheitlichen Tones der Frühwerke traten abgewogene Massen, ein leidenschaftliches Spiel von Kurven und bewegten Umrissen, lichte und dunkle Partien in großen Flächen. Noch deutlicher können wir die Einwirkungen in figuralen Darstellungen beobachten. Vor der italienischen Reise fehlen sie ganz, nach ihr gewinnen sie in Bruegels Produktion bald das Übergewicht, wobei die Reihe durch Werke eröffnet wird, die unverkennbar den Werken der gleichzeitigen italienischen Manieristen nahestehen.

Die „Auferstehung Christi", die nur während des Aufenthaltes in Italien oder unmittelbar darauf entstanden sein kann, belehrt uns auf das anschaulichste darüber. Die Figuren und das Beiwerk sind niederländisch; doch wo findet man bis dahin in den Niederlanden eine ähnlich freie und die Gesamtwirkung über Einzelheiten erhebende Inszenierung, wo eine ähnliche Steigerung der Kontraste, der über einzelne physische Momente hinausgehenden Bewegtheit der Komposition und der damit verbundenen phantastischen Wirkung, die das Realistische mit dem Wunderbaren und Märchenhaften zu einer unlösbaren künstlerischen Einheit verwebt, ohne auf den klaren epischen Aufbau der Erzählung in ungezwungener und übersichtlicher räumlicher Anordnung verzichten zu müssen? Es ist nicht schwer, mannigfache Berührungspunkte mit der gleichzeitigen italienischen Kunst, mit der Kunst der Florentiner Manieristen, mit Parmegianino und seiner Richtung und mit der Schule von Fontainebleau festzustellen. Doch wichtiger als einzelne Einflüsse waren neue Wege der Kunst, für die Bruegel durch seine Reise die Augen geöffnet wurden. Bei allen Vorzügen und Errungenschaften war die ältere niederländische Malerei mannigfaltig eingeengt durch Konvention, durch die unpersönliche Art sowohl des älteren Naturalismus als auch des gleichzeitigen Romanismus, durch den fast geschlossenen Kreis formaler Probleme, wie auch in den Darstellungsstoffen durch das Übergewicht objektiv religiöser Themen und Gesichtspunkte. Was die neue Zeit verlangte, war jedoch ein geistiges Über-dem-Stoff-und-über-der-Form-Stehen. Die Gleichmäßigkeit der naturalistischen oder idealistischen Anschauung und Gesetzmäßigkeit und der a priori gegebene Begriff des Bedeutsamen werden, wie schon angedeutet wurde, geopfert, um sie durch die größere innere Freiheit der künstlerischen Persönlichkeit zu ersetzen. Sie bestimmt die Maßstäbe und wählt die Form und den Inhalt nach eigenem Ermessen, bald sich bestimmten Vorbildern anschließend, einen Kanon wiederholend, bald wiederum aus der Natur und aus der Vielfältigkeit der geschichtlichen Gegenwart und Vergangenheit oder des eigenen Seelenlebens schöpfend.

Die Wiege dieser Wandlung stand in Italien, wo die Kunst zuerst die Schranken der renaissancemäßigen Regeln durchbrochen hat; doch reicher und tiefer wurde in der zweiten Hälfte des Jahrhunderts die neue Orientierung der künstlerischen Phantasie außerhalb Italiens – vor allem in den Niederlanden, in Frankreich und Spanien. Zuerst erscheint sie da als ungeklärte Anarchie, und in den breiten Massen der künstlerischen Produktion wirkte die Umwertung der Kunst noch lange als ein haltloses Schwanken nach; doch zugleich beginnen vom Anfang an aus dem Gärungsprozeß sich künstlerische Persönlichkeiten und Bestrebungen emporzuheben, wie sie früher nicht denkbar waren, und dazu gehörte auch Bruegel. In diesem Sinne hat die italienische Reise seinen Horizont erweitert; als ein moderner Künstler kehrt er zurück, der die Menschen, die Natur und die Tragikomödie des Lebens nicht im Lichte allgemeiner Normen, sondern so sehen lernt, wie sie sich in seiner eigenen Einbildungskraft spiegeln. Was Montaigne eine Generation später in klarer philosophischer Erkenntnis des neuen Verhältnisses zur Umwelt für sich fordert: „l'imagination assez pleine et assez étendue pour ambrasser l'univers comme sa ville", beginnt bereits Bruegels Schaffen zu charakterisieren, das ein dichterisch-schöpferisches geworden ist.

In den großen Allegorien, die nach seiner Rückkehr entstanden sind, verbindet er die heterogensten Elemente, alte christliche Symbolik und realistische Motive, flamboyante Architekturen und Figuren, die sich Vorbildern aus dem Anfang des XV. Jahrhunderts nähern, mit raffaelesken Gestalten und mit wahrheitstreuen Schilderungen aus dem Leben der Gegenwart zu phantastischen Erfindungen. In ihnen sind noch etwas gewaltsam vereinigt jene drei Phantasiegebiete, die in der Folgezeit, zur selbständigen Bedeutung entwickelt, Bruegels Kunst beherrscht haben. Dies war einmal die Welt des Grotesken, Infernalen, die Natur zu monströsen Vorstellungen umgebildet, worin Bosch ein halbes Jahrhundert früher Bruegel voranging.

Es ist gewiß ein Irrtum, Bruegel einfach als einen Fortsetzer des Bosch hinzustellen. Er setzt ihn nicht fort, sondern greift auf ihn zurück, wie man auch sonst um die Mitte und in der zweiten Hälfte des Jahrhunderts vielfach auf die ältere niederländische Malerei zurückzugreifen begonnen hat. Von Bosch übernahm Bruegel auch zunächst wenigstens die satirische und didaktische Tendenz solcher Darstellungen, für die das überwiegende Interesse an formalen Problemen in der ersten Hälfte des Jahrhunderts wenig Verständnis besessen hat. Doch der Ton und Inhalt der Satire wird bei Bruegel bald ein ganz anderer als bei Bosch. Es ist, als ob man Rabelais mit Brant vergleichen würde. Bei Bosch wirkt noch das Mittelalterlich-Dämonenhafte nach, die Symbolisierung der geheimnisvollen Mächte, von denen der Mensch in der Natur und im Leben umgeben ist, und der Moralist steht trotz des unerschöpflichen Reichtums der Erfindungsgabe über dem Dichter.

Bei Bruegel verschiebt sich der Nachdruck auf die Beobachtung und Schilderung der Lebenszustände. In ihnen selbst sucht und findet er das Groteske und Absonderliche. Nicht so sehr darauf, wie die Menschen sein sollen, kommt es ihm an, sondern wie sie mit ihren Fehlern, Leidenschaften und Verschrobenheiten tatsächlich sind, erzählt er drastisch und humorvoll, dem Beschauer überlassend, die Lehre daraus zu ziehen. Ja, stärker als bei Rabelais tritt bei ihm das Lehrhafte allmählich ganz in den Hintergrund und wird von rein künstlerischen Interessen absorbiert. Wie kuriose Dinge gibt es doch, wenn man sich die Menschen in ihrem ganzen Gehaben näher ansieht, wieviel Unterhaltendes und die Einbildungskraft Anregendes, Heiteres und auch Ergreifendes findet man da, wert, künstlerisch dargestellt zu werden – das besagen seine Bilder und Kupferstiche der mittleren Periode. Da bedarf es kaum der Übertreibungen und Monstrositäten – und es verwandelt sich die alte, religiös bedingte didaktische Satire in ein künstlerisch-souveränes Sittenbild.

Hat aber gerade das Sittenbild im Norden nicht eine lange Vorgeschichte in Pieter Aertsen, dem Braunschweiger Monogrammisten, in Lucas van Leyden, in Dürer und Jan van Eyck und weiter zurück bis zu den Drolerien der gotischen Malerei und Skulptur? Gewiß, etwa wie Michelangelos Gestalten eine lange Vorgeschichte hatten. Doch wie diese nicht nur von denen etwa Giovanni Pisanos, sondern auch von denen seiner unmittelbaren Vorgänger eine ganze Welt trennt, so erhob auch Bruegel die Sittenmalerei zu einer ganz neuen Bedeutung. Bei seinen Vorgängern wurzelte sie in der gotisch-naturalistischen Nachahmung der Wirklichkeit. Wie Tiere und Pflanzen, Gebäude und Landschaften, so malte man auch Genrefiguren und Genreszenen treu nach dem Leben, „wie sie Gott geschaffen hat", als einen integrierenden Teil des weit über sie hinausgehenden Begriffes der Außenwelt und jener supponierten metaphysischen Einheit, mit der man in einer bestimmten Abstufung ihrer geistigen Bedeutung alle bildlichen Elemente von der einfachen Alltagserfahrung bis zu den tiefsten Mysterien des Glaubens in Beziehung setzte. Als dann diese innere und äußere Einheit durch die Renaissance zersetzt wurde, beginnen sich aus dem weltlichen Kommentar und Beiwerk der „heiligen Wahrheiten“ selbständige Kunstgattungen zu entwickeln, bei denen aber noch immer das illustrative Moment im Vordergrunde steht. Die Formen- und Typenvorräte einerseits, anderseits die Darstellungsstoffe werden erweitert durch realistische Figuren und Szenen, die geeignet waren, entweder den Wirklichkeitseindruck der Darstellung zu erhöhen oder das gegenständliche Interesse zu erwekken, die vielfach aber auch, wie bei Aertsen, dazu dienten, in einem profanen Gewande die neue Monumentalität und statuarische Freiheit der Schöpfungen Michelangelos, die kunstvolle Gruppenbildung Raffaels oder den malerischen Stil der Venezianer dem nordischen Publikum vorzuführen.

Das Sittengeschichtliche haftet gleichsam noch an der Oberfläche der Dinge, ist ein Kunstmittel neben vielen anderen, deren sich der Manierismus bediente, und ohne tiefere selbständige Bedeutung für das geistige Sichbewußtwerden der Lebenszusammenhänge.

Diese Bedeutung hat ihm erst Bruegel erschlossen. Er malt Volksleben, wie es Shakespeare verwertet hat; wie dieses bei dem großen Dichter des Manierismus der wogende, in eine Fülle von Lebensäußerungen zerfallende Hintergrund der gewaltigen Charaktergestalten ist, so bildet es bei Bruegel den Gegenpol der synthetischen Idealfiguren, in denen seine Vorgänger und Zeitgenossen das künstlerisch Bedeutsame gesucht haben. Dies entsprach der Rolle, die der Realismus als Kontrapost zu idealen Bildungen auch sonst in der manieristischen Periode spielte; doch Bruegel war der erste, dem realistische Volksszenen nicht nur ein äußerer Inszenierungsapparat waren, sondern dem das Leben selbst als Maßstab des Menschlichen und als Quelle des Studiums und der Erkenntnis der die Menschen beherrschenden Triebe, Gebrechen, Leidenschaften, Sitten, Gewohnheiten, Gedanken und Empfindungen galt. Nicht um einzelne Individuen handelt es sich dabei, die Besonderes erlebt, gefühlt oder geschaffen haben, sondern um die Masse, um eine Vielheit von Individuen, die als Ganzes anstelle der kirchlichen und profanen Idealgestalten getreten ist, oder um Gestalten, die als Vertreter dieser Vielheit angesehen werden können. Selbst die Blinden und die epileptischen Frauen wurden nicht einzeln, sondern als eine ganze Gruppe dargestellt. Die Darstellung der Menschenmasse gehörte zu den wesentlichen Zügen der christlichen Kunst; während sie jedoch bis dahin entweder nur ein Echo von Begebenheiten höheren Grades war, deren Ursache über ihr normales Leben hinausging, oder ein Mittel, die äußere Wahrscheinlichkeit und Wirklichkeitswirkung der Darstellung zu erhöhen, führte Bruegel in die Kunst ein, was von neueren Schriftstellern als Volksseele bezeichnet wurde: das psychische Eigenleben einer breiten Volksschicht in seiner Eigenart und Autonomie, in seiner anthropologischen Bedingtheit und kulturgeschichtlichen Tatsächlichkeit und damit einen ganz neuen Begriff der inneren Wahrheit der Menschenschilderung. Es heißt die entwicklungsgeschichtliche Bedeutung seiner Bilder und Kupferstiche ganz zu verkennen, wenn man sie volkstümlich nennt und glaubt, sie wären für die Unterhaltung jener Kreise geschaffen worden, denen sie ihre Darstellungsstoffe entnommen haben. Es ist dies ein ähnlicher Trugschluß aus dem dargestellten Inhalt, wie wenn man glauben würde, Millet habe seine Bauernbilder für Landbewohner gemalt, Dostojewski seine Romane für arme Leute und Verbrecher geschrieben.

Niemand, der mit der ganzen geistigen Entwicklung der Neuzeit vertraut ist, wird daran zweifeln können, daß Bruegels Sittenbilder nicht nur ihrer malerischen Qualitäten wegen zu dem Bedeutsamsten und für die Zukunft Wichtigsten zu zählen sind, was wir der Kunst des XVI. Jahrhunderts zu verdanken haben. Es spricht aus ihnen dieselbe frohmütige, gedankenkühne Weltlichkeit, die den fortgeschrittensten religiösen Strömungen des Zeitalters eigentümlich war und in der Unterdrückung der transzendenten Richtung in der Theologie und in der Verankerung der Religion in der natürlichen, an kein kirchliches Confiteor und Dogma gebundenen Menschlichkeit bestanden hat. Darin hatten niederländische und englische Schriftsteller die Führung. „Auf die Menschen kommt es an, nicht auf die Konfessionen", schrieb der Radierer, Humanist und Politiker Coornhert, und als in Amsterdam ein armer Teufel zum Tode verurteilt werden sollte, weil er Christus für einen

bloßen Menschen hielt, meinte der Bürgermeister Peter van Hooft: „Es geht nicht an, das Leben der Menschen von den Subtilitäten der Gelehrten abhängig zu machen."
Eine ähnliche Wendung tritt uns auch auf allen anderen Geistesgebieten entgegen: in den Wissenschaften, die die letzten, ihre vollständige gedankliche Unabhängigkeit behindernden Fesseln abzustreifen begonnen haben und in denen Natur- und Menschenkunde das Übergewicht bekamen, in der Rechtsauffassung, der der Begriff des Naturrechtes durch Bodin, Grotius und andere zugrunde gelegt wurde, und in politischen und sozialen Zuständen, für deren neue Phase einerseits die Gründung der nicht auf einer allgemeinen Idee, sondern auf der natürlichen Entwicklung und Interessengemeinschaft beruhenden niederländischen Vereinigung, anderseits aber die Anfänge des neuzeitlichen Nationalismus in Frankreich bezeichnend sind; vor allem aber in der neuen, auf der Einstellung der künstlerischen Einbildungskraft auf natürliche Lebensvorgänge beruhenden Richtung in Kunst und Literatur.
Es ist bereits auf die Übereinstimmung zwischen den Volksszenen Bruegels und Shakespeares hingewiesen worden. Ein unmittelbarer Zusammenhang ist dabei kaum anzunehmen, sondern die Verwandtschaft beruht auf einer neuen großen Entwicklungslinie, der sowohl große Dichter als auch bahnbrechende Künstler der zweiten Hälfte des XVI. und des beginnenden XVII. Jahrhunderts angehört haben. Von Rabelais und Bruegel einerseits zu Cervantes, Shakespeare und Callot andererseits vollzog sich die große Konstituierung eines neues bildlichen und poetischen Realismus, dem die Entdeckung und künstlerische Darstellung der auf der Beobachtung des tatsächlichen physischen und psychischen Lebens des Volkes beruhenden Lebenswahrheit zugrunde lag. Im Gargantua ist sie, parodistisch übertrieben, noch mit alten Stilelementen vermengt. Bruegel gab ihr ihre volle selbständige Bedeutung, wobei er mit genialer Kühnheit seine Schilderungen in erster Linie auf jenen Stand konzentrierte, in dem sie am reinsten und anschaulichsten ausgeprägt war. Cervantes stellt sie in überlegener Ironie den einstigen Idealen entgegen, Shakespeare gestaltet sie zum Unterbau der großen Charaktergestalten, die selbst aus ihr, im schroffen Gegensatze zu den

zeitlosen und jenseits der Wirklichkeit stehenden Heroen michelangelesken Geistes und Stiles, entwickelt werden, und Callot verwandelt diese Lebenswahrheit in objektives Material einer kritischen, von altruistischen Empfindungen ausgehenden Betrachtung des menschlichen Daseins, wie sie später der Ausgangspunkt der sozialen Doktrinen der Aufklärungszeit geworden ist. Es ist dies eine Entwicklungslinie, welche den Höhepunkt des künstlerischen Schaffens nördlich der Alpen im Zeitalter des Manierismus bedeutet und in der die größten Künstler und Dichter dieser Periode einer neuen Weltanschauung Ausdruck verliehen haben. Durch ihre Werke wurde eine neue Kunst begründet, die zwar durch den pathetisch heroisierenden Stil des XVII. und XVIII. Jahrhunderts vielfach wiederum zurückgedrängt wurde, doch als eine der wichtigsten Komponenten der ganzen folgenden Kunst der Neuzeit weiterlebt, in einzelnen Kunstgebieten, in einzelnen Kunstgattungen und latent überall, so daß sie von der ganzen Kunst Besitz ergreifen mußte und zu den wichtigsten Entwicklungsfaktoren der Folgezeit, sie grundsätzlich von den vorangehenden Kunstperioden unterscheidend, gezählt werden muß.

Nach diesem Versuch, Bruegels Kunst in die allgemeine geistige Entwicklung einzuordnen, können wir zu seinen Bildern zurückkehren.

Gleichzeitig mit der neuen Auffassung des sittengeschichtlichen Inhaltes begann Bruegel auch seine Bilder in einer neuen Weise zu komponieren. Seine Frühwerke bieten in dieser Beziehung kaum etwas, was sie von der Kunst seiner fortgeschritteneren Zeitgenossen wesentlich unterscheiden würde.

Ihr Ausgangspunkt war die Addition von möglichst vielen und interessanten Einzelmotiven, die renaissancemäßig zu einer objektiv konstruierten bildlichen Einheit vereinigt wurden. Landschaftliche Einzelheiten und die Figuren werden zu Gruppen zusammengefaßt und in Raumschichten eingeordnet, welche einerseits die Bildfläche betonen, anderseits kulissenartig das Auge aufgrund einer perspektivischen Anordnung in die Tiefe führen, die den Überlieferungen der normalen Gegenüberstellung von Raumausschnitt und Beschauer entsprochen hat.

Diese Kompositionsart hat Bruegel nach der italienischen Reise weitergebildet. In den Werken, die bald nach der Rückkehr aus dem Süden entstanden sind, und gelegentlich auch später ist die Darstellung deutlich im Sinne des Romanismus gegliedert. Massen werden gegen Massen gestellt, und in ihrer Verteilung in der Fläche und im Raume herrscht eine rhythmische, die Kräfte ausgleichende Ordnung.

Daneben beginnt aber immer mehr wiederum das Detail zu wuchern, so daß die Bilder den Eindruck eines bunten Getümmels erwecken. Sie werden chronikalisch ausgesponnen, und mit einem fast mittelalterlichen Horror vacui füllt der Zeichner und Maler die Flächen und Räume, wobei auf einen objektiven kompositionellen Aufbau kein Gewicht gelegt wird. Wenn einzelne Figuren, Gruppen oder Landschaftsteile stärker betont erscheinen als andere, so geschieht dies der Verdeutlichung des Darstellungsinhaltes wegen, nicht aber aus aprioristisch-formalen Gründen. In der Regel überwiegen ein ungehemmter Trubel, eine Häufung von gleichwertigen Einzelmotiven; als ob der Künstler dadurch ausdrücken wollte, daß es nicht auf einzelne Menschen ankommt, sondern auf einen Ausschnitt aus der Gesamtheit, nicht auf diese oder jene Begebenheit, sondern auf die breite Fülle des Lebens, die alle Grenzen und Konstruktionen sprengt und überflutet.

Verstärkt wird diese Wirkung durch die starke Bewegung der Figuren. Sie beruht weder auf den statuarischen Bewegungsmotiven der klassischen und italienischen Kunst, noch auf geschlossen bewegten Massen, sondern auf der unendlichen Mannigfaltigkeit der vitalen Betätigung, deren Spiegelbild das Gemälde in allen seinen Teilen enthält. Unzählige Lebensakte, wie im Fluge im Alltagsdasein der Menschen erhascht, werden aneinandergereiht, charakteristische Gestalten, deren Besonderheit aber nicht in ihrem Verhältnis zu bestimmten formalen Problemen, sondern in einer unmittelbar abgesehenen Lebenswahrheit wurzelt und deren Summe an die Bewegtheit und Lebendigkeit eines ins Menschliche übertragenen Ameisenhaufens erinnert.

Um die Wende der fünfziger Jahre begann Bruegel seine Bilder anders zu erfinden. In den Hauptwerken dieser Zeit

– es sind dies die „Sprichwörter“ in Berlin, der „Kampf des Faschings mit der Fastenzeit“ und die „Kinderspiele“ in Wien – finden wir den entfesselten Wirrwarr der vorangehenden Kompositionen durch eine klare, übersichtliche und einheitlich gesehene Darstellung ersetzt. Zwar wird die Abstufung der Sonderbedeutung einzelner Figuren noch konsequenter als früher vermieden. So sind zum Beispiel die spielenden Kinder gleichmäßig, beinahe wie das Muster eines Teppichs auf den Schauplatz der Darstellung verteilt. Als ob es dem Meister darum zu tun gewesen wäre, den kunstvoll aufgebauten italienischen Kompositionen, sie in homogene Grundelemente auflösend, den größten Gegensatz entgegenzustellen. Noch auffallender als in früheren Bildern ist das Fehlen jeder Zentralisierung. Gleichmäßig, beinahe wie Schachbrettfiguren bedecken die einzelnen Gestalten und Gruppen die Bildbühne, untereinander durch die Gleichartigkeit der Lebensbetätigung, durch das heitere, jugendlich bewegte Spiel, welches nach allen Seiten hin auch fortgesetzt werden könnte, verbunden.

Dabei ist aber diese Darstellung der in koordinierten, an sich unbegrenzten Beispielen wirksamen, natürlich triebhaften und nur durch allgemeine Voraussetzungen des menschlichen Daseins bedingten Vitalität weder wie in älteren ähnlichen Darstellungen ein chaotisches Überfluten jedes künstlerischen Gefüges, noch wird ihre Bedeutung durch Häufung erzählender Momente erschöpft. Trotz der bewegten Gruppen ist die Gesamtwirkung der Darstellung eine ruhige; über dem lärmenden Kindertumult steht die Ruhe der räumlichen Szenerie.

Diese Szenerie ist sehr merkwürdig. Sie wird beherrscht von einer weiten Bodenfläche, zu der der Vordergrund ausgedehnt wurde und die die Schaubühne der dargestellten Vorgänge bildet. Gebäude und Ausblicke in Seitenstraßen rahmen, ohne ihn abzuschließen, den Platz ein, den der Künstler vom erhöhten Standpunkt dargestellt hat, so daß wir alles, was auf ihm geschieht, klar gesondert überblicken können. Nicht die Ausbreitung der Darstellung in der Fläche und auch nicht das Fortschreiten von Motiv zu Motiv in die Tiefe hinein in Übereinstimmung mit einer perspektivischen Konstruktion ist da die Hauptsache, sondern die Erleichterung des sofortigen Überblickens der Situation, wie es am besten aus der Vogelschau erreichbar ist, der sich die Darstellung nähert. Ihre Art war nicht ganz neu. Die aufsteigende Bodenebene, die wir bei Bruegels Vorgängern oft finden, kann ebenso als ihre Vorstufe gelten, wie die Gepflogenheit der Illustratoren, die Darstellung komplizierter Vorgänge und Örtlichkeiten durch Aufsicht zu verdeutlichen. Was jedoch bis dahin nur ein Kompromiß zwischen der sonst üblichen Raumdarstellung und der weit ausgesponnenen Erzählung oder ein rein technischer Behelf war, verwandelt sich bei Bruegel in ein selbständiges, überlegen angewendetes Ausdrucksmittel des künstlerischen Verhältnisses zur Umwelt. Der Künstler steht über ihr, doch anders als Michelangelo und seine Nachfolger, deren künstlerischer Sinn und Wille sich in den dargestellten Formen und Gegenständen selbst, in der Übermenschlichkeit oder Idealität der Körper, in der Vereinigung der Körper zu gewaltigen Apotheosen der entfesselten und künstlerisch gebändigten Kräfte und Energien, im gesteigerten Leben, im Pathos und im dramatischen Konflikt zwischen dem Physischen und Psychischen über den Alltag erhob.

Bruegel führt uns demgegenüber das Leben so vor Augen, wie es ist, als einen bestimmten Ausschnitt aus seiner unerschöpflichen, allen abstrakten Normen sich entziehenden Mannigfaltigkeit, als ob er es wirklich dem Beschauer auf einer Bühne zeigen wollte.

Doch es kommt nicht allein auf die Wirklichkeitswirkung an, wie bei älteren Naturalisten, die sich dieser Wirklichkeit ganz subordiniert haben und sie durch Studien, treue Nachahmung der einzelnen Erscheinungsmomente und durch Erfahrungsnormen bis zu objektiv überprüfbaren perspektivischen Grundsätzen und bis zu anatomischer Genauigkeit vollkommen zu erfassen sich bemühten. Bei Bruegel verschiebt sich der Gesichtspunkt! Er ist der Spektator, vor dessen Augen sich das Leben entrollt und der es als eine Einheit sieht. Es handelt sich nicht darum, der Wirklichkeit eine künstlerisch begriffliche, idealisierte Welt entgegenzustellen, doch auch nicht nur um einzelne Erscheinungsfaktoren der Wirklichkeit, sondern um einen neuen Begriff der Realität des ganzen menschlichen Daseins, wie er sich dem betrachtenden und nachdenkenden Geiste erschließt. Der Nachdruck liegt auf der Einsicht des Künstlers, er entdeckt gleichsam das soziale Leben der Menschen in seinen natürlichen vitalen Merkmalen, Kräften und Zusammenhängen, und indem er diese Entdeckungen – wahrlich nicht die geringsten des großen Entdeckungszeitalters – künstlerisch (poetisch und bildmäßig) gestaltet, erhebt er sich und den Beschauer zu einer höheren Stufe des Lebensbewußtseins.

Diese Auffassung der Umwelt spiegelt sich auch in der räumlichen Darstellung und in ihrem Verhältnis zum Künstler und Beschauer. In dem Naturalismus des XV. Jahrhunderts waren der Künstler und die Darstellung koordiniert, es verbindet sie die Vorstellung einer objektiven Gesetzmäßigkeit, die von dem Kunstwerke abzulesen ist. In dem neuen Idealismus der Italiener, der das Kunstwerk über die natürlichen Bedingtheiten gestellt hat, wendet sich der Blick, das Reale mit dem Überrealen verbindend, immer mehr nach oben. Bei Bruegel ist er von der hohen Warte einer subjektiv induktiven Lebensanschauung und Lebensweisheit nach unten gerichtet auf die Gesamtheit des Lebens, deren Darstellung und Deutung eine der Hauptaufgaben der nordischen Kunst geworden ist. Bruegel hat dadurch ein kompositionelles Prinzip geschaffen, welches von dem zweiten großen subjektiv orientierten des XVI. Jahrhunderts, jenem Michelangelos, diametral entfernt war und dementsprechend auch andere Früchte tragen mußte. Michelangelos bildliches Denken löst sich von historischer und örtlicher Begrenzung los, seine figuralen Phantasien sind allmenschlich und absolut „in Zeit und Ewigkeit".

Bruegels Erzählungskunst wendet sich dagegen immer mehr dem zeitlich und örtlich Determinierten zu, nicht naturalistischer Beobachtungen oder dieses oder jenes formalen Problems wegen, sondern da das menschliche Leben selbst in seiner natürlichen Bedingtheit und Mannigfaltigkeit die Quelle des Allgemeingültigen und künstlerisch Erhebenden geworden ist.

Dies gilt nicht nur für die Schilderung der gesellschaftlichen Zustände, sondern auch für die Wiedergabe der Natur in ihrer Verbindung mit dem menschlichen Dasein.

Es ist merkwürdig, daß bei Bruegel, der als Vedutenmaler nach Italien gereist ist, die landschaftlichen Darstellungen nach seiner Rückkehr aus dem Süden zunächst eine verhältnismäßig geringe Rolle gespielt haben. Zuweilen zeichnete er für seinen Verleger wohl auch weiterhin landschaftliche Szenerien, die ähnlich pathetisch bewegt komponiert waren wie die in Italien entstandenen, oder Naturstudien zu einer mehr erzählenden Schilderung vereinigten; doch weit mehr beschäftigten ihn bildliche Vorstellungen, deren Mittelpunkt das menschliche Dasein war. Und erst gegen das Ende der fünfziger Jahre, erst als Bruegel das Problem der natürlichen Lebenszusammenhänge in seiner tiefen Bedeutung zu erfassen begann und als er in Verbindung mit dieser Wandlung inhaltlich und an neuen bildlichen Konzeptionen unerhört bereichert jene Wege einschlug, die zu den grandiosen Schöpfungen der Spätzeit und zu einer neuen Epoche in der künstlerischen Auffassung und Darstellung des Lebens führten, gewann auch die Landschaft einen neuen Wert für sein Schaffen.

Zu den großen Neuerungen, die die Kunst dem XVI. Jahrhundert zu verdanken hat, gehört auch die Ausbildung der landschaftlichen Darstellung zu jener Bedeutung, die sie in der Folgezeit für die europäische Malerei, wie in keiner ihrer vorangehenden Perioden, besessen hat. Diese Entwicklung vollzog sich auf zwei Wegen.

Einmal dadurch, daß die Landschaftsmalerei ein Sondergebiet der Malerei geworden ist. Die künstlerischen Voraussetzungen dieser Gattung lagen in der italienischen Renaissance, deren neuantiker materieller Anthropozentrismus die Landschaft nur als Hintergrund und Kulisse gelten ließ. Doch die räumlichen Einrahmungen der figuralen Darstellungen nahmen an den Errungenschaften der Renaissance teil; an den Fortschritten der objektiven Naturwiedergabe und Komposition, die auch selbständig in den „paesi" weiterentwickelt wurden. Als dann die Renaissance vom Norden übernommen wurde und ihre innere Einheit in Brüche ging, begann man die Hintergrundlandschaften getrennt von der figuralen Erfindung als eine eigene Gattung der Malerei zu pflegen. Einerseits konnte diese Gattung durch ihre Eignung zur Wiedergabe des tatsächlichen Befundes, was eine Frucht der Verwissenschaftlichung der Kunst in der Renaissance war, neuen Bildungsbedürfnissen dienen, anderseits wurde in ihr der große Stil der Italiener auf ein

Darstellungsgebiet übertragen, für das man sich im Norden nicht minder interessierte als für figurale Stoffe. So entstand in der Periode des Manierismus die eigentliche Prospekt- und Vedutenmalerei, die, wie wir gehört haben, Bruegel nach Italien führte, wie auch die komponierende Landschaftsmalerei, der er sich im Süden angeschlossen hat und deren künstlerischer Sinn auf einer Verbindung der landschaftlichen Darstellung mit Zielen und Maßstäben der gleichzeitigen figuralen Kunst beruhte. Inhaltlich waren diese „Sonderlandschaften“ ihr Gegenpol, künstlerisch jedoch nur ihr Reflex ohne selbständige Bedeutung für die tiefere Erfassung der Lebenszusammenhänge.
Dazu kam jedoch eine zweite Strömung, deren Anfänge bis tief ins Mittelalter zurückverfolgt werden können. Der Unterschied besteht in der Auffassung des Verhältnisses zwischen Menschen- und Naturdarstellung. Zwar bleiben die landschaftlichen Motive in der mittelalterlichen Kunst auf einen gelegentlichen Kommentar zur Versinnlichung der ewigen Wahrheiten und Gewalten beschränkt, doch in diesen Rudimenten erscheinen sie als dem irdischen menschlichen Dasein gleichgestellt. Selbständig spiegelt sich auch in ihnen dem mittelalterlichen Menschen der ordnende Geist der Vorsehung, und dieser Anschauung blieb die nordische Kunst auch dann treu, als die naturalistischen Probleme die Führung übernommen haben. In der niederländischen und deutschen Malerei des XV. Jahrhunderts waren landschaftliche Darstellungen nicht nur eine Ergänzung der figuralen Komposition, sondern auch eine von ihr unabhängige Quelle der künstlerischen Lebensdeutung und Bedeutsamkeit. Zunächst noch der Menschen- und Götterdarstellung koordiniert, verwandeln sie sich allmählich auf verschiedenen Wegen in den übergeordneten Schauplatz des irdischen Lebens, der dem Beschauer eine unerschöpfliche Fülle von Beobachtungen, Eindrücken und Empfindungen bieten kann.
Die Freude am Formenreichtum der Umwelt, an weiten Horizonten, an atmosphärischen Erscheinungen wächst beständig und führt dazu, daß um die Wende des XV. und XVI. Jahrhunderts fast gleichzeitig von den Niederländern, Deutschen und den wahlverwandten Venezianern die poetische Schönheit der landschaftlichen Gestaltung und Stim-

mung als ein selbständiger und führender Inhalt der bildlichen Erfindung in die Malerei eingeführt und in sie auch die Figurendarstellung einbezogen wurde. Während aber in Venedig die figurale Komposition bald wiederum den Vorsprung erhielt, wird im Norden und insbesondere in den Niederlanden neben den renaissancemäßigen figuralen Darstellungen dieser Sieg der Landschaft weiter ausgebaut. Nicht nur durch einen bestimmten poetischen Inhalt, wie bei Geertgen, Giorgione oder Altdorfer, sondern grundsätzlich als Ausgangspunkt der Anschauung, als Maßstab der Größenverhältnisse und als Inbegriff des Weltbildes, welches Natur und Menschen umfaßt, steht sie bei Patinir, Jan Mostaert oder dem Braunschweiger Monogrammisten über der figuralen Kunst, deren Aufgaben die Führung verloren haben, über menschlichen Geschicken und Handlungen, die Staffage geworden sind, und über merkwürdigen Begebenheiten, die sich in einen nebensächlichen Vorwand der großen Land- und Menschenpanoramen verwandelt haben.
Dieser Strömung schloß sich Bruegel an, als sich ihm die neue Mission der Kunst in der Schilderung der natürlichen Lebenszusammenhänge erschlossen hat. Die bühnenhafte Anlage der „Kinderspiele" und des „Kampfes des Faschings mit der Fasten" oder die weite Ebene der „Kreuztragung" vom Jahre 1564, die die verstreuten Figuren zu einer Einheit zusammenschließen, bezeugen deutlich den Einfluß des Braunschweiger Monogrammisten. Doch auch da stellte er den Vorstufen etwas Neues entgegen.
Bei seinen Vorgängern verschob sich das Verhältnis zwischen Landschaft und figuraler Darstellung zugunsten der Landschaft. Das menschliche Leben ging in der Szenerie auf, oder der Riß blieb bestehen. Bei Bruegel verschwindet er ganz, das Leben und die Natur sind für ihn identisch. Dies fühlt man schon in den letztgenannten Bildern, doch noch weit mehr in den Werken der Folgezeit. Für das Bestreben, das weite Weltbild darzustellen oder die intime Schönheit eines stillen Erdwinkels zu schildern, konnten Normen geschaffen werden, doch Bruegels Umdeutung war überreich an Problemen und Möglichkeiten, wie das Leben selbst. So begnügt sich der Meister nicht mehr damit, es wie ein Streumuster auf der Mutter Erde auszubreiten, die

mehr ist als nur die bunte Tragfläche seiner Spielarten, die Gewalten birgt, denen gegenüber die Menschen als armselige Würmer erscheinen müssen. Wie ein dichtgedrängter, auf der Erde dahinkriechender Heuschreckenschwarm bedecken in der „Schlacht zwischen den Israeliten und Philistern“ vom Jahre 1562 die kämpfenden Heere das Bergtal und strömen aus den Bergschluchten heraus oder wälzen sich den Bergabhang hinauf. Einige Einzelschicksale lösen sich aus dieser ungeformten Masse los, doch die ganze geschichtliche Katastrophe ist nichts, eine Staubbewegung angesichts der unbewegten Majestät der Berge und Wälder, in die der Lebenssturm eingezwängt ist und an der er zerschellt.

Um derartiges darzustellen, genügte nicht die weite nivellierende Aufsicht, da die Landschaft als ein integrierendes Element der dargestellten Lebenseinheit so gestaltet werden mußte, wie es ihr besonderer Inhalt erforderte. Die Eindrücke der Reise über die Alpen, Erinnerungen an die in die Wolken hineinragenden Bergriesen mit ihren Engpässen, in denen sich der Wanderer seiner Nichtigkeit bewußt wird und mit ihren sonnendurchstrahlten Ausblicken werden da wiederum lebendig, nicht als landschaftliches Kuriosum, sondern als Widerspiel der Naturgewalten, die in ihrer vollen Macht dem Beschauer zum Bewußtsein gebracht werden sollten. Die Landschaft wird phantastisch bis zum Gespensterhaften, wie in der „Dullen Griet“ vom Jahre 1564 oder in dem nur wenig späteren „Triumph des Todes“, in denen neue Einflüsse des Unheilmalers Bosch zu erkennen sind. Sie beherrschen jedoch nicht wie einst führend seine Kunst, sondern sind nur ein Phantasieelement neben anderen, welches dort zum Worte kommt, wo ein unheilvoll geisterhaftes Geschehen geschildert werden soll. Naturalistische Treue als Ausdruck der engen Verbindung der Menschen mit ihrer alltäglichen Umgebung und mit dem heimatlichen Boden herrscht dagegen in den Sittenbildern, und idyllische landschaftliche Stimmungen breiten sich über das Dasein der Menschen aus, wo ihr Aufgehen in der Natur betont werden soll. Was in verschiedenen Richtungen und Kategorien vorbereitet war, fließt in einem großen Künstler zusammen, der einen neuen Standpunkt zu den Daseinsfragen gewonnen hat, dem es nicht mehr nur um neue Anschauungsformen, sondern um eine neue, alles umfassende Lebensintensität der Darstellung zu tun gewesen ist. Selbst die leblosen Dinge scheinen da lebendig geworden zu sein. Wie wundervoll ist in dieser Beziehung die Serie der Darstellungen der Hochseeschiffe, deren eine das Datum 1564 trägt. Mit der Unendlichkeit des Himmels und des Meeres zusammengesehen und doch nicht darin untergehend gleichen sie, mit Lebensenergien erfüllt und dadurch geeignet, sich in der großen Natur zu behaupten, nicht toten Werkzeugen, wie sie Leonardo mit technischer Treue dargestellt hat oder einem illustrativen Versatzstück, wie wir es in den niederländischen Marinen der vorangehenden Zeit finden können, sondern beseelten Wesen, Mitkämpfern im Lebenskampfe und individuellen Organismen, deren Schönheit und Großartigkeit nicht wie die michelangelesken Idealfiguren – deren nordische Antipoden sie sind – auf physischer und psychischer Abstraktion, sondern auf vitaler Bestimmung und Funktion beruht.

Den Höhepunkt dieser Neuentdeckung der Landschaft in der ersten Hälfte der sechziger Jahre bedeuten aber die Monatsbilder vom Jahre 1565. Es ist bezeichnend, daß Bruegel der alte mittelalterliche und im XV. Jahrhundert allmählich zu einem banalen Illustrationsklischee herabgesunkene Gedanke des Kreislaufes der Natur und seiner Beziehungen zum menschlichen Leben damals angezogen hat. Auch die Jahreszeiten baut er auf ihm auf. Im Mittelalter mußten diesem Gedanken die antiken Personifikationen weichen: der einzige ewige Gott steht über den Zeiten, die immer wieder wechseln und vorübergehen; bei Bruegel ist aber dieses Werden und Vergehen nicht ein Symbol der Nichtigkeit und Vergänglichkeit des Irdischen, sondern der Inbegriff des Lebens und der Allmacht der Natur, die allein das Leben ist. Nie früher im ganzen Verlaufe der Kunst ist das Untrennbare des ganzen natürlichen Daseins so tief empfunden und so überzeugend dargestellt worden. Die Melancholie der absterbenden Natur und die sturmbewegten Anzeichen ihres Wiedererwachens, die stille Trautheit des Winters und die strotzende Fruchtbarkeit der Erntezeit, die atmosphärischen Erscheinungen, die dünne bleiche Winterluft, die schwere lichtgesättigte des Sommers, die Poesie des Abends, die Bodenformation, die Berge und Täler, Fluren und Wege, die Vegetation unter dem Einfluß der Jahreszeiten, das stille Dorf und die Menschen, die darin wohnen, ihr Tagwerk, Lust und Leid – all dies ist eins, ist die Natur, ist die Bewegung, ist der Lebensprozeß. So entsprang aber Bruegels Naturbetrachtung in dieser Reife letzten Grundes derselben Lebensanschauung, auf der seine neue Sittenschilderung beruhte, und die im Menschen ein Produkt der Natur, des Bodens, auf dem er lebt, und bestimmter Kulturverhältnisse sah. Nichts bezeugt jedoch die Größe des Künstlers deutlicher als die Kühnheit, mit der er, in wenigen Jahren weite Entwicklungsstrecken zurücklegend, von Bild zu Bild aus der neuen Anschauung neue Folgerungen zog.

Dies tritt uns besonders klar in der Weiterbildung der Komposition entgegen. Die ausgleichende, den geschilderten Lebensbildern subjektiv entrückte Aufsicht, der Blick von der Galerie des Lebens auf das unten räumlich getrennt sich entrollende Schauspiel konnte nicht genügen, wo es sich darum gehandelt hat, die Wirkungen der Gewalt der Natur über die Menschen mitzuerleben. Auch der Beschauer sollte im Banne dieser Wirkungen stehen, und so verlegt Bruegel in dieser Zeit seinen Beobachtungspunkt in die Landschaft selbst, nicht tief unter die Horizontlinie wie in den Jugendwerken, sondern erhöht, so daß man in die Täler herabsieht, doch auch zu den Bergen hinaufblicken muß. Oder er hebt die Vordergrundsgrenze auf, die Figuren überschreiten sie, und die ganze Komposition scheint sich, wie zum Beispiel in dem „Sommer“ oder in der „Ernte“, in der Richtung des Beschauers fortzusetzen, der auf diese Weise unmittelbar in die geschilderte Situation einbezogen wird. Anderseits hat sich auch die innere Struktur der landschaftlichen Komposition verändert. Anstelle der ruhig indifferenten Flächen oder der kartographischen Rundblicke ohne Grenzen und ohne zusammenfassende Gliederung trat ein konzentrierter wohlbedachter Aufbau. Wie sich das Leben zuweilen episch breit, wie ein großer Strom dahinfließend, dann wiederum in heißem Ringen oder in zeitlich begrenzter Dramatik gestaltet und wie die Natur damit auf das engste verbunden ist, wird auch durch die landschaftliche Komposition ausgedrückt: in harmonisch waagrecht angeordneten Linien und Terrainabstufungen, in bewegten

Diagonalen, in einem keilförmigen Sichdurchdringen der Massen und in verschiedenen Kombinationen dieser Darstellungsmittel. Sie leiten Bruegel wieder in die Bahnen einer kunstvoll konzentrierten Komposition, deren Emporium damals Italien war, und dies mag der Grund sein, warum er sich neuerdings enger der italienischen Kunst angeschlossen hat.

In der figuralen Kunst, zu der wir nun wiederum zurückkehren wollen, besitzen wir ein monumentales Denkmal dieser zweiten Italianisierung. Es ist dies die „Epiphanie" vom Jahre 1564, in der sich uns der Schlüssel zur letzten, merkwürdigsten und wichtigsten Phase der Kunst Bruegels erhalten hat.

Das Gemälde steht scheinbar in einem schroffen Gegensatze zu seinem vorangehenden Schaffen.

In den einzelnen Figuren schließt es sich an ältere Überlieferung enger an, als wir es in dieser Zeit sonst bei ihm finden und erwartet hätten. Der prächtige Negerkönig geht zum Beispiel auf Bosch zurück, einige Züge erinnern an Lucas van Leyden, wogegen die Madonna in ihrer statuarischen Wucht und Geschlossenheit den Einfluß italienischer Vorbilder erkennen läßt. Dieser Einfluß ist nicht auf die eine Figur beschränkt. Ungeachtet der naturalistischen Charakteristik der einzelnen Gestalten ist das Bild italianisierend komponiert. Das Figurale steht durchaus im Vordergrund, und anstelle der Auflösung in der Landschaft ist eine gedrängte Gruppierung getreten. Das bei Bruegel so seltene Hochformat, verbunden mit auffallender Betonung der Vertikalen, steht damit in Einklang. Die Handlung ist nicht episch ausgebreitet, sondern konzentriert, und ihre Hauptträger sind deutlich von allem abgesondert, was nur als Staffage wirken soll. Sie beherrschen in ihren Proportionen die Darstellung, und jeder von ihnen kommt individuell zur Geltung, so daß mit der realistischen eine monumentale Wirkung vereinigt wird.

All dies würde uns kaum überraschen, wenn Bruegel in seiner Jugend oder nach seiner italienischen Reise davon ausgegangen wäre; denn die hervorgehobenen Eigentümlichkeiten entsprachen beiläufig dem, worin sich viele

Romanisten der ersten Hälfte des Jahrhunderts der italienischen Kunst angeschlossen haben. Bei näherer Betrachtung erweist sich jedoch diese Übereinstimmung als eine nur scheinbare. Tatsächlich handelt es sich nicht um die alten allgemeinen Beziehungen zur italienischen Kunst, sondern um ein neues Verhältnis Bruegels zu ihr, welches in organischem Zusammenhange mit seiner individuellen Entwicklung steht. In der ebenfalls im Jahre 1564 gemalten „Kreuztragung Christi" fällt auf den ersten Blick die Gruppe der schmerzbewegten Madonna auf, die aus der regellos auf dem weiten Plateau verteilten Menge durch die Größe der Figuren und noch mehr durch den geschlossenen Pyramidenaufbau hervorgehoben wird. Es sollte offenbar einerseits ein inhaltliches Zentrum, anderseits aber die Einwirkung des allgemeinen Geschehens auf bestimmte Helden der Darstellung, die der Künstler in den Mittelpunkt seiner gemalten Dichtung gerückt hat, betont werden. Dies berührte sich aber auf das engste mit der italienischen Auffassung der bildlichen Darstellung, und so versuchte Bruegel, diesen neuen Impulsen nachgebend, in der „Epiphanie" einmal ganz im Sinne der Italiener ein Bild zu komponieren.

Nicht um sich diesem oder jenem Vorbilde anzuschließen – man würde vergeblich nach solchen Vorbildern suchen –, sondern um sich das Wesentlichste der italienischen kompositionellen Mittel und Errungenschaften anzueignen und sie mit seiner Kunst zu verbinden.

Dies war in erster Linie die räumliche Anordnung der Figuren. Es liegt ihr das System der räumlichen Diagonalen zugrunde, wie es durch Correggio zuerst in die italienische Kunst eingeführt wurde, von da an der reliefmäßigen Schichtung gegenüber immer mehr an Boden gewann und im XVII. Jahrhundert ganz an ihre Stelle trat. Die Hauptdiagonale führt in Bruegels Gemälde von der Gestalt des knienden Königs über die Madonna zum heiligen Josef, mit ihr kreuzt sich in Marias Gestalt die zweite Schräge, die den schwarzen König mit dem Bogenschützen links oben verbindet. Zugleich bilden die Hauptgestalten einen Kreis um die Gottesmutter, und so entsteht eine Konfiguration, die einen Tiefenraum durch Körper und durch freiräumliche Bewegung der Komposition so ausfüllt, daß er nicht auf dem Umwege von Hilfskonstruktionen und Andeutungen, oder als ein intermittierender Auszug, sondern in allen seinen Teilen und in seinem ganzen räumlichen Umfang unmittelbar sinnlich wahrnehmbar wird und alle Figuren als freiräumige Körper erscheinen läßt, die nicht im Verhältnis zu einer supponierten Grundebene, sondern zur freiräumlichen Umgebung erfunden wurden.

Wie können Figuren zu monumentalen Wirkungen erhoben werden, ohne daß die räumliche Kontinuität und die Illusion eines überzeugend dargestellten Ausschnittes aus dem Universum darunter leiden würde? Dies war eines der wichtigsten kompositionellen Probleme der italienischen Kunst im XVI. Jahrhundert, dessen Lösung die Erfindungen der folgenden zwei Jahrhunderte von denen der Renaissance nicht minder scharf trennt, als diese durch das System der linear-perspektivischen Konstruktion vom Mittelalter geschieden waren. Auf zwei Wegen bemühte sich die italienische Kunst um diese Lösung. Der eine Weg knüpfte an die plastische Form und Gruppe an, die er zu einem freien, nach allen Seiten gleichmäßig den Raum verdrängenden Gebilde entwickelte, der andere suchte die Komposition auf über die statische Gebundenheit und Flächeneinteilung hinausgehenden, vom Beschauer gleichsam unmittelbar in die Tiefe des Raumes vordringenden Bewegungseindrücken aufzubauen. Den ersten Weg verfolgt hauptsächlich die florentinisch-römische Malerei, die Schule Raffaels und Michelangelos, den zweiten wählte man in Oberitalien, wo er – verbunden mit der Verwendung der Beleuchtung zur Steigerung der Illusion der Bewegung im Raume – zu Correggios Altarbildern und himmlischen Glorien führt und wo auf ihn viel davon zurückgeht, was Tintoretto von seinen venezianischen Vorgängern unterscheidet. Allmählich vereinigten sich beide Richtungen (die übrigens nie ganz scharf geschieden waren), und kombiniert zeigt sie uns auch Bruegels Gemälde, das in dieser Beziehung als ein Widerspiel bestimmter kompositioneller Bestrebungen und Neuerungen in der gleichzeitigen italienischen Kunst angesehen werden kann.

Und doch wirkt Bruegels Bild ganz und gar unitalienisch, was hauptsächlich auf einer unitalienischen Auffassung der geschilderten Vorgänge beruht. Die Zuschauer, die das merkwürdige Ereignis vereinigt hat, sind mehr als bloße Staffage, mehr als nur eine an sich nebensächliche Ergänzung einer ideellen und formalen Geschlossenheit, deren Helden jenseits der alltäglichen Lebensvorgänge stehen; sie sind vielmehr der eigentliche Rahmen und Resonanzboden dessen, was sich in ihrer Mitte abspielt. Man kann diesen Rahmen in der Einbildungskraft weiterspinnen, und in dem Maße, wie man es versucht, verwischt sich die Grenze zwischen dem ideell und formal isolierten Gebilde und seiner natürlichen Umwelt, und der alte Bruegel, dessen Kunst darin bestand, Volksszenen in anschaulicher Lebendigkeit darzustellen, tritt uns wiederum entgegen. Die im statuarischen Motiv italianisierende Madonna verwandelt sich in eine flämische Bäuerin, die Magier sind wie Porträts von exotisch kostümierten Teilnehmern eines Umzuges der Heiligen Drei Könige in der Weihnachtszeit, und der heilige Josef steht äußerlich und innerlich den Zuschauern nahe, deren einer ihm eine neugierige Frage oder einen Spaß ins Ohr flüstert. Die Hirten, als solche besonders hervorgehoben, wie dies sonst üblich war, fehlen ebenso wie ein schmucker Troß der Magier. Das bukolische und romantische Element ist beinahe ganz verschwunden. Einige charakteristische Volkstypen, irgendein Edelmann oder Kaufherr, ein Bogenschütze, zwei Bürger, zwei Krieger und zwei Bauern oder Handwerker bilden den Kreis um die Anbetung, und hinter ihnen drängt sich beim schmalen Eingang Mann an Mann das militärische Gefolge der Könige, keine eleganten Reiter, sondern bewaffnetes Landvolk, der Ausschnitt aus der Masse, mit den übrigen Gestalten durch denselben Grad der unmittelbaren Lebenswahrheit und die Gleichartigkeit der Empfindung verbunden.

In der Darstellung der psychischen Momente liegt vielleicht der auffallendste Zug des Gemäldes. Der Grundton ist ein plumpes, dumm starrendes Erstaunen. Zu dem Gaffen gesellen sich jedoch ein höheres Gefühl, eine scheue Feierlichkeit und halb unbewußte Devotion, die sich mehr in dem befangenen Stillsein und Aufgeben des gewohnten Lärmens als in Gesten und starken Empfindungen äußert – ähnlich beteiligt sich das Volk am sonntäglichen Gottesdienste. Auch auf die Heiligen Drei Könige wirkt, nur graduell verschieden, dieses Massenempfinden, als dessen

Wortführer sie erscheinen. Sie sind diametral entfernt von allem Pathos, von jeder heroischen Pose und subjektiver Emphase. Ihre Adoration ist schwerfällig und linkisch, wie die von Dorfministranten; man könnte darüber lächeln, wenn nicht gerade in dieser derben Primitivität das Echte und Überzeugende enthalten wäre.
Nicht anders wird ihre Ehrbezeigung von der Gottesmutter entgegengenommen: mit einer hölzernen Verneigung, mit verlegenem Augenniederschlag und mit einer Handgebärde, die gewiß nicht als anmutig bezeichnet werden kann. Dabei liegt in dieser holprigen Dorfzeremonie unzweifelhaft ergreifende Poesie und Stimmung.
Nicht nur das Lebenswahre und Ursprüngliche wirkt in dieser Richtung, auch vieles andere spielt da eine Rolle. So zum Beispiel die Farben: das Fremdartige in den leuchtenden Gewändern der Magier, das Wunderbare in den zarten, wie überirdischen Tönen, in denen Maria gemalt ist. Und vor allem das Jesuskindlein! Es ist kein kleiner Heros, wie bei den Italienern, doch auch mehr als der kleine Menschenwurm, wie bei den älteren Niederländern. Wie eine Knospe geschlossen und noch hilflos liegt es im Schoße der Madonna, die Zukunftshoffnung der Menschheit und das poetische Zentrum der Darstellung, von dem aus sich die ehrfurchtsvolle Demut verbreitet, in deren Banne alle Anwesenden sind.
Zusammenfassend kann man sagen, daß in der „Epiphanie" vom Jahre 1564 derselbe künstlerische Geist waltet wie in des Meisters Bauernbildern. Nicht darauf kommt es an, daß die Figuren genremäßig aufgefaßt sind. Dies wäre in den Niederlanden nichts Neues gewesen und fehlt selbst in der italienischen Cinquecentokunst nicht ganz. Doch neu ist die Art, wie die biblische Erzählung aus dem wirklichen Seelenleben einfacher Menschen entwickelt wird.
Darin berührt sich Bruegel am nächsten noch mit Dürer, geht aber doch nicht nur weit, sondern auch grundsätzlich über ihn hinaus. Bei Dürer handelte es sich, wie in der übrigen Kunst seiner und der vorangehenden Periode, mehr oder weniger um individuelle psychische Momente, um das stille Glück einer bescheidenen Handwerkerfamilie, um die innere Ruhe von Menschen, die sich von der Welt abgewendet haben, oder um Freuden und Schmerzen der Mut-

terliebe oder um die Tragik der Aufopferung für die Menschheit, wobei das allgemein Menschliche a priori gegeben war und nur neu durch lebenstreue Belege illustriert wurde, die besonders geeignet waren, es zu vertiefen.
Bruegel beschränkte sich nicht auf derartige Einzelzüge, sondern baute als erster das geistige Geschehen der Erzählung auf dem auf, was wir als Volksseele zu bezeichnen gewohnt sind, das heißt auf Tatsachen, die für das geistige Leben breiter Volksmassen charakteristisch sind. So ist aber auch die „Epiphanie" wie vorangehende Werke Bruegels ein poetisiertes Kulturbild in einer neuen Bedeutung des Wortes, und der Unterschied besteht nur darin, daß die extensiven Dioramen durch inhaltliche und formale Konzentration ersetzt wurden, und um diese zu erreichen, näherte sich Bruegel der italienisch-objektiv konstruierten und monumentalen Komposition, nicht um sie nachzubilden, sondern um sie seinen künstlerischen Absichten dienstbar zu machen.
Die Frucht des genialen Experimentes war Bruegels letzter Stil. Bezeichnend für ihn ist eine neue Form des Sittenbildes, deren bahnbrechende Bedeutung uns klarwerden dürfte, wenn wir sie uns an markanten Beispielen vergegenwärtigen.
„Die Lahmen" im Louvre. Die Fülle der zahlreichen, nur lose verbundenen Szenen und Gestalten wurde durch eine einzige Gruppe ersetzt. In dieser Beschränkung könnte man ein Zurückgreifen auf ältere Genredarstellungen mit wenigen gleichsam repräsentativen Figuren vermuten, wie sie insbesondere bei den Holländern von Lucas van Leyden an bis Pieter Aertsen üblich waren, mit deren Werken sich Bruegels Gemälde auch in der Raumdarstellung berührt. Keine weite Bühne, sondern ein über die Masse der Figuren nicht wesentlich sich erstreckender Ausschnitt aus ihrer räumlichen Umgebung. Auch das starke Raumdunkel erinnert an derartige Vorbilder. Wie seinerzeit auf Bosch, dürfte Bruegel drei Lustren später auf solche Werke seiner „holländischen Vorläufer" zurückgegriffen haben, mit denen sich sein neues Streben nach gegenständlich konzentrierterer Darstellung berührte. Ihr eigentlicher Kern hat sich allerdings ganz verändert und steht in keiner Beziehung zu den holländischen Vorstufen. Dies sonderbare

Krüppelkonglomerat könnte man für eine Parodie der italienischen Pyramidenkomposition halten; doch diese Parodie gilt nur den heroisch idealisierten Figuren, nicht der formalen Funktion ähnlicher Gebilde, die in Italien darin bestand, Raum in kubische Werte umzusetzen. Auch bei Bruegel hatte sie diesen formalen Zweck, wogegen die Anwendung des Prinzips wiederum unitalienisch war.

1. Die Gruppe ist nicht eine Synthese des zur idealen Vollendung und Ausdruckskraft entwickelten Kräftespieles. Der Darstellungsstoff mag Bruegel gelockt haben, in grotesker Betonung die Gebrechlichkeit der Mechanik, auf der jene Ideale beruhten, und das – wenn man die Menschen als Ganzes betrachtet – stärkere, fast vegetabile Kleben an der Erdscholle zu veranschaulichen. Als ob eine Familie von Giftschwämmen in einer einsamen Ecke aus dem feuchten Boden gewachsen wäre.

2. Dieser biologischen Umdeutung entspricht auch die Darstellung der Körper. Man hat Bruegels älteren Stil als linear bezeichnet. Der Ausdruck ist nicht genau, genügt jedoch, um den Gegensatz zu späteren Werken anzudeuten, bei denen es vor allem auf die Wiedergabe des Körperhaften ankommt; doch nicht im Sinne der Italiener, die die Formen analytisch zergliedert und in dieser Zergliederung zur plastischen und tektonischen Signifikanz entwickelt haben. Bruegel zieht sie zu kubische Gebilde einschließenden Flächen zusammen. Selbst das physiognomische Interesse mußte der Verblockung weichen. Nur bei zwei Lahmen sieht man deutlich die Gesichter, und in der etwas früher entstandenen Zeichnung der „Bienenzüchter" wandeln die Helden der Darstellung in ihren Schutzmasken wie unförmige Klötze in der Landschaft herum.

3. Auch der Bewegungsinhalt der figuralen Pyramide ist neu. Bei den Italienern war er zentripedal, bei Bruegel ist er zentrifugal. Die Italiener komponieren die Figuren in die stereometrische Gesamtform hinein und schließen sie, um sie von der Umwelt zu isolieren, darin ein. Bei Bruegel streben die Gestalten aus der temporären Konfiguration heraus, sie sind im Begriffe, wie Schnecken nach verschiedenen Richtungen zu kriechen, um sich aus dem Konventikel auf ihre Standplätze zu begeben. Der Nachdruck liegt dabei nicht wie bei den Italienern auf der Körperbewegung, auf

der leichten Überwindung der statischen Kräfte durch den lebendigen Körperorganismus, sondern auf der Bewegung im Raume. Wir werden über die Richtungen belehrt, in denen sich die monströsen Körperklumpen weiterbewegen werden, und durch die Radialachsen dieser zu erwartenden Bewegung wird das räumliche Ambiente der Figuren in unserer Vorstellungskraft über den gemalten Raumausschnitt hinaus allseitig erweitert. Ein Ausschnitt in voller Bedeutung des Wortes aus der großen Raum- und Lebensgemeinsamkeit, wie sie Bruegel früher in seinen bilderbogenartigen Bildern gemalt hatte und die hier, ohne daß wir sie sehen würden, doch in unserer Phantasie mit der Darstellung der armen Stiefkinder des Schicksals unlösbar verbunden wird.

„Die Blinden“ in Neapel. Mit diesem in die niederländische Malerei bereits von Bosch eingeführten Thema hat sich Bruegel lange beschäftigt, und in diesen Vorstudien liegt wohl die Erklärung dafür, daß in den „gotisch“ bewegten Gewändern der beiden mittleren Figuren ein älterer Stil mitklingt, was allerdings auch eine mit der ganzen Erfindung des Bildes zusammenhängende Bedeutung haben könnte. Wie bereits von Romdahl hervorgehoben wurde, beruht die Wirkung des Meisterwerks hauptsächlich auf dem Gegensatze der friedlichen Landschaft und der tragischen, unerbittlichen Linie des Blindenzuges. Die Landschaft ist, wie ebenfalls bereits bemerkt wurde, italienisch beeinflußt, und zwar sind die Vorbilder nicht in der gleichzeitigen italienischen Kunst zu suchen, sondern in venezianischen Bildern des zweiten und dritten Jahrzehntes des Cinquecento. In Tizians „Himmlischer und irdischer Liebe“ und verwandten Gemälden finden wir eine ähnliche Ruhe in den Linien, eine ähnliche idyllisch-poetische Stimmung.

Doch das renaissancemäßig „ruhige Sein“ wird verbunden mit der barocken Diagonale! In dem Entwurfe vom Jahre 1562 war sie noch nicht vorhanden. Da gehen die Blinden auf einer breiten Straße, die im wesentlichen parallel zu der horizontalen Lagerung der Hintergrundlandschaft verläuft. Eine so einfache Anordnung und genremäßig sachliche Vorführung genügte Bruegel in seiner letzten Schaffensperiode nicht mehr, und so mußte sie der Diagonalkomposition weichen, die er bereits in der „Epiphanie" von den Italienern übernommen hat. In den „Blinden" ist sie aber nicht mehr wie in dem Gemälde vom Jahre 1564 und seinen Vorbildern nur das Hilfsmittel einer neuen Raumkonstruktion. Ein herabsteigender Damm schneidet die unbewegten Waagrechten der lieblichen Landschaft gewaltsam durch, wodurch ein Kontrast und Konflikt entsteht. Der Ruhe der Dorfidylle gegenüber bedeutet der Damm räumliche Bewegung, deren Anfang und Ende wir nur ahnen, jedoch nicht übersehen können. Wir nehmen nur ihre Richtung wahr, die über den ländlichen Mikrokosmos hinweggeht, seine Grenzen sprengt und der flächenhaften Schichtung des Raumbildes entgegenwirkt. Diese Querbewegung weist dem Auge des Beschauers nicht den Weg zu einem höher gedachten formalen und inhaltlichen Mittelpunkte, wie bei Correggio und seinen Nachfolgern, sondern ist nur Richtung, nur Raumbewegung, über der der Beschauer steht und die von der normalen Höhe des Lebens abwärts führt.

All dies wäre weniger deutlich, wenn nicht der erschütternde Zug der Blinden mit dieser Spannung in der Raumkomposition im vollen Einklang stünde. Erst durch ihn wird uns ihr dramatischer Inhalt vollständig zum Bewußtsein gebracht. Von der Erhöhung, die durch die spitzen Dächer von zwei Bauernhäusern in der linken oberen Ecke des Gemäldes betont wird, schreiten die Blinden den Damm herab. Die letzten noch im gewohnten Tempo, aufrecht, langsam, Schritt für Schritt, wie Automaten. Sie wissen noch nicht, was vorn geschehen ist. Der Damm macht eine Biegung, der Führer bemerkt es nicht und stürzt über die Böschung in die Senkung des Geländes, die in der rechten unteren Ecke den Kontrapost zu den aufragenden Dächern der Häuser in der linken oberen Ecke bildet. Zwischen diesen beiden Polen vollzieht sich nun das tragische Geschick. Die Blinden bilden durch Stangen und Handauflegen verbunden eine Kette, die durch den Fehltritt des Anführers plötzlich mit großer Gewalt angezogen wurde. Ein grausiges, schnelles Sichfortpflanzen der stürzenden Bewegung ist die Folge. Die beiden mittleren Figuren sind bereits von ihr ergriffen, das mechanische Weiterschreiten verwandelt sich in ein unsicheres Stolpern, dem in dem

Blinden hinter dem Führer ein Niederfallen folgt und dann der Abgrund, der den Leiter bereits umklammert hält. Und in Übereinstimmung damit eine Wandlung des figuralen Motivs, von standfester Blockform zur labilen Auflösung und schließlich zur statisch und organisch unbeherrschten Masse, vom regierten oder halbregierten Körper zum rollenden Stein, oder im geistigen Ausdruck – „es liegt eine abgestufte Steigerung der Angst“, sagt Romdahl, „in diesen unheimlich individualisierten wunderbaren Köpfen“, die durch die Verbindung mit der stumpfen Ausdruckslosigkeit, wie sie Blinden eigentümlich ist, noch schauerlicher und ergreifender wird.

So baut sich auf der bewegten und kontrapostischen Wirkung der barocken Raumdiagonale eine grandiose inhaltliche Tragik auf. Wie jene scharf und gleichsam unerbittlich dem schönen Linienfluß und der harmonischen Massenverteilung der Landschaft entgegengesetzt wird, so wirkt anderseits die stille Friedlichkeit und unbewegte Ruhe dieser Landschaft als ein greller Gegensatz zu der Schicksalskatastrophe, die sich in ihr vollzieht. Außer den von ihr Betroffenen sieht man weit und breit keinen Menschen, nur eine Kuh weidet ruhig am Ufer des Weihers, in den die Blinden hineinstürzen. Die Natur ist teilnahmslos, und erscheint sie auch im Zusammenhang mit individuellem Menschenlos enger verknüpft, so ist diese einmalige Bindung doch nichts, gemessen an ihrer Gesamtheit und an ihren unwandelbaren Gesetzen. Der Untergang der Blinden ist eine Abfolge von Momenten ihres Eingreifens in das Einzelschicksal der Beteiligten, die einander so rasch folgen, daß sie der Künstler als einen furchtbaren Augenblick darstellen konnte; doch die Natur ist bleibend und jenseits der zeitlichen Maßstäbe, an die das armselige Menschendasein gebunden ist.

Dadurch gewinnen aber auch die Gestalten der alten Parabel eine allgemeinere, tiefer menschliche Bedeutung. „Bei Bruegel sind sie zur Gemeingültigkeit für alle Zeiten und Geschlechter erhoben, wir fühlen uns alle vor seinem Bilde als Glieder dieser düsteren Kette von Blinden, die einander zum Untergange führen, in dieser unerbittlichen Solidarität des Schicksals“, sagte Romdahl, der im Hinblick auf die abschließende Vollendung in der Bewältigung des Themas

Bruegels Gemälde mit Leonardos Abendmahl verglichen hat. Näherliegend wäre wohl ein Vergleich mit Michelangelos Jüngstem Gericht. Beiden Werken liegt eine Auseinandersetzung mit den tiefsten Daseinsfragen zugrunde, bei beiden sind die Gewalten, die über dem Einzelschicksal stehen, im Brennpunkte eines schauerlichen Ereignisses zusammengefaßt, und beiden liegt ein persönliches Bekenntnis zugrunde, welches zugleich die künstlerischen, geistigen und ethischen Ideale des Zeitalters zum höchsten Ausdruck bringt. Und da trennen sich die Wege. Michelangelos Geisteswelt ist dem realen Leben entrückt. Die Helden seines Weltgerichtes sind Übermenschen, in denen die physischen und geistigen Energien zur titanenhaften Potenz entwickelt erscheinen – gottähnliche Menschen, und doch ein Nichts überirdisch transzendenten Mächten gegenüber, die, losgelöst von Zeit und Raum, dem Ringen der Menschheit unüberschreitbare Grenzen gezogen haben. Die Tragödie der Menschheit sub specie aeternitatis. Ein eschatologisches Traumgesicht, zeitlos und in der Unbegrenztheit des Universums jenseits jeder irdisch determinierten Situation, die Körperlichkeit zur höchsten künstlerischen Gewalt entwickelt, doch im blitzartigen metaphysischen Geschehen, in sphärischer Unendlichkeit den natürlichen Gesetzen entrückt wie eine aus anderen Welten kommende Offenbarung.
Und demgegenüber bei Bruegel eine kleine erschütternde, doch ihrer Bedeutung nach alltägliche Episode. Irgendwo sind einige arme Blinde einem Unfall zum Opfer gefallen. Niemand wird es beachten, kaum daß ihnen dieser oder jener von ihren Verwandten eine Träne nachweinen wird; das Leben in der Natur und das Leben der Menschen geht unbekümmert weiter, als ob ein Blatt vom Baume gefallen wäre. Doch gerade darin liegt das Neue, daß eine so unbedeutende Tatsache mit so unbedeutenden Helden in den Mittelpunkt der Weltbetrachtung gerückt wurde. Was als Zufall, als eine einmalige, zeitlich und örtlich begrenzte, geschichtlich bedeutungslose Begebenheit erscheint, verkörpert das Schicksal, dem niemand entrinnen kann und dem die Menschheit in ihrer Gesamtheit blind unterworfen ist. Die ewig unwandelbaren Gesetze und Gewalten der Natur und des Lebens gehen über das Wollen, Leid und Empfin-

den, über das Leben der einzelnen erbarmungslos hinweg, und wo wir zu führen glauben, werden wir geführt durch eine unsrer Einsicht verborgene Bestimmung wie die Nichtsehenden dem Abgrund entgegen. Dies entsprach einer der Grundlehren des Stoizismus, der zu den wichtigsten Elementen in der Weltanschauung des nordischen Manierismus gehörte, so daß, was seit Montaigne alle führenden Geister beschäftigte, in den „Blinden“ unvergänglich bildlich verewigt wurde.

Dazu kommt noch etwas anderes. Nicht nur in diesem Neapler Bilde sind bei Bruegel die Ärmsten der Armen der Inbegriff des Menschentums geworden. Es ist sicher kein Zufall, daß Bruegel Krüppel, Epileptiker, Narren, Blinde und ungebildete Bauern dargestellt hat. Die „Schönheit der schlichten Seelen“, dieses alte Erbgut des Christentums, trat, ohne die mittelalterliche transzendente Bindung, an die Stelle des klassischen Heroentums und führte zu jener sozialethischen und altruistisch realistischen Menschenschilderung, die drei Jahrhunderte später im „Idioten“ Dostojewskis den Gipfelpunkt erreichen sollte.

Dabei wäre es aber ganz falsch, wenn man Bruegels Bilder nur als „gemalte Literatur“ ansehen oder seinen Darstellungen dieses oder jenes ideologische System zugrunde legen würde. Nicht aus philosophischen Dogmen, sondern aus dem ganzen Geiste seiner Zeit und seines Volkes, aus der Gedanken- und Gefühlsrichtung, auf der bewußt oder unbewußt die Edelsten und Tiefsten unter seinen Zeitgenossen eine neue Auffassung des Lebens aufgebaut haben, floß seine Lebensweisheit, wobei er nicht nur ein Empfangender, sondern auch ein Gebender war. Ist die künstlerische Form, woran nicht gezweifelt werden kann, die Inkarnation des geistigen Verhältnisses zur Umwelt, so bedeutet auch ihre Weiterbildung, was uns bei großen Künstlern besonders deutlich wird, eine unmittelbare Mitarbeit an dem neuen Weltbewußtsein. Manchmal ist sie verschleiert, dann tritt sie plötzlich offenkundig zutage, um später wiederum scheinbar rein formalen Problemen Platz zu machen. So war es auch bei Bruegel. –

Die „Bauernhochzeit“ und die „Kirmes“ in Wien. Die Bilder sind nicht datiert, können aber nur dem Ende von Bruegels Entwicklung angehören. Sie stellen keine zum Nachsinnen anregende Begebenheiten, sondern wohl festliche, aber im übrigen banale Szenen aus dem Bauernleben dar. Der Nachdruck liegt auf dem Wie.

In der „Bauernhochzeit“ legte Bruegel die neue kompositionelle Konzentration einer Innenraumszene zugrunde. Eine Fülle von Hochzeitsgästen hat sich in der Diele versammelt, und weitere drängen nach. In architektonischer Begrenzung entrollt sich vor unseren Augen das Bild einer bunten Menge, in reichster Mannigfaltigkeit und doch übersichtlich gegliedert. Eine andere Entwicklungslinie als die in den beiden letzten Gemälden besprochene knüpft hier an die „Epiphanie“ vom Jahre 1564 und an die italienische Kunst an. Beruhten in jenen die Beziehungen im wesentlichen auf der Raumgestaltung und Gruppenbildung, so kam in der „Bauernhochzeit“ noch die neue Art einer reichen figuralen Komposition dazu.

Sie entspricht der um die Mitte des Jahrhunderts in Italien beliebt gewordenen Tiefenanordnung in den Darstellungen des letzten Abendmahles und der Hochzeit zu Kana, deren schönstes vor Bruegels „Bauernhochzeit“ entstandenes Beispiel Tintorettos Gemälde in der Salute aus dem Jahre 1561 bietet. Die Übereinstimmung ist so auffallend, daß man vermuten könnte, Bruegel habe eine Reproduktion oder Kopie des Gemäldes gesehen. Im höchsten Grade lehrreich ist es aber wiederum, wie Bruegel dieses oder ein ähnliches Vorbild verändert hat.

Die räumliche Abgeschlossenheit der Darstellung, die bei Tintoretto nur etwas gelockert ist, verschwindet bei Bruegel beinahe ganz. Der Venezianer stellte den Raum so dar, daß wir die Form, die Dimensionen und die Begrenzung der Halle klar übersehen können. Bruegel begnügte sich dagegen mit einer Teilansicht, so daß wir die Gesamtgestalt des dargestellten Innenraumes nur vermuten, doch nicht überblicken können. Die perspektivische Konstruktion, das heißt das formale Mittel einer bestimmten Tiefenausdehnung, ist bei Tintoretto auffallend stark betont. Selbst die beiden, wie die Deckenbalken über ihnen, orthogonal zur Bildfläche verlaufenden Figurenreihen der Teilnehmer des Gastmahles erscheinen als ein Glied des konstruktiven Systems, so daß man glauben könnte, es sei Selbstzweck geworden. Erst bei genauerer Betrachtung nimmt man wahr, daß es dem geistigen Inhalte der Darstellung zu dienen hat: die perspektivischen Linien laufen genau über dem Haupte Christi zusammen und stellen ihn auf diese Weise in den Mittelpunkt der ganzen Darstellung. In zweifacher Weise wird dadurch die Gastmahlszene trotz der scheinbaren Freiheit der Darstellung einer festgefügten und in sich begrenzten Ordnung subordiniert: durch den Raumkörper, innerhalb dessen sich alles abspielt, und durch das künstlerische Zentrum, die künstlerische Dominante, die zugleich die geistige ist und in der alles zusammenfließt. Bei Bruegel waltet ein ganz anderes Prinzip. Die perspektivische Konstruktion ist da ein Hilfsmittel ohne selbständige künstlerische Bedeutung und Betonung, die beiden Reihen der Sitzenden schneiden ihre Tiefenlinien und bilden zusammen mit einer dritten Figurenreihe einen Keil, dessen Spitze zu der Tür des Raumes hinausragt, die Szene mit den Vorgängen außerhalb des Innenraumes verbindend, worin ein weiteres Mittel liegt, die Geschlossenheit der Darstellung aufzuheben. Das ganze Dorfleben ist mit ihr vereinigt und strömt, sich am Eingang stauend, in den Festraum hinein. Die Braut aber, die Hauptperson des Festes, steht nicht im Mittelpunkte dieser Bewegung, sondern gleichsam an ihrem Ufer, man muß sie erst suchen (den Bräutigam findet man gar nicht), so daß die eigentlichen Helden der Begebenheit nicht die Darstellung beherrschen, wie es in Italien selbstverständlich ist, sondern nur den äußeren Vorwand einer bildlichen Erfindung bedeuten, deren eigentlicher Zweck die Schilderung des Volkslebens ist. Doch nicht als unregelmäßig zerstreute homogene Masse dargestellt wie in den Bildern vor der „Epiphanie" vom Jahre 1564, sondern im Sinne der Italiener künstlerisch diszipliniert und mit einer Anordnung verbunden, die dem frei aufgelösten Wirklichkeitseindruck eine komplizierte Synthese und Steigerung gegenüberstellt. Deren Inhalt ist allerdings ganz anders beschaffen als bei den Italienern. Es führt hier künstlerischer Zwang dem Beschauer nicht in sich begrenzte formale Gebilde, sondern einen Lebensausschnitt in der eigentlichen Bedeutung des Wortes – als eine nicht nur besonders charakteristische, sondern auch durch kompositionelle Kunst zur konzentriertesten Wirkung erhobene Pars pro toto – vor Augen. In dem mit ordnender

Überlegung dargestellten Symposion siegt zuallerletzt doch elementare Ungebundenheit und alle Fesseln sprengende Kraft der natürlichen Menschenexistenz.
Und aus ihren Tiefen entstehen neue, nicht mit denen der Fabel identische Hauptfiguren der Darstellung; zum Beispiel die beiden Bauern, die die Türen ausgehängt haben und auf diesem improvisierten Servierbrett Speisen hereinschleppen, der Schenkbursche und die Dudelsackpfeifer; Gestalten, die die massiven Genüsse der Dorfbewohner veranschaulichen und zugleich Typen einer neuen Wesenhaftigkeit sind, die von den Normen der körperlichen Schönheit der Alten und ihrer italienischen Erben ebenso entfernt ist wie von der geistigen Idealisierung der gotischen Periode, die als Abglanz einer spiritualistischen Weltanschauung entstanden ist.
Noch deutlicher treten uns solche Typen in den Figuren der „Dorfkirchweih" entgegen, am schärfsten ausgeprägt in denen der Tanzenden. Sucht man nach Analogien für diese plump und schwer und doch zugleich leidenschaftlich dem Tanze sich ganz hingebenden Gestalten, die die äußerste Negation des klassischen Begriffes der Grazie in seinen antiken, gotischen und humanistischen Wandlungen zu sein scheinen, so denkt man unwillkürlich an Dürers tanzendes Bauernpaar. Bruegel hat wohl dieses Blatt gekannt. Wie groß ist aber die Verschiedenheit in der Auffassung und Bedeutung der Darstellung! Bei Dürer handelt es sich um ein naturalistisches Einzelmotiv, in dem eine Fülle von Naturbeobachtung mit grotesken Figuren vereinigt wurde; als wären sie für ein Bilderbuch gezeichnet, in dem auch die wunderbaren Tier- und Pflanzenstudien oder Landschaftsbilder Dürers Platz gefunden hätten. Bei Bruegel ist die Treue der Naturwiedergabe nicht das Hauptziel der Darstellung. Der Nachdruck liegt nicht auf der Einzelbeobachtung, sondern auf der Gesamtwirkung der Figuren, auf der zwingenden Kraft der vereinfachten Linien und Flächen und auf dem einheitlich packenden Bewegungseindruck. Mutatis mutandis besteht hier ein ähnliches Verhältnis wie etwa zwischen Donatello und Michelangelo: aus naturalistischen Studien entsteht monumentale Synthese, wobei bei Bruegel die Erhebung über den Einzelfall nicht in funktioneller Idealität und Potenz der Formen und Bewegungen besteht, sondern

in der auf natürlicher äußerer und innerer Verschiedenheit der Menschen und ihrer gesellschaftlichen Schichtung beruhenden typischen Wirkung der Gestalten. Sie verkörpern zum Beispiel nicht die Beherrschung der Körperformen, der Körpergliederung, der Körperbewegung als ein primäres Kunstproblem, demgegenüber die individuelle Abwandlung nur ein Kleid ist, in welches die grundsätzliche Erkenntnis eingehüllt wird. Im Gegenteil; in den in bestimmter Weise durch gesellschaftliche Zustände begrenzten Tatsachen, wie in der kompakten Plumpheit der Bauern und in der vierschrötigen Unkultiviertheit ihrer Bewegungen liegt der Ausgangspunkt und Sinn des Motivs, und dieser Inhalt wird in engster Verkettung mit der ganzen Komposition zur typischen Bedeutung erhoben. Bei aller scheinbaren Freiheit schließt sich die Komposition der kunstvollen Abgewogenheit der übrigen Gemälde aus Bruegels letzten Jahren auf das engste an. Abermals wird sie durch diagonale Anordnung beherrscht. Eine Diagonale ist gegeben durch die Richtung der Dorfstraße, die von links nach rechts zu der Kirche im Hintergrund führt. Die ruhigen, sich allmählich herabsenkenden und dann zur Kirche wiederum erhebenden Linien der Häuser begleiten ihren Verlauf, und entlang dieser Häuser sieht man die Dorfbevölkerung zur fröhlichen Unterhaltung vereinigt, deren Schauplatz die quer durch das Bild sich hinziehende Dorfstraße bildet. Dieser Bewegungszug wird nun durchkreuzt durch einen anderen, von rechts nach links ebenfalls quer durch das Bild sich fortpflanzenden. Sein Ausgangspunkt – und man wäre versucht zu sagen sein Sinnbild – ist das tanzende Paar rechts im Vordergrunde. Die beiden wuchtig auf den Tanzboden vordringenden Rückenfiguren wirken als Quelle einer starken Bewegungsempfindung in der Richtung ihres Vorstürmens. Erhöht wird dieser Eindruck durch die Lockerung der Komposition in dieser Richtung, wie auch durch die zweimalige Wiederholung des Motivs des tanzenden Paares auf dieser freien Bahn. Bis in das gegenüberliegende Haus reicht die Bewegungswelle, die in seitlicher Ausbreitung durch das jugendliche Paar im Hintergrunde und durch das Kinderpaar im Vordergrunde verstärkt wird.

So wird, ähnlich wie in den „Blinden“, die Ruhe der Situation durch eine kontrapostische Bewegungsorientierung durchbrochen und dadurch mit dramatisch gesteigertem Leben erfüllt, wobei anstelle des tragischen Unterganges und der dunklen Schicksalsmächte Gewalten und Spannungen getreten sind, die das Leben in seinen hellen Höhepunkten beherrschen.

Diese fröhliche Lebensdramatik ist der Hintergrund, von dem sich die Tanzenden abheben. Sie sind, mit seinem bunten Gewebe verbunden und doch auch ihm entgegengestellt, Analyse und Synthese zugleich, nicht idealistische Abstraktion oder naturalistische Exemplifikation, sondern zur höchsten Eindringlichkeit erhobene Charakteristik, die mehr als auf der mechanischen Nachahmung des Lebens, auf dem geistigen Eindringen in seine Tiefen beruht.

Der neuen Auffassung des Typischen schließt sich auch die von der Anschauung zur Einsicht und von der Einsicht zur Erzählung fortschreitende Sprache der Darstellung an; sie ist monumental vereinfacht und mehr auf der inneren lebendigen Vorstellung aufgebaut als auf dem Bestreben, die sinnliche Erscheinung nach jeder Richtung hin erschöpfend wiederzugeben.

Das Modellstudium und selbstverständlich auch jede Norm weichen gleichsam Erinnerungsbildern, aus denen Bruegel mit unfehlbarer Sicherheit das für die Gegenüberstellung und Unterscheidung der verschiedenen Gestalten und Dinge in Zeichnung, Modellierung und im Kolorit Wesentlichste zu wählen wußte. Die Zeichnung ist weder beschreibend, wie bei den älteren Niederländern, noch ein Mittel der Zergliederung und des Aufbaues der Formen und kompositionellen Gebilde, wie in der florentinisch-römischen Schule, noch ein Mittel, die optische Verbindung der Körper mit dem sie umgebenden Raume darzustellen, wie bei den Venezianern, sondern bringt dem Beschauer zum Bewußtsein, was für die Gegenstände besonders signifikant ist und wodurch sie sich der Einbildungskraft am stärksten eingeprägt haben. Dies führte teilweise zu einem flächenhaften Eindruck, so daß die Silhouette die Darstellung zu beherrschen scheint, teilweise wiederum zu einer Reduktion der plastischen und räumlichen Wirkung der Körper auf einfache Grundformen, bei denen alle Einzelheiten einer mehr summarischen Betonung der Rundung oder flächenhafter Begrenzung weichen mußten. Dementsprechend herrschen auch im Kolorit die ungebrochenen bunten Lokalfarben vor. Es sind dies Merkmale, die man bei Bruegel weit zurückverfolgen kann und die sich ebenso organisch als mannigfaltig aus seinem Bestreben, die Lebenskomplexe in ihrer kaleidoskopischen Wirkung und doch auch in ihren Einzelfaktoren zu erfassen, ausgebildet haben. Was jedoch in älteren Bildern mehr oder weniger auf einzelne Akzente beschränkt war oder in einem mosaikartigen Aneinanderreihen bestand, vereinigt sich in den letzten Gemälden untrennbar mit der neuen, kunstvoll abgewogenen Komposition. Ihr Ausgangspunkt war die Totalität eines Lebensausschnittes mit seinem ganzen Reichtum an Lebensbetätigung, Gegenständen, Formen und Farben, mit seinem Beieinandersein und Füreinandersein, mit seinen äußeren und inneren Zusammenhängen. Aus dieser Einheit sondern sich nun die einzelnen Figuren und Dinge in der Verschiedenartigkeit ihrer sinnlichen Erscheinung und weit mehr noch durch die Beobachtung ihrer Eigenart und Wesenhaftigkeit in der Gesamtheit des geschilderten Lebensbildes ab.

Dabei geht der Künstler wie ein Dichter vor, indem er, über die bloße Wiedergabe einer zufälligen Situation hinausgehend, aus solchen Vorstellungen seine Schilderung so aufbaut, daß der Beschauer dazu geführt wird, aus ihr herauszulesen, was in der Lebensdeutung und Menschenauffassung der künstlerischen Erleuchtung als das Wichtigste und Bezeichnendste erschien. Das Prinzip war alt und lehnt sich an italienische Entwicklungslinien an, doch sein Inhalt und seine Anwendung waren neu und nordisch. Kompositionelle Bewegungsmomente und Gegensätze entfesseln nicht tektonische und plastische Kräfte, sondern lassen uns die gegebene Lebenskonstellation tiefer empfinden. Wohl sind alle Teilnehmer ihre Träger; sie bilden jedoch gewissermaßen eine Stufenreihe, je nachdem sie den geschilderten Lebensinhalt verkörpern, von dem Chorus, in dem sie gleichmäßig mitklingen, bis zu Gestalten, die als die ausgeprägteste Synthese der ihnen zugrunde liegenden Vitalität und typischen Bedeutung vom Künstler geschaffen wurden. In ihnen sammelt sich die festlich ausgelassene, dem Alltag entgegengesetzte Stimmung in ihrem Höhepunkte, und deshalb sind sie auch der Gipfelpunkt der Bewegung und des fröhlichen Farbenspieles. Zugleich isoliert sie aber auch diese Kulmination von dem Chorus. Sie sind die Helden des Schaustückes, nicht im Sinne einer Handlung, sondern als reinstes, der Masse entgegengestelltes Spiegelbild des Bauernwesens, in seinen charakteristischen Lebensäußerungen grell beleuchtet durch die leidenschaftliche Hingabe an den Genuß des Augenblicks, der gegenüber alle anderen Bindungen zu verblassen scheinen.

Sie bewahren aber trotzdem ihr Recht. Die stürmisch bewegte Diagonale wird durch die kompakte unbewegte Kulisse des Häuserblocks zum Stillstand gebracht, der dem herausstürmenden Paar ein Gegengewicht bietet, und wie mit einem festen Ring werden die Tanzenden von den Gruppen der Dorfgenossen und dem unverändert ruhigen Dorf- und Naturbild eingeschlossen. Der Rausch wird vergehen, und das Dorfleben kehrt in seine altgewohnten Bahnen zurück, die ihm von der Natur vorgeschrieben wurden. –

Nicht alle Seiten von Bruegels Kunst sind in diesen Bemerkungen besprochen worden. Vieles wäre noch zu ergänzen, doch das Gesagte dürfte genügen, um darzulegen, daß ihre Entwicklung andere Maßstäbe erfordert als die, nach welchen sie gewöhnlich gemessen wird. Die Bedeutung seiner Werke wird durch Hinweise auf ihre volkstümliche Originalität in keiner Weise erschöpft. Bruegel war nicht nur ein origineller, sondern auch ein für die Weiterentwicklung der inhaltlichen und formalen Probleme in der europäischen darstellenden Kunst ebenso maßgebender Künstler wie Raffael und Michelangelo, wie Tizian, Correggio und Tintoretto. Im Rahmen der niederländischen Kunst des XV. und XVI. Jahrhunderts kann man ihn nur mit Jan van Eyck vergleichen, dessen Werk er vollendet, aber auch überwunden hat, wie Michelangelo das seiner Florentiner Vorgänger. Jan van Eyck hat die Normen der mittelalterlichen bildlichen Erfindung gesprengt, indem er Naturstudien in den Mittelpunkt des künstlerischen Verhältnisses zur Umwelt erhoben hat. Mit diesem formalen Aufstieg der Wirklichkeit konnte jedoch bei ihm, der ganzen geistigen Sachlage des Zeitalters entsprechend, noch nicht auch die Souveränität des realen Lebensbegriffes verbunden sein, so daß ein Dualismus der äußeren Beobachtung der Natur und des allgemein geistigen, nach wie vor religiös bedingten Inhaltes der Kunst bestehenblieb. Diesen Gegensatz hat Bruegel überwunden. Über äußere Erscheinungsmerkmale hinaus erstreckt sich seine Beobachtung auf die natürlichen Bedingtheiten des menschlichen Daseins, die ihm zur Quelle der künstlerischen Wahrheit und Erhebung geworden sind. Es ist dies der Abschluß des Widerstreites zwischen Offenbarung und Erfahrung, dessen Wurzeln im Mittelalter liegen, dessen zweites Kapitel die Emanzipation der Erfahrung auf dem Gebiete der formalen Probleme war und der nun mit dem Siege der Erfahrung in der ganzen Auffassung des Lebens geendet hat.

Diese Überwindung des formalen Naturalismus durch inhaltlichen Lebensrealismus fiel in eine Zeit, deren Geist weniger ein wissenschaftlicher als ein spekulativ philosophischer, poetischer und künstlerisch gestaltender war. Und so erscheinen bei Bruegel wie bei den großen Dichtern der manieristischen Periode und der folgenden Zeit die Schilderungen der Menschen und Lebensverhältnisse nicht – noch nicht als verstandesmäßige Beweisführung, sondern verflochten nach Grundsätzen und Wirkungsmöglichkeiten einer kunstvollen künstlerischen Komposition und poetischen Erfindung. Während Jan van Eyck die Naturbeobachtung von den kompositionellen Problemen im wesentlichen losgelöst, das heißt die Unerschöpflichkeit der individuellen Naturformen dem Zwange der Komposition entzogen hat, gab Bruegel die Unabhängigkeit des subjektiven künstlerischen Naturstudiums von der Komposition wiederum auf. Wie die Italiener – und durch sie angeregt – stellte er der unendlichen Variabilität der Natur einen geschlossenen und einheitlichen künstlerischen Organismus entgegen, in dem die Naturanschauung nicht eigene Wege geht, sondern unlösbar mit der kunstvollen Komposition verbunden wird. Nach dem Vorbilde der Italiener, doch nicht in ihrem Sinne. Bei den Italienern war ein solcher künstlerischer Organismus der Inbegriff und vielfach das letzte Ziel der Kunst, wie auch ein bewußtes Jenseits-der-Wirklichkeit-Stehen; bei Bruegel nur ein Mittel zum Zweck. Dieser Zweck bestand in einem durch künstlerische und poetische Verarbeitung der Erfahrungen, über die unmittelbare Bu-

chung der Tatsachen hinaus zur Wahrheit und zu erhebender Bedeutung höherer Ordnung verwandelten Abbild der Wirklichkeit, der Natur, des realen Lebens.
Darin lag der entscheidende Schritt zu der holländischen Malerei des XVII. Jahrhunderts, deren Blüte eine allseitige Verwirklichung des neuen Programms war, welches Bruegel der künstlerischen Natur- und Lebensschilderung erschlossen hat. Anderseits führte von der Verschmelzung „romanistischer Elemente" mit der Verankerung der Kunst im realen Sein auch zu Rubens eine Brücke, so daß die beiden Äste der niederländischen Malerei der Barockperiode mit Bruegels Entwicklung zusammenhängen.
Doch auch weiter noch können die Fäden gesponnen werden; denn universalgeschichtlich war Bruegel, wie schon betont wurde, auf dem Gebiete der Malerei der erste große und bahnbrechende Vertreter jener dem natürlichen Leben zugewandten realistischen Orientierung der Kunst, die zu den konstitutiven Faktoren der europäischen Kunst im XVII. und XVIII. Jahrhundert zu zählen ist, im XIX. Jahrhundert die allgemeine Führung besaß und ihren Gipfelpunkt erreichte, um im XX. Jahrhundert fast mit einem Schlage in dieser Führung durch eine heterogen verschiedene abgelöst zu werden. Im höchsten Grade lehrreich ist es aber, daß ihr Ursprung in der geistigen Bewegung des Manierismus zu suchen ist.

Über Greco und den Manierismus

Grecos Ruhm bei seinen spanischen Zeitgenossen wurde durch ein Gemälde begründet, welches sich in der Kirche des heiligen Thomas in Toledo befindet und das Begräbnis des Grafen Orgaz darstellt.

Eine unterhalb des Gemäldes angebrachte Steintafel erklärt die Darstellung. Don Gonzalo Ruiz von Toledo, Graf von Orgaz, Protonotar von Kastilien, war ein Wohltäter der Kirche des heiligen Apostels Thomas, in der er nach seinem Tode beerdigt werden sollte. In dem Augenblick, als sich die Priester rüsteten, ihn zu begraben, stiegen – o unerhörtes, staunenswürdiges Ereignis – der heilige Stephanus und der heilige Augustinus vom Himmel und bestatteten ihn hier mit eigenen Händen.

Diesen legendären Stoff hat Greco in einer sehr merkwürdigen Weise dargestellt. Das Gemälde besteht aus zwei Teilen: unten ist das Begräbnis, oben der Empfang des Grafen im Himmel gemalt. Doch auch die untere Partie besteht eigentlich aus zwei Teilen, aus einer Zeremonie und aus einem Wunder. Die Zeremonie ist mit spanischer Würde und dabei auch mit einer Sachlichkeit dargestellt, die an gleichzeitige holländische Meister erinnern könnte. Rechts von der Bahre, auf der der gepanzerte Leichnam lag, liest in andächtiger Sammlung ein Priester die Totengebete; korrespondierend links steht ein Mönch, den Leichnam in stiller Kontemplation betrachtend, als ob er von ihm Abschied nehmen wollte. Zwischen diesen beiden Eckfiguren sind in ununterbrochener Reihe friesartig die Trauergäste angeordnet: die Blüte des toledanischen Adels, alle in schwarzen Gewändern mit weißen Halskrausen; ernst und aufmerksam wirken diese Hidalgos wie ein holländisches Gruppenporträt, wobei jedoch das Porträtmäßige einem gemeinsamen Zuge gegenüber etwas zurücktreten muß. Es ist etwas Hartes und zugleich Fanatisches in diesen Köpfen, asketische Selbstzucht und angeerbte Metaphysik, ein Geist, der auch das zu verstehen vermag, was man mit den Augen nicht sehen und mit den Händen nicht greifen kann. Doch gehen wir weiter.

Unabhängig von dieser Zeremonie geht etwas vor, wovon

die Mehrzahl der an ihr Beteiligten keine Ahnung hat. Zwei Sendboten des Himmels sind gekommen, um selbst die Bestattung des treuen Dieners der Kirche vorzunehmen, doch nur seiner irdischen Hülle: denn oben in einem Wirbel von Gestalten und Wolken, in dem die Substantialität der Form einer ätherischen Vision weichen mußte, wird ohne irdische Hüllen der Graf bereits in feierlicher Audienz von Christus und Maria empfangen. Zwei von den Assistenten der Zeremonie aber sehen, wovon die anderen nichts wissen: der Priester im weißen Chorhemd rechts, der mit Zeichen des größten Erstaunens in die Höhe blickt, und der Knabe links im Vordergrunde, der aus dem Bilde herausschaut und mit der Linken auf die beiden Heiligen hinweist, als ob er den Beschauer auf das Wunder aufmerksam machen wollte; eine Seele vom Glauben erfüllt, dann ein kindliches Gemüt, dem das Wunderbare in der Welt noch nicht durch das Gift der Zweifel verschlossen ist, und der Beschauer, der durch die Malerei in die Sphäre des rein Geistigen erhoben werden soll.

Darin liegt aber der Sinn des sonderbaren Gemäldes. Wie in einem kostbaren Blumenstrauß breitet dann Greco alles aus, was zu den Ruhmestiteln der Malerei in seiner Zeit gehörte: die römische Kompositionskunst, die venezianische Meisterschaft in der Behandlung der Farben, die niederländische Menschenschilderung. Wer hätte damals, nach Tizians Tode, mit einer ähnlichen Bravour kostbare Gewänder, wie wir sie an den beiden Heiligen sehen, malen können, wer nach Tintoretto das Transitorische der Erscheinung mit ähnlicher Meisterschaft festhalten oder seit Michelangelo die schwierigsten kompositionellen Probleme mit einer ähnlichen Kühnheit lösen können? Doch über all dem steht etwas Höheres – das Wunder und der Geist, der sich über die Schranken der nur irdischen Wahrheit, Schönheit und Gesetzmäßigkeit erhoben hat. Wo spielt sich der Vorgang ab? Wenn wir es nicht wüßten, könnten wir es kaum erraten: bei Nacht, vermutlich in der Kirche, von der man jedoch nichts sieht. Das feste räumliche Gefüge, seit Giotto das unverrückbare Fundament jeder bildlichen Darstellung, ist verschwunden. Ist der Raum breit, tief? Man weiß es nicht. Die Figuren sind zusammengedrängt, als ob der Künstler in ihrer räumlichen Verteilung unbeholfen ge-

wesen wäre. Zugleich aber erwecken oben das flackernde Licht und die Feerie die Empfindung unbegrenzter Weiten. Der Grundgedanke der Komposition ist alt und einfach, viele hundertmal in der vorangehenden Kunst in der Darstellung der Assunta angewendet. Doch wie hat sich sein Sinn allein dadurch schon verändert, daß der Maler die vordersten Figuren durch den Bildrand überschnitten hat, so daß man nichts vom Boden des Platzes sieht und die Gestalten irgendwo magisch emporzuwachsen scheinen – das Präludium eines Sursum, welches in der unteren Zone noch mit einigen Widerständen zu kämpfen hat, welches aber über der isokephalen Reihe der Trauergäste wie Flammen emporlodert. In diesem Fanal schloß sich Greco der alten symmetrischen Anordnung solcher repräsentativer Himmelsszenen an; doch er negiert sie zugleich. Denn wenn sie bis dahin der malerische Ausdruck der materiellen architektonischen Rhythmik war, entzieht ihr Greco diese Bedeutung. Es ist alles wie aus dem Lot geraten, und anstelle der tektonischen Rhythmik trat eine andere. Die Gesetze, denen die Wolkengebilde und Figuren gehorchen, sind andere als die der irdischen Schwere und deren Überwindung. Es herrscht in dieser Apotheose ein traumhaft unwirkliches Sein, welches nur der inneren Inspiration des Künstlers folgt, nicht nur in dem Aufbau, sondern auch in den Formen und Farben, die sich über die Beobachtung hinwegsetzen und nicht eine Niederschrift des Augenscheines sein wollen, sondern eher fieberhaften Visionen gleichen, in denen sich der Geist von den Fesseln der irdischen Welt loslöst, um sich in einer astralen, übersinnlichen und überrationellen zu verlieren.
Geisterseher nannten Greco seine Toledaner Zeitgenossen, nicht ohne Berechtigung. „Ya era loco", sagt heute der Küster, der den Fremden vor das Gemälde führt. Er war ein Narr; ein Urteil, welches uns in der milderen Fassung – ein zerstörter edler Geist – bis in die jüngste Gegenwart auch in der kunstgeschichtlichen Literatur entgegentritt, soweit sie noch in dem Banne der materialistischen und naturwissenschaftlichen Weltanschauung steht. Mit diesem Narren wollen wir uns beschäftigen, nicht um ihn in Schutz zu nehmen, was heute nicht mehr notwendig ist, sondern um den Quellen seiner merkwürdigen Kunst nachzugehen.

Domenico Theotocopuli, so lautet der eigentliche Name des Künstlers, war bekanntlich ein Grieche aus Kreta, welches damals unter venezianischer Oberhoheit stand. Wie viele seiner Landsleute, genoß auch dieser Kyriakos seinen Unterricht in der Lagunenstadt, jenen in der Malerei in der Werkstatt des fast neunzigjährigen Tizian, dem er in erster Linie die Vertrautheit mit dem höchsten Ausmaß der Erfahrungen in der impressionistischen Wiedergabe der farbigen Erscheinung zu verdanken hat. Auch der alte Bassano, der Maler der großen Licht- und Schattenkontraste, und Paolo Veronese, der Meister des lichten, silbernen Tones, haben ihn beeinflußt. Doch all dies scheint ihn nicht befriedigt zu haben. Die italienische Kunst stand damals an einem Wendepunkte ihrer Entwicklung. Eine ganz neue geistige Strömung hatte sie erfaßt, auch die jüngeren venezianischen Meister; eine Strömung, die von Rom ihren Ausgang genommen hat. Und so finden wir ihn im Jahre 1570 in der ewigen Stadt, wohin er mit einem Empfehlungsschreiben an den Illyrer Giulio Clovio, den Miniaturmaler, gekommen war. Von da an verlieren sich die Spuren bis zum Jahre 1577, in dem er in Toledo auftaucht und Bilder malt, die außer der technischen Meisterschaft kaum noch etwas mit seinen venezianischen Jugendwerken gemeinsam haben: ein neuer Greco, der in der Zwischenzeit eine Konversion, wie man damals gesagt hätte, durchgemacht hat. Diese geistige Wiedergeburt ist aber der Schlüssel zu einem großen Meister. Sie ist es, die ihn zu dem erhoben hat, was er uns heute geworden ist, so daß wir vor allem ihre Wurzeln untersuchen müssen.

Einen äußeren Anhaltspunkt besitzen wir nicht. Wir können nicht durch Daten oder Kunstwerke belegen, was in den sieben Jahren zwischen Rom und Toledo mit Greco geschah, wohl können wir aber verfolgen – und das ist schließlich wichtiger –, was er damals an neuen Ideen und Eindrücken empfangen hat. Und da müssen wir zunächst auf die größte Gestalt des Jahrhunderts, auf Michelangelo, unsere Blicke richten, dem es wie keinem zweiten bestimmt war, den Geist der kommenden Zeit vorwegzunehmen. Als alter Mann hat Michelangelo Werke geschaffen, die bisher zumeist wie Grecos Bilder jenseits dessen standen, was man noch verstehen – das heißt nach naturalistischen Maßstä-

ben beurteilen konnte, und die infolgedessen vielfach als unvollendet oder als ein Zeichen der Altersschwäche bezeichnet wurden. Dazu gehörte die Pietà im Palazzo Rondanini, die Kreuzabnahme im Dom von Florenz und die figuralen Zeichnungen aus des Meisters letzter Schaffenszeit. Zu diesen gehört eine Reihe von Entwürfen für eine Kreuzigung, die uns über das letzte künstlerische Bekenntnis und Vermächtnis Michelangelos belehren können. Was sollte beim alten Michelangelo dieses alte, pathetische Thema, welches in der innerlich paganisierten Kunst der Hochrenaissance so sehr aus der Mode gekommen war? Man könnte vermuten, daß er sich noch einmal in der Darstellung des nackten menschlichen Körpers, die die Hauptquelle des künstlerischen Fortschrittes in Italien seit mehr als hundertfünfzig Jahren gewesen war, erproben wollte. Doch wie grundverschieden ist diese „Aktstudie", wenn wir sie noch so nennen dürfen, von allem, was man darunter bis dahin – auch seine Kunst inbegriffen – in Italien verstanden hat.
Eine Modellstudie aus seiner Jugend zeigt die möglichst treue, naturalistische Wiedergabe individueller und zugleich im antiken Sinne vollendeter Körperformen (Studien zum Schlachtkarton). Die Kunst war Wissen; sie sollte die Offenbarung ersetzen und den Menschen die Umwelt in ihrer natürlichen Kausalität erschließen. In der zweiten Phase seiner Entwicklung, in der Sixtina und bei den Mediceergräbern, geht Michelangelo über das individuelle Modell hinaus, in Formen, die der individuell normalen Form übermenschlich heroisierte entgegenstellen – ein Titanengeschlecht, eine Vergöttlichung der Menschen, der anstelle der alten transzendenten Gewalten trat. In der dritten Phase, der des Jüngsten Gerichtes, ist nun die Gewalt des Künstlers über die Körper so groß, daß er nicht nur in den Körperformen das Modell überwindet, sondern aus seiner Erfahrung schöpfend die menschliche Gestalt in ihren Stellungen und Bewegungen zum freien Werkzeug grandioser individueller Konzeptionen macht. Und diese Apotheose des über die Natur triumphierenden und mit den Göttern wettstreitenden formal künstlerischen Könnens ist zusammengebrochen: nie mehr versuchte Michelangelo ähnliches zu malen. Was er in seinen letzten Jahren zeichnet oder modelliert, sind Dinge, die einer anderen Welt anzugehö-

ren scheinen. Alles ist verschwunden, was seit Giottos Zeiten immer mehr der Inbegriff des Künstlerischen geworden ist und in den früheren Werken Michelangelos den Höhepunkt erreicht hatte: künstlerische Komposition und dramatische Handlung, natürlich lebensvolle und objektiv überzeugende zeichnerische Wirkung der Gestalten und deren räumlicher, physischer und psychischer Zusammenhang. Man könnte an mittelalterliche Skulpturen oder Gemälde denken: ein einfacher Dreiklang von massigen, ungegliederten Figuren, die beinahe formlos sind, wenn man daran denkt, was man früher unter Form verstanden hat, da der Ausgangspunkt die Reproduktion der materiellen Gestalten der Außenwelt war. Auf die kommt es nun Michelangelo sicher nicht mehr an. Klotzig sind die Gestalten, eine amorphe Masse, an sich gleichgültig, wie ein am Wegrand liegender Stein, und dabei doch das Ganze vulkanisch vibrierend, erfüllt von einer Tragik, die aus den tiefsten Schächten der Seele fließt, der gegenüber jedem, der sie begriffen hat, ältere Darstellungen schal und oberflächlich erscheinen, da ihre Quelle nichts äußerlich mechanisch Erfaßbares, sondern ein inneres Erlebnis ist, die innere Erschütterung, die der Künstler über das Mysterium dieses die Menschheit erlösenden Todes erfahren hat. Und dieser Erschütterung Ausdruck zu geben, die Figuren nicht von außen nach innen, sondern von innen nach außen aufzubauen, wie sich die Seele ihrer bemächtigt, sie ohne Rücksicht auf vergängliche, täuschende Schönheit und Naturtreue mit einem davon unabhängigen Leben und Tod erfüllt, ist sein Ziel geworden.

Oder die Pietà Rondanini. Es ist mehr als die Erfahrung eines der reichsten Künstlerleben, was die Alterspietà von dem Jugendwerke trennt. Wertlos wurde, was dem Meister in den Jugendjahren als das Höchste erschien; und verschwunden ist der wundervoll abgewogene Aufbau, bedeutungslos die Meisterschaft in der übersichtlichen Zusammenordnung der Körper zu einer Gruppe und in der Modellierung der Oberfläche, in der Michelangelo einst die Antike besiegte: eine tote Masse, schlaff herabhängend ohne jede Spur des Strebens nach irgendwelcher Individualisierung oder körperlicher Idealisierung, und doch eine erschütternde Elegie. Nie ist der tote Gott früher ergreifen-

der, der Schmerz dumpfer, auf dem Gemüt lastender dargestellt worden.
So hat aber Michelangelo in der letzten Periode seines Lebens sich von der Kunst der Renaissance abgewendet, die auf Nachahmung und formaler Idealisierung der Natur beruhte, und hat ihre Objektivierung des Weltbildes durch eine künstlerische Auffassung ersetzt, die psychische Emotionen und Erlebnisse höher stellt als die Übereinstimmung mit der sinnlichen Wahrnehmung. Seine Kunst ist anaturalistisch geworden. Dies war universalgeschichtlich durchaus nichts Neues, denn, wenn wir den Gesamtverlauf der Kunst betrachten, finden wir, daß anaturalistische Perioden zahlreicher und umfangreicher waren als naturalistische und auch in diesen das Vermächtnis jener sich als Unterströmung erhalten hat, so daß naturalistisch gerichtete Zeiten beinahe wie Inseln erscheinen in einem großen Strome, dem die Wiedergabe der inneren Emotion wichtiger war als Naturtreue. Und dennoch könnte es unbegreiflich erscheinen, daß Michelangelo am Schlusse seines Lebens von seiner eigenen Kunst und von jener Kunst, durch die seine Heimat eine führende Stellung in der Welt errungen hat, sich abwendend, zu jener anderen anaturalistischen Auffassung der Kunst, die auch die des christlichen Mittelalters war, zurückgekehrt ist.
Diese Wandlung beruhte in erster Linie auf seiner geistigen Entwicklung. Wie ein Gott beherrschte er um die Mitte seines Lebens alles, was auf den Grundlagen der Kunstauffassung der Renaissance aufgebaut werden konnte, und löste die ihr zugrunde liegenden Probleme bis zu den letzten Möglichkeiten, gelangte wie die Impressionisten des vorigen Jahrhunderts zu Grenzen, die nicht mehr überschritten werden konnten und die einem so tiefen Geiste, wie es Michelangelo war, nicht verborgen blieben, der sich gerade bei solchen Werken, wie dem Jüngsten Gericht, sagen konnte, daß der Versuch, alles, was die Mannschaft bewegt, durch die Vollendung und Steigerung der materiellen Form zum Ausdruck zu bringen, gescheitert war. Dazu kam, daß auch die naive, antik fröhliche Weltbejahung der Renaissance ihn nicht befriedigte. Sein tiefer, grübelnder Geist hat sich von ihr abgewendet und kehrt – darin dem allgemeinen Zuge der Zeit folgend – zu den tiefsten Fragen des Daseins

zurück: wofür lebt der Mensch, und wie ist das Verhältnis zwischen den vergänglichen, irdisch materiellen und den unvergänglichen, geistig überirdischen Gütern der Menschheit? Sein Bild wächst ins Gigantische, wenn wir uns vergegenwärtigen, wie er, der gefeiertste Künstler der Welt, einsam und zurückgezogen, allmählich allem entsagt, worauf sein Ruhm beruhte, sich quält und quält – „non vi si pensa, quanto sangue costa", zitierte er damals, niemand denkt daran, wieviel Blut es kostet –, um schließlich auf die materielle Kunst der Malerei und Plastik ganz zu verzichten, die ihm, wie sie die Zeitgenossen verstanden haben und von ihm verlangten, nichts mehr bieten konnte, und sich darauf zu beschränken, zu Ehren Gottes einen Bau zu schaffen, in dem die gotisch irreale Linie der aufsteigenden Kuppel über alle sinnliche Pracht des kaiserlichen und päpstlichen Rom sich erheben sollte und zuweilen Zeichnungen oder plastische Entwürfe mit Greisenhänden zu schaffen, in denen anstelle des Triumphators ein Suchender trat; denen man es auch ansieht, wieviel Blut und Seelenkraft sie erfordert haben, und in denen anstelle des Überwältigenden, der Terribilità das rührende Bekenntnis einer demütigen Inbrust getreten ist. Ich habe bei Michelangelo länger verweilt, nicht nur deshalb, weil – was bisher übersehen wurde – sein letzter Stil der Anfang der neuen anaturalistischen Orientierung der Kunst war, auf der Grecos Toledaner Werke beruhten, sondern auch deshalb, weil in diesem persönlichen Schicksal sich auch das Schicksal der damaligen Kultur und Kunst vollzogen hat.

Nicht Massen, wie das vorige Jahrhundert glaubte, sondern geistig führende Menschen bestimmen die Entwicklung und die ganze geistige und materielle Kultur; und mag auch die sixtinische Decke, die mediceische Kapelle oder das Jüngste Gericht nach wie vor ein Reservoir formaler Lösungen gebildet haben, so geht doch von den besprochenen letzten Werken Michelangelos der Impuls aus, der für die italienische Kunst der zweiten Hälfte des Jahrhunderts entscheidend war, wie uns ein zweiter großer Künstler belehren kann, der für Grecos Werdegang von entscheidender Bedeutung war.

Dies war Tintoretto. Auch bei ihm hat sich, und zwar gerade in jenen sieben Lehrjahren des Toledaner Meisters, eine geistige Wiedergeburt vollzogen. Man nannte sie den Übergang vom goldenen zum grünen Stil und zerbrach sich nicht den Kopf darüber, was dieser Übergang zu bedeuten habe. Er bestand darin, daß Tintoretto die Farbenpracht seiner Jugendwerke, in denen er mit Tizian rivalisierte, durch ein graugrünes Kolorit ersetzte, eine Aschermittwochfarbe, aus der nur einzelne Töne wie feurige Blumen hervorleuchten. Die Bedeutung dieser Neuerung ist klar. Bis dahin bestand die Bedeutung der venezianischen Malerei in der reichsten Entwicklung des naturalistischen Farbensensualismus. Diesen ersetzte Tintoretto durch ein gespensterhaftes Phantasiespiel, für welches die Farbe in rauchigen Massen und zuckenden Blitzen nur ein Widerspiel subjektiver, von der Beobachtung und der Wiedergabe der Wirklichkeit unabhängiger Seelenzustände geworden ist.

Doch es handelt sich nicht nur um die Farbe. Seltsam verschlingt sich die Komposition, wie in der ehernen Schlange, zu Gebilden, in denen langgestreckte, biegsame Gestalten ohne Rücksicht auf die Natürlichkeit der Stellungen oder der räumlichen Disposition von geheimnisvollen Gesetzen einer leidenschaftlichen Pathetik durcheinandergewürfelt sind. Man sieht einen Hexensabbat von wildverschlungenen Körpern und Linien; Formen, die aus dem Dunkel hervorleuchten, als wären die Körper auseinandergerissen; und über all dem wie Irrlicht herumhuschende Lichter, als ob es sich um einen Spuk handeln würde. Dann wiederum eine Vision in der Himmelfahrt Christi. Die Landschaft und die in ihr zerstreuten Apostel, früher der Angelpunkt aller Darstellungen des Begebnisses, sind bis auf einen in den Hintergrund gerückt und wie hingehaucht; das Wirkliche ist unwirklich geworden, und wirklich ist nur, was sich im Kopfe des einen vollzieht, des Evangelisten, der abgesondert von den anderen gelesen hat und in dessen Geist nun die Vision aufsteigt: der zum Himmel sich erhebende Christus, nicht nah und nicht fern, nicht im physischen Hinauffliegen und auch nicht in einer optischen Illusion, sondern als ein inneres Gesicht, welches mit den Gesetzen dieser Welt nichts zu tun hat, an dem alles unwirklich ist: die Wolken, die Bewegung und die Farben, in denen, wie wir es bei Greco später so oft beobachten können, Schatten und Lichter nicht Gegensätze sind, sondern gemeinsamer Ausdruck

eines traumhaften Sehens, in dem Lichter und Schatten ihre natürliche Funktion verloren haben.
Vielleicht noch deutlicher wird dieser Übergang Tintorettos zu dieser Kunst innerer Sensationen in seinen gleichzeitigen Zeichnungen, die grundsätzlich verschieden von allen Studien und vorbereitenden Entwürfen der Renaissance als die in höchster künstlerischer Ekstase entstandene Niederschrift von Visionen wirken, in denen in flammenden Protesten gegen die alte Auffassung der Kunst ein neues Bekenntnis für das Recht kämpft, die Dinge darzustellen, nicht wie sie nach konventionellen Wirklichkeitsbegriffen sind, sondern wie sie die Einbildungskraft und Intuition gesehen und empfunden hat.
Von Michelangelo übernahm Greco den Anaturalismus der Form, von Tintoretto die anaturalistische Farbe und Komposition. Doch beides reicht nicht aus, um seinen Toledaner Stil ganz zu erklären. Wir müssen noch weiter gehen und einen allgemeinen Prozeß besprechen, dessen Mittelpunkt nicht in Italien, sondern nördlich der Alpen gelegen war. „Nescio. At ego nescio quid?“ Diese berühmten Worte des Jesuiten Sanchez, in seinem Werke von der höchsten und allgemeinen Wissenschaft, zu wissen, daß man nichts weiß, charakterisieren am besten die Lage. Schon seit dem Beginn des XVI. Jahrhunderts gärte es im Norden, vor allem in Deutschland. Die Bewegung ging, ähnlich wie heute gegen den Kapitalismus, damals gegen die Verweltlichung der Kirche und gegen den Materialismus, von dem das ganze religiöse Leben ergriffen war. Diese Bewegung führte bekanntlich zur Reformation; die Reformation aber hat sich bald allen subtileren Geistern als ein unbefriedigender Kompromiß erwiesen, der die Geheimnisse der Offenbarung mit der Rationalität des Denkens und Lebens in Einklang zu bringen sich bemühte und den Kult materieller Güter wohl aus der Kirche verbannte, ihn jedoch, was noch schlimmer war, durch den neuen Begriff des rechtschaffenen, auf öffentlichem Wirken und Erwerb aufgebauten Lebens auf die Staaten und alle Menschen in ihrem Privatleben übertragen hat.
Diese Enttäuschung führte zur Skepsis und zum Zweifel an jedem Wert verstandesmäßiger Theorien und verstandesmäßiger sittlicher Gebote, wie auch zum Sichbewußtwer-

den der Unzulänglichkeit der Sinne und Relativität aller Erkenntnisse. Man könnte von einer geistigen Katastrophe sprechen, die der politischen vorausging und die darin bestanden hat, daß die alten, verweltlichten, kirchlichen oder profanwissenschaftlich und künstlerisch dogmatischen Systeme und Kategorien des Denkens eingestürzt sind. Was wir bei Michelangelo und Tintoretto auf dem begrenzten Gebiete der künstlerischen Problemstellung beobachten konnten, war das Kriterium der ganzen Zeit. Die Wege, die bis dahin zur Erkenntnis und zum Aufbau einer geistigen Kultur führten, wurden verlassen, und das Ergebnis war ein scheinbares Chaos, wie uns unsere Zeit als ein Chaos erscheint. Auf dem Gebiete der Kunst hat man diese Periode, die keine abgeschlossene Periode ist, sondern eine Bewegung, deren Anfänge bis zum Beginn des XVI. Jahrhunderts reichen und deren Wirkungen nie aufgehört haben, in der unglücklichsten Weise als die des Manierismus bezeichnet, weil die naturalistisch orientierten Kunsthistoriker an ihr nur so viel beobachteten, daß die Mehrzahl der Künstler darauf verzichtet hat, selbständig aus der Natur zu schöpfen und sich, ähnlich der Kunst nach dem Zusammenbruche der Antike, mit überlieferten Formen und deren Umwertung begnügten. Damit ist jedoch das Wesen dieser Kunstperiode bei weitem nicht erschöpft. Wenn ein Weltgebäude, wie es das der Weltanschauung des späten Mittelalters, der Renaissance und Reformation war, zusammenstürzt, müssen Ruinen entstehen. Die Künstler, ebenso wie die immer viel zu Vielen auf allen geistigen Gebieten, verloren die Stütze allgemeiner Maximen, an der sich ihr Fleiß, ihre ehrgeizigen Ziele und ihre kleinen Einfälle anranken konnten. Und so stehen wir vor dem Schauspiel einer ungeheuren Disturbation, und in buntem Gemisch des Alten und Neuen und in verschiedenen Richtungen suchen die Philosophen, die Literaten, Gelehrten und Politiker und nicht minder die Künstler nach neuen Krücken und Zielen; die Künstler zum Beispiel in einem virtuosen Artistentum oder in neuen formalen Abstraktionen, die sich zu akademischen Lehren und Theorien verdichtet haben. Anderseits gewinnt das Gegenständliche eine neue Bedeutung, und zwar bald das Grobsinnliche, bald das literarisch Ausgeklügelte. Die Stoffe erweitern sich nach allen Seiten hin, dem

Bedürfnisse der Künstler entsprechend, Aufmerksamkeit zu erwecken, das heißt die Originalität und Subjektivität ihrer Stellung zur Umwelt zu betonen.
Aus dieser allgemeinen Gärung, der, so interessant sie auch ist, weiter nachzugehen ich mir versagen muß, lösen sich allmählich zwei Richtungen los, die für die Zukunft von größter Bedeutung waren. Beide beruhten auf dem Streben, durch psychologische Erkenntnisse das menschliche Leben zu bereichern und seine Rätsel zu lösen.
Die eine war realistisch und induktiv und geht davon aus, durch die Betrachtung der Lebenszustände und der sie beherrschenden allgemeinen und individuellen psychischen Voraussetzungen dieses Ziel zu erreichen. Es ist dies die Richtung, die Rabelais und Bruegel, Callot, Shakespeare, Grimmelshausen gemeinsam ist und die in den folgenden Jahrhunderten immer mehr das Übergewicht bekam, bis sie in der realistischen Kunst des vorigen Jahrhunderts und vor allem in der großen realistischen Dichtung von Balzac bis Dostojewski ihren Höhepunkt erreichte.
Die zweite Richtung war deduktiv. Ihre Quellen waren Gefühle und Empfindungen, in denen das einzig Sichere und Erhebende gesucht wurde. Sie hatte ihren Mittelpunkt in den katholischen Ländern, insbesondere in Frankreich und in Spanien, und zwar hauptsächlich auf dem Gebiete des Religiösen, wo der gewaltige Versuch Luthers, die Religion und die Sphäre des Gedanklichen und innerlich Erlebten zu übertragen, so sonderbar es auch klingen mag, tiefer eingewirkt hat als in den protestantischen Ländern selbst, wo dieser Versuch an ein offizielles Kirchentum gebunden blieb, während sich im Katholizismus, der diese Verbindung abgelehnt hat, die Verinnerlichung um so stärker auf jenen Gebieten des religiösen Bewußtseins entfalten konnte, auf denen ihnen die alte Kirche von vornherein keinen Widerstand geleistet hat.
Dies war vor allem die Andacht, Meditation und Gefühlserhebung. Diesen Gebieten der Selbstbesinnung erblühte in der zweiten Hälfte des XVI. Jahrhunderts, besonders in zwei Ländern, Frankreich und Spanien, ein überreicher Frühling. In der französischen Literatur war seine schönste Blüte die Philothea des heiligen Franz von Sales, ein Werk voll Lebensweisheit, verbunden mit den feinsten psycholo-

gischen Ratschlägen der Mittel, durch welche die Menschen in ihrem Innern den Zustand der Gottseligkeit hervorrufen, ihre Seelenleben in der Richtung seiner ewigen Werte sublimieren und im Rahmen des normalen gesellschaftlichen Lebens jene Glut der Empfindung erreichen können, die nach Montaignes Worten, der da sehr kompetent war, dem damaligen Katholizismus einen reichen Ersatz für die Abgefallenen gegeben hat, und in der Folgezeit auf das profane Gebiet übertragen, die wichtigste Wurzel der ganzen sentimentalen Poesie der Neuzeit bis zum Werther und Child Harold geworden ist. Auch auf die bildende Kunst hat dieser neue Spiritualismus eingewirkt, wie uns die noch sehr wenig bekannten Werke des französischen Manierismus belehren können. Anknüpfend an die Werke der Schule von Fontainebleau, vor allem jene des Primaticcio, schaffen Künstler, wie der Bildhauer Germain Pilon, Dubois, Freminet oder der Maler Toussaint du Breuil oder der Radierer Bellange, Werke, wie uns die Büste des Jean de Morvillie von Pilon belehren kann, von einer unheimlichen Lebendigkeit des geistigen Ausdruckes, wie er der Kunst seit den Imperatorenporträts des III. und IV. Jahrhunderts unbekannt war – ein Bildnis, bei dem die physische Erscheinung nur ein Spiegelbild des im Innern tobenden Feuers ist, wie ähnlich Greco einige Jahre später auch sein Selbstbildnis aufgefaßt hat. Oder sie zeichnen Gestalten und Szenen, die wie eine Illustration zur Philothea wirken. Die Frauen am Grabe von Bellange sind ein Beispiel dafür, besonders Maria: ganz erfüllt von jener geistigen Konzentration des süßen Schauens eines Wunders, von dem gesagt wird, „die Welt ist nicht mehr mein und ich selbst bin nicht mehr mein und nur was in meines Herzens Herzen wohnt, ist die Wahrheit und Seligkeit". Die schlanken, langen Figuren mit den kleinen, zierlich geneigten Köpfchen, mit dem süßen Blick und nervösen Händen kehren bei Greco wieder. Doch noch mehr beweist die ganze Einstellung der Darstellung auf den Ausdruck der Schönheit der Seele, daß Greco die Kunst der französischen Manieristen gekannt und von ihr empfangen hat, was ihm die der italienischen nicht vermitteln konnten, nämlich den Begriff einer vollständigen Weltüberwindung durch die Empfindung, die das große Erbe des nordischen Christentums im Mittelalter war. Sie mußte ihn dorthin führen, wo sie sich nicht nur am längsten erhalten, sondern auch im XVI. Jahrhundert eine hinreißende Wiederbelebung aus neuen Grundlagen erfuhr, nach Spanien, in das Land der Alumbrados und geistlichen Schauspiele, des heiligen Ignatius, der heiligen Therese, in das Land, wo man trotz der Renaissance und ihrer Formen noch gotisch gebaut und empfunden hat und wo die mittelalterliche Mystik, verbunden mit subjektiver Verinnerlichung, helle Flammen schlug.

Zwei Züge waren für die darin führenden Menschen bezeichnend: Selbstbeobachtung und eine vollständige Überwindung der Grenzen der naturalistischen Voraussetzungen des Denkens und Fühlens. „Was ich sehe", sagt die heilige Therese, „ist ein Weiß und ein Rot, wie man es nirgends in der Natur findet, welches heller leuchtet und strahlt als alles, was man beobachten kann, und Bilder, wie sie noch kein Maler gemalt hat, deren Vorbilder nirgends zu finden sind und die doch die Natur selbst sind und das Leben selbst und die herrlichste Schönheit, die man sich denken kann." Und ähnliches, wie es die Heilige in der Ekstase erlebte, versuchte Greco zu malen, nicht als ob er sich ihr angeschlossen hätte, sondern aus demselben Geiste, dem das subjektive geistige Erlebnis zum einzigen Gesetz der seelischen Erhebung geworden ist. Bei den Italienern und Franzosen blieb es bei aller Änderung der Ziele immerhin stets an bestimmte Residuen der Objektivierung der Umwelt gebunden, wogegen in Spanien man auch sonst keine Bedenken trug, dem Ausdruck der inneren Ergriffenheit auch die letzten Reste der renaissancemäßigen Wahrheits- und Schönheitsbegriffe zu opfern; bereits vor Greco, wie man aus einer Pietà des Louis Morales, eines Künstlers, der Grecos Vorgänger in Toledo war, ersehen kann, die Michelangelos Manierismus mit spanischer Exaltation verbindet. Solche Werke, die schwerblütig und leidenschaftlich zugleich waren, haben sicher auch auf Greco eingewirkt, doch weit mehr noch die ganze geistige Umgebung, die geeignet war, Greco dahin zu führen, aus all den Elementen einer neuen Ausdruckskunst, die er in Italien, in Frankreich übernommen hat, die letzten Folgerungen zu ziehen und die Naturvorbilder ganz seiner künstlerischen Inspiration unterzuordnen. Seine Gestalten werden überlang und als ob sie nicht von dieser Welt wären. Sein heiliger Josef in Toledo, mit dem sich anschmiegenden Christus und dem Engelschor über dem Haupte des Heiligen: das ist kein Abbild eines Menschen, wie es tausend Maler vor Greco und Hunderttausende nach ihm, die Photographen ungerechnet, herstellen konnten. Was wir hier sehen, ist irreal, ist Vorstellung, die nicht auf Naturabschrift beruht, sondern in der innere Stimmen zum Beschauer redet. Der heilige Josef und der kleine Jesus, was besagt mir dies? Ich sehe einen Menschen, der unschön in der Gestalt, abgehärmt und abgearbeitet, ohne Grazie, ein Zimmermann und doch zugleich etwas anderes als ein Zimmermann ist; erfüllt von einer übernatürlichen Güte und Demut. Dieser Mensch wächst durch Gottesfügung in die Höhe wie ein Pfeiler, an welchem sich das göttliche Menschenkind anklammern kann, damit eine Harmonie entstehe, die wie Engelsmelodien in das Herz des Beschauers strömt.

Greco malte oft Porträts, in denen sich die Menschen gleichen, als wären sie Brüder, weil sie eben, von einer höheren Warte aus betrachtet, alle mehr oder weniger gleich sind: Masken und Schatten; zuweilen aber auch Porträts, die man nicht anders als tragisch bezeichnen kann, wie den Großinquisitor Guevara. Wer dächte angesichts dieses Bildes nicht an den Großinquisitor, die Traumgestalt in den Brüdern Karamasow. Diese zusammengekauerte Gestalt mit dem kalten, durchdringenden Blick, das ist nicht dieser oder jener Mensch, sondern das Fatum selbst. Vor allem erzählt aber Greco biblische Stoffe. Zuweilen in einem Märchenton, wie im Ölberg, den man als Farbenmärchen bezeichnen könnte. Im Hintergrund dunkle formlose Nacht – nur auf Jerusalem fällt geheimnisvoll aus ihren Tiefen ein Strahl. Auf der Bühne vorn herrscht Dämmerung, in der jedoch, unbegreiflich wie, unerhörte Farben erglühen: Zinnober, gelber Ocker, Krapplack. Es ist wie ein Zaubergarten, und in diesen Zaubergarten senkt sich das Himmlische in der Form einer weißen Wolke, auf der ein weißer Engel kniet.

Meistens jedoch überwiegt der visionäre Charakter, wie in der Auferstehung Christi. Wie eine Explosion hat das Wunder auf die Wächter gewirkt: der eine im Vordergrund ist niedergestürzt, die anderen, vom Paroxysmus des Schrekkens und von Bewunderung erfaßt, werfen im wilden Durcheinander ihre Körper seitwärts und ihre Hände in die Höhe, als ob ein Orkan sie ergreifen und emporrütteln würde. So entsteht eine leidenschaftliche Aufwärtsbewegung, die gesteigert durch den Gegensatz Christi zu den vorstürzenden Figuren den Aufstieg Christi überzeugender, als es mit allen Mitteln der vorangehenden Kunst möglich war, als ein übernatürliches Emporschweben erscheinen läßt. – Noch gewaltiger ist die Eröffnung des fünften Siegels. Der Prophet sieht den großen Tag des Zornes anbrechen, sieht, wie die Seelen der Märtyrer und Märtyrerinnen nach Rache schreien, die Seelen derer, die erwürgt waren, um des Wortes Gottes willen, und denen gegeben wurde einem jeglichen ein weißes Kleid. Was vor allem ins Auge fällt, ist der Größenunterschied der Figuren. Links vorne am Rande kniet mit emporgestreckten Händen der Evangelist. Rückwärts die Auferstehenden, in verschiedenen, zum Teil auf späte Zeichnungen Michelangelos zurückgehenden Stellungen, denen die Engel Gewänder bringen. Man denke sich Johannes stehend: eine Kolossalfigur im Verhältnis zu den anderen Gestalten. Der Protagonist sieht nicht hin, sondern mit erhobenen Händen in die Höhe. Gewaltiges geht in ihm vor, ungeheure Dinge sieht er, die durch die Hintergrundfiguren nur angedeutet werden; eine Gestalt von einer Dynamik, wie sie bis dahin der Kunst aller Zeiten unbekannt war, zugleich die Lösung des Problems, das zu lösen bis dahin unmöglich erscheinen mußte: ein Block, der zugleich ganz Geist geworden ist.

Und zum Schluß noch eine Landschaft von Greco: Toledo im Gewitter. Kein Porträt einer Landschaft, sondern die blitzartige Offenbarung einer von den dämonischen Kräften der Natur hingerissenen Seele, die ihre eigene Stimmung mit dem grandiosen Schauspiel verbindet, welches ihr gleichsam mit einem Schlage die Wesenlosigkeit der irdischen Dinge und ihren metaphysischen Sinn entschleiert hatte.

In derselben Zeit, in der Greco diese Bilder malte, entstand in der Phantasie seines spanischen Zeitgenossen Cervantes die Gestalt des Don Quixote, von dem Dostojewski sagt, sie sei neben Christus die schönste der Weltgeschichte. Der reine Idealist. Und ein solcher reiner Idealist war auch

Greco, und seine Kunst der Höhepunkt einer allgemeinen europäischen künstlerischen Bewegung, deren Ziel darin bestand, den Materialismus der Renaissance durch eine spiritualistische Orientierung des menschlichen Geistes zu ersetzen. Damals blieb es eine Episode. Denn vom XVII. Jahrhundert an begann der Kult der irdischen Güter, insbesondere als auch die Päpste in der Gegenreformation mit ihm einen Kompromiß geschlossen haben, das Übergewicht zu bekommen, und der Maler von Toledo wurde für irrsinnig angesehen, wie man auch verlernte, das Heroische des Helden des Cervantes zu sehen und ihn für eine komische Figur gehalten hat. Und es bedarf kaum vieler Worte, um darzulegen, daß in den folgenden zwei Jahrhunderten, denen der Vorherrschaft der Naturwissenschaften, des mathematischen Denkens, des Kausalitätsaberglaubens, des technischen Fortschrittes und der Mechanisierung der Kultur, die nur Augen- und Gehirn-, doch keine Herzenskultur war, Greco immer mehr in Vergessenheit geraten mußte. Heute steht diese materialistische Kultur vor ihrem Ende. Ich denke dabei weniger an den äußeren Zusammensturz, der nur eine Folgeerscheinung war, als an den inneren, der seit einer Generation auf allen Gebieten des geistigen Lebens beobachtet werden kann: im philosophischen und wissenschaftlichen Denken, wo die Geisteswissenschaften die Führung übernommen haben, und wo auch in den Naturwissenschaften die für felsenfest angesehenen Voraussetzungen des alten Positivismus von Grund aus erschüttert wurden, in der Literatur und Kunst, die sich wie im Mittelalter und in der Zeit des Manierismus dem geistig Absoluten, von der sinnlichen Naturtreue Unabhängigen zugewendet haben, und schließlich in jener Übereinstimmung aller Ereignisse, die das geheimnisvolle Gesetz des menschlichen Schicksals alle nach der Richtung eines neuen, geistigen, antimaterialistischen Weltalters zu lenken scheint. In dem ewigen Ringen zwischen Materie und Geist neigt sich die Waage zum Siege des Geistes, – und dieser Wendung haben wir es zu verdanken, daß wir in Greco einen großen Künstler und einen prophetischen Geist erkannt haben, dessen Ruhm auch in der Folgezeit in hellem Lichte erstrahlen wird.

Michelangelo

Als Hochrenaissance pflegt man die italienische Kunst der Zeit von etwa 1500 bis 1550 zu bezeichnen und in ihr die Vollendung der Renaissance zu sehen. Das letztere gilt allerdings nur von der ersten Hälfte dieser Periode: in ihrer zweiten Hälfte soll bereits der Verfall der Renaissancekunst begonnen haben. „Die Höhe ist nur ein ganz schmaler Grat", sagt Wölfflin, „nach dem Jahre 1520 ist wohl kein einziges ganz reines Werk mehr entstanden." Dieser Auffassung liegt weniger ein Einblick in die tatsächlich treibenden Kräfte der Entwicklung als ein dogmatischer Begriff zugrunde. Gibt man diesen Stilbegriff auf – was heute kaum noch begründet zu werden braucht –, so stellt sich der Sachverhalt anders dar. Dann erscheint die Kunst des Cinquecento nicht einfach als die Fortsetzung und Vollendung der vorangehenden, sondern als eine Abwendung von ihr und als etwas grundsätzlich Neues. Diese Kunst ist auch nicht einheitlich, sondern das Ergebnis verschiedener Strömungen und Wendungen, das von der relativen Einheitlichkeit der Quattrocentokunst weit entfernt ist. Und schließlich: während die Renaissance des XV. Jahrhunderts im wesentlichen italienisch national war, handelt es sich nun um neue geistige Kräfte, die in dem ganzen abendländischen Kulturleben wirksam waren. – Charakteristisch ist für diese merkwürdige Periode das Wirken ganz großer Künstlerindividualitäten, wie man sie gleichzeitig in keiner anderen Periode findet. Michelangelo, Raffael, Correggio, Tizian waren für den Gang der Entwicklung in weit höherem Maße unmittelbar und persönlich bestimmend als die Künstler des XV. Jahrhunderts, denen allen trotz individueller Unterschiede mehr oder weniger dasselbe Ziel vorschwebte. So konzentriert sich unsere Darstellung naturgemäß auf diese führenden Geister.

Der größte Künstler am Ausgang des Quattrocento, gleichsam die Synthese aller Fortschrittsbestrebungen des ganzen Jahrhunderts, zugleich ein Genius, dessen Kunst weit über seine Zeit hinausragte und Wege einschlug, die erst nach

Generationen wieder betreten wurden, war Leonardo. Zur vollen Reife hat sich sein Künstlertum relativ spät und fern von seiner Heimat, in Mailand in den letzten Jahren des Jahrhunderts, entwickelt. Als er Mailand verlassen mußte, kehrte er nach Florenz zurück, zweifellos in der Überzeugung, dort die führende Rolle zu übernehmen. Er blieb nicht lange; enttäuscht verließ er zum zweitenmal seine Heimat, denn er mußte einsehen, daß seine Kunst einer neuen, sein Ruhm dem eines jungen Meisters wich. In dem Wettkampf mit Michelangelo ist Leonardo unterlegen – nicht weil er absolut, sub specie aeterni gemessen, tiefer stand, sondern weil die Kunst Michelangelos eine neue Zeit, eine ganz neue Geistesrichtung verkörperte, andere künstlerische Ziele anstrebte als die, mit denen die seine verbunden war.

Was das heißt, möchte ich an den Jugendwerken Michelangelos erläutern. Und zwar will ich nicht mit seinen ersten Arbeiten beginnen, sondern mit dem Werk, welches seine Jugendentwicklung abschließt und welches ihn zum ersten Künstler unter seinen italienischen Zeitgenossen erhob: mit seiner Statue des David. Es ist merkwürdig, daß wie Donatellos Ruhm auch der des Michelangelo von einem für die Florentiner Domopera geschaffenen Werk ausgeht. Die Vorsteher des Dombaues haben im Jahre 1463 bei einem mittelmäßigen Bildhauer, Agostino di Duccio, einen großen David für den Dom bestellt. Duccio war der Arbeit nicht gewachsen, hatte den Block verhauen, der seither unbenutzt im Hof der Dombauhütte lag, bis man sich im Jahre 1501 entschloß, ihn aufrichten und – wenn auch nicht mehr für den ursprünglichen Zweck – weiter bearbeiten zu lassen. Dieser Aufgabe unterzog sich Michelangelo, und als im Jahre 1504 das Bildwerk vollendet war, beschloß man in einer Beratung, es vor dem Palast der Signoria aufzustellen als Symbol der Stadt und als Zeugnis des Willens, sie entschlossen gegen alle Feinde zu verteidigen. Die Enthüllung war ein großes Ereignis; allgemein war die Meinung, daß die Statue alle Bildwerke des Altertums übertreffe.

Dieses Erstaunen über Michelangelos Leistung könnte uns wundern, wenn wir bedenken, daß derselbe Vorwurf vor ihm so meisterhafte Bewältigung durch die größten Florentiner Bildhauer, Donatello und Verrocchio, erfahren hatte.

Gerade ein Vergleich mit diesen Werken kann uns aber lehren, wie neu Michelangelos Auffassung war, was den Zeitgenossen noch stärker zum Bewußtsein kommen mußte als uns, denen die historische Distanz die Unterschiede weniger scharf hervortreten läßt. Neu war schon der Grundgedanke. So sehr auch der David Donatellos unter dem Einfluß der klassischen Kunst stand, er war doch durch die alte biblische und christliche Auffassung bedingt: ein Knabe, der einen Riesen durch Gottes Fügung, durch ein Wunder besiegte. Der Bauernknabe, den Donatello darstellt, ist zwar voll entwickelt, aber doch von kindlich weichen Formen und von kindlichem Sinn, verlegen lächelnd angesichts der jubelnden Menge, scheint er nicht zu verstehen, wie das Ganze geschehen ist. Der David Verrocchios ist ein Edelknabe, der geborene Prinz, rassig und zart, mit schmächtigen Gliedern, die seine Tat in märchenhaftem Zauber erscheinen lassen. Michelangelos David ist ein Heros, das Knabenhafte ist in heroische Formen übertragen. Niemand soll daran zweifeln können, daß der alttestamentarische Held wie Achill oder Herakles ohne fremden Beistand, aus eigener Kraft fähig war, die Tat zu vollbringen. Nur die schlanken Hüften der hochgewachsenen Gestalt deuten jugendliches Alter an; die Muskeln, die Hände und Füße sind die eines Mannes, eines Helden, der physisch befähigt ist, den Kampf mit einem Riesen aufzunehmen. Es gab Kritiker, denen diese Diskrepanz als eine Monstrosität erschien. Doch nicht nur in den Körperformen, auch in dem Gehaben des Helden drückt sich die veränderte Auffassung aus. Das ist kein Knabe mehr, der keck und unverhofft Großes vollbringt, sondern ein zielbewußter Kämpfer, der seinen Feind scharf und sachkundig ins Auge faßt und der, überzeugt daß er der Stärkere sei, ebenso furchtlos jedem anderen Feind entgegentreten würde.
Nicht geringer als in der Deutung des biblischen Vorwurfes ist der Unterschied in der künstlerischen Durchführung. Die nackte menschliche Figur war das ganze XV. Jahrhundert hindurch der Mittelpunkt des Naturstudiums und der Maßstab der erreichten Höhe in der Darstellung natürlicher Gesetzmäßigkeit und in der Wiedergabe naturalistischer Beobachtungen. War der David Donatellos ein Paradigma der künstlerischen Bewältigung jener Gesetzmäßigkeit des

körperlichen Organismus, der David Verrocchios ein Meisterstück der naturalistischen, die Erscheinung bis zum Eindruck der Porträthaftigkeit individualisierenden Darstellung, so sucht die Statue Michelangelos künstlerische Wirkung auf anderen Wegen. Wohl leben in ihr zusammengefaßt, weitergeführt und gesteigert die quattrocentistischen Errungenschaften der Bewältigung des Nackten fort, man könnte in ihr deren Höhepunkt sehen, wenn man die Überlegenheit der anatomischen Körperbildung und Körpergliederung betrachtet, die Bestimmtheit der Gelenke, den inneren Reichtum an Formenkenntnis, die durch bis dahin unbekannte, überlegene Meisterschaft den Beschauer in Erstaunen setzen. Wie oft bemerkt wurde, ist in all dem in Anbetracht des idealen Gesamtcharakters und der späteren Entwicklung Michelangelos fast zuviel Realismus. Entscheidend ist aber doch der ideale Gesamtcharakter. Die Statue ist weit davon entfernt, nur Naturstudien zu vereinigen, ja, es ist höchst fraglich, ob ausgedehnte Studien ad hoc, wie es bei Michelangelos Vorgängern durchaus üblich war, bei der Entstehung der Statue eine wesentliche Rolle gespielt haben. Keinem Zweifel kann es unterliegen, daß die Richtung dieser Studien eine andere geworden ist. Nicht das Einmalige, Porträthafte ist das Ziel, niemand kann daran denken, daß in diesem Knaben-Riesen ein bestimmtes Modell dargestellt ist – das schließt schon die Heterogenität der einzelnen Formenkomplexe aus –, sondern es ist eine ideale Allgemeingültigkeit angestrebt, von der sich Michelangelo von Anfang an leiten ließ und in die er seine Naturkenntnisse verarbeitete.
Michelangelo war nicht der erste, der sich in einen derartigen Gegensatz zu dem Naturalismus des Quattrocento gesetzt hat. Wir konnten ähnliches bei einer Reihe von Künstlern: bei Perugino, bei Fra Bartolommeo, bei Leonardo beobachten und in derselben Zeit, in der der David entstand, war auch schon Raffael in Florenz tätig. Diese Künstler hatten der sich im Naturstudium erschöpfenden Kunst der vorangehenden Generation, die sie als unbefriedigende Verflachung empfanden, das Streben nach seelischer Vertiefung und Idealisierung entgegengesetzt oder suchten nach einer ästhetischen Norm in konzentrierten Kompositionen, in klassischer Vollendung und Harmonie der For-

men und Verhältnisse. Davon war zweifellos auch Michelangelo ausgegangen; er gab jedoch diesem Streben nach einem Idealstil einen neuen Inhalt. Von einem Streben nach Schönheit der Formen kann bei ihm kaum gesprochen werden; Wölfflin hat bekanntlich die ausgesprochene Häßlichkeit der Statue hervorgehoben. Auch von einer Harmonie der Verhältnisse sehen wir nichts. Das wichtigste daran ist das Außergewöhnliche, einer bestimmten Idee überrationell Entsprechende: der Idee eines jugendlichen Helden. Der Naturalismus war für die führenden Geister tot; während aber die ältere Generation über ihn auf dem Wege einer rationellen Norm oder neuer empirischer Erkenntnisse hinwegkommen wollte, griff Michelangelo tiefer, indem er die künstlerische Idee und die künstlerische Form als Maß aller Dinge über das Rationelle erhob. Dies führte ihn einerseits zur Gotik, zu Giotto, nach dessen Werken er in seiner Jugend viel zeichnete, und zu Quercia, dem letzten Gotiker Italiens, anderseits aber zur Antike. Sie bot ihm nicht nur eine Quelle der Naturwahrheit und der natürlichen Gesetzmäßigkeit wie seinen Vorgängern, sondern das Beispiel eines Künstlertums, das absolut ist, das ideale bildliche Vorstellungen und Gestalten geschaffen hat, die sich nicht an die Grenzen der Naturgegebenheit halten, sondern über sie hinausgehen, wobei es diese Grenzen nicht transzendiert wie die mittelalterliche Kunst, sondern durch künstlerische Steigerung des Natürlichen, durch Vorstellungen, die die Natur selbst idealisieren und potenzieren und sie über normale Maßstäbe hinaus vergöttlichen, überwindet.
So war Michelangelo der erste unter den Künstlern der Neuzeit, der den grundsätzlichen Gegensatz zwischen der Antike und der Kunst seiner Zeit empfand und sich von dieser abwendend jener sich nicht nur wie seine Vorgänger in einzelnen formalen Vorzügen, sondern in der ganzen Auffassung der Kunst und ihres Verhältnisses zu den natürlichen Gegebenheiten und zum christlichen Vorstellungsleben näherte. Diese Erkenntnis, durch Studien in der mediceischen Sammlung in Florenz angebahnt, dürfte ihm in Rom gereift sein. Hier schuf er neben der über kirchlichen Auftrag entstandenen Pietà, die noch im wesentlichen dem älteren Idealstil entspricht und zu dessen vollendetsten Schöpfungen gehört, auch den Bacchus, das erste heidnisch

gedachte Bildwerk seit der Antike. In diesem verband er mit dem äußeren Naturalismus, über den seine Zeit verfügte, das Dionysische des Altertums, jenen Inhalt, der dem christlichen am meisten entgegengesetzt war. In dieser trunken-schwankenden Gestalt eines feisten Wüstlings ist jede geistige Beziehung zum Beschauer und zu dem System christlicher Ideenkomplexe ausgeschieden. Das Dionysische ist der ausschließliche Inhalt der statuarischen Konzeption, ist, monumental verkörpert in der Gestalt einer griechischen Gottheit, der christlichen Lebensanschauung entgegengestellt – beinahe eine Blasphemie, in der Zeit der humanistischen Päpste nicht ohne Analogie.

Es ist denkbar, daß es die Dioskuren vom Monte Cavallo waren, die – über jene Frühwerke hinaus – zu der Davidstatue führten. Sie mögen dem Künstler das Ideal des Heroischen erschlossen und ihm den Gedanken, die heroisierte, bis zum Übermenschlichen gesteigerte Jugendkraft darzustellen, inspiriert haben. Das Neue darin ist, daß er die pagane Auffassung auf einen biblischen Stoff anwendet und diesen selbst dadurch paganisiert, daß er die metaphysische Kausalität durch das Heroentum ersetzt und der bildlichen Idee sein künstlerisches Ideal, seinen künstlerischen Gott, sein „sic volo sic jubeo“ zugrunde legt. Dieser Idee entsprechend steigert er, wie es bei ähnlichen Gestalten der antiken Kunst üblich war, das Materielle durch herkulischen Körperbau, gewaltige Knochen und Muskeln, übernatürliche Proportionen, wobei er sich naturgemäß nicht an praxitelische Gestalten, sondern an spätere, nachlysippische anlehnt. Gleichzeitig steigert er noch mehr das Geistige und geht darin über die Antike hinaus, bei der die psychische Bewegung immer der physischen entsprach. Hier stehen die beiden im Kontrast zueinander. Breitspurig steht der jugendliche Held wie der Georg des Donatello in äußerlich ganz ruhiger Stellung. Der Kopf ist auf die Seite gewendet und fixiert den Feind. Mit der Linken hält er den Sack der Schleuder, mit der Rechten ihren Griff, im nächsten Augenblick wird die Linke loslassen, die Rechte anziehen und zum Wurfe ausholen. Also der Zeitpunkt zwischen Überlegung und Ausführung, der Zeitpunkt der höchsten Spannung, die sich auch in den Gesichtszügen ausdrückt, in den bohrenden Augen, der gerunzelten Stirn, dem veräc htlichen Zucken der Mundwinkel, die grimmigste mörderische Entschlossenheit verraten. In diesem Gegensatz zwischen Körper und Leidenschaft liegt das große Pathos der Figur; es war der Antike unbekannt und läßt die Meinung der Florentiner, daß Michelangelo die Alten übertroffen habe, als gerechtfertigt erscheinen.

So charakterisieren das Werk in erster Reihe zwei Züge: eine idealistische Tendenz, die zum Ziele nicht eine natürliche objektive Gesetzmäßigkeit hat, sondern sich zugunsten gesteigerter Wirkung souverän und individuell über alle Gebundenheit hinwegsetzt. Die von Michelangelo eingeschlagene Richtung könnte somit als individualistischer Idealismus bezeichnet werden. Der individualistische Grundzug charakterisiert zweifellos die ganze christliche Kunst und Kultur; nur war im Mittelalter der Individualismus mehr passiv als aktiv, das Kunstwerk wendet sich an jeden einzelnen und fordert von ihm subjektive geistige Beteiligung, Andacht und eine bestimmte Gedankenrichtung. Seit dem XIII. Jahrhundert wurde dieser christliche Individualismus in immer steigendem Maße mit objektivem Beobachtungsinhalt erfüllt; dieser wird von Generation zu Generation reicher und wandelt sich immer mehr zu einer objektiven Norm, bis sich die Kunst ganz dem antiken Ideal einer objektiv gegebenen, vom subjektiven Seelenleben des Künstlers und Beschauers unabhängigen Schönheit und Vollkommenheit annähert. Davon hat sich Michelangelo abgewendet. Er kehrt zum Individualismus zurück, aber nicht zu jenem passiven des Mittelalters, welchem die Kunst ein Ausdruck der über Menschen und Natur stehenden höheren Gewalt war: er selbst, der Künstler, der schaffende Geist steht, auf die gewonnene Beherrschung der Natur gestützt, über ihr und bestimmt die Gesetze ihrer künstlerischen Gestaltung. In der Kunst war er der erste, der damals diesen Weg eingeschlagen hat, doch ist es nicht schwer, ähnliche Tendenzen auf anderen Gebieten des geistigen Lebens festzustellen. Am deutlichsten vielleicht in jener Auffassung der Politik, die in Macchiavellis Werken zum prägnantesten Ausdruck kommt: die Politik sei ein Kunstwerk, dessen Elemente die eingehende Kenntnis der Menschen und der Verhältnisse bilden, deren sich der Herrscher bedient, nicht um sich von objektiven Interessen in Verbindung mit ethischen Theorien leiten zu lassen, sondern um die Menschen zu leiten, so wie es sein Wille, sein Interesse erfordert. Ein neuer Typus von führenden Menschen beginnt sich überall geltend zu machen, von Menschen, die über den alten Überlieferungen stehen, ihre Einsicht und Auffassung der Lage ihnen entgegensetzen und die Ketten sprengen, mit denen das komplizierte System des mittelalterlichen Relativismus, dem gemäß alle weltlichen Werte nur die Bedeutung einer Vorstufe zu überweltlichen haben, die volle Entfaltung der schöpferischen Kräfte im Menschen gefesselt hat. Auf dem Gebiete der Kunst bedeutet dies, daß ihre Gleichstellung mit der empirischen Wissenschaft, zu der sich das Quattrocento geflüchtet hatte, um der Kunst im Rahmen der christlichen Welterklärung ein Gebiet autonomer Betätigung zu gewinnen, durch die Erhebung der Kunst auf das Gebiet des rein Schöpferischen ersetzt wurde. Für Michelangelo war die Kunst kein Beruf, sondern eine freie geistige Tätigkeit, er blieb der Edelmann, als der er geboren war, der aus innerem Bedürfnis, weil er es so haben wollte, künstlerisch tätig war.

Dieser neue Künstlertypus mußte dem älteren von vornherein schroff gegenüberstehen. Dies mag die eigentliche, unbewußte Ursache der Abneigung und Verachtung gewesen sein, mit der Michelangelo von Anfang an Leonardo entgegentrat und die sich bis zu einer öffentlichen Schmähung gesteigert hat.

Dieser Streit sollte nun auch künstlerisch ausgetragen werden, echt florentinisch in einer öffentlichen Konkurrenz. Zwei Schlachtendarstellungen, die den Saal des großen Rates schmücken sollten, waren der Gegenstand. Leonardos Gemälde wurde 1503 begonnen, der Karton Michelangelos etwas später. Beide Werke können wir einigermaßen rekonstruieren: Leonardos Schöpfung nach den vorbereitenden Skizzen und nach Kopien des XVII. Jahrhunderts, den Karton Michelangelos nach einer Kopie des XVI., nach Entwürfen und graphischen Wiederholungen einzelner Figuren. Der Vergleich der beiden Werke ist im höchsten Grade instruktiv. Leonardos „Schlacht zu Anghiari“ stellte ein Reitergefecht dar, eine dramatische Szene, in der die Leidenschaft im Kampfe um die Fahne ihren Höhepunkt erreicht:

ein Bild der Kriegsfurie, wie sie den Italienern, die bis dahin nur die harmlosen Operettenkämpfe ihrer Condottieri kannten, die Invasion der Franzosen vor Augen geführt hatte. Der große Naturalist Leonardo stellte die Szene mit äußerstem Realismus dar. Nie früher ist das wilde Getümmel eines Kampfes, seine Schrecken, die Wut der Kämpfenden, das Todesringen der Gefallenen, die alles einhüllenden Rauch- und Staubwolken ähnlich gezeigt worden. All dies mit einer Fülle von Naturbeobachtungen, die unerhört war, zugleich aber kompositionell zu einer Einheit zusammengeschlossen, zu einer gewaltigen räumlichen und kubischen Gruppe: die Vielheit der Studien nach der Natur durch die Zügel der Kunst, wie Dante sich einst ausgedrückt hat, zu einem objektiven künstlerischen Gebilde vereinigt. Michelangelos Karton der Cascinen-Schlacht war in allen Punkten das Gegenteil von Leonardos Werk; man könnte beinahe glauben, daß Michelangelo seinen Nebenbuhler verhöhnen wollte. Kein inhaltlich bedeutsamer dramatischer Moment, sondern eine fast triviale Szene, die mit einer Schlacht nur ganz lose zusammenhängt. Eine Gruppe von badenden Soldaten wird durch die Nachricht vom Nahen des Feindes alarmiert. Schnell ziehen die Badenden sich an und rüsten sich, um sich an dem Kampf zu beteiligen: also ein Genremotiv, wie es einen Niederländer interessiert hätte und wie wir es in Italien und bei Michelangelo am wenigsten vermuten würden. Doch spielt bei ihm das Genremäßige des Vorganges sicher keine Rolle, und wenn er gerade eine solche Szene wählte, so tat er es deshalb, weil es in paradoxer Weise betonen wollte, daß das Gegenständliche gleichgültig sei gegenüber dem, was ihn künstlerisch beschäftigte. Und nicht nur das Gegenständliche, sondern auch die eigentliche Bestimmung des Bildes: es ist eine höchst kuriose Glorifikation einer ruhmreichen Erinnerung aus der Geschichte der Stadt, die ja der Inhalt des Auftrages gewesen war. Als ob Michelangelo auch diese kommunale Glorifikationsabsicht hätte verhöhnen wollen! Natürlich lag ihm das ganz fern, und so haben es auch die Florentiner von Anfang an verstanden: das Kunstwerk als solches ist das Denkmal, kraft seines künstlerischen Inhalts, und es ist dabei höchst gleichgültig, was es darstellt. Es ist dieselbe Gesinnung, aus der Michelangelo später die Bildnisse der Mediceer in der neuen Sakristei geschaffen hat, ohne sich im mindesten um ihre reale Erscheinung zu kümmern. Noch merkwürdiger könnte uns erscheinen, daß Michelangelo auf alle kompositionellen Ruhmestitel der italienischen Kunst seiner Zeit verzichtet hat. Die Landschaft, seit Masaccio immer reicher und naturalistischer, spielt hier keine Rolle; sie ist nur ganz dürftig angedeutet, nicht als weit sich erstreckende Raumbühne, keine Perspektiven, keine Vegetation, von all dem nicht einmal so viel, wie Giotto einst für notwendig gehalten hatte. Von Michelangelos Standpunkt waren das Kindereien, er vermied sie bis zur Grenze des Unwahrscheinlichen, ebenso selbstverständlich wie er alles gegenständlich Packende oder patriotisch Interessante vermied. Auf die beabsichtigte koloristische Wirkung ist aus den erhaltenen Skizzen und Kopien schwer zu schließen; doch schon die Tatsache, daß er, nachdem der Karton fertig war, kaum noch an dessen Übertragung auf die Wand dachte, beweist, ebenso wie alle späteren Gemälde des Meisters, daß der Farbe keine Bedeutung eingeräumt wurde, daß sie in Grenzen gehalten werden sollte, die der plastischen Wirkung nicht hinderlich waren, so daß der schwarz-weiße Karton im wesentlichen schon das vollendete Kunstwerk war. Eine Abstraktion also der Natur gegenüber!

Trotz dieser Dürftigkeit in all dem, was bis dahin als Vorzug der Malerei betrachtet wurde, war der Erfolg des Werkes ein beispielloser. Die Künstler waren elektrisiert; allen sei plötzlich ein neues Licht aufgegangen, berichten Zeitgenossen. Wie ist dies zu erklären? Man wird es verstehen, wenn man sich die positiven Neuerungen des Gemäldes vergegenwärtigt. Seinen fast ausschließlichen Inhalt bildet die Darstellung nackter Körper, das alte Florentiner Thema. Auch die große Zahl der in einer Komposition vereinigten Gestalten ist nicht neu; ähnliches haben schon Antonio Pollajuolo und Luca Signorelli wiederholt versucht. Doch gerade der Vergleich mit diesen Darstellungen belehrt uns über das Neue. Noch bei Signorelli, einem führenden zeitgenössischen Künstler, handelt es sich um eine Addition von Modellstudien, die in den Stand- und Bewegungsmotiven durch ein enges Programm begrenzt sind, wie es beim Modellstudium nicht anders möglich war. Demgegenüber zeigt der Karton eine Gestaltungskraft, die keine Grenzen kennt, die in der Fülle der Stand- und Bewegungsmotive nicht nur die ganze italienische Kunst, sondern auch die antike weit hinter sich zurückläßt. Das ist nur so zu erklären, daß durch die vollkommene Beherrschung der Anatomie die Wiedergabe nackter Körper in ein freies Ausdrucksmittel der Gestaltungskraft verwandelt wurde. Damit hängt aufs engste die Steigerung der plastischen Wirkung zusammen, die natürlich in der Kopie kaum als Schatten des verlorenen Originals gelten kann, deren Stärke aber von den Berichterstattern, die das Original gesehen haben, immer wieder betont wird. So ist es verständlich, daß diese unerhörte Intensität der künstlerischen Suggestion wie eine Offenbarung auf die Zeitgenossen wirkte. Doch handelt es sich nicht nur darum. Dieser blendende Olymp von neuen Idealgestalten bedeutete mehr als die Offenbarung eines neuen künstlerischen Könnens. Man beachte die merkwürdige Komposition! Es wurde darauf aufmerksam gemacht, daß sich die vordersten Reihen zu drei Pyramidengruppen zusammenschließen – ein damals übliches Mittel. Doch schon die Verdreifachung ist auffallend und widerspricht der ursprünglichen Bedeutung einer solchen kompositionellen Norm, die formale Einheit und Konzentration der Darstellung gewährleisten sollte. Hier sind die Pyramidengruppen nur subordinierte Elemente, nur Akzentpunkte in dem Konglomerat der Figuren, deren Gesamtheit sich jeder kompositionellen Norm entzieht: kein formaler oder geistiger Konzentrationspunkt, in allen Figuren dieselbe Stärke des Transitorischen, gleichmäßig hervorgerufen durch den Alarm, das heißt durch eine von außen kommende Ursache. Ein wildes Getümmel, in welchem keine objektive Regel herrscht, entfesselte Kräfte, die sich aber doch nicht grenzenlos auswirken können, weil ihnen in dem äußeren lünettenartigen Umriß durch des Künstlers Willen ein Stillstand geboten wird. Wie in einen Block sind sie in diesen gebannt, sie können sich darin frei austoben, dürfen ihn jedoch nicht überschreiten: der Künstler bändigt die plastischen und tektonischen Gewalten nicht mit Hilfe eines apriorischen Gesetzes, sondern durch seine individuelle künstlerische Konzeption, durch seinen Willensakt.

Seit Brunelleschis Zeiten war nebst der wissenschaftlichen

Naturtreue die künstlerische Regel das hochgesetzte Ziel der italienischen Kunst. Wie jene so hat Michelangelo auch diese mit einem Schlage überwunden. Damit hat er aber die italienische Kunst auf Bahnen zurückgeführt, die sie schon früher einmal eingeschlagen hatte und von denen sie allmählich wieder abgedrängt worden war. Schon in Giottos Werken wurde der mittelalterlichen religiösen Kunst eine andere entgegengestellt, die – zunächst in formaler Beziehung – das Recht behauptete, ihre eigenen Wege zu gehen. Sie geriet nach und nach in die Gefangenschaft des wissenschaftlichen Empirismus, dessen Fesseln nun Michelangelo sprengte, um der Kunst ihre volle Freiheit und Antonomie zurückzugeben. Nicht nur im Formalen: der ganze Begriff des Künstlerischen wurde verändert; die Kunst gewann einen völlig selbständigen, von anderen Wertmaßstäben unabhängigen Zweck und Inhalt.

Michelangelos Entwicklung war nicht wie die der Künstler des XV. Jahrhunderts ein stetiges, allmähliches Weiterschreiten auf einem gegebenen Wege. Wie er in seiner Bottega stets verschiedene Arbeiten hatte, die ihn gleichzeitig durch Jahre und Jahrzehnte beschäftigten, so war auch seine innere geistige Arbeit kompliziert und gleichzeitig von verschiedenen Möglichkeiten erfüllt. Dessenungeachtet verbindet alle seelischen Kämpfe, alle scheinbaren Inkonsequenzen eine innere Notwendigkeit und folgerichtige Entwicklung, deren Ergebnisse uns in den großen Werken als erschütternde Zeugnisse eines Künstlerlebens von bis dahin ungekannter Tiefe entgegentreten. – So ungeheuer der Einfluß des Schlachtkartons war, für Michelangelo selbst war es nur ein Vorspiel, dem bald gewaltigere Konzeptionen folgen sollten. Die erste hätte ein Epitaph werden sollen, wie es die christliche Kunst bis dahin nicht gesehen hatte: das Grabdenkmal Julius II. Seine äußere tragische Geschichte hat Justi in einer wundervollen, psychologisch ergreifenden Schilderung erzählt.

Kolossale Mausoleen waren ein römischer Imperatorengedanke, übernommen wahrscheinlich von den hellenistischen Diadochen, auf die wieder altorientalische Vorbilder eingewirkt haben dürften. Sie wurden auch von den Christen übernommen, mit dem Unterschiede, daß man die großen architektonischen Mausoleen nicht mehr weltlichen

Herrschern, sondern kirchlichen Helden, Heiligen und Märtyrern, weihte und sie mit Kultbedürfnissen verbunden in den Dienst der Kirche stellte. Die ideelle Grundlage dieser Vereinigung war die Lehre von der Gemeinschaft, die alle Christen, die lebenden und toten, die Seligen und die um ihr Heil noch Ringenden verbindet. Im Rahmen dieser Lehre wurden in den Kirchen oder in ihrer Nähe auch Grabdenkmäler weltlicher Personen als Sinnbild jener zeitlosen Gemeinschaft geduldet, die später mit der steigenden Verweltlichung der christlichen Kultur auch mit Erinnerungen an das irdische Dasein der Verstorbenen, mit deren Bildnissen, mit verbaler oder bildlicher Schilderung ihrer Tugenden und Verdienste oder der Klage um ihren Verlust verbunden wurden. Die weltliche Glorifikation gewinnt besonders im XV. Jahrhundert vielfach das Übergewicht dem christlichen Jenseitsgedanken gegenüber; die Wege beginnen sich zu trennen. Das Gattamelata- und das Colleonidenkmal werden außerhalb der Kirche als öffentliche Denkmale aufgestellt wie in der Antike. Zugleich nur Denkmale der weltlichen Stellung und Bedeutung der Männer, denen sie errichtet wurden, wobei alles Symbolische der historischen Tatsächlichkeit weichen mußte. Das alte Kirchengrabdenkmal bestand daneben natürlich weiter in der Form eines mehr oder weniger reichen Wandgrabes.
So standen die Dinge, als ein kongenialer Papst dem genialen Künstler den Auftrag erteilte, für ihn ein Grabdenkmal zu schaffen, welches in der Peterskirche aufgestellt werden sollte. Es war üblich, doch keineswegs unbedingte Regel, die Päpste in der Peterskirche zu bestatten und ihnen dort Denkmäler zu errichten. Ob sich für diesen Ort der Papst oder Michelangelo entschieden hat, wissen wir nicht, wahrscheinlich hätte Julius II. auch jeder anderen Lösung zugestimmt. Doch dem Künstler mochte gerade die Peterskirche als die geeignetste Stelle für die Durchführung seiner hochfliegenden Pläne erschienen sein. Er entwarf ein Projekt, welches von allen damals üblichen abweicht. Es wurde durch die Ungunst der Verhältnisse und noch mehr aus inneren Gründen, obwohl Michelangelo sich jahrzehntelang mit ihm beschäftigte, bis auf drei Statuen und einige Abbozzos nicht ausgeführt. Mit Hilfe dieser und ausführlicher literarischer Nachrichten kann man einigermaßen überblik-

ken, welche Absichten hier verwirklicht werden sollten. Das Denkmal war ursprünglich als Freibau gedacht, so gewaltig in den Proportionen, daß es, wie Vasari berichtet, jedes antike Grabmal übertroffen hätte. Diese Proportionen hätten den Rahmen der alten Peterskirche gesprengt, weshalb der bereits von Nikolaus V. geplante Umbau neuerdings in Angriff genommen werden sollte. Das Grab Petri hätte dem seines Nachfolgers weichen sollen, das gewaltigste Mausoleum der abendländischen Christenheit dem persönlichen Ruhmesbedürfnis eines Renaissancemenschen. Das beleuchtet scharf die Wendung der Dinge: nicht Trennung der beiden Welten, der kirchlichen und der profanen, sondern ein Übergewicht paganer Auffassung in der Kirche selbst. Die Rückkehr zur Antike sieht man auch darin, daß dieses Grabmal kein bildliches Erinnerungsepitaph, sondern ein selbständiges Bauwerk, eine durch menschliche Kraft bewältigte Moles sein sollte. Dabei sollten nicht wie im alten Rom die architektonischen Massen allein das Andenken eines gewaltigen Mannes versinnlichen, sondern Statuen und Architektur oder, besser gesagt, Statuen in einem architektonischen Aufbaue verbunden: als Träger abstrakter Ideen und gestaltender Energien, die sich zu einem rauschenden Unisono verbinden. Der Freibau hätte aus drei Geschossen bestehen sollen, mit vierzig Statuen und einer Fülle von Reliefs. Das unterste Geschoß sollten nackte gefesselte männliche Figuren schmücken, die Condivi, zweifellos nach Michelangelos Angaben, als Allegorien der freien Künste erklärt; ob Michelangelo an eine solche Deutung von Anfang an dachte, ist allerdings fraglich, in den ausgeführten oder angefangenen Statuen deutet sie nichts an. Im zweiten Geschoß hätten vier Kolossalstatuen aufgestellt werden sollen; eine von ihnen ist die berühmte Mosesfigur, die drei anderen werden von Vasari als der heilige Paulus, die Vita activa und contemplativa bezeichnet. Darüber ein Fries mit Bronzereliefs, deren Darstellungsstoffe nicht genannt werden, und zuoberst ein Sarkophag von der allegorischen Figur des Himmels und von Kybele, der Göttin der Erde, getragen. Im Inneren des Baues ein Tempietto, in dem der Sarg des Papstes aufgestellt werden sollte. Das Ganze also ein Areopag gewaltiger Idealfiguren, wie ihn die Kunst noch nicht gesehen hatte. Was war der

Sinn des Ganzen? Wir finden jedenfalls nichts, was entweder auf alte kirchliche Allegorien oder auf weltlich-naturalistische Erinnerungswerte hinweisen würde. Es ist eine vom Künstler ersonnene Trauerkantate, deren Inhalt nicht die überkommenen bildlichen Vorstellungen, sondern seine Auffassung und Symbolisierung der ewigen Gewalten des Daseins und des Menschentums bilden sollte: der menschliche Geist um Befreiung aus den Fesseln ringend, der alte und neue Bund, die Geschichte der Menschheit, die Vita activa und contemplativa, das weltliche und kirchliche Leben, und über all dem der große Tote, nicht durch göttliche Gnade ins Jenseits erhoben, sondern unsterblich durch sich selbst, durch die Macht, die ihn über irdische und himmlische Gewalten erhebt und die durch den Tod nicht vernichtet werden kann. All dieses ist mehr als heidnisch gedacht, es ist das, was die Alten Hybris nannten: Empörung gegen die christliche Weltanschauung, gegen den christlichen Relativismus, demgemäß alle weltlichen Werte nur die Bedeutung einer Vorstufe zu überweltlichen haben, nach dem Maßstab dieser letzteren eingeschätzt werden.
Die wenigen ausgeführten Gestalten lassen uns ahnen, welche Wirkung dieser Titanenkatafalk ausgeübt hätte. Da sind zunächst die beiden in den Louvre gelangten Sklaven: nackte gefesselte Figuren, junge Männer in der Blüte des Lebens, doch um das Leben ringend. Der eine will mit äußerster Kraftanstrengung seine Fesseln zerreißen, man sieht es an den Muskeln, die bis zur Grenze der Leistungsfähigkeit gespannt sind, sein Kopf erhebt sich wie um Hilfe flehend nach oben. Auch der zweite hat gerungen; noch hebt sich die Brust, doch todesmüde sinkt der Kopf zur Seite, die Augen brechen, und ein letztes Zittern scheint durch den gequälten Leib zu gehen. Doch frei ist die Seele. „Das Zusammensinken kraftvoller jugendlicher Glieder, die wie ein leerer prachtvoller Panzer gleichsam von der Seele fortgestoßen werden", sagt Grimm. In der einen Statue Trotz, in der anderen Resignation, Überwindung des Lebens und in beiden der Kampf des Geistes mit der Materie. Dieser Gegensatz zwischen dem Geistigen und Physischen, den wir schon in der Davidstatue beobachten konnten, setzt sich mit einem anderen Inhalt auch in der zweiten Zone fort. Die Verhältnisse sollten da, wie der Moses lehrt, wach-

sen; denn hier handelt es sich nicht mehr um Kämpfe, die jeder einzelne, der Mensch, als natürliche Gegebenheit, in seinem Inneren auszutragen hat, sondern um Gewalten, die die ganze Menschheit in ihrer historischen Entwicklung regiert haben – nicht als inneres Ringen, sondern als Aktion, als Kampf nach außen. Wenn man bedenkt, sagt Justi, daß der Schöpfer dieses Kolosses, wären die Würfel anders gefallen, eine Reihe gleich großer ebenbürtiger Standbilder uns geschenkt hätte, welches Traumbild steigt da vor uns auf! – Vierzig Tage und Nächte war Moses auf dem Berge Sinai, um von Gott für sein auserwähltes Volk die Gesetze zu empfangen. Als er zurückkehrte, hörte er Lärm, und als er näher kam, sah er den Reigen um das goldene Kalb – ein Anblick, der ihn entsetzte und erschütterte, der ihm besagte, daß sein Werk umsonst sei. Wie wenn ein Schlag ihn betäubt hätte, hat er sich niedergelassen und die Tafeln sinken lassen. Es ist dies aber die Ruhe vor dem Sturm, der sich in der nervösen Geste und vor allem in dem furchtbaren Antlitz vorbereitet. Wenn die ganze Statue groß gedacht ist, wie keine früher, so konzentriert sich diese Größe im Kopf: wer ihn sieht, fährt unwillkürlich zurück. Ein unermeßlicher Geist, doch zorndurchglüht im höchsten Affekt und von übermenschlicher Willenskraft: im nächsten Augenblick wird er aufspringen, die Tafeln zu Boden schleudern, und Ströme Blutes werden fließen. Auf die Darstellung dieser Furcht und Beben erweckenden Erscheinung ist die ganze formale Behandlung eingestellt, von den gewaltigen Gliedern, den schwellenden Venen, dem anachoretisch wilden Typus des Theokraten bis zu den Schatten, die tief in die Formen einschneiden, und der Asymmetrie, die das Ganze beherrscht. Es ist etwas Göttliches in der Figur, von der Vasari berichtet, daß Ghettobewohner wie Kranichscharen zu ihr gezogen seien, um sie anzubeten. Dieses Göttliche hat aber weder mit antiker noch mit christlicher Gottesvorstellung etwas zu tun. Was hier erscheint, ist weder die Natur, noch ein transzendenter Begriff, der nicht von dieser Erde ist: es ist die Apotheose des Göttlichen im Menschen, die Apotheose der Willenskraft, die keine Schranken kennt, Menschen regiert und Feinde zerschmettert.

Es liegt wahrlich eine Tragik darin, daß diese Statue, die

den Höhepunkt des Aufruhrs gegen den Geist des Christentums bildet, ihre endliche Aufstellung in einem bescheidenen Wandgrab fand, umgeben von fremden mittelmäßigen Arbeiten und bekrönt und beherrscht von dem Bilde der Madonna. Das Juliusdenkmal ist nicht ausgeführt worden. Warum? Michelangelo klagt den Papst, seine Feinde und widrige Umstände an, doch darin allein kann nicht der Grund liegen. Wie oft ist er von der Kurie und von den Erben des Papstes gedrängt worden, seinen Verpflichtungen nachzukommen, und Feinde und Widerwärtigkeiten waren für ihn nie ein Hindernis, wenn es sich um die Durchführung einer großen Sache handelte. Ihn selbst trifft, wie man heute allgemein annimmt, die Schuld, wenn von einer Schuld überhaupt gesprochen werden kann. Nur liegen ihre Quellen tiefer als in der Abneigung Michelangelos gegen Mitarbeiter; hielt das Feuer einer inneren Begeisterung an, so bewältigte er auch das Ungeheuerlichste spielend. Doch einerseits war die ursprüngliche Idee des Grabmals zu gewaltig für ihre Zeit, als daß sie hätte durchgeführt werden können, anderseits ist der Künstler selbst mit ihr zerfallen. Die späteren Pläne werden immer gemäßigter; schließlich verlief alles im Sand. Das erste Kapitel dieses Abstiegs führt in den Biographien die Überschrift: das Zerwürfnis mit dem Papst. Ich möchte auf die psychologisch ungemein interessante Entwicklung dieses Zwistes nicht näher eingehen; das Wesentliche war, daß der Künstler glaubte, der Papst interessiere sich für sein Projekt nicht mehr. Das mag auch bis zu einem gewissen Grade richtig gewesen sein, nur bewirkte diese Wandlung nicht, wie Michelangelo meinte, eine Intrige, sondern eher die beim Papste nach dem ersten Rausche aufdämmernde Einsicht, wie unpassend, ja geradezu ungeheuerlich die Durchführung eines solchen Denkmals in päpstlichem Auftrag gewesen wäre. Und so gab er seinem monumentalen Sinn eine Wendung: anstelle des Mausoleumprojektes trat ein Kirchenbau in die erste Linie, anstelle der persönlichen Glorifikation der Plan zum Umbau von St. Peter nach Bramantes Projekt. Dieses näherte sich zwar in seiner Idee eines idealen Zentralbaues gleichfalls der Antike und war in der Gesinnung weit entfernt von der mehr als tausend Jahre rein religiös orientierten christlichen Baukunst, dabei aber immerhin durch altchristliche Vorbilder und durch die kirchliche Bestimmung leichter zu legitimieren. Dies konnte Michelangelo nicht ertragen, er floh aus Rom, gab die Sache auf, und als er nach dem Tode Julius II. im Jahre 1513 auf Drängen der Erben das Grabmalprojekt wieder aufnahm, entwarf er ein Wandgrab, dem ursprünglichen Projekt gegenüber ein Exzerpt, dem man entnehmen kann, daß des Künstlers Auffassung sich geändert, daß er das Interesse an der Arbeit verloren hat.

Die bildlichen Vorstellungen, das Heer gewaltiger Gestalten, die im Juliusdenkmal vereinigt werden sollten, sind dennoch nicht verlorengegangen. Der zu ihrer Verwirklichung auserlesene Ort war die Sixtinische Kapelle. Dieser Raum, den der Bettelmönch auf dem päpstlichen Throne, Sixtus IV., als vatikanische Palastkapelle im Anschluß an die einfache Architektur der Bettelordenskirchen als einen einfachen oblongen Saal bauen ließ – selbst jede Betonung des Presbyteriums fehlt –, war von vornherein, wie die alten Franziskaner- und Dominikanerkirchen, für malerischen Schmuck bestimmt. Wie vor zweihundert Jahren in S. Francesco zu Assisi mußten auch in dieser großen, der Madonna geweihten Kapelle die vornehmsten Maler der umbrischen Heimat des Papstes und des florentinischen Kunstzentrums, damals des wichtigsten diesseits der Alpen, in gemeinsamer Arbeit das Heiligtum mit Gemälden schmücken, für die Szenen aus dem Leben der beiden Gesetzgeber des Alten und Neuen Testaments gewählt wurden. Dazu kamen nach alter Sitte Papstfiguren und an der Stirnwand eine Himmelfahrt Mariae, die später dem Jüngsten Gericht Michelangelos weichen mußte. Diese Gemälde haben den architektonischen Charakter des Raumes nicht verändert, sie wirken mit ihren vielen interessanten Einzelheiten wie kostbare Behänge, die unter Umständen auch in einem anderen Raum hätten untergebracht werden können. Die Decke blieb ohne figuralen Schmuck; wahrscheinlich begnügte man sich mit dem üblichen Sternenhimmel. Diese Decke mit Gemälden zu schmücken hat Julius II. nach der Aussöhnung 1508 Michelangelo übertragen. Was nun Michelangelo aus der wenig verlockenden Aufgabe herausholte, war sui generis womöglich noch kühner als das Statuenmausoleum, das er in der Peterskirche schaffen wollte.

Kühner und anders! Im XV. Jahrhundert schmückte man Decken mit ornamentalen Feldern, in denen zuweilen Raum für Gemälde ausgespart wurde. Michelangelo hat dagegen dem wirklichen Bau einen gemalten Scheinaufbau angeschlossen, eine Art freischwebendes Gerüst, das die Grenzen des Baues aufzuheben scheint. Doch lag ihm die Idee einer eigentlichen Illusionsarchitektur, wie sie Mantegna versucht, Correggio fortgesetzt und die Maler des XVII. Jahrhunderts zur höchsten Blüte gebracht hatten, fern, was man daraus ersehen kann, daß er auf eine konsequent durchgeführte Perspektive keine Rücksicht nahm. Es hieße überhaupt seine Intentionen verkennen, wenn man den Maßstab der erreichten oder angestrebten Annäherung an reale Dinge, einer Vortäuschung der Wirklichkeit an diese gemalte plastisch-architektonische Ode anlegen würde. (Daraus erklärt sich, daß das vergangene naturalistische Jahrhundert so schwer einen Standpunkt zu diesem grandiosen Werk finden konnte.) Michelangelo selbst spricht wiederholt in seinen Sonetten davon, daß die Kunst nicht die wirkliche, sondern die unsterbliche universale Form anzustreben und mit Gott in der Schöpfung wettzueifern habe – und wie er in seinem Juliusgrab auf die bestehende Architektur keine Rücksicht nahm, so verwandelte er auch hier, unbekümmert um den Raum unten, die Decke in ein freies künstlerisches Gebilde, in dem, die Schwere des irdischen Seins durch die übermenschlichen Gestalten seines Geistes zu meistern, sein geheimer Plan war, als er den Auftrag übernahm. Das Gemälde teilt sich in drei Zonen, wie das Juliusgrab aus drei Geschossen bestehen sollte. Die unterste Zone, den Sockel des Ganzen, bilden die Malereien der Stichkappen und Lünetten; sie sind wenig farbig und wenig plastisch gemalt und stellen den Stammbaum Christi dar: in harmlosen Szenen aus dem Familienleben in den Lünetten, in Szenen, die den Gegensatz zum Leben, Schlaf, Traum, Halbbewußtsein, Vorboten des Todes zeigen, in den Stichkappen. Also wiederum die Vita activa und passiva, jene zwei Gegensätze, der Spiegel der beiden Möglichkeiten des Lebensweges, die als die zwei Grundkategorien des ethischen Verhältnisses des Menschen zur Allgemeinheit das ganze Mittelalter beschäftigten. Michelangelos Doppelnatur besaß sie beide. Unter den Eindrücken von

Savonarolas Auftreten und Tod blieb er sein ganzes Leben lang ein Mönch, doch nach seiner eigenen Art, weder an Regel und Orden noch an Dogmen gebunden, der Welt abgewendet und dem peinigenden Nachsinnen über die Probleme des Daseins ergeben, um wieder periodisch aus dieser Passivität herauszutreten und einem rasenden Furor – Terribilità nannten es die Zeitgenossen –, dem Gestaltungsdrang zu folgen. Diese beiden Seiten seines Lebens spiegeln sich immer wieder in seinen Werken und sind auch in diesem merkwürdigen Stammbaum der ringenden Menschheit angedeutet. Dazu gehören noch die Bronzeakte zu beiden Seiten der Stichkappen, die den Übergang zum Spiegel des Gewölbes bilden, in dumpfer Trauer und Gebundenheit befangen, gleichsam ein Niederschlag der Idee der gefesselten Sklaven des Juliusgrabes. Über diesem Fundament der materiellen Schwere und des halben Bewußtseins spannt sich wie ein Kranz der Rahmen einer Phantasiearchitektur, von nackten, Gewinde mit dem Roverewappen tragenden Jünglingsgestalten geschmückt. Diese Ignudi sind wie ein Hymnus auf die sinnliche Schönheit, auf die Jugend und auf die Antike, der sich Michelangelo äußerlich nirgends so genähert hat wie in diesen das sinnliche Leben verkörpernden Trabanten der großen Gedankengewalten. Diese Gedankengewalten werden zunächst in den mächtigen Propheten- und Sibyllenfiguren verkörpert, die die Decke und den ganzen Raum beherrschen.

Man hat sich immer wieder die Frage vorgelegt, worin der Sinn des Ganzen bestehe. Die einen weisen auf Savonarola hin, auf die Bestrebungen nach Kirchenreform; die neue Generation habe eine Wahlverwandtschaft zu jenen Gestalten des alten Bundes empfunden, die ihre Stimme gegen die Verderbnis der Menschheit erhoben haben: die Sehnsucht nach mächtigen religiösen Menschen drücke sich in dem Werk aus, wie in Dürers Aposteln. Andere suchen eine Erklärung im Platonismus, indem sie aus der Verbindung der schönen nackten Jünglinge mit den wuchtigen alttestamentarischen Gestalten und aus einigen ikonographischen Übereinstimmungen mit Schriften Marsilio Ficinos, des wichtigsten Erneuerers der platonischen Philosophie in der Renaissance, den Schluß ziehen, daß es Michelangelo darum zu tun war, Platos Ideen mit dem Christentum zu vereinigen. Auch viele Beziehungen zu Dante hat man entdeckt, der auf die neue Zeit, die den naiven Rationalismus überwunden und eine gedankliche Vertiefung der Lebensanschauung gesucht hat, einen großen Einfluß ausgeübt hat. All dies ist sicher richtig; man muß sich jedoch hüten, auf solche mühsam zusammengesuchte Übereinstimmungen ein allzu großes Gewicht zu legen. Sie sind von sekundärer Bedeutung dem neuen geistigen und künstlerischen Inhalt gegenüber, der der ganzen Decke zugrunde liegt. Der Grundgedanke ist einfach genug: war auf den Wänden der Kapelle die kirchliche Gesetzgebung durch Moses und Jesus dargestellt, so sollte die Decke das Walten Gottes ante legem, vor der Erlösung der Menschheit, in ihren wichtigsten Repräsentanten und Begebenheiten verbildlichen, die die universalgeschichtliche Auffassung des Mittelalters längst zu einem integrierenden Teil des historischen Bewußtseins erhoben hatte. Dieser Grundgedanke gewann aber eine durchaus neue Bedeutung, die uns klar wird, wenn wir seine bildliche Darstellung in ihren einzelnen Teilen betrachten. Die da in der Höhe thronenden Propheten und Sibyllen sind ikonographisch eine alte Erfindung der christlichen Kunst. Wir finden sie schon an den Portalen der gotischen Dome, sie gehören zu den beliebtesten Themen des Kirchenschmucks in dem italienischen Trecento und in der Renaissance. Waren sie im Mittelalter starre Gebilde, denen nur der Geist der Vorsehung einen Schimmer der Beseelung eingehaucht hat, mehr Zeugen der schriftlich überlieferten und durch die Kirche gelehrten Offenbarung – nur selten sind sie zu einem dramatischen Pathos gesteigert, wie auf Giovanni Pisanos Kanzel in Pistoja –, so verwandelten sie sich seit Ghiberti in beliebte Repräsentationsfiguren einer mehr formalen Würde, Gemessenheit und Bedeutsamkeit, bei denen nur sporadisch, wie bei Quercia oder Melozzo da Forlì, eine größere geistige Spannung beobachtet werden kann, in der Regel aber ein uninteressiertes Phlegma anstelle der gotischen Erregung getreten ist. Mit welcher Verachtung mochte Michelangelo auf die Propheten und Sibyllen seines einstigen Lehrers Ghirlandajo herabgesehen haben, wenn er sich ihrer überhaupt noch erinnerte! Was ihn an den Gestalten fesselte, stand dem Geist der Gotik näher, deren Auffassung ihm durch Giovanni Pisano und Quercia vermittelt wurde. Doch seine alttestamentarischen Helden sind weit mehr als von Gott erwählte menschliche Vermittler der göttlichen Offenbarung: es sind geistige Heroen, Führer der Menschheit, in denen der göttliche Funke wirkte, bevor sich das Reich der Gnade auf die Erde herabsenkte, die durch ihre innere Größe von vornherein berufen waren, diesen Funken zu empfangen. Sie dominieren in der Darstellung der alttestamentarischen Epopöe als deren wichtigste Träger, wuchtiger als Gottes Erscheinung in der über ihnen dargestellten Erschaffung der Welt. Es wird uns zum Bewußtsein gebracht, daß diese Bedeutung auf einer im wesentlichen nach innen gekehrten geistigen Tätigkeit beruht. Sie schreiben, lesen oder denken nach und scheinen von dem, was um sie herum vorgeht, nichts zu wissen. Kleine Engelsknaben leisten ihnen Gesellschaft und greifen zuweilen in ihre kontemplative Beschäftigung ein.

Erythräa. Eine Figur, die am Anfang der Arbeit entstanden sein dürfte; sie eröffnet auch inhaltlich die Reihe. Eine edle, jugendlich schöne Gestalt, von griechischem Geiste erfüllt und von stiller Feierlichkeit. Ein Putto rechts in der Ecke zündet die Lampe an; die Priesterin hat sich niedergelassen in einer statuarisch bezaubernd schönen Pose und beginnt im Buch zu blättern, als suchte sie die Stelle, mit der sie sich beschäftigen will. So wirkt diese Darstellung wie eine festliche, die Erhabenheit eines Kultaktes atmende Ouvertüre.

Zacharias. Die frühere Kunst pflegte ihn als Jüngling darzustellen. Hier ist es ein würdiger Greis, das Bild der größten Konzentration, die durch eine geistige Beschäftigung veranlaßt ist. Schweres, ruhiges Sitzen, die Formen in der Bildfläche entfaltet, keine Tiefe, die unruhig wirkt, keine Bewegung, die Augen eingebohrt in ein Buch, in welches auch die beiden Engelsknaben gespannt hineinblicken.

Persica. Ähnliches Motiv wie beim Zacharias. Die alte Hexe scheint das Buch zu verschlingen, sie hält es nahe zu den Augen, als wäre sie kurzsichtig. Für die Erscheinung ist eine Achsendrehung in der Stellung wichtig. Die Gestalt sitzt schräg in dem Bildraum und hat sich umgewendet, um das Buch gegen das Licht zu drehen, wodurch die gespannte, erregte Lektüre auf das nachdrücklichste betont wird.

Joel. Ein Mann an der Schwelle des Alters, im Gegensatz zu Zacharias en face, wodurch eine bewegtere Note in die Darstellung kommt. Die hohe Stirn deutet den Denker an; seine Beschäftigung ist kein ruhiges Lesen wie bei den zwei letzteren Gestalten, sondern ein schnelles Überfliegen des Blattes und ein damit verbundenes gespanntes Nachdenken. Nicht ein schlichter Mann, sondern ein Gelehrter und eine Kampfnatur, die bald in die Diskussion eingreifen wird, welche die zwei streitenden Knaben im Hintergrund anzudeuten scheinen.
Cumana. Gegenstück zu der vorhergehenden Gestalt und ihr Gegensatz. Eine alte Hexe mit herkulischen Gliedern und gekrümmtem Rücken, klotzig in ihrem Sitzen und in ihren Bewegungen. Sie liest nicht in den Büchern; weitsichtig schaut sie in das eine hinein, das sie halb aufgeschlagen hat, ein zweites schleppen die Knaben herbei, die sich eng umschlungen halten, als hätten sie Angst vor dieser häßlichen Alten. Sie schaut wohl in den Büchern nach, doch was sie mit rauhen Worten verkünden wird, dürfte weniger aus ihnen stammen als aus den Erfahrungen ihres Lebens und aus unheimlichen Tiefen eines dunklen Geheimwissens, dessen Verkörperung sie ist.
Daniel. Hat es sich bisher um eine rezeptive geistige Tätigkeit gehandelt, so folgt ihr nun eine produktive. Daniel hat ein großes Buch vor sich aufgeschlagen. Er hat darin gelesen, und nun wendet er sich jäh davon ab, um schnell auf dem seitlich stehenden Pulte etwas aufzuzeichnen. Nicht das zurückblickende, nachsinnende Alter, sondern ein jugendlicher schaffender Geist, wie dies auch in der ganzen Komposition zum Ausdruck kommt. Ein jugendlicher Kopf mit hoher Stirn, auf die ein Lichtstrahl fällt, in die sich eine Falte des gespannten Denkens gräbt, zerzauste Haare eines im Feuer der geistigen Arbeit aufgehenden Menschen, der keine Zeit hat, sich um sein Äußeres zu kümmern. Das Transitorische des Bewegungsmotivs, ein rasches Hin- und Herbewegen, bei dem der Mantel von der Schulter herabzurutschen droht.
Lybica. Die Ägypterin in phantastischer Tracht, in herrlichem Kontrapost dargestellt, halb sitzend und halb sich aufrichtend. Im Eifer der Arbeit hat sie das Obergewand abgelegt, um sich in den großen Folianten zu vertiefen; doch sei

es, daß sie die Lektüre nicht befriedigt hat, sei es, daß sie gefunden hat, was sie sucht – mit raschem Entschluß schlägt sie das Buch zurück, die Knaben fragen flüsternd, was diese Unruhe zu bedeuten hat, die Prophetin schaut aber gar nicht mehr dorthin, wohin sie das Buch, aufgeschlagen wie es war, deponiert hat, sondern blickt hinunter in die Tiefe zu den Menschen, als wollte sie bei ihnen Rat suchen oder das Erforschte ihnen verkünden. Auf die Folgezeit hat dieses Meisterwerk der Darstellung des Transitorischen mit der komplizierten Drehung im Sitzmotiv den allergrößten Einfluß ausgeübt.

Isaias. Er hat in seinem Buch geblättert, es zugeklappt und war in Nachdenken versunken, vielleicht hat er auch etwas geträumt; da kam ein Engel herbeigeflogen und riß ihn aus dem Nachsinnen. Unwillig erhebt der Prophet den Kopf, er wendet sich um, und ein Traumgesicht scheint vor ihm vorbeizuziehen, schwer und düster in sein Gemüt eingreifend, so daß er unter dem Eindruck der Vision in der Bewegung wie gelähmt innehält.

Delphica. Eine edle Griechin in griechischer Tracht und in scheinbar klassischer Ruhe des Motivs. Nur scheinbar: sie ist wohl schräg nach vorne gebeugt gesessen, mit der Rolle beschäftigt, die sie noch in der Linken hält; die Gruppe der Knaben gehört noch dem vergangenen Augenblick an, sie beschäftigen sich spielend mit einem Buch, das sie für die Herrin bereithalten. Was mag sie selbst aber inzwischen erlebt haben? Sie hat sich aufgerichtet, stößt die Rolle von sich – starrt mit entsetztem Blick in die Ferne, die Augen verdreht: der Geist ist über sie gekommen. Was soll da noch Schreiben und Lesen! Nur langsam beginnt die Erstarrung von den Lippen zu weichen, die bald verkünden werden, was sie innerlich geschaut hat.

Ezechiel. Das Motiv des Moses vom Juliusgrab, nur ist es nicht Zorn, sondern Schrecken, der ihn ergriffen hat, als vor seinen Augen die Vision des Todestales vorbeizog.

Jonas. Der einzige Prophet, der sich nicht mit Buch oder Rolle beschäftigt. Im Sturme eines bewegten Lebens ist er durch dessen merkwürdige Begebenheiten ein Prophet, ein Zeuge kommender Dinge, Verkünder des Erlösers geworden. Michelangelo stellt ihn in dem Moment dar, wie er von dem Seeungeheuer ausgeworfen wurde, fast ganz nackt, in stärkster Bewegung, die alle Schranken des tektonischen Rahmens sprengt, zugleich mit einem Ausdruck, der tiefste Visionen verrät, fast in Verzückung, als ob er im Geiste die Auferstehung Christi sehen würde, deren Vorbild seine eigene Wiederbelebung war.

Jeremias. Nach dem sturmbewegten Geschehen in der Jonasdarstellung folgt die größte äußere Ruhe, die erhebenste, tragischste Gestalt der ganzen Abfolge: als einen mächtigen Greis hat sie Michelangelo dargestellt. Merkwürdig ist die Geschlossenheit des Umrisses. Schwer, mit gekreuzten Beinen, in den Block hineinkomponiert und doch frei gegliedert, sitzt der Prophet da, als wollte er sich am Ende seiner Tage ausruhen. Doch es gibt keine Ruhe: die Last quälender Empfindungen beugt das Haupt des Alten nieder, der eine Arm ist kraftlos in den Schoß gefallen, die Augen sind gesenkt, sie starren zur Erde. Die Ruhe ist ein Kampf, die Gedanken jagen, der Schmerz wühlt in ihm, Bilder des Jammers und des Kummers ziehen an dem einsamen Mann vorüber: zertrümmerte Hoffnungen, entschwundenes Glück, unerfüllte Ziele. Der Körper ist noch stahlhart und ungebrochen, doch der Geist gehört nicht mehr der Gegenwart. Ein Grab seiner Hoffnungen, spiegelt er die Tragik des menschlichen Lebens. Keine der Figuren wirkt erschütternder als diese, die ruhigste von allen.

So sind die Propheten und Sibyllen der sixtinischen Decke mehr als eine neue Variation des mittelalterlichen Darstellungsstoffes. Sie verkörpern den Spielarten der Wirklichkeit gegenüber neue Typen, neue begriffliche Wesen eines höheren künstlerischen Seins, wie einst die griechischen Göttergestalten oder wie die mittelalterlichen Symbole und anthropomorphen Darstellungen der Gottheit und des Heiligtums. Man müßte den Zeus von Olympia, die Athena Parthenos des Phidias, den Christus von San Vitale in Ravenna oder von Sti. Cosma e Damiano in Rom, die Portalfiguren von Chartres und Reims nennen, wollte man auf etwas dem Wesen nach Ähnliches hinweisen. Auf Ähnliches, doch nicht Identisches. Was sie mit diesen Abstraktionen der Vergangenheit verbindet, ist das Streben nach universellen Werten, was sie von ihnen unterscheidet, sind die Grundlagen, auf denen die von Zeit und Ort unabhängige, die bleibende Bedeutung aufgebaut ist. Lag in der Antike (und in der Renaissance) der Nachdruck auf dem körperlichen Idealtypus, so hat sich im Mittelalter das Schwergewicht zugunsten einer rein geistigen Abstraktion verschoben, der gegenüber die künstlerische Norm sekundär ist, ein Ausdrucksmittel nur, das durch diese spirituelle Abstraktion seinen Sinn und Wert erhält. Die neuen Idealgestalten Michelangelos beruhen dagegen auf der Anschauung von der Untrennbarkeit des Geistigen und Körperlichen, die beide in gleichem Maße Produkt der ewig gestaltenden Kraft sind und die beide gestaltend in der Geschichte der Menschheit gewirkt haben. Die gestaltende Kraft steht über jeder rationellen Gesetzmäßigkeit, sie offenbart sich in gewaltigen Persönlichkeiten und ist dabei gesteigerte Natur – omnia animata sunt; diese Geistigkeit ist nicht ewige Offenbarung, sondern schöpferisches Prinzip, das in die Entwicklung der Menschheit tätig eingreift. So entstehen neue bildliche Vorstellungen, nicht auf der Grundlage einer metaphysischen Naturauffassung, wie bei den Alten, oder der Theologie, wie im Mittelalter, sondern auf der Grundlage psychologischer Erkenntnisse. Diese nicht im Sinne eines wissenschaftlichen Menschenstudiums verstanden, wie es die Literatur und die Kunst der Neuzeit charakterisiert, sondern im Sinne intuitiver Erfindung von Gestalten, die die natürlichen geistigen Mächte: das Nachdenken, die innere Erleuchtung, die Führerschaft, geistige Leiden und Leidenschaften, das Ringen der Menschheit in seiner ganzen furchtbaren Schwere personifizieren und sub specie aeterni zur Anschauung bringen.

So geht von diesen wunderbaren Schöpfungen des idealistischen Pantheismus Michelangelos eine neue Entwicklungsreihe aus, wie einst von den idealen Typen der Griechen, der altchristlichen Künstler oder der Meister der gotischen Kathedralen. Es handelt sich dabei nicht nur um neue geistige Auffassung, sondern auch um formale Lösungen, die man bisher als das Primäre, als den Inbegriff des Neuen in Michelangelos Schaffen aufgefaßt hat, die sich jedoch gerade an diesen übermenschlichen Urkunden einer neuen Kunst Schritt für Schritt als die notwendige Frucht des neuen geistigen Inhalts nachweisen lassen. Und sie haben so lange nachgewirkt, die Weiterbildung der Motive ist (wie in Griechenland oder im Mittelalter) so lange von ihnen

ausgegangen, als dieser geistige Inhalt wirksam geblieben und nicht durch eine neue naturalistische Welle abgelöst worden ist.
Über der Propheten- und Sibyllenreihe, die wie der statuarische Schmuck der gotischen Kathedralen des Lebens Inhalt zusammenfaßt, sind wie Teppiche Gemälde gespannt mit Darstellungen aus der Genesis: ein geschichtlicher Bericht über die Erschaffung der Welt und die Schicksale der Menschheit; vier große und fünf kleine Gemälde, in denen man eine fortschreitende Stilentwicklung wahrzunehmen meint. Da sehen wir zunächst die Szenen, die den trunkenen Noah, sein Opfer und die Sintflut darstellen. Es sind dies ähnliche Apotheosen des Nackten wie der Schlachtkarton, nur im Ausdruck noch gesteigert. Unheroische Begebenheiten ins Heroische übertragen, durch Figuren dargestellt, deren jede einzelne das Paradigma neuer formaler Motive geworden ist, zum Beispiel die Figur des trunken liegenden Noah oder des einen Widder herbeischleppenden Jünglings in der Opferszene. Anders die Sintflut: eine große dramatische Komposition, wie sie Michelangelo bis dahin nicht versucht hat. Ein heroisches Geschlecht will sich vor dem Untergange retten. Nicht einzelne Figuren, sondern ganze Scharen bilden die Grundelemente der Komposition. Sie enthält vier Szenen, die in zwei sich kreuzenden Diagonalen den Raum vertiefen, ein Schema, das später in der Barockkunst so oft nachgeahmt worden ist. Vorne links ein Berggipfel, auf den Familien emporklimmen, schwer beladen mit ihrer Habe; schräg gegenüber ein anderer Berg, auf dem die Flüchtlinge ein Zelt aufgeschlagen haben; im Hintergrund die Arche und in der Mitte ein Boot, um welches gekämpft wird. Individuelles Schicksal durch ein Elementarereignis vervielfacht und zu der Katastrophe der Menschheit gestaltet – das ist hier mit der Wucht griechischer Tragiker geschildert. Und doch mochte Michelangelo durch das Gemälde nicht befriedigt gewesen sein. – Das Gewaltigste können wir von den Darstellungen der Welterschaffung erwarten. Dies war ein Stoff, geeignet, die neuen Ziele Michelangelos zu veranschaulichen; tatsächlich sehen wir da Gestalten und Kompositionen von bis dahin unbekannter Kühnheit. Gleich das erste Bild, „Gottvater Licht und Finsternis scheidend“, zeigt eine der merk-

würdigsten Gestalten: eine entfesselte, von allen statischen Gesetzen losgelöste rotierende Bewegung im Weltraum, eine kompakte, fast unförmige Gestalt in starker Verkürzung, so daß von den Gesichtszügen kaum etwas zu sehen ist. Man könnte sagen: die personifizierte Urkraft, mit dem Chaos der Welten ringend, die Wolken mit seinen Armen, die mächtigen Hebeln gleichen, auseinander schiebend – das extremste Gegenteil der älteren Auffassung, nach der ein Wort genügte, um den Schöpfungsakt zu vollziehen. Ist hier die von einem Zentrum ausgehende kreisende Bewegung der Masse dargestellt, so folgt in dem zweiten Bild die sich im unendlichen Raum blitzartig fortpflanzende Bewegung, nicht symbolisch wie manchmal früher, sondern auf die Materie übertragen und sinnlich erfaßbar dargestellt. Der Schöpfer durcheilt den Weltraum, um die Himmelslichter da und dort aufleuchten zu lassen. Um das rasende Fortwärtsstürmen zu veranschaulichen, griff Michelangelo zu einem uralten Darstellungsmittel, indem er Gott in demselben Bilde zweimal in zwei aufeinanderfolgenden Momenten zeigt: herbeifliegend und davoneilend in der Unendlichkeit des Weltalls. In der spätantiken und altchristlichen Kunst dienten ähnliche Darstellungen zur Verdeutlichung der raschen Aufeinanderfolge von Ereignissen, es handelte sich aber immer um eine Abfolge von Momenten, die den natürlichen Verlauf einer fortschreitenden Erzählung veranschaulichen sollten. Michelangelo benützt die kontinuierliche Darstellungsweise dazu, um in seiner Theophanie das Zeitlose, Unbegrenzte, Unendliche, die göttliche Ubiquität zum Ausdruck zu bringen. Wie ein gewaltiger Zauberer mit flammendem Blick im Feuereifer der titanenhaften Arbeit erscheint der alttestamentarische Gott mit zurückwallenden Haaren und schwellenden Nüstern. Restlos folgen Linien und Formen seiner vorwärtsstürmenden Bewegung, mit unerhörter Meisterschaft künstlerisch bewältigt und doch losgelöst von jeder naturalistischen Gebundenheit und auch von dem alten florentinischen Reliefstil, dessen Ausgangspunkt eine supponierte Reliefebene oder die sie ersetzende Raumbühne war, während hier die Raumvorstellung nicht an eine materielle Begrenzung gefesselt, nicht in einem deskriptiven Raumschema verwirklicht, sondern in der freiräumigen Wirkung der bewegten

Körper selbst begründet ist. Sie lassen uns ihre Umgebung als Raum, als das unkörperliche, unbegrenzte Medium dieser Bewegung erscheinen; darin ist eine wichtige Voraussetzung aller folgenden Kompositionen dieser Gattung enthalten. In dem dritten Bild glätten sich die Wellen des gewaltigen Sturmes der Urwelten. Gott schwebt noch dahin, von zwei Engeln begleitet; nicht nur die himmlische, auch die irdische Welt, durch die weite Fläche des Ozeans angedeutet, ist entstanden, und zu ihr ist Gottes Blick gewendet, denn sie soll nun mit Lebewesen bevölkert werden. Merkwürdig ist überall die Ökonomie der Darstellungsmittel. Wie haben die älteren italienischen oder die gleichzeitigen nordischen Künstler die Schilderung der Erschaffung der Tierwelt dazu benutzt, um ihre Gemälde unerschöpflich mit Details zu bereichern! Hier sehen wir nichts davon – nicht auf das Geschaffene, sondern auf den Schöpfer kommt es an. Die neue geistige Auffassung der Kunst kommt in diesem Zug besonders prägnant zum Ausdruck. – Ein Ebenbild der gestaltenden Kraft sollte der Mensch werden. In der merkwürdigen Darstellung der Erschaffung Adams stehen zwei Massen einander gegenüber: eine unbewegte, schwere, kompakte, die Erdoberfläche mit der daraufliegenden Gestalt Adams, und eine bewegte und gelokkerte, der heranschwebende Schöpfer vor der dunklen Fläche seines ausgebreiteten Mantels, umgeben von einer Engelsschar. Der Schöpfungsakt ist da nicht eine Formung wie in den vorangehenden Bildern, obwohl gerade bei dieser Szene eine Darstellung der dädalischen, das heißt künstlerischen Gestaltung oder der physischen Hilfe üblich war. Bei Michelangelo streckt der Schöpfer die Hand aus, und in der liegenden Gestalt erwacht das Leben. Wie schlaftrunken beginnt sich der Körper Adams von der Erde loszulösen; in diesem Zustande des Halbbewußtseins blickt er empor – ohne Staunen, da ohne Erinnerung – seine Hand streckt sich reflexmäßig der Gotteshand entgegen und berührt sie: der Kontakt ist hergestellt, ein sichtbares Zeichen des Hinüberstrebens der geistigen Kraft, die von da an auch in dem neugeschaffenen Wesen wirken wird. Das folgende Bild, die Erschaffung des Weibes, ist die einzige Szene, in der eine etws ruhigere Note mitklingt. Väterlich scheint der Schöpfer Eva zu ermahnen – eine Darstellung, die die Dramatik der folgenden steigert und zu ihr eine Einleitung bildet. In dem Gemälde des Sündenfalles und der Vertreibung aus dem Paradies sehen wir eine etwas ausführlichere Landschaft, doch wie merkwürdig ist auch diese vereinfacht! Steinblöcke in elementaren Formen, das Paradies des Bildhauers, und etwas Laub des Baumes, der die Szenen trennt; sonst nur Luftraum und Bewegung der Bodenlinie, vor allem die erschütternde endlose Gerade des Horizonts hinter dem Paradies, die in die Zukunft von Mühe und Sorgen weist. Und so einfach wie die landschaftliche Formation sind auch die Figuren, als ob Michelangelo zu den Erfindungen der Trecentomalerei zurückgekehrt wäre, den großen epischen Stil Giottos weiterentwickelt hätte. Alles Anekdotenhafte ist verschwunden, zugleich ist aber jede Form und Linie von der allergrößten Ausdruckskraft, so daß sie sich unauslöschlich der Erinnerung einprägt. Welche Tragik liegt in der Zäsur, die sich, gähnend, wie die Kluft zwischen Vergangenheit und Gegenwart, zwischen dem Paradiesesbaume und den Vertriebenen öffnet. Wie inhaltsvoll ist die Handbewegung des Adam, wie ergreifend die Gegenüberstellung der weichen Kurven der in die Landschaft eingefügten Sündenfallgruppe und der strengen, unerbittlichen Vertikalen der Verjagten, die an den Rand geschoben sind und vom Schwert in die unübersehbare dunkle Zukunft getrieben werden. So ist gerade dieses Gemälde vielleicht die wirkungsvollste Exemplifikation des neuen großen Stiles Michelangelos. Wie die einzelnen Figuren, stellt auch der ganze Bildaufbau Abstraktion und Allgemeingültigkeit dem zeitlich und örtlich Determinierten gegenüber. Es handelt sich nicht so sehr um eine größere Anschaulichkeit im Gegensatz zu dem Zufälligen und Ablenkenden wie bei den Trecentokünstlern; es handelt sich vielmehr darum, aus der Fülle der Anschauung das auszuwählen, was über allem Alltäglichen steht und die Begebenheit in die Sphäre des Mythischen, Allmenschlichen zu erheben vermag. Während die giottesken Gestalten immer mehr von Naturbeobachtungen überwuchert wurden, führt hier der Weg zu einer Norm, die sich immer weiter von der Natur entfernen mußte.

An diese Urgeschichte der Menschheit schließen sich in den Zwickelfeldern der vier Ecken der Kapelle Darstellungen, die die Errettung des jüdischen Volkes aus der Not schildern. Ähnliche Szenen waren in der christlichen Kunst seit jeher beliebt als Hinweise auf die Erlösung der Menschheit durch Christus; ob Michelangelo derartige typologische Beziehungen im Sinne hatte, erscheint uns mehr als fraglich. Doch schreckliche Ereignisse und Gefahren, Untergang und Not und heroische Retter – all dies paßte ganz ausgezeichnet in das gedankliche Programm der Decke, und auch die Bewegtheit der Darstellungen hatte an dieser Stelle vielleicht eine besondere Aufgabe zu erfüllen. Da sehen wir in der ehernen Schlange neben ruhigeren Figuren wildbewegte zu einem schrecklichen Knäuel zusammengeballt, wie entfesselte Kräfte, die das Aufsteigen des Gewölbes veranschaulichen. Eine noch merkwürdigere Komposition ist die Kreuzigung Hamans. Es ist wie ein Triptychon: in der einen Ecke gibt Ahasver den Befehl, Mardochai zu ehren, in der anderen Ecke bezeichnet Esther den König Haman als den Feind des Volkes, und in der Mitte erscheint der gekreuzigte Haman in starker Verkürzung, wie ein Titan, der das Gewölbe trägt. Die beiden anderen Bilder schildern dramatische Momente: den physischen Kampf zwischen David und Goliath, und Judith, die das Zelt des getöteten Holofernes verläßt und unwillkürlich sich noch einmal nach dem Leichnam umblickt.

Zusammenfassend können wir sagen, daß in diesen Geschichtsbildern anstelle des gemalten historischen Berichtes, anstelle der Illustration gegebener Texte, wie sie alle historischen Darstellungen des Mittelalters und der Renaissance, zwischen abstrahierender und realistischer Wiedergabe schwankend, zeigen, eine neue heroische, allgemeinmenschliche Epopöe getreten ist, die die Ereignisse nicht als einfache Beispiele und Begebenheiten der Heilsgeschichte, ebensowenig als Paradigmen der Naturbeobachtung, sondern als die erste und entscheidende Verkörperung der materiellen und geistigen Gewalten auffaßt, die im menschlichen Dasein wirksam sind und ihm Inhalt und Größe verleihen. In ihrem Ringen sind die führenden Menschen wichtiger als die Ereignisse; deshalb beherrschen die Propheten und Sibyllen die Historien, sie erscheinen gewaltiger als Gott selbst. Wollte Michelangelo im Juliusdenkmal die Apotheose eines einzelnen Menschen schaffen, so malte er in der Decke ein Denkmal der Menschheit sub specie aeternitatis, ein Denkmal ihrer Bedrängnisse, ihres Ringens und Hoffens – ohne auf die letzten Fragen eine Antwort zu geben. – Nach einer geistvollen Bemerkung Justis war es ein Glück für die Kunst, daß Michelangelo gezwungen wurde, seine Gestalten, statt sie in Stein zu meißeln, mit dem Pinsel auf die Wand zu übertragen. Denn ohne diesen Zwang, der dazu führte, daß Michelangelo auf einem Kunstgebiet, wo er von Erlerntem nicht gebunden war, seiner Konzeption die ideale Form verleihen konnte, hätte sich die Stilwandlung wahrscheinlich nicht so rasch und durchgreifend vollzogen.

So wurde die Decke der Sixtina in wenigen Jahren der Ausgangspunkt einer Stilumbildung, die kaum geringer war als jene, die die romanische und gotische Skulptur trennt, und die nicht nur die Malerei und Skulptur, sondern auch die Baukunst von Grund auf umgestaltet hat. Welche waren diese Neuerungen? Zunächst sahen wir ein neues Verhältnis zur Architektur in zweifacher Beziehung: in dem Verhältnis der Malerei zu dem darunter befindlichen wirklichen Bau, und unabhängig davon in ihr selbst als einem Werk der architektonischen Phantasie. Es ist auffallend, daß Michelangelo, seitdem er die sixtinische Decke vollendet hatte, sich immer intensiver mit architektonischen Problemen zu beschäftigen begann; in seiner Jugend dürfte er kaum an sie gedacht haben, in seinem Alter ist die Baukunst fast das einzige Ausdrucksmittel seines Geistes geworden, was sowohl in persönlichen als auch in allgemeinen Ursachen begründet ist. In naturalistischen Perioden verliert die Baukunst in der Regel die führende Bedeutung. Sie tritt die Führung an die dekorativen Künste, an Malerei und Bildhauerei, ab. Zwischen Brunelleschi und Bramante gab es keinen ganz großen Architekten in Italien, keinen, den man Donatello oder Leonardo, den Bahnbrechern des Naturalismus, an die Seite stellen könnte. Erst mit dem neuen Idealismus ändert sich dies, und auch Michelangelo wendet sich immer mehr der Baukunst zu, weil sie am geeignetsten war, seine neuen Ideen zum Ausdruck zu bringen. Man hat immer wieder versucht, seinen neuen Stil, den man als den barocken zu bezeichnen pflegt, in allmählicher Entwicklung aus den Fortschritten der Renaissance abzuleiten, wobei zuweilen auch auf die Architektur der sixtinischen Decke als auf ein Bindeglied hingewiesen wird. Unseres Erachtens bedeutet sie kein Bindeglied, sondern einen Bruch mit dem architektonischen Empfinden der vorangehenden Periode; der ganze architektonische Eindruck der Kapelle beruht darauf. Bevor man die einzelnen Gestalten und Gemälde betrachtet, wird man von der Wirkung dieser Decke auf den ganzen Raum, den sie zu schmücken hat, hingerissen; der schlichte Minoritenbau erhält durch sie bis in den letzten Winkel Größe und Pathos, ein gesteigertes architektonisches Leben, demgegenüber die wirkliche Architektur des Raumes nur eine an sich bedeutungslose Hilfskonstruktion bedeutet. Schon darin lag etwas umwälzend Neues, denn bis dahin bestand das leitende Prinzip des architektonischen Schaffens, wie es von Brunelleschi aufgestellt wurde, in der höchstmöglichen Harmonie der Kräfte und Wirkungen. Klar und übersichtlich, in logischer Notwendigkeit und verständlicher Kausalität sollte jeder Bau ausgeführt sein und auf den Beschauer wirken, jeder Form sollte eine durch ihren tektonischen Zweck vorgeschriebene Rolle, jeder Dekoration eine durch die Gesetzmäßigkeit des Ganzen bestimmte Funktion verliehen sein. Wenn man nach Brunelleschi von diesem System abgewichen ist, so geschah es nicht, weil man es negierte, sondern einzig und allein der sich immer mehr ausbreitenden Dekoration zuliebe. Dagegen vollzog sich um die Wende des Jahrhunderts bei den Klassizisten, mit Bramante an der Spitze, eine Reaktion. Sie bestand im Grunde genommen in nichts anderem als in der Rückkehr zu Brunelleschis Idealen und in ihrer der vorgeschritteneren Kenntnis der Antike entsprechenden Weiterbildung nach der Richtung des absoluten Gleichgewichts aller Faktoren und der in allem waltenden Regel. Ihr hatten sich alle Details bis zur letzten Linie zu fügen in einer Schönheit, die die Frucht dieser objektiv kausalen Organisation der Materie war. In dieser Form der klassischen Objektivisierung des architektonischen Gebildes sollte die neue Peterskirche entstehen, die das Grabmalprojekt Michelangelos verdrängt hatte, und in der unmittelbaren Nähe des Neubaues schuf Michelangelo diese gemalte Architektur, die wie ein titanischer Hohn darauf erscheint, die auf keine Gesetzmäßigkeit, keine objektive Regel Rücksicht nimmt, sondern mit unwiderstehlicher Kraft die Blicke, Gedanken und Empfindungen dorthin lenkt, wohin sie der mächtige Wille des Künstlers gelenkt haben wollte. Das Neue liegt auch weniger in den Beziehungen zu dem eigentlichen Bau als in der Architektur der Decke selbst, die jeden anderen Raum mit einem neuen Inhalt erfüllt hätte. Das Wichtigste dabei ist das Verhältnis zwischen plastischer Form und Wand. In der Renaissance gehörte die Wand zu den wichtigsten ästhetischen Faktoren der Baukunst, deren Ziele damals ruhende, in sich geschlossene Räume von schönen Proportionen und klarer Form und Begrenzung waren. Eine der wichtigsten Aufgaben war also, diese Grenzflächen, die Wände, im Sinne der allgemeinen tektonischen Gesetzmäßigkeit und Monumentalität zu gliedern und zu schmücken. Dies geschah zunächst durch die Betonung des natürlichen Kräftespiels und Ausgleichs zwischen Stütze und Last, als dessen Spiegelbild die Wand erscheinen sollte; daher Geschosse, die sich im Gleichgewicht halten, oder Pilaster und Gesimse, die die Wand in ein Widerspiel des Säulenaufbaus verwandeln. Ferner durch Rhythmus, durch die gleichen Abstände der vertikalen Gliederungen oder Öffnungen: ihre Einteilung wird an eine objektive Bewegungsnorm gebunden. Endlich durch plastische Formen und Malerei, die, um den raumbegrenzenden Charakter der Wand nicht aufzuheben, als Reliefform oder begrenzter Durchbruch erscheinen mußten und dadurch gebunden waren. In der sixtinischen Decke wird dagegen die Wand als Raumgrenze nicht nur nicht betont, sondern geradezu negiert, sie verschwindet künstlerisch und wird in der Gotik in Bauformen und Figuren aufgelöst. Und doch anders als in der Gotik. Dort wurde die Wand ersetzt durch ungehindert im Freiraum in die Höhe schießende Pfeiler, deren Form auch von den Statuen aufgenommen wurde, dort hatte die Materie entmaterialisiert dieser einseitigen Bewegung zu folgen. Bei Michelangelo ist die Komposition, durch die er die Wand ersetzte, eine stürmisch bewegte Masse von Körpern, die ihrem Wesen nach und den lebendigen, unberechenbaren Energien entsprechend, deren Hüllen sie sind, an keine Grenzen, an keine tektonische Berechnung, weder an Fläche noch an statische Gesetze gebunden sind und die daher den ruhigen Abschluß durch ein wogendes Heer ersetzen. Diese entfesselte Bewegung ist aber durch die klaren, haarscharf gezogenen Rahmen des architektonischen Gerüstes gebändigt, in eine in ihrer Gesamtheit ruhige Form durch des Künstlers Gewalt eingeschlossen. Durch diesen Gegensatz von gesteigerter Bewegung und Körperhaftigkeit einerseits und dem unüberschreitbaren Halt, der ihr vom Künstler gesetzt wird, anderseits, wird der Eindruck des Gewaltigen, in einem neuen Sinne Monumentalen, alle Schranken des Normalen Durchbrechenden hervorgerufen. Es erscheint hier ein stilbildendes Prinzip, von dem jede Figur und jede architektonische Form in der Folgezeit abhängig ist; von ihm geht die Weiterentwicklung aller drei Künste ebenso aus wie früher von dem Streben nach künstlerischer Verklärung der statischen Gesetzmäßigkeit und von der Naturnachahmung.

Das nächste große Unternehmen war ein Bau, man wäre versucht zu sagen: es mußte ein Bau sein. Es ist nicht unwichtig, uns die näheren Umstände der Entstehung der Medici-Kapelle zu vergegenwärtigen. San Lorenzo war die Grabkirche der Mediceer, deren Schicksale sich so seltsam immer wieder mit denen Michelangelos berührten. Der Bau der Kirche, von der die Renaissance der kirchlichen Architektur ausgegangen war, wurde das ganze XV. Jahrhundert hindurch im wesentlichen nach Brunelleschis Plänen fortgesetzt. Am Anfang des XVI. Jahrhunderts fehlte noch die Fassade, und außerdem sollte noch anschließend an den Südtransept, der alten Sakristei Brunelleschis korrespondierend, eine kuppelgewölbte Kapelle ausgeführt werden. Als nach dem Tode Julius II. ein Mediceer, Leo X., den päpstlichen Thron bestieg, beschloß man, Michelangelo, der kurz vorher die Decke vollendet hatte, dem Ruhme des Hauses dienstbar zu machen, und man übertrug ihm zunächst die Ausführung der Fassade von San Lorenzo. Drei Jahre lang hat sich Michelangelo mit den Projekten beschäftigt, aus denen nichts geworden ist. Anstelle des mißglückten Werkes übernahm er dann den Auftrag des Kardinals Giuliano de' Medici, in jener südlichen Kapelle ein Mausoleum der Familie zu errichten. Die Kapelle stand bereits im Rohbau bis zum Gesims fertig da, ein einfaches Viereck, welches eine Kuppel abschließen sollte. Michelangelo übernahm es, den Bau zu vollenden und mit Skulpturen zu schmücken. Es sollten darin vier Grabmäler aufgestellt werden: das des Lorenzo Magnifico, das seines ermordeten Bruders Giuliano, seines jüngsten Sohnes Giuliano, Herzogs von Nemours, und seines Enkels Lorenzo des Jüngeren, Herzogs von Urbino. Später dachte man auch daran, die Grabmäler der beiden Päpste aus dem Hause Medici, Leos X. und Klemens VII., hier zu errichten, so daß die Kapelle alle Mitglieder der Familie aufgenommen hätte, die noch kein Grabmal besaßen, und eine Art Ruhmeshalle der Mediceer geworden wäre, die den Aufstieg des alten Kaufmannsgeschlechtes bis zur päpstlichen Würde gezeigt hätte. Merkwürdigerweise hat aber Michelangelo nur die Gräber der unbedeutendsten Familienmitglieder geschaffen, die des Herzogs von Nemours und des Herzogs von Urbino. Man sollte annehmen müssen, daß ihn besonders die Denkmäler Lorenzos des Herrlichen und Leos X., die seine größten Wohltäter und beide überragende Persönlichkeiten waren, gelockt hätten. Doch so einfach lagen die Dinge bei Michelangelo nie; es beherrschte ihn eine bestimmte Idee, nach der, wie wir hören werden, Giuliano und Lorenzo der Jüngere die Haupthelden waren, und so mußten ihnen gegenüber die übrigen Kandidaten dieser Walhalla zurücktreten – am Anfang und auch später, denn als die beiden Gräber fertig waren, wiederholte sich das alte Spiel, die übrigen wurden immer weiter hinausgeschoben und schließlich ganz aufgegeben. Nur eine Madonna für eines dieser Gräber wurde ausgeführt. Im Sinne des ursprünglichen Planes blieb auch dieses Werk ein Fragment, doch nur in diesem Sinne, denn das wesentliche, das Michelangelo bei dem Projekt beschäftigte, ist in dem Fragment enthalten.

Es handelte sich also darum, eine Kapelle, deren Form wie gesagt insofern gegeben war, als die Mauern bis zum Gewölbeansatz bereits standen, mit Grabmälern zu schmükken. Also nicht mehr die antike Idee eines alle architektonischen Fesseln sprengenden Epitaphs, sondern die allgemein christliche eines geheiligten Raumes, in dem die Asche der Verstorbenen die letzte Ruhestätte finden sollte; eine Konvention, die jedoch Michelangelo sofort dadurch aufhob, daß er den kirchlichen Raum und die Grabmäler nicht als getrennte Elemente, sondern als einheitliches Problem behandelte. Dies war etwas Neues, zum mindesten mit Rücksicht auf die Rolle, die dabei die Denkmäler spielen sollten. Eine einheitliche, plastische oder malerische, Dekoration eines kirchlichen Raumes war natürlich nichts Ungewohntes; hier aber lag der Nachdruck nicht auf der Dekoration, sondern auf den Denkmälern, als deren monumentaler Rahmen die Architektur gedacht war, und zwar nicht als selbständige Folie, sondern unlösbar mit ihnen verbunden. Die Kapelle ist ein quadratischer Saal, also ohne vorherrschende Längsachse; auch die Türen sind in den Ekken angebracht, so daß der Eintretende von keiner Hauptrichtung aufgenommen wird. Die Ausschaltung der Längsrichtung sehen wir auch darin, daß es zwar eine Altarnische gibt, daß sie aber leer blieb: das Kultbild wurde vor der gegenüberliegenden Wand aufgestellt. Es fehlt also jede Hervorhebung des kirchlichen Mittelpunkts, das Interesse sollte möglichst wenig von den Denkmälern abgelenkt werden. Im Aufriß sind die Wände in drei Geschosse von ungleicher Höhe eingeteilt: das erste plastisch und tektonisch reich bewegt, darauf ein zweites schlichteres, durch Bogen zur Kuppel überleitend, und schließlich diese selbst leicht und ziemlich überhöht auf Pendentifs schwebend. In der untersten Zone stehen die beiden ausgeführten Grabdenkmäler, den Mittelpunkt der ganzen Komposition bildend. Sie sind schon deshalb wichtig, weil dies der einzige Fall ist, wo es Michelangelo eine Reihe von Skulpturen so anzubringen vergönnt war, wie es seinen Absichten entsprach. Es empfiehlt sich, daß wir zunächst ihre Anordnung betrachten, die scheinbar – wie bei Michelangelo fast immer – sehr einfach ist. Auf Sarkophagen zwei liegende allegorische Figuren und darüber die sitzende Figur dessen, dem das Grabmal errichtet wurde; also scheinbar das alte Programm, denn allegorische Figuren und das Bildnis des Verstorbenen waren alte Requisiten der Sepulkralplastik. Und doch vieles rätselhaft! Was bedeuten die allegorischen Figuren? Man nennt sie: die Nacht, der Tag, der Abend und die Morgenröte – doch darin liegt keine Erklärung. Michelangelo selbst hat dazu einen Kommentar geschrieben. Der Tag und die Nacht sagen: wir haben mit unserem raschen Lauf den Herzog Giuliano zum Tode geführt. Also Symbole der Vergänglichkeit, der Zeit, der großen Zerstörerin, der Verbündeten des Todes – ein Gedanke, der im XV. und

XVI. Jahrhundert, besonders im Norden, sehr beliebt war (Bosch, Holbein, Dürers Melancholie). Doch bei Michelangelo hatten die Dinge stets auch noch einen tieferen Sinn. Man hat lange und emsig nach den literarischen Quellen gesucht, aus denen Michelangelo die Idee der Grabmäler geschöpft haben könnte. Man hat nichts gefunden, denn was man gefunden zu haben vermeint, ist bei den Haaren herbeigezogen und ohne Beweiskraft. Und man wird sicher auch weiter nichts finden, denn man braucht nur die Aufeinanderfolge der Entwürfe durchzusehen, um sich zu überzeugen, daß von einem festen literarischen Programm keine Rede sein kann. Justi hat dagegen eine historische und psychologische Erklärung versucht, die vorbildlich ist für eine Deutung, die Besonderheit der geistigen Situation, der historischen Verhältnisse und der Zeitsentimente im Auge behalten will. Man kann diese Deutung in den Worten zusammenfassen: die Katastrophe des Hauses Medici, an dessen Schicksalen Michelangelo so unmittelbar teilnahm. Mit diesem Haus war die Größe von Florenz und auch die Italiens verbunden, noch mehr aber Zukunftsträume, die man erst versteht, wenn man sich vergegenwärtigt, daß 1523 einer der größten Geister Italiens, Machiavelli, sein Buch vom Fürsten zu schreiben begann, welches zuerst Giuliano Medici gewidmet werden sollte und nach dessen Tod Lorenzo dediziert wurde. Diesem Buch lag der alte Traum Dantes vom Principe liberatore zugrunde, der die alte Größe Italiens wieder herstellen und die Barbaren vertreiben wird. Der Traum war nicht nur eine literarische Utopie, sondern entsprang einer mächtigen geistigen Strömung, von der die führenden Geister Italiens ergriffen waren und deren Ziel die nationale Vereinigung des Landes bildete. Dieses große Werk hätte Lorenzo vollbringen sollen, da er dazu nicht nur durch die damalige Lage des Hauses und Italiens, sondern auch durch persönliche Gaben prädestiniert zu sein schien. Nach seiner Vermählung mit Margarete von Auvergne in Paris schien das Ziel nahe zu sein, doch da holte plötzlich das Schicksal zu einem vernichtenden Schlage aus, das Gemüt des glänzenden jungen Herzogs umdüsterte sich, er wurde wahnsinnig und starb nach einem Jahre, nachdem ihm seine Gattin vorangegangen war. Die Hoffnung des Hauses Medici war vernichtet

und der Traum von dem Principe liberatore für Jahrhunderte ausgeträumt.
Nun wollen wir die künstlerische Gestalt der Grabmäler näher betrachten. Waren sie früher Teile der Wand, vor sie gestellt wie Bilder in unseren Museen, so bildet hier den Ausgangspunkt die plastische Form der Figuren. Die Figuren sind eine Einheit, die nicht wie bei älteren Denkmälern durch einfache Reihung koordinierter Elemente in der Ebene, sondern durch plastische Gruppenkomposition im Raume entstanden ist. Innerhalb der Gruppe ist alles Bewegung, alle Glieder sind aus der Gleichgewichtslage gebracht und dabei so erfunden, daß sowohl an der einzelnen Figur als auch in ihrem gegenseitigen Verhältnis Kontraposte auftreten, durch welche die tote Symmetrie in eine bewegte umgesetzt wird. Die Figuren sind invertiert, die Nacht scheint aus der Tiefe zu kommen, der Tag sich dahin zu bewegen. Es entsteht auf diese Weise der Eindruck einer gewissen Dissonanz und einer tektonischen Bewegung, nach der sich die tatsächliche zu richten hat. Dieselbe Dissonanz und Bewegung im Verhältnis zur Architektur: die Köpfe überschneiden das Gesims, die Figuren sind auf den Sarkophagen so gelagert, daß sie einen höchst labilen Eindruck machen, herabzugleiten scheinen. Das ist getadelt und als Verlegenheitslösung bezeichnet worden, doch kann davon keine Rede sein. Diese mächtigen Gestalten, die wirkungsvollsten und folgereichsten, die Michelangelo geschaffen hat, sollten nicht den Eindruck einer einfachen statischen Lagerung erwecken, sondern im Gegenteil ihre Ausschaltung durch den künstlerischen Willen zeigen; Kurven sollten sich bilden, als Ausdruck des bewegten plastischen und tektonischen Fließens. Diese Allegorien haben als suggestive Verkörperung der neuen plastischen Probleme normative Bedeutung gewonnen; es gibt abgesehen von der Antike kaum statuarische Schöpfungen, die man bis in die Gegenwart so oft und überall nachgeahmt hätte, wie diese. – In dieses System des bewegten plastischen Lebens wird als seine Dominante die Hauptfigur des Principe einbezogen, so daß die Gruppe eine Pyramide bildet, die größten Gegensätze der Bewegungsmotive in ein elementar einfaches Gebilde einschließend, das sich nicht in der Ebene hält, sondern in den Tiefraum hinein erstreckt. (In diesem

Sinne ist es zu verstehen, wenn Riegl von der Emanzipation der Tiefe in Michelangelos Skulpturen spricht.) Aus diesem Gebilde ist alles, was an gegenständlich Bestimmtes, im Sinne des objektiven Individualbefundes Begrenztes oder historisch Greifbares erinnern könnte, ausgeschaltet. Daher die Deutungsschwierigkeiten. Ins Ideale und Zeitlose übetragen walten hier organische und mechanische Kräfte, Wille und Empfindung im gegenseitigen Widerstreit und in dem hinreißenden Trauerhymnus durch künstlerisches Gebot unlösbar verbunden. Die Fürsten sind nicht Bildnisse, sondern Idealgestalten, doch nicht typischer Natur, nicht Paradigmen ethischer Begriffe oder formal vorbildlicher Lösungen, sondern freie Phantasieschöpfungen, im Einklang mit der Grundidee des Mausoleums entstanden. Als Sinnbild der menschlichen Ohnmacht, des melancholischen Nachdenkens sitzt Lorenzo da, den Kopf auf die Hand gestützt, die obere Hälfte des Gesichtes beschattet – wohl der erste Fall, daß in einer Skulptur dem Schatten eine solche Aufgabe zugefallen ist – ein Reflex der Schatten, die sich auf sein Gemüt gelegt haben. Giuliano läßt müde den Kommandostab sinken; er wollte sich wohl noch aufrichten und Befehle erteilen, doch wozu? – alles ist umsonst –, und entgeistert schaut er in die Ferne. Einen ähnlichen Charakter haben auch die Allegorien. Personifikationen der Himmelserscheinungen pflegte man seit der Antike als zarte geflügelte Gestalten darzustellen; hier sind es schwere massige Körper, übermenschlich in den Formen, und mit Ausnahme der sonderbar verrenkten Stellungen in Ruhe und Unbeweglichkeit. Diese Ruhe ist aber nur eine scheinbare, ihr liegt, wie bei allen Gestalten Michelangelos, inneres Leben zugrunde. In dem Abend müdes Hinsinken, in der Aurora schweres Erwachen, nicht nur physisch aufgefaßt, sondern durchwühlt von schmerzlichen Empfindungen, von inneren Kämpfen. Die Willenskraft, die physischen Kräfte und die Empfindung scheinen hier im Kampfe zu sein; es entsteht eine Skala von Kontrasten zwischen dem Physischen und Psychischen, von dumpfer Ruhe bis zum jähen Aufschrecken, und so liegt auf dem Ganzen eine eigenartige Stimmung, die nicht auf objektiven Beobachtungen beruht, wie bei den Venezianern, sondern im Innenleben des Künstlers ihren Ur-

sprung hat und als ein Spiegel subjektiver Empfindungen erscheint.
So zeigen die Figuren der Grabmäler entfesselte Konflikte, stürmische Erregung, der zweifach Halt geboten wird: inhaltlich in der resignierten Ruhe der Principi und formal durch die elementare Form der Pyramide, in welche dieses bewegte Leben eingeschlossen wird. Seine Brandungen gehen aber über diese Grenze hinaus und setzen sich in der architektonischen Gestaltung der Wände fort, mit denen die Skulpturen in der Ebene und im Raume auf das engste verbunden sind. Diese architektonische Komposition der Wand ist sehr wichtig und merkwürdig. Sie beruht wohl auf den alten, aus der Antike stammenden Renaissanceformen, die aber unantik und unrenaissancemäßig verwendet sind. Als wäre Anarchie unter ihnen ausgebrochen! Hatten sie bis dahin eine eng umschriebene Funktion, die ihrem tektonischen Ursprung und ihrer Unterordnung unter objektive Gesetzmäßigkeit entsprach, so befreien sie sich nun davon und verwandeln sich in Formen, deren Funktion der künstlerische Wille nach seinem Ermessen von Fall zu Fall zu bestimmen hat. So sieht man sie scheinbar ganz willkürlich bald gehäuft sich gegenseitig bedrängen, in Rahmen eingezwängt, gefesselt, dann wieder gelockert aus der Wand herausspringen: anstelle des ruhigen statischen Seins ist dieselbe von Konflikten erfüllte Unruhe getreten, die wir bei den Skulpturen wahrnehmen konnten. In drei Richtungen bewegt sich dieser Kampf der tektonischen Kräfte. Erstens in der Höhenrichtung: ein ungestümer Höhendrang beherrscht die untere Zone, nicht ein harmonisches Stützen, sondern ein stürmisches Hinaufdrängen, das in den kannelierten verdoppelten Pilastern von unantiker Höhe, in den unmittelbar auf den Türen aufliegenden Fenstern, in den gehäuften Vertikalen, die das Gesims zu durchdringen scheinen, in den sich aufbäumenden Kurven und sich hinaufrollenden Konsolen zum Ausdruck kommt. Kein organisches Emporwachsen, wie in der Gotik, sondern ein gewaltsames Hinaufwallen, ein Sichlosringen von der Erde und der Schwere, dem in den stark vorspringenden und verkröpften haarscharfen Gesimsen, in den gedrängten Formen der Attika, die alles unter ihnen befindliche hinunterzudrücken scheinen, ein ebenso gewaltiges Anprallen an

wuchtige Gegenkräfte entgegenwirkt. Im Mittelpunkte dieses Kampfes, von ihm unberührt, die Statue des Fürsten. Doch auch in der Waagrechten ist sie ein Zentrum von Bewegungswellen. In den Travéen, in denen die Türen sitzen, ist die Verteilung der Bauformen locker, in der Mitteltravée dagegen sind die Nischen, Pilaster und Rahmen dicht aneinandergepreßt, die Bewegung steigert sich von den Seiten zur Mitte zu, und auch da bildet der Herzog eine ruhige Insel, in dem Zusammenprallen dieser beiden Ströme. Endlich das Verhältnis zur Tiefe: die Rahmenfelder seitlich und oben sind beinahe glatte Ebenen, dann folgen vor- und zurückspringende Formen bis zu den Freifiguren, die vor der Wand liegen, und der Herzogstatue, die in der Wand in einer Nische aufgestellt ist, jenseits des um sie wogenden Kampfes. – Die neue Komposition beeinflußt naturgemäß auch die Einzelformen: die Blendfenster quetschen die Pilaster zusammen, treiben die Türen in die Erde hinein, zum erstenmal seit der Antike findet man hier gesprengte Giebel, verkröpftes Gebälk, stark schattende Formen.

So bietet diese Architektur anstelle regelmäßiger Gliederung und regelmäßigen Aufbaues der Wand das Bild entfesselter tektonischer Kräfte, dem nicht eine Regel, sondern eine subjektive Komposition zugrunde liegt, die Formen in der Fläche und in der Tiefe so verteilt, wie es die konkrete Absicht des Künstlers erfordert. Keine Koordination ist da, sondern Subordination der Formen, die alle in Beziehung zur formalen und inhaltlichen Dominante der Komposition gebracht werden. Sie stehen über ihre frühere Funktion hinaus in engerer Beziehung zu einem bestimmten, dramatisch gesteigerten Inhalt der Komposition. Das bewegte Leben, welches der Künstler den Formen einhaucht, dient dazu, den Blick auf die ruhigen Hauptfiguren zu konzentrieren. Doch nicht nur in ihnen kommt es zum Stillstand, auch im Hauptgesims: in ruhigen Linien und Flächen steigen darüber das obere Geschoß und die Kuppel empor, in klarer räumlicher Schönheit, die unberührt ist von der Tragödie, die uns die Wände unten vor Augen führen.

Ursprünglich hat Michelangelo wohl beabsichtigt, den beiden Grabmälern noch eine Dominante in einem dritten Monument zu geben, in dessen Verband die Statue der Gottesmutter hätte aufgestellt werden sollen. Nach ihr scheint sich die zuerst ausgeführte Figur des Giuliano hilfeflehend zu wenden, und nach dem ersten Entwurf, der sich uns in einer alten Kopie erhalten hat, hätte ihm da auch ein huldvoller Blick antworten sollen. Später, nach Lorenzos Tode, änderte Michelangelo seine Absicht: umsonst wendet Giuliano sein Haupt, da gibt es keine Gnade, die Himmelskönigin starrt zu Boden, und ihr göttlicher Sohn verbirgt sein Antlitz an der Brust der Mutter. Kalt und unerbittlich waltet hier das Fatum, hoffnungslos und die Menschen zermalmend – dies ist der unchristliche Gedanke, der Michelangelo erfüllte, als er diesen kirchlichen Raum schuf. Ihm verdankt auch diese merkwürdige Madonnenstatue ihre Entstehung. Sie wird im allgemeinen weniger beachtet, obzwar sie zu den schönsten Werken des Meisters zählt. Drei Grundtypen der Madonnendarstellung haben sich in der vorangehenden Kunst entwickelt: die Fürbitterin, die thronende Himmelskönigin und die liebreiche Mutter. Michelangelos Madonna gehört keinem dieser Typen an: sie ist eine Schwester der Sibyllen der Sixtina, verschlossen, unnahbar und von einer dumpfen Resignation erfüllt, die selbst das Mutterglück in eine Pein zu verwandeln scheint. Nicht ein Sinnbild der christlichen Nächstenliebe, nicht die Verkörperung des christlichen eschatologischen Optimismus, sondern Niobe, die zu Stein gewordene Hoffnungslosigkeit des menschlichen Daseins. Noch merkwürdiger ist das Blockartige der Komposition. Michelangelo sagt einmal, eine gute Statue müsse so erfunden sein, daß man sie von einem Berg herunterrollen könne, ohne daß sie Schaden nehme – und ein anderes Mal, daß es keinen Block gäbe, der nicht alles enthalten würde, was der Bildhauer zu sagen hat. Beide Ideen sind hier verkörpert: kein veristischer Wettstreit mit der Natur, sondern reine Bilderscheinung, eins geworden mit dem Block und ihn in göttlicher Gestaltungskraft mit absolutem plastischen Leben bis zum Sprengen erfüllend. Kein Nebenzweck, sondern reines Künstlertum, dem Antiken entgegengesetzt und sich dem Gotischen nähernd, nur nicht wie bei diesem von abstrakten Begriffen ausgehend, sondern von individueller Bewältigung der Umwelt; nicht eine Norm, sondern ein subjektives Konfiteor.

Der Spätstil Michelangelos

Der zweite Ausgangspunkt des Manierismus war Michelangelo mit seinen Schülern – nicht der Schöpfer der Sixtinischen Decke und der Mediceischen Kapelle, sondern jener des Jüngsten Gerichts, der Malereien in der Cappella Paolina, der letzten Skulpturen und Zeichnungen. Vom „Jüngsten Gericht" haben wir bereits gesprochen. Seine ungeheure Bedeutung lag in erster Linie darin, daß in diesem Kolossalgemälde der Kunst ganz neue Maßstäbe gegeben wurden: Erstens. Die Antike erscheint darin als Quelle formaler Lösungen definitiv besiegt: was hätte sie nach diesem Werk der Kunst noch bieten können? Zweitens. Die Überwindung jeder zeitlichen und lokalen Bedingtheit. Hat Michelangelo schon früher in Einzelfiguren der Wirklichkeit Menschentypen entgegengestellt, die einer anderen, gewaltigeren Welt zu entstammen scheinen, so stellt er nun diese Welt selbst, unbeengt durch die Grenzen des erfahrungsmäßigen Daseins, dar: was hier vorgeht, ist sub specie aeternitatis, in Zeit und Ewigkeit gesehen und dargestellt. Damit ist auch ein neuer Begriff des Raumes statuiert. Der Raum ist nichts Begrenztes, Körperliches mehr wie in der älteren florentinischen und römischen Kunst, ebensowenig ein bloßer optischer Eindruck wie bei den Venezianern, sondern einzig und allein ein an sich unmeßbarer und jeder künstlerischen Gestaltung sich entziehender Gegensatz zum Körperlichen, der nur aus der kubischen Ausbreitung der Körper und ihrer Bewegung erkannt werden kann. Drittens. Eine neue Auffassung des Fatums, dem hier alles Sein unterworfen ist. Man könnte diesen Jüngsten Tag mit einem entsetzlichen Traum vergleichen: was einst Dante mittelalterlich episch ersonnen und ins Totenreich verlegt hat, erscheint hier als die zu einem einzigen dramatischen Geschehnis zusammengefaßte ewige Tragödie der Menschheit. In zahlreichen Einzelszenen ringen da die Gestalten mit übermenschlicher Kraft um ihr Schicksal, doch über all den Episoden steht etwas Höheres, Unentrinnbares: eine Macht, der alle diese Riesen wie der vom Wind aufgewirbelte Staub folgen müssen, die über ihr Geschick entscheidet und sie zu einem einzigen Schrei der geängstigten Seele vereinigt.

Ein solches Werk konnte die Zeitgenossen nicht zum Wettstreit mit seiner ganzen überwältigenden Größe einladen; aber es ist rasch zur unerschöpflichen Quelle nicht nur formaler Lösungen, sondern eines neuen Stils und einer neuen Gesinnung geworden, die überall jede andere zu verdrängen begann. Vom „Jüngsten Gericht" an wird die ganze italienische Kunst michelangelesk, nicht nur in einzelnen Formen, sondern in dem ganzen Denken, das von einer neuen Auffassung des ideal Zeitlosen, räumlich Allgemeingültigen und von einer nie dagewesenen geistigen Pathetik erfüllt wird. Wenn man sagt, daß Michelangelo das Schicksal der italienischen Kunst geworden sei, so gilt dies für keines seiner Werke so sehr wie für das „Jüngste Gericht", und wollte man dessen Einwirkung erschöpfend darstellen, so müßte man alles aufzählen, was von seiner Entstehung an bis zum Ablauf der Barockkunst in Italien, zum Teil auch nördlich der Alpen, entstanden ist.
Für die Malerei des italienischen Manierismus waren nicht weniger einflußreich zwei andere Gemälde, welche Michelangelo rund zehn Jahre später, in den Jahren 1542–1549, ausgeführt hat: die großen Fresken der Cappella Paolina. Es ist merkwürdig, wie sehr diese Werke, die Michelangelos Abschied von der Malerei bedeuten, von der Forschung vernachlässigt werden. Nicht nur in allgemeinen kunstgeschichtlichen Darstellungen, auch in Spezialwerken werden sie kaum erwähnt, obwohl sie für die nächste Generation von paradigmatischer Bedeutung waren. Diese Nichtbeachtung erklärt sich wohl aus ihrer fremdartigen Komposition, mit der man nichts anzufangen wußte. Versuche man einmal die „Bekehrung Pauli" so zu beschreiben, wie man ein Gemälde aus Raffaels Zeit beschreiben würde, also etwa: „In einer weitausgedehnten Landschaft ist eine Reisekarawane auf ein Plateau hinaufgestiegen, um den Weg in die Stadt fortzusetzen, die man rechst oben in der Ferne erblickt. Da erscheint in der Höhe Christus von Engeln begleitet; die Erscheinung blendet den Anführer Paulus und ruft unter seinen Begleitern größte Bestürzung hervor. Sehr schön ist es, wie in den einzelnen Figuren diese Bestürzung dargestellt ist: ein glänzendes Beispiel der alten Meisterschaft des Künstlers, die Gestalten in verschiedenen Stellungen und Bewegungen zu zeigen", und so weiter. Man

müßte wohl bald einsehen, daß eine solche Beschreibung nicht stimmt und sich bedenklich dem Unsinn nähert. Zunächst die Landschaft. Ist sie nicht vollständig Nebensache? Nicht nur deshalb, weil sie in keiner Weise ausführlich geschildert ist, sondern auch als räumlicher Faktor in ihrem Verhältnis zu den Figuren. Wenn man sich diese wegdenkt, so erscheint sie in normalen Proportionen wie bei einem Quattrocentisten; doch sieht man die Landschaft mit den Figuren zusammen, so wirkt sie disproportioniert wie auf einem mittelalterlichen oder giottesken Gemälde. Das kann aber nichts anderes bedeuten, als daß sie nicht Ausgangspunkt der bildlichen Idee, auch nicht ihr integrierender Teil, sondern nur eine erläuternde Zutat ist, und daß das eigentliche räumliche Geschehen durch die Figuren allein zum Ausdruck kommt. Diese figurale Komposition ist allerdings ganz und gar überraschend. Dem Inhalte nach zerfällt sie in zwei Teile: in einen irdischen und in einen visionär-himmlischen. In der irdischen Szene sind die Figuren auf eine seichte Bühne verteilt, in der himmlichen aber erscheinen sie nicht etwa, wie man solche Erscheinungen sonst zu malen pflegte, schräg und in Abständen, die es gestatten, die Distanz zu ermessen, in die Tiefe des unbegrenzten Raumes projiziert, sondern in einer einzigen Ebene zusammengedrängt, wie ein herabfallender Vorhang, nach Renaissancebegriffen beinahe raumlos und ähnlich wie himmlische Erscheinungen in der altchristlichen Zeit oder im Mittelalter dargestellt wurden. Man hat einmal versucht, diese sonderbare Komposition durch den reliefartigen Charakter der Darstellung zu erklären, doch damit ist sicher nicht ihr Wesen getroffen, da man durchaus nicht den Eindruck eines reliefmäßigen Klebens an der Hintergrundebene hat, sondern im Gegenteil den einer ungeheuren räumlichen Wirkung, die allerdings nicht mit den berechenbaren Maßstäben einer Perspektive bemessen werden kann. Die Komposition zerfällt in einzelne Figuren und Figurengruppen, die durch ihre kubische Wirkung und durch die zentrifugalen Kräfte, die sie versinnlichen, von einer ungeheueren räumlichen Spannung erfüllt sind. Es gibt da keine Raumkulissen, die hintereinander angeordnet wären, sondern die verkörperte Dynamik des Raumes, den Reflex des Raumes an sich, der über jede naturalistische Begrenzung und Abmessung hinausgeht. Ist er unten immerhin noch für Menschen faßbar, so verwandelt er sich hier in der Vision ins Unfaßbare: in der Unendlichkeit hören alle Maßstäbe auf, da sind Millionen von Jahren eine Minute und Distanzen, mit denen nichts auf Erden verglichen werden kann, ein Punkt; da hat Nähe und Ferne jeden Sinn verloren, und anstelle der empirischen Erfahrung tritt das von ihr Unkontrollierbare: das Wunder, die Vision. In ihr liegt der Angelpunkt des geistigen Inhalts. Die Mitte der unteren Szene, bei der man die Betrachtung von Gemälden zu beginnen pflegt, ist leer; da ist nur das galoppierende Pferd, das seinen Reiter abgeworfen hat, als ob an dieser Stelle ein Blitz eingeschlagen hätte, der den Zug nach beiden Seiten auseinandertreibt. Folgt man den einzelnen Gestalten, so wird man durch ihre Gesten nach oben gewiesen, wo Christus von Engeln umgeben erscheint – nicht von einer Gloriole schöner beflügelter Gestalten, sondern von Gruppen jüngerer Männer, die anbetend und flehend sich dem Heranstürmenden entgegenzuwerfen scheinen. Dieser Christus ist nicht der richtende Gottmensch des Weltgerichts, sondern ein Prinzip, eine Gestalt, die durch ihre Erscheinung allein Sauls Begleiter mit Entsetzen erfüllt, einige zu Boden wirft, eine magische Kraft, vor der sich jeder einzeln zu retten sucht und die dem Anführer das Augenlicht nimmt. Zu einem Bogen gekrümmt liegt der kräftige Mann hilflos, wie gelähmt, schnurgerade unter dieser Erscheinung – weit von ihr getrennt und doch durch die Gegenüberstellung in der Vertikalen mit ihr verbunden: die tote und die lebendige Kraft. Man ahnt in diesem Kontrapost, daß der Vorgang noch nicht abgeschlossen ist, daß zwischen den beiden Polen ein Kampf sich abspielt, der zur inneren Wiedergeburt, zur geistigen Auferstehung des Geblendeten führen wird. Wir können die Bedeutung des Gemäldes dahin zusammenfassen, daß in ihm der irdisch-materiellen Welt als Gegensatz und ihr übergeordnet eine Welt des metaphysischen Seins entgegengestellt wird.

Womöglich noch wichtiger ist das Gegenstück, die „Kreuzigung Petri“, ein Werk, in dem jede Spur der vorangehenden Auffassung der religiösen Malerei verschwunden ist, bei dem man nichts von dem ihr geläufigen Gefühlsinhalt findet, nichts von ihren kompositionellen Grundsätzen, und von dem man nicht einmal sagen kann, daß der religiöse Stoff nur ein Vorwand für kunstvolle Darstellung von Figuren ist. Der Reichtum bewegter Körper und Formen scheint durchaus nicht das letzte Ziel des Künstlers gewesen zu sein, er ist sogar in manchen Teilen auffallend vernachlässigt und steht nicht auf der Höhe des „Jüngsten Gerichts". Die Gruppe der Reiter links oder der Frauen rechts unten – welche Fülle von Motiven hätte da der frühere Michelangelo geschaffen! Hier begnügt er sich mit einer fast ungegliederten Masse. Wie zerfahren, ungeordnet, willkürlich erscheint die Komposition, als ob er ganz ohne Überlegung, nur dem momentanen Einfall folgend die Fläche mit Figuren ausgefüllt hätte! Wie wenig überzeugend ist die Situation: die Figuren scheinen übereinander statt hintereinander zu stehen, als ob sich der Vorgang auf einem steilen Abhang abspielte, dessen Konfiguration aber ganz unklar ist. Auffallend ist ferner, daß nicht einmal die Einheit der Proportionen bewahrt ist; man vergleiche nur die schon erwähnte Frauengruppe mit der danebenstehenden männlichen Figur. Und dann die Farbe, auf die Michelangelo zwar nie viel gegeben hat, weil ihm die Zeichnung und Modellierung alles war, die hier aber auf schmutzig-graue Töne beschränkt ist. Sind all dies wirklich Symptome von Altersschwäche, wie man zuweilen annimmt? Michelangelo selbst soll gesagt haben, als er fünfundsiebzigjährig die Gemälde vollendet hatte, die Freskomalerei sei nichts für alte Leute. Aber ein Nachlassen der Kräfte könnte höchstens partielle Schwächen erklären, nicht die merkwürdige Gesamterfindung. Diese ist keineswegs die schwächere Wiederholung älterer Kompositionen des Meisters, sondern durchaus neu. Das Auffallendste ist der Verzicht auf jeden Versuch, den Vorgang als einheitlichen Raum- und Geschehenszusammenhang zu konstruieren, was in der italienischen Malerei seit Giottos Zeiten ein unverbrüchliches Gesetz jeder historischen Darstellung war. Eine bildliche Idee war nicht anders denkbar, als unter Voraussetzung eines bestimmten Beobachtungspunktes, von dem aus der Vorgang und die Bühne, auf der er sich abspielt, konsequent als Einheit dargestellt wurden. Der in die Tiefe sich erstreckende Boden, die darauf stehenden Figuren, ihre mit der Entfernung zunehmende Verkürzung, ihre Maßverhältnisse, später auch ihre Verbindung in der farbigen Erscheinung und in der Atmosphäre – all dies sollte im Beschauer den Eindruck eines einheitlich gesehenen Ausschnitts aus der Umwelt erwecken. Über diese Grundforderung der ganzen italienischen und nordischen Malerei seit dem XIV. Jahrhundert hat sich Michelangelo in der „Kreuzigung Petri" hinweggesetzt, indem er verschiedene, zeitlich und örtlich getrennte Momente der Begebenheit zu einer Komposition vereinigte. Ältere Meister haben versucht, den Vorgang zu lokalisieren, so etwa Masaccio in dem bekannten Predellenbild der Berliner Galerie durch die Darstellung der Cestiuspyramide, in deren Nähe die Legende das Martyrium verlegt. Michelangelos Szenerie erinnert nicht im mindesten an Roms Umgebung, ist eine traurige Wüste, ohne jede Spur von Vegetation oder Menschenwerk: nichts deutet darauf, daß ihm an lokaler Bestimmtheit und historischer Treue etwas gelegen war. Es handelt sich um etwas allgemein Menschliches, wie schon in seinen früheren Werken, nur geht er da noch weiter. Er stellt sich den Vorgang in trister Abgeschiedenheit auf einer Anhöhe vor. Da ist der Heilige hinaufgeführt worden, begleitet von Soldaten zu Pferd und zu Fuß unter Leitung eines Hauptmanns, zu denen sich Freunde und Schüler des Apostelfürsten gesellten. Man ist auf der Richtstätte angelangt, der Anführer erteilt Befehle, Petrus wird ans Kreuz genagelt, ein Loch wird gegraben und darin das Kreuz aufgerichtet. Schmerzerfüllt und ergriffen sehen die Getreuen zu, und Menschen kommen und gehen bedrückt von dem, woran sie ihr Weg vorbeiführt. So mochte sich Michelangelo die Erzählung vergegenwärtigt haben, doch aus dieser Abfolge von Phantasiebildern wählt er weder einen Einzelvorgang, wie es ein Renaissancekünstler getan hätte, noch stellt er sie in ihrem zeitlichen Verlauf kontinuierlich dar, wie altchristliche Künstler, sondern vereinigt verschiedene getrennte Momente neben- und übereinander zu einem Diorama: die den Berg erklimmenden Soldaten, den Befehlshaber mit seinen berittenen Begleitern, die Aufrichtung des Kreuzes, die Frauen, die wie geschreckte Lämmer zusammengerückt sind und tiefbewegt zusehen, die Gruppe der Jünger, deren sich eine große Erregung bemächtigt hat, und die Vorbeigehenden, die gleichsam der Resonanzboden des grausamen Vorganges sind. Diese Vorstellungen vereinigt die Landschaft; ihrer Verknüpfung und nicht der natürlichen Schilderung dient sie, und nur im Hintergrund hat sie als Stimmungselement selbständige Bedeutung. Sie ist der Rahmen, der die verschiedenen Etappen des geistigen Nacherlebens des Vorganges zusammenhält. Es ist dies ein Kompositionsprinzip, das auffallend an mittelalterliche Gemälde erinnert; vielleicht hat Michelangelo eine ähnliche Darstellung in den untergegangenen Bilderzyklen der alten Peters- oder Paulsbasilika genauer angesehen; doch die Anwendung ist anders als in der altchristlichen Kunst. Hier folgte eine solche Anordnung aus dem Übergewicht der lehrhaften Aufgaben der Kunst: ohne zeitliche und räumliche Einheit bedeckten die einzelnen Szenen und Figuren die Flächen wie eine Bilderschrift, wogegen es sich bei Michelangelo um einen Komlex von bildlichen Vorstellungen handelte, die die Beschäftigung mit dem Gegenstand in des Künstlers Einbildungskraft ausgelöst hat und die nun, man könnte sagen, wie plötzlich aus dem Nichts auftauchende Gesichter die Grundelemente der Komposition geworden und geblieben sind. Die Zeitgenossen haben viel über die Berechtigung der von dem unteren Bildrahmen überschnittenen Figuren debattiert. Heute faßt man sie als Stützen zur Steigerung der räumlichen Illusion auf, wovon keine Rede sein kann, da es hier eine solche Illusion nicht gibt. Sie sind vielmehr auf die Unabhängigkeit solcher innerer Bilder von einer objektiven, räumlich und kompositionell geschlossenen Einheit zurückzuführen: ein weiterer Schritt in dem Sichabwenden von Naturstudien. Anstelle der äußeren Wahrheit tritt eine innere, das innerlich Erlebte – und zwar nicht nur in dem Verzicht auf objektive räumliche Zusammenhänge, sondern in allem, was das Gemälde dem Beschauer mitzuteilen hat. Für die Anordnung der einzelnen Gruppen wählt Michelangelo ein ähnliches Schema wie im „Jüngsten Gericht“: einen Bogen von links aufsteigenden, rechts absteigenden Figuren. In diesen Bogen dringt von oben wie ein Keil ein Dreieck ein; wo sich der Bogen und das Dreieck schneiden, ist der Henkersakt dargestellt, der die Drehachse der Komposition bildet. Sechs Männer, drei von jeder Seite, sind damit beschäftigt, das Kreuz mit dem Gekreuzigten aufzurichten. Nimmt man auch den in ihrer Mitte stehenden Jüngling, der in der ganzen Szene eine wichtige Rolle spielt und den wir den Sprecher nennen wollen, dazu, so bildet diese Aufrichtungsszene eine grandiose, lockere plastische Gruppe, wie sie die späthellenistische Kunst im Farnesischen Stier als plastisches Problem zu lösen versucht hat. Diese Gruppe ist der formale Mittelpunkt; da sind die Formen und Bewegungen mannigfaltig verkettet und gesteigert in einer Weise, die an den früheren Michelangelo erinnert, dessen Skulpturen auf dem Bestreben beruhten, aus einer gegebenen Blockform das möglichste plastische Leben herauszuholen. Auch der geistige Mittelpunkt liegt hier, und zwar merkwürdigerweise nicht im Petrus – er hat bereits mit dem Leben abgeschlossen und ist nur der Anlaß dessen, was hier geistig geschieht –, sondern in jenem Jüngling, den wir den Sprecher nannten. – Um die Bedeutung dieser Gestalt zu verstehen, müssen wir die außerhalb der Kreuzigungsgruppe stehenden Figuren betrachten. Sie zerfallen in zwei Lager, welche durch den Sprecher getrennt sind. Das linke, das sind die Urheber des Mordes, ist die Verkörperung des handelnden Willens und zugleich kompakte Masse. Auf der rechten Seite sehen wir diese Masse in Einzelfiguren aufgelöst, die merkwürdig geschlossen sind und auf denen Schatten liegen. Sie bilden den Gegensatz zu den Figuren der linken Seite: was sie verkörpern, sind nicht Handlungen, sondern Gedanken und Gefühle, die in reichster Abstufung dargestellt sind. Oben in der den Bergrücken betretenden Gruppe, zwischen der Frau und dem neben ihr schreitenden Riesen ein banges Fragen und erregtes Antworten; dahinter das versteinerte Antlitz eines Greises, der sich das Reden abgewöhnt hat, und im Gegensatz dazu rechts von dem Riesen ein Jüngling in höchster Erregung. Darunter eine Gruppe von Frauen mit gesenkten Köpfen, ein still klagender Chorus; und noch tiefer ein Mann in reifen Jahren mit verschränkten Armen, in tiefem Nachdenken davoneilend – eine wunderbare Gestalt, die wie das Sinnbild der Kontemplation erscheint. Zu seinen Füßen links die vier Frauen: eine mit schmerzlich verzerrten Zügen, die andere mit geballten Fäusten, eine dritte mit erhobenem Finger, die den anderen Besonnenheit ans Herz zu legen scheint. Und oben um den Sprecher herum eine Galerie von schönen Ausdrucksköpfen. Selbst die Schergen auf der rechten Seite der Kreuzerrichtungsgruppe scheinen nur widerwillig ihre Henkersarbeit zu verrichten. – So verkörpern die beiden Lager zwei Welten: die der Gewalt, des aktiven Lebens und der Materie, und die der Bedrängten und Duldenden, die Welt des Gefühls und des Gedankens. Als Vertreter der Leidenden und Nachsinnenden erscheint der Sprecher, nicht durch einen Auftrag, sondern aus eigenem Impuls: der eigentliche Held der ganzen Darstellung. Er ist im Begriffe den Befehlshaber der Soldaten zu apostrophieren; seine Freunde halten ihn zurück und mahnen ihn zur Besonnenheit, doch er wird sprechen, der Mord, der hier begangen wurde, wird sprechen. Noch beachtet der Befehlshaber gar nicht, was vorgeht, aber auch er und alle Gewaltmenschen werden hören müssen, denn es handelt sich nicht um diesen oder jenen Menschen, sondern um eine Idee, welche siegen wird wie die Morgenröte, die am Horizont aufsteigt.

So bedeutet dieses letzte Gemälde Michelangelos einen neuen Abschnitt, eine Peripetie in seiner Kunst, wie die Kuppel von St. Peter. Was sich in seiner ganzen Entwicklung schon lange vorbereitet hat, führt auch auf dem Gebiete der darstellenden Künste zu einer Wendung, in der die vollständige Abkehr von den Idealen seiner Jugend enthalten war. Anstelle ihres objektiven, außerhalb des Menschen liegenden Inhalts, der Naturbeobachtung oder Idealisierung der Natur, trat als höchstes Gesetz die bildliche Gestaltung des subjektiven künstlerischen Erlebnisses: nicht wie der Vorgang war, versucht er darzustellen, ebensowenig wie er künstlerisch am wirkungsvollsten inszeniert werden kann, sondern den Wert, den er für sein Innenleben gewonnen hat. Diese neue Erkenntnis mußte auch dem Problem der Form einen neuen Inhalt geben. Man kann dies bereits in der „Kreuzigung Petri“ beobachten. In der plastischen Mittelgruppe und in einzelnen Figuren der linken Seite erscheint noch der alte Stil: da sieht man Körper in äußerer Bewegtheit dargestellt, in komplizierten Stellungen, mit Gliedern in gesteigerter Aktion, gespannten Muskeln, zu wirkungsvollen Kontraposten oder massiger Körperlichkeit zusammenkomponiert. Auf der rechten Seite dagegen eine stark in die Augen springende Vereinfachung: Figuren, die sich fast in eine Pfeilerform einordnen lassen,

bei denen die reiche Gliederung elementaren Formen weichen mußte, die mehr auf konzentrierten inneren Vorstellungen als auf Beobachtung beruhen und die zu einem grundsätzlich neuen Gestaltungsprinzip hinüberleiten.
In den fünfzehn Jahren, die Michelangelo nach der Vollendung der Fresken in der Cappella Paolina noch beschieden waren, hat er kein großes Werk mehr geschaffen. Über den Grund spricht er selbst in einem seiner ergreifenden Sonette:

Am Ziel der Fahrt ist angelangt mein Leben –
Wie schwach der Kahn, wie wild des Meers Gewalten –
Im Hafen, wo der Landende gehalten
Ist Rechnung über all sein Tun zu geben.

Die mich die Kunst zur Gottheit ließ erheben,
Zum einzigen Herrn, die Freude am Gestalten,
Jetzt seh ich, wieviel Irrtum sie enthalten
Und wie wir gegen unser Bestes streben.

Die eitle, frohe Schaffensweise endet,
Da sich ein zwiefach Sterben mir bereitet:
Ein Tod ist da, den anderen seh ich nahen.

Nicht mal' noch meißel' ich mehr: die Seele wendet
Zur Gottesliebe ruhig sich, die breitet
Vom Kreuz die Arme aus, uns zu umfahen.

Also seine ganze Kunst, der Verherrlichung irdischer Lebensgewalten gewidmet, erschien ihm als Irrweg, dem er entsagt, um den Rest seines Lebens göttlichen Dingen zu weihen. Wie dies zu verstehen ist, lehren uns die Werke, die er in dieser letzten Periode seines Lebens geschaffen hat – denn jene Verse besagen nicht einen Verzicht auf alle Kunst, sondern nur auf jene, die ihn ein halbes Jahrhundert hindurch geleitet hat. Bei ihm ganz ungewohnte Themen beschäftigen ihn in dieser Zeit: ein Kreuzigung, die er ursprünglich für seine Freundin Vittoria Colonna malen wollte, eine Verkündigung, deren Bestimmung unbekannt ist, und eine Kreuzabnahme, die er für sein eigenes Grab schaffen wollte. Werfen wir einen Blick auf dieses letztere Werk! Es umfaßt vier Figuren: Maria sitzt auf einem Steinblock und richtet den auf ihrem rechten Knie ruhenden Leichnam auf, als wollte sie der Welt den Dulder und Erlöser zeigen. Sie wird darin von Maria Magdalena und von einem alten bärtigen Mann unterstützt, der mit der Rechten den Arm Christi hält und mit der Linken Maria umfaßt. – In zwei Phasen seines Lebens beschäftigte Michelangelo das Thema der Pietà: in der Jugend und im Alter. Das Jugendwerk, die berühmte Gruppe in der Peterskirche, ist durch den Gefühlsinhalt einer solchen Darstellung nur sekundär bedingt, nur der geneigte Kopf und die Handgebärde Marias deuten ihn an. Die Hauptaufgabe, die sich Michelangelo damals stellte, bestand nach Wölfflins Worten darin, zwei lebensgroße Körper zu einer Gruppe zusammenzufügen. Dieses Problem löst Michelangelo in einer Weise, wie es keinem damaligen Künstler möglich gewesen wäre: alles ist Wendung und Drehung, die Körper fügen sich mühelos zusammen in Formen und Linien von berükkender Schönheit, im Einklang mit der stillen verhaltenen Trauer, die sich über das Ganze ausbreitet wie eine Elegie. Zu dem, was Michelangelo in der mittleren Zeit beschäftigte – Konflikte zwischen dem physischen und geistigen Leben in ihrer höchsten Steigerung – paßte ein solches still-elegisches Thema nicht. Wie es unter dem Einfluß seines mittleren Stils weiterentwickelt wurde, darüber kann uns ein in den zwanziger Jahren entstandenes Gemälde von Sebastiano del Piombo, einem Schüler Michelangelos und dem begabtesten römischen Meister nach Raffaels Tod, belehren. In seiner Jugend stand Sebastiano unter dem Einfluß Giorgiones und Tizians; in Rom hat er sich ganz und gar Michelangelo angeschlossen, wie auch dieses Werk beweist. Der auf weißer Leinwand liegende Leichnam Christi geht noch auf die venezianische Vergangenheit Sebastianos zurück, das koloristische Problem spricht da noch wesentlich mit – so hat Giorgione die nackte Venus auf weißen Tüchern in der Landschaft liegend gemalt – und auch die stimmungsvolle Mondlandschaft ist venezianisch. Doch die Madonna ist eine Schwester der Sibyllen der Sixtinischen Decke: keine mädchenhaft zarte Figur wie in der Pietà der Peterskirche, sondern eine christliche Niobe von gewaltigen Formen, die sich auch darin mit den Werken der zweiten Periode Michelangelos berührt, daß der mächtige ruhende Körper und die im Inneren tobenden Gefühle als Kontraste erscheinen, als entgegengesetzte Gewalten, von denen das Übergewicht die Empfindung hat. Ähnlich hätte damals wahrscheinlich auch Michelangelo, wenn er sie gemalt oder gemeißelt hätte, die Madonna der Pietà dargestellt: als Verkörperung einer Größe und Pathetik, die auf der Steigerung der Körperformen, auf Entfesselung des inneren Lebens und auf dem Widerstreite der sturmbewegten Gefühle und der äußeren Ruhe beruht. – Bei der späten Pietà könnte man zunächst glauben, daß es sich bei Michelangelo darum gehandelt habe, das künstlerische Problem der Jugendzeit, die statuarische Gruppe, auf vier Figuren erweitert, noch einmal aufzunehmen – unter neuen Voraussetzungen. Denn von einem harmonischen Zusammenklingen der Einzelformen kann hier keine Rede sein. Der Gesamteindruck ist der einer blockartigen Masse, aus der der Künstler in fliegender Hast die Formen herausgeholt hat. Das ist wörtlich zu nehmen; denn Michelangelo hat wohl für die Arbeit eine flüchtige Skizze entworfen, sie aber dann beiseite gelassen, um die Figuren direkt aus dem riesigen Block herauszuhauen, und zwar, wie ein Zeitgenosse berichtet, mit einem solchen Ungestüm, daß man immer in Angst sein mußte, das ganze Werk werde in Brüche gehen. Das Ergebnis war aber nicht nur von den Werken der Jugend, sondern auch von denen der mittleren Zeit weit entfernt. Das Streben nach gewaltigen Bewegungen, starken Kontraposten, übermenschlichen Formen, mit einem Wort nach Darstellung entfesselter Kräfte, wurde durch einfache Menschlichkeit und lyrische Ruhe ersetzt. Diese Ruhe ist anderer Natur als in der Jugendpietà. Sie beruht nicht auf dem Ausgleich von Stütze und Last in schönster, kristallinisch überzeugender Klarheit und von faszinierendem Wohllaut der Linien. Nicht die Madonna, sondern der tote Christus ist die Hauptfigur – wie er hier aufgerichtet gezeigt wird, entspricht mehr dem Trecento und frühen Quattrocento – nicht als süße Last, sondern als der Gottessohn, der Helfer und Erlöser, der für die Menschheit gestorben ist. Alles ist an ihm wie geknickt: der auf die Seite gesunkene Kopf, der herabhängende Arm, die geknickten

Beine. Christus und Maria sind eng aneinandergeschmiegt, der Tote und die Lebende bilden eine Einheit, die überstandene physische Marter des göttlichen Dulders und der seelische Schmerz der Mutter vereinigen sich in dem Doppelklang der Vertikalachsen zu einem einheitlichen Ausdruck des Leides, das die Menschheit erlöste. Wie der Sprecher in dem Petrusbilde, so steht hier über der Gruppe der alte Mann, sie mit beiden Händen umfassend und stützend und mit verschleierten Augen in tiefem Ernst auf sie herabschauend. Ist es ein Zufall, daß seine Züge an die Michelangelos erinnern – an jenen Michelangelo, der sich im Alter der vom Kreuze ihre Arme ausbreitenden Liebe zugewendet hat? Ein Mann, der mit dem Leben abgeschlossen, dem der Lebenskampf tiefe Furchen ins Antlitz gegraben hat, der nachdenklich und resigniert geworden ist, zeigt den Menschen, worin er seine letzte Stütze, seinen Anker gefunden hat: das göttliche Opfer, das für das Heil der Menschheit am Kreuz gebracht wurde. Er steht gebeugt, aber noch aufrecht, und von seiner Gestalt aus betrachtet steigen die Linien der Pietàgruppe nicht auf, sondern sie fließen herunter dem Grabe zu, das auch ihn bald aufnehmen sollte. Dieses Sinken der Formen ist wohl die Hauptquelle der ergreifenden Wirkung dieser Totenklage.

Michelangelo war mit dem Werk nicht zufrieden, was wir vielleicht verstehen können, wenn wir einzelne Widersprüche näher betrachten. Einmal erscheint die heilige Maria Magdalena als eine mehr oder weniger indifferente Zutat, die nicht ganz im Einklang mit der Geschlossenheit und grandiosen Wirkung der übrigen drei Figuren steht. Noch größer ist der Zwiespalt zwischen der Behandlung der Christusfigur und der der beiden anderen. Diese sind wie aus einem Guß, der äußere formale Reichtum ist ganz zurückgetreten, die prunkvollen Draperien sind bloßen, sparsam gegliederten Flächen gewichen, die die kubische Grundform hervortreten lassen, und auch die Darstellung der Köpfe beschränkt sich auf die notwendigsten Ausdrucksmomente. Der Körper Christi ist dagegen wie nach dem Modell gearbeitet, hier herrscht noch die alte Freude an der Bewältigung der Formen und ihrer reichen Gliederung: in diesem Problem hat der Künstler noch keine neue Lösung gefunden. Und so nahm er den Hammer und zerschlug in

einem aufbrausenden Moment in Stücke, was ihn nicht befriedigte. Der Bildhauer Tiberio Calcagni, einer seiner Schüler, stellte später die Trümmer zusammen. Das Werk wurde in der Barockzeit im Dom von Florenz aufgestellt.
Um das zu lösen, was ihm hieran nicht genügt hatte, wählte Michelangelo anschließend an diese Pietà einen Stoff, der ihm Gelegenheit bot, den nackten Körper des toten Christus isoliert darzustellen; den Kruzifixus. Für keines seiner Werke haben sich so viel Entwürfe erhalten – eine ergreifende Reihe, die uns deutlich zeigt, wie der greise Meister mit der Neubewältigung einer Aufgabe gerungen hat, in der er überall als souveräner Herrscher angesehen worden war. Ich zeige einen der Entwürfe, der am Ende der Reihe liegen dürfte. Es sind nur drei Figuren: der Gekreuzigte, Maria und Johannes, in der einfachsten Zusammenstellung, wie sie im Mittelalter üblich war. Alles andere ist verschwunden: Landschaft, historische Szenerie, dramatische Handlung, Episoden; die drei Gestalten drücken alles aus. Auch sie sind grundverschieden von allem, was Michelangelo in seiner Jugend und im Mannesalter gestaltet hat. Am deutlichsten die Christusfigur: sie ist auf Formen reduziert, die sich mehr ahnen als übersehen lassen. Verschwunden sind die stark bewegten Linien, die verrenkten Glieder: es ist das ruhige Hängen eines Körpers, aus dem das Leben gewichen und der tote Masse geworden ist. Nicht die idealisierte Vollendung, sondern die reine innere Vorstellung eines toten Körpers, dessen Transkription ins Geistige. Dasselbe gilt für die beiden anderen Figuren. Die pfeilerartige Geschlossenheit der Gesamtform, die wir bereits im Petrusfresko gefunden haben, ist da mit einem Mindestmaß der physischen Bewegung verbunden. Ein Mindestmaß auch der plastischen Deskription: keine Niederschrift von Beobachtungen, die von außen kommen und mit dem plastischen Kern verbunden werden, sondern dieser Kern selbst, schwer und zähe von innen nach außen um Form und Ausdruck ringend. Kein Wettstreit mit der Natur, sondern ein Niederschlag des künstlerischen Schöpfungsaktes, der in der ungeformten Masse langsam Gestalt annimmt, wie eine Idee im Gesamtbewußtsein. So auch die Empfindung: nicht laut, nicht pathetisch, nicht äußerlich, sondern gebunden, drückend wie ein Alp, der das ganze Wesen der

Menschen ergriffen hat und den der Künstler doch nur andeuten, nicht ganz veranschaulichen kann.
Nachdem Michelangelo so weit war, griff er das Thema der Pietà noch einmal auf: in der Pietà Rondanini, die seine letzte Arbeit war und die nur zwei Figuren enthält, die aufrecht stehende Madonna, und den Leichnam, den sie vor sich hält. Man sieht da nur die kaum gegliederte Masse der zwei übermäßig in die Länge gezogenen Figuren; doch wo und wann ist der tote Gott erschütternder, der Mutterschmerz dumpfer, auf dem Gemüt lastender dargestellt worden? Was dem Meister seit der „Kreuzigung Petri" vorschwebte, ist hier in vollem Maße erreicht: eine vollkommene Einheit von materieller Form und geistigem Inhalt, Körper und Gefühl, und beides reiner Ausdruck eines inneren geistigen Erlebnisses.

Eine Schule Michelangelos hat es in dem Sinne, wie man von einer Raffaelschule spricht, als einen Kreis der in der Werkstatt aufgewachsenen, vom Meister erzogenen Schüler, die nach seinem Tode sein Werk fortsetzen konnten, nicht gegeben. Gegen Mitarbeiter hatte Michelangelo sein ganzes Leben lang eine tiefe Abneigung. Sie hätten ihm doch nicht folgen können. Und wenn er Schüler zuweilen in seiner Werkstatt beschäftigte, so waren es ganz unbedeutende Gesellen, aus denen nichts geworden ist. Dagegen gab es einen Kreis von Künstlern, die man als seine Nachahmer bezeichnen kann; der bedeutendste unter ihnen war nach Sebastianos Tod Daniele da Volterra. Man hat sich bisher wenig mit diesen Künstlern beschäftigt; und nicht nur dies erschwert ihre Beurteilung. Sie vermochten tatsächlich den letzten Absichten ihres Meisters nicht zu folgen, und so sind ihre Werke oft nicht homogen. Entlehnungen aus den älteren Werken Michelangelos verknüpfen sich mit Annäherungen an seine letzten Arbeiten und werden auch mit fremden Stilelementen verbunden. Dessenungeachtet bilden sie einen wertvollen Beleg für die allgemeine neue künstlerische Orientierung, die in Michelangelo ihren höchsten Ausdruck fand und die in einer vollständigen Umwertung der Probleme bestand. Als Beispiel dafür kann Danieles „Kreuzabnahme" aus dem Jahre 1541 in S. Trinità de

Monti in Rom, eines der Hauptwerke des Künstlers, dienen. Man hat angenommen, daß sie auf einen Entwurf Michelangelos zurückgehe, wovon keine Rede sein kann. Beziehungen zu dem kurz vorher enthüllten „Jüngsten Gericht“ sind dagegen unverkennbar, und zwar sowohl in Einzelfiguren als in der ganzen Komposition, die ein in seiner Art großartiger Versuch ist, den Dualismus der Darstellung von figuraler Szene und Raum durch den Raumwert der plastischen Form allein zu überwinden. Man sieht fast nichts vom Hintergrund, die Bildfläche ist ganz von Figuren ausgefüllt, die wenig in die Tiefe gehen und mehr reliefmäßig in der Ebene angeordnet sind; die zahlreichen plastischen Nachbildungen der Komposition erklären sich daraus. Und doch ist die Wirkung des Gemäldes nicht die eines durch den Reliefhintergrund begrenzten, sondern im Gegenteil die eines freiräumlichen Geschehens. Die Art, wie sich die Körper breit in der Ebene entfalten, wie die Formen vorspringen und zurücktreten, als wollten sie die Tiefenausbreitung des Raumes ad oculos demonstrieren, erweckt die Illusion eines Ausschnittes aus dem unbegrenzten Raum. Konnten wir schon in der Raffaelschule die Überwindung der tektonischen Gesetzmäßigkeit beobachten, so bedeutet eine solche Darstellung einen weiteren Schritt zu ihrer vollständigen Auflösung in eine tektonisch ungebundene Bewegung. Man könnte an eine spätgotische Schnitzarbeit denken: alles ist in Bewegung, kein Punkt in Ruhe – nur mit dem Unterschied, daß es sich nicht um bewegte Linien allein, sondern zugleich um bewegte Körper handelt. Man versteht es, warum das Bild sechzig Jahre später auf Rubens einen so tiefen Eindruck gemacht hat. Analog ist die Auffassung des Gefühlsinhaltes. Auch da findet der Beschauer keinen Ruhepunkt, keine Zäsur in der dramatischen Bewegtheit. Richtet sich sein Auge nach oben, so sieht es das ergreifende Bild des Herablassens des Leichnams; unten die ohnmächtig gewordene Madonna und über ihr die wehklagenden Frauen; rechts Johannes mit weit ausgebreiteten Armen, wie ein Sinnbild der Verzweiflung. Das sind keine einzelnen Akzente, auch kein Gesamtakkord, sondern eine ungeheuere Addition der Gefühlsmomente, wie in der Schlußszene einer romantischen Tragödie: das mannigfaltige Walten eines großen Unglückes, von dem die

Menschheit betroffen, das nicht in dieser oder jener Figur zusammengefaßt erscheint, sondern wie die aufgepeitschten Wogen einer düstern Zerrissenheit des Daseins wirkt. Von diesem Fortissimo der großen Affekte scheint es nur noch ein Schritt zur barocken Auffassung zu sein, und der ganze Unterschied ist, daß hier der Eindruck eines die Herzen erschütternden realen Geschehens durch den Idealstil der Figuren gemildert wird. Das Ganze erscheint weniger als sinnliche Gegenwart, denn als ein Sicherinnern an etwas längst Vergangenes. – Es wächst auch sonst die Freude an der Darstellung grausiger Ereignisse, wie immer in Zeiten, die aufrüttelnde Sensationen von der Kunst verlangen. Die Martyrien werden immer beliebter, ganze Kirchen werden mit ihnen gefüllt. In diese Reihe gehört auch der Anfang der fünfziger Jahre entstandene „Bethlehemitische Kindermord" von Daniele da Volterra. Wie in der „Kreuzigung Petri" ist auch da starke Aufsicht, ein Aufsteigen der Komposition auf schräger Ebene, die der Schüler durch das Treppenmotiv naturalistisch zu motivieren versucht. Ganz oben links zwischen den Säulen thront Herodes, der Urheber des Massenmordes, dessen Person im Gegensatz zum biblischen Bericht unmittelbar mit der Szene des Abschlachtens der Kinder verbunden ist. Trompetenbläser verkünden seinen Willen, und auf den Treppen vollzieht sich, was er befohlen hat, aufgelöst in einzelne Episoden, die unten einen Halbkreis bilden und oben einen geschlossenen Kreis um ein leeres Zentrum, der die Tendenz hat, sich zentrifugal über den Rahmen des Gemäldes hinaus zu verbreiten. Der Rahmen überschneidet sowohl die Architektur als auch die Handlung, was die Szenen, die sich auch in der Tiefe durch die offene Tür im Hintergrund fortsetzen, nicht abgeschlossen erscheinen läßt, sondern als nur einen Ausschnitt aus einem viel größeren, noch entsetzlicheren Geschehen. Daß das Ganze trotzdem weniger dramatisch wirkt, als die „Kreuzabnahme", beruht darauf, daß mit der Absicht, durch die Schilderung des Blutbades den Beschauer seelisch aufzurütteln, für unser Gefühl viel zu auffallend eine andere kühl-artistische zusammenwirkt. In einzelnen Figuren und Gruppen ist die Nachahmung michelangelesker Formen und Gestalten ins Auge springend, man hat den Eindruck, als ob der Künstler diese Szenen nur gewählt hätte, um jene Motive verwerten zu können. Ähnliches werden wir bald in der ganzen italienischen und auch in der nordischen Kunst beobachten können. Und doch liegt auch darin zweifellos ein Fortschritt: was einst als Inbegriff aller Werte der Kunst entstand, wird, in einen umfassenderen künstlerischen Zusammenhang eingefügt, nun von dieser Bedeutung gleichsam entthront, ähnlich wie am Anfang der Gegenwartskunst die Rudimente des Impressionismus in der Verflechtung neuer Tendenzen. Außerdem dürfen wir nicht vergessen, daß für die Zeitgenossen solche Entlehnungen gewiß nichts Störendes waren, sondern im Gegenteil ein geeignetes Mittel, die Bedeutsamkeit der Darstellung zu steigern. Sie bedeuten zugleich einen weiteren Schritt zur anaturalistischen Abstraktion, die das führende Ziel des Zeitalters geworden ist. Sie erklärt auch das fahle Kolorit, das alle Werke des Michelangelokreises kennzeichnet; als würde es sich nicht um Lebenswiedergabe, sondern um Kopien von Marmorskulpturen handeln. – Wie stark dieses Streben nach Entsinnlichung und Intellektualisierung war, lehren auch die Werke eines anderen Künstlers aus diesem Kreis, des Battista Franco, etwa seine „Gefangennahme Johannes des Täufers“ im Oratorium S. Giovanni decollato in Rom. Der eigentliche Vorgang ist Nebensache, man muß ihn erst suchen. Den größten Teil des Gemäldes füllt als Resonanzboden ein Parterre von großen Gestalten, die aus verschiedenen Werken des Michelangelo entlehnt sind. Sie sind erfüllt von den mannigfaltigsten geistigen Regungen, von kontemplativer Ruhe bis zur Erregtheit. Auch andere Künstler, die phantasievoller waren als Franco, wie zum Beispiel der hochbegabte Jacopino del Conte, verwandeln ihre Darstellungen in ein merkwürdiges Schattenreich, in welchem antike Figuren und verschiedene michelangeleske Motive frei im Raume verteilt werden, ohne Zusammenhang mit der Landschaft und miteinander. Es ist eine reine Phantasiekunst, die anstelle der Naturnachahmung nur Schemen schafft.

Tintoretto

Die Künstler des michelangelesken Kreises waren nur Nebenzweige auf dem gewaltigen Stamm der Kunst des Meisters. Kongenial mit ihm war unter seinen Nachfolgern nur einer, der aus einer entgegengesetzten künstlerischen Umgebung kam und dennoch in der großen bildlichen Komposition sein eigentlicher Erbe wurde: Tintoretto. Nicht von Anfang an; denn seine Frühwerke sind unter dem Einflusse Tizians entstanden und ganz venezianisch. Das ändert sich plötzlich im Jahre 1548, in welchem Tintoretto sein „Markuswunder" malte. Der erste Journalist, Pietro Aretino, hat über dieses Gemälde eine nicht ganz freundliche Kritik verfaßt. Sie war der erste Trompetenstoß zu einer sich lange hinziehenden literarischen Fehde, die unter den Schlagworten Raffael, die Antike und Tizian einerseits, Michelangelo und Tintoretto anderseits geführt wurde – eine Gegenüberstellung, die zunächst unverständlich erscheint. – Das Gemälde stellt die Befreiung eines Sklaven durch den heiligen Markus dar. Der Sklave sollte als Christ das Martyrium erleiden, doch der Heilige erscheint und zerbricht die Marterwerkzeuge. Vieles erinnert noch an die vorangehende venezianische Kunst, nicht nur die prächtigen Farben, sondern auch die einzelnen Gestalten, die in sinnlich lebensvoller Anschaulichkeit gemalt sind, als hätte der Künstler seine Modelle von der Piazza geholt. Doch die Komposition war für Venedig unerhört neu. Neu war schon die Bewegung, von der jede einzelne der Figuren erfüllt ist: sie sind gedreht, biegen sich nach vor- oder rückwärts, um einen möglichst starken Eindruck der Raumtiefe zu erwecken. Dasselbe gilt für die ganze Komposition. Auch in dieser herrscht die größte Bewegung: in der vorderen Bildebene, in jener Kurve, die von dem schwebenden Heiligen über die Zuschauer zwischen den Säulen und die am Sockel stehende Frau sich zu dem Kopfe des liegenden Sklaven senkt und dann über die Gestalt des Henkers, der den zerbrochenen Hammer zeigt, zu dem sich aufrichtenden Prätor hinaufsteigt; zugleich aber aus der Tiefe heraus und in die Tiefe hinein: von dem fernen Rand der Fassade bis zum Vordergrund in den übereinanderstehenden Figuren, dann bogenartig in die Tiefe zurück. Diese Anordnung ist ein direkter Gegensatz zu der ruhigen Entfaltung der Komposition in der Fläche bei Tizian und erinnert an Michelangelos „Kreuzigung Petri“ durch den aufsteigenden Bogen, der die Bühne ganz mit dem kubischen Volumen der Gestalten ausfüllt und an den beiden Enden durch übereinandergestellte, hinausragende Figuren eingefaßt wird. Auch die geistige Auffassung nähert sich der der Fresken in der Cappella Paolina. Die Handlung hat kein einheitliches geistiges Zentrum, sondern zerfällt – auch in dieser Beziehung dramatisch bewegt – in drei Szenen. Links betrachtet die Menge erstaunt den am Boden liegenden Sklaven, um den sich noch die Henkersknechte bemühen, rechts ein erregtes Zwiegespräch zwischen dem Befehlshaber der Schergen und dem Prätor und in der Mitte die Gegenüberstellung des Sklaven und des Heiligen in der Vertikalen, wie die des Christus und Paulus in Michelangelos „Bekehrung Pauli“. Der Heilige ist körperlich da und doch nicht allen sichtbar: die Verkörperung des Wunders, das sich da ereignet. Ein Unterschied Michelangelo gegenüber besteht darin, daß anstelle des Protagonisten (des Sprechers) der Beschauer selbst getreten ist, der all dies Geschehen zu einem Eindruck des Phantastischen und Wunderbaren zusammenfaßt.

Die „Befreiung des Sklaven“ ist die erste gewaltige Schöpfung des Manierismus in Venedig. Sie ist durch Michelangelos Spätstil angeregt, doch was bei Michelangelo der Abschluß war, bedeutet bei Tintoretto nur den Anfang. Er hat dieses Bild in seinem dreißigsten Lebensjahre vollendet, und da er noch sechsundvierzig Jahre malte, umfaßte sein Werk eine überaus große Anzahl von Gemälden, von denen wir nur die wichtigsten besprechen können. Man kann seine Entwicklung in drei Abschnitte einteilen: der erste, noch rein venezianische, dauert bis zum „Markuswunder“, der zweite reicht bis zum Beginn der siebziger Jahre und der dritte umfaßt den Rest seines Lebens. Verfolgt man dieses lange Kunstschaffen, so fällt zunächst auf, daß Tintoretto in der Hauptsache für andere Auftraggeber gearbeitet hat als Tizian: nicht für Fürsten und Könige und zunächst auch nicht für die Republik – erst in seinem Alter erhielt er größere Staatsaufträge –, sondern für Zünfte und besonders

für Konfraternitäten, die in Venedig eine große Rolle spielten. Die Bestimmung dieser Brüderschaften war einerseits die Teilnahme an gemeinsamen religiösen Übungen, anderseits eine gegenseitige karitative Unterstützung. Sie waren mannigfaltig organisiert, nach Berufen, heimatlicher Zugehörigkeit und Ständen, es gab aber auch solche, deren Mitglieder verschiedenen Ständen und Berufen angehörten und die man große Klubs auf religiöser Grundlage nennen könnte. Viele gehen bis ins XIII. Jahrhundert zurück, einige, wie die Scuola von S. Marco, erfreuten sich schon im XV. Jahrhundert eines größeren Ansehens, doch ihre eigentliche Blütezeit beginnt erst im XVI. Jahrhundert; man wird nicht fehlgehen, wenn man sie mit der neuen Vertiefung des religiösen Lebens in Verbindung bringt, die in Venedig weniger von oben als von unten ausging und breite Schichten ergriffen hatte. Ihr äußeres Merkmal waren zahlreiche Stiftungen von Kunstwerken. So hatte Tintoretto gewissermaßen als der Lieblingsmaler kleiner Leute angefangen, und was er in ihrem Auftrage malte, entsprach dem Charakter und den Zielen ihrer Vereinigungen: nur ausnahmsweise mythologische oder allegorische Stoffe, in der Regel die uralten biblischen und legendären Erzählungen, die im Zeitalter Giottos und seiner Nachfolger die Hauptaufgabe der Malerei waren, doch in der Renaissance und Hochrenaissance, insbesondere bei führenden Künstlern, immer mehr durch repräsentative Andachtsbilder zurückgedrängt wurden; jetzt bringt sie ein ganz großer Künstler wieder zu Ehren. Es sind vor allem die traditionellen Szenen aus dem Leben Christi und Mariae, am häufigsten unter ihnen das letzte Abendmahl, was uns kaum überraschen wird, wenn wir bedenken, welche Bedeutung die Eucharistie gerade in der zweiten Hälfte des Jahrhunderts als Ausdruck der mystischen Verbindung mit Gott gewann.
Zu den frühesten dieser Darstellungen gehört das Gemälde in S. Trovaso, welches, nach dem Kolorit und nach einzelnen Figurentypen beurteilt, nicht allzu lange nach dem „Markuswunder“ entstanden sein dürfte. Im „Cicerone“ ist zu lesen, daß hier die heilige Handlung zu einem gemeinen Schmaus entwürdigt wird. Es ist tatsächlich keine festliche Halle, in der diese Cena abgehalten wird, sondern eine recht ärmliche italienische Behausung mit bescheidenem

Mobiliar, und ebenso sehen wir mit Ausnahme Christi keine Idealgestalten, sondern einfache Leute in dürftiger Kleidung. Betrachten wir die Komposition. Die traditionelle Anordnung an der einen Längsseite des mit dem Hintergrund parallel aufgestellten Tisches, die Tizian noch in seiner 1564 entstandenen Darstellung beibehalten hat, ist hier aufgegeben, der Tisch schräg übereck gestellt und Christus und die Apostel sitzen im Kreise um ihn herum. Die Apostelfiguren, stark erregt in mannigfachen Stellungen, erwecken zusammen mit den Nebenfiguren, der malerischen Architektur und den zerstreuten Lichteffekten den Eindruck eines genremäßigen Vorganges, der in seiner zeitlich begrenzten Erscheinung vom Maler festgehalten wird, als ob es sich tatsächlich darum gehandelt hätte, ein beliebiges venezianisches Konvivium, in einem erregten Disput begriffen, malerisch zu schildern. Doch ist das Gemälde unendlich mehr als eine bloße Genredarstellung. Christus sitzt ruhig in der Mitte, etwas zurückgedrängt und vom Lichte bestrahlt. Judas, etwas schräg unter ihm in jenem vertikalen Kontrapost, der in dieser Zeit so beliebt wird, ist eine Figur von größter Ausdrucksstärke. Er hat die den Verrat ankündigenden Worte vernommen, ist in höchster Bestürzung aufgesprungen, wobei er seinen Sessel umgeworfen hat, doch sogleich gewinnt er seine Fassung wieder und greift, um seine Erregung zu verbergen, nach dem noch halbvollen Weinglas und der Weinflasche. Es liegt noch etwas anderes in dieser Figur, deren Gesicht wir nicht sehen, deren Rolle in dem Drama wir jedoch erraten können: in der gekrümmten, seitwärts gewendeten Stellung erscheint Judas als der Mörder, der schwankt, ob er sich gleich auf sein Opfer stürzen oder vorläufig wie ein geprügelter Hund davonschleichen soll. – So wächst die einfache Szene in dieser Gegenüberstellung der beiden Gestalten durch die Vertiefung der psychologischen Momente zu der Größe eines tragischen Geschehens. Immer wieder konnten wir in der bisherigen Betrachtung auf das Bestreben hinweisen, den Inhalt der bildlichen Darstellungen geistig zu vertiefen. Tintoretto schlägt darin einen neuen Weg ein, indem er die psychologische Motivierung vertieft, nicht durch einzelne Charakterköpfe, wie am Ende des XV. Jahrhunderts Leonardo, sondern dadurch, daß er den ganzen Vorgang fester in psychischen Beweggründen verankert. Er war auch darin nicht ganz ohne Vorgänger, denn schon ein halbes Jahrhundert früher hatten die Deutschen, vor allem Dürer, einen ähnlichen Weg eingeschlagen. Man erinnere sich nur, wie Dürer in seinen Passionsszenen Christus rein menschlich als Wahrheitssucher der verblendeten Menge entgegenstellte; auch darin, wie er die evangelischen Szenen aus der realistischen Lebensschilderung entwickelte, kann man etwas Verwandtes sehen. Diese Übereinstimmung zwischen dem Deutschen und dem Venezianer ist sicher kein Zufall, sondern beruht auf der Verwandtschaft der geistigen Situationen, wie sie in Deutschland am Vorabend der Reformation und in Italien am Anfang der Gegenreformation bestanden. Dort vertieft sich der größte deutsche Künstler in die geistige Gestalt Christi, in der er ein Vorbild für die Männer sieht, die sein Volk aus den religiösen Bedrängnissen erretten sollen. Hier erlebt einer der größten Maler Italiens die Vorgänge in den letzten Tagen des Heilands in ihrer menschlichen Dramatik wie niemand seit dem Mittelalter und erschließt seiner Zeit neue Quellen der religiösen Empfindung, deren sie vor allem bedurfte. Von einer Profanisierung kann nur jemand sprechen, der den tieferen Sinn der Darstellung nicht begriffen hat. – Von der Gestalt Christi in ihrer verklärten geistigen Ruhe dem Verräter gegenüber ergießt sich eine plötzliche atembeklemmende und feierliche Stille über die Darstellung, die um so stärker wirkt, als sie im Gegensatz zu dem sonst herrschenden alltäglich bewegten Leben steht, wie wenn plötzlich etwas Göttliches, Wunderbares in die Stube getreten wäre. Alles, was die Kunst an realistischer Schilderung, an formalen Lösungen und farbiger Wirkung als Vermächtnis von der vorangehenden Entwicklung übernommen hat, erhält einen neuen Sinn: ist kein selbständiger Inhalt mehr, sondern nur der Wirkungskreis einer höheren Geistigkeit und Ausdruck übermaterieller Ereignisse, die diesen Kreis mit ihrer Bedeutsamkeit und ihrem Zauber erfüllen. Darin nähert sich Tintoretto einem anderen Nordländer: Rembrandt, mit dem er auch die Auffassung und Verwendung des Helldunkels teilt. Es war bei den alten Niederländern die Quelle naturalistischer Beobachtungen, bei Leonardo ein Mittel, die Reliefwirkung der Formen zu steigern, bei

Correggio ein Weg zur Erhöhung der räumlichen Illusion, bei Tizian ein impressionistisch-koloristisches Element; nun gestaltet es sich bei Tintoretto zu einem poetischen und phantastischen Ausdrucksmittel der geistigen Vertiefung der Darstellung – wie später bei Rembrandt. Der Unterschied zwischen beiden Künstlern war, daß bei Rembrandt nur das subjektive Interesse an dem rein Menschlichen, an den tiefsten psychischen Geheimnissen und spirituellen Schönheiten des irdischen Daseins, bei dem Italiener auch die objektiv-packende Wirkung im Vordergrunde stand. In dieser Richtung entwickelt sich Tintorettos Stil weiter, wie uns der „Tempelgang Mariae“ in der Madonna dell'Orto vom Ende der fünfziger Jahre zeigen kann, ein Gemälde mit überlebensgroßen Figuren, von deren Schönheit keine Abbildung eine Vorstellung geben kann. Es ist nach in den Raum hineinführenden Schrägen komponiert, die sich in der Figur des Hohenpriesters treffen. Auf der linken Seite wird das Dreieck durch den merkwürdigen massigen Tempelbau begrenzt, unter dessen Seiteneingang drei Personen, die eine deutlich als Orientalin gekennzeichnet, stehen. Entlang dem Bau sitzen auf den Treppen die Armen, die Lazzaroni, wie man sie vor zwanzig Jahren noch vor italienischen Kirchen sehen konnte. Diese Hälfte der Darstellung liegt ganz im Dunkel, man kann kaum die einzelnen Formen unterscheiden, als hätte der Künstler hier die Schattenseiten des Lebens, das Elend und das Dahinleben im Finstern charakterisieren wollen. Die andere Hälfte ist belichtet, da sehen wir freundlichere Szenen: drei Mütter mit ihren Kindern, die eine, als beschützte sie Maria, die zweite ihr Töchterchen auf sie hinweisend, die dritte mit ihrem Kind spielend. Diesen drei Frauen stehen oben auf der Spitze der Komposition drei Männer, darunter die überragende Gestalt des Hohenpriesters, gegenüber. Zwischen diesen und den Frauen die ganz kleine Madonna, die feierlich die Treppen hinaufschreitet und ebenso feierlich von dem Riesen empfangen wird. Hinter ihr hat sich der Himmel aufgehellt: da offenbart sich eine neue Zukunft der Menschheit, die der merkwürdige alte Mann links, der durch scharfe Lichter aus dem dunklen Hintergrunde herausgehoben wird und so sehr an Michelangelos späte Gestalten erinnert, zu ahnen scheint. Ein neuer Einfluß Michelangelos tritt uns nicht nur in dieser Figur entgegen, auch sonst sehen wir sonderbar langgestreckte Figuren, wie sie Michelangelo in seiner letzten Schaffensperiode dargestellt hat und deren Ursprung wie in der Gotik in dem Bestreben liegt, das massig Gebundene durch möglichste Höhenentwicklung zu überwinden. Damit verbindet sich hier ein neues Verhältnis zur Naturbeobachtung. Zwar haben die Gestalten nichts von ihrer lebensvollen Wirkung eingebüßt, doch ihr Realismus ist wie die Körperbewältigung beim späten Michelangelo mehr ein Phantasieelement als auf dem Bestreben aufgebaut, die sinnliche Wahrnehmung treu und erschöpfend darzustellen. Die Lebenseindrücke werden wie in Märchen oder alten Mythen in eine überalltägliche und irreale Welt übertragen, durch die sie eine neue Bedeutung erhalten. In den sechziger Jahren folgen als Hauptwerke zwei Kolossalgemälde, bei denen man vermuten könnte, daß Tintoretto seine Kraft in der Schilderung von weit ausgesponnenen epischen Vorgängen erproben wollte: die „Hochzeit von Kana" in der Salute-Kirche (1561) und die „Kreuzigung Christi" in der Scuola di S. Rocco (1565). Die Hochzeit stellt Tintoretto in einer tiefgestreckten Halle dar, wie sie in allen venezianischen Palästen im Piano signorile zu finden ist. Da fällt zunächst etwas auf, was wir am wenigsten erwartet hätten: eine starke Betonung der perspektivischen Konstruktion, die in der unmittelbar vorangehenden Malerei keine Rolle spielt. Tintorettos Gemälde bedeutet die Rückkehr zur Raumtiefe, der auch die in die Tiefe sich erstreckende Darstellung des Festmahles folgt. Doch ist diese perspektivische Konstruktion nicht Selbstzweck wie im Quattrocento; sie ist nicht getrennt von der figuralen Komposition, sondern nur deren Rahmen, bestimmt, anderen Zielen zu dienen. Der Raum ist in allen seinen Teilen von Figuren belebt, die dem Beschauer das Schauspiel eines heiter bewegten Festes bieten, ein Eindruck, der durch das mannigfaltige Spiel der Beleuchtung erhöht wird. Betrachtet man dieses Lebensbild länger, so beginnen sich die Gedanken über seine rein malerische Wirkung hinaus zu ordnen. Man bemerkt die zwei Gruppen an der vorderen Stirnseite des Tisches, in denen durch Gesten angedeutet wird, daß sich etwas Merkwürdiges ereignet hat. Man forscht weiter der Reihe der Köpfe entlang zu beiden Seiten des Tisches, die wie die Säulenreihen in einer Basilika das Auge in die Tiefe führen und in der Gestalt des allein an der anderen Stirnseite des Tisches sitzenden Christus zusammentreffen. Über seinem Kopfe befindet sich der Punkt, in dem alle perspektivischen Linien zusammenlaufen. Da liegt das geistige Zentrum: der Wundertäter, der ohne einzugreifen alles bewirkt und der nicht auffällig zur Schau gestellt wird, sondern zu dem sich der Beschauer in dem von Tiefenbewegung erfüllten Raum durchringen muß. Das Prinzip der Basilika, das gleichzeitig auch in der Baukunst durch Vignola seine Wiederbelebung fand! Und nun die große „Kreuzigung" vom Jahre 1565. Zu den reichsten und angesehensten venezianischen Konfraternitäten gehörte die Scuola di S. Rocco, die sich in der ersten Hälfte des XVI. Jahrhunderts in der Nähe der Frari-Kirche ein schönes Vereinshaus erbauen ließ. In der zweiten Hälfte des Jahrhunderts wurde der Bau mit Gemälden geschmückt, die fast ausschließlich von Tintoretto ausgeführt wurden. Zuerst übertrug man ihm einzelne Werke, die Gemälde in dem Sitzungssaal im ersten Stock; diesen schloß sich die Ausmalung der Parterrehalle an, und später malte Tintoretto ständig für die Bruderschaft, deren Mitglied er geworden ist; in diese Zeit fällt die Ausmalung des großen oberen Saales, die sich bis zum Tode des Künstlers erstreckte. Da sich alles an Ort und Stelle unberührt erhalten hat, bildet dieses Vereinshaus die größte Galerie der Werke Tintorettos und das wichtigste Denkmal der italienischen Malerei in der zweiten Hälfte des Cinquecento. Die „Kreuzigung", welche die ganze Langwand des kleinen Saales über den eingebauten Schränken einnimmt, ist ein großes Panorama, wie es zuweilen die Niederländer des XVI. Jahrhunderts dargestellt haben. Nur sind bei diesen die Figuren mehr oder weniger in der Landschaft verstreut, während es sich bei Tintoretto um eine bewegte Masse handelt, die elliptisch den Richtplatz einschließt. Die Kreuzigungsszene selbst zerfällt in mehrere Episoden. Rechts wird der eine Schächer ans Kreuz genagelt, links das Kreuz mit dem anderen Schächer aufgerichtet. Es war besonders diese Szene, die in ihrer Wucht und wirkungsvollen Lebendigkeit in der Barockzeit die größte Bewunderung genoß, zum Beispiel bei Rubens, der sie in der Kreuzesaufrichtung in der Antwerpener Kathedrale nachgeahmt hat; so ist der realistische Vorgang, der hier nur eine Episode ist, im XVII. Jahrhundert der Mittelpunkt und die Grundlage stärkster Affekte geworden. Bei Tintoretto werden alle realistischen Details in der Gesamtwirkung in ihrer selbständigen Bedeutung zurückgedrängt. Zunächst durch die Beleuchtung. Ich habe in dem Saale, wo sich das Gemälde befindet, wochenlang gearbeitet, die Rechnungsbücher der Bruderschaft durchsehend, um daraus die auf Tintoretto bezüglichen Daten zu exzerpieren, und so Gelegenheit gehabt, das Bild zu verschiedenen Tageszeiten zu studieren. Am Vormittag war es wie tot, am Nachmittag jedoch gegen vier Uhr, wenn die Sonne durch das schräg gegenüberliegende Fenster fiel, begann es zu leuchten – denn für diese bestimmte Quelle ist es komponiert. Von da aus fällt in die dämmerige düstere Szene ein breiter Lichtstrahl, beleuchtet ein großes Dreieck auf dem Boden und vergoldet die schroffen Felsen links im Hintergrunde. Mit der Anordnung hat dieser Kampf zwischen Licht und Dunkelheit nichts zu tun, ebensowenig dient er der naturalistischen Veranschaulichung, sondern er steht über der Bewegtheit der menschlichen Leidenschaften als eine Welt für sich, als eine andere Sphäre der Phantasie, die durch menschliche Handlungen nicht erschöpft werden kann. Dazu kommt noch etwas anderes: der Mittelpunkt der Komposition mit dem Kreuze Christi und der Gruppe um die zusammengesunkene Madonna. Dieses Zentrum steht abgesondert von dem bunten Getriebe. Die Gruppe mit der Madonna ist beiderseits durch eine Zäsur von den angrenzenden Figurenmassen getrennt und ganz in den Vordergrund gerückt, so daß sie mit dem Kruzifixus dem Beschauer am nächsten steht; das Kreuz erhebt sich, alle Figuren weit überragend, bis zum oberen Bildrand. Diese Trennung ist aber keine Isolierung, denn durch zahlreiche, kaum augenfällige und doch zwingende Mittel wird der Beschauer immer wieder auf diese Zentren hingewiesen. Die Gruppe ist nicht frei im Raume aufgelöst, wie die übrige das Geschehen schildernde Szene, sondern streng komponiert. Sie bildet ein geschlossenes Dreieck, ähnlich wie Michelangelo manchmal Figuren in einen Block zusammengeschlossen hat. Kein Handeln, kein Wollen, kein Geschehen,

sondern nur das Gefühl hebt daraus die Getreuen heraus. Und über ihnen der Kruzifixus in Vorderansicht und voller Symmetrie. Es ist der Moment dargestellt, wo die Arbeit des Aufrichtens vollendet ist und das eigentliche Martyrium beginnt. Es dürstet Christus, und der Schwamm wird ihm gereicht, und doch ist es merkwürdigerweise nicht der leidende Christus: wie er da mit schönem Körper die Arme, die das Holz des Kreuzes verdecken, ausgebreitet vor einem strahlend lichten Halbkreis erscheint, ist er nicht der sterbende Mensch, sondern der vom Kreuze sich loslösende Gott, der auf die zu seinen Füßen Leidenden herabschaut, als wollte er sie und alle, die ihnen folgen werden, in Liebe umfassen.
Daß sich die christliche Kunst so verschieden von der antiken entwickelte, beruht nicht zuletzt darauf, daß der Ausgangspunkt ihrer bildlichen Vorstellungen von Anfang an ein anderer war. In der Antike waren es hauptsächlich die Göttertypen, die formal immer kunstvoller gestaltet wurden; in der christlichen Kunst bestand die Hauptaufgabe in der bildlichen Erzählung vergangener Ereignisse, die, um ihre Eindringlichkeit zu bewahren, immer von neuem entweder in der Lebensbeobachtung oder in der Phantasie verankert werden mußten, wie dies in der Gotik, bei Giotto, bei den deutschen Künstlern um 1500 und nun bei Tintoretto (später noch bei Rembrandt) geschah. In Tintoretto fanden die alten Themen einen Gestalter, der sie nicht nur um neue Beobachtungen oder Idealfiguren bereicherte, sondern sie künstlerisch vollkommen neu schuf und in diesem neuen Stil die Errungenschaften der vorangehenden venezianischen Malerei, Helldunkel-Phantasien und das durch den Manierismus begründete Übergewicht geistiger Momente zu einer phantastischen, von geistigen Bedeutsamkeiten erfüllten, malerischen Nachdichtung erhob. In reichster Fülle entströmen in den folgenden Jahren solche biblische Dichtungen seiner Erfindungskraft. Ich möchte nur auf einige hinweisen, so auf den „Christus vor Pilatus" in demselben Saal auf der gegenüberliegenden Wand, mit der ergreifend schönen Gestalt Christi, die in der dunklen Umgebung von einem zwischen den Säulen einfallenden Strahle beleuchtet, so hoheitsvoll in ihrer ganz vergeistigten Erscheinung dasteht, daß die Ankläger sich scheu im Hin-

tergrunde halten, die Wächter zurücktreten und Pilatus selbst sich wie verlegen abwendet, als wagte er nicht, dem Angeklagten in die Augen zu schauen. Oder die „Verkündigung“ in der unteren Halle der Scuola. Die Madonna haust in einer Ruine, in der der Marmorfußboden und ein Prunkbett im Hintergrund die Vergänglichkeit des irdischen Glanzes anzudeuten scheinen und vor der der heilige Joseph arbeitet. Da strömt die Botschaft herein, nicht nur der Verkündigungsengel, sondern in seiner Begleitung ein Regenbogen von unzähligen kleinen Engelgestalten und eine Lichtflut. Hier nähert sich Tintoretto Grünewald und Altdorfer, doch was bei den deutschen Künstlern intim und beschaulich, von idyllischem Charakter war, ist bei Tintoretto feierlich rauschend, als schwebte der ganze Himmel zu diesen armen Leuten, die in den Ruinen Zuflucht gefunden haben, herab. – Diese biblischen Phantasien werden immer kühner. In der „Geburt Christi“ in der oberen Halle sieht man eine merkwürdige Architektur: einen Heustadl, wie er in den Lagunen heute noch manchmal vorkommt, den der Maler im Querschnitt öffnet, so daß man in den unteren Raum und auf den Dachboden zugleich sieht. Unten die Hirten; eine Bauernszene, ganz anders aufgefaßt und gemalt und doch sicher nicht weniger wundersam als die gleichzeitigen Bilder Bruegels, und oben die heilige Familie mit zwei anbetenden Frauen, eine Szene von tiefster Innerlichkeit. Durch den zerstörten Dachstuhl strömt ein magisches übernatürliches Licht herein und verwandelt das Ganze in eine Feerie. Oder die „Anbetung der Heiligen Drei Könige“: eine wahre Orgie von Licht und Dunkel und, obwohl es sich um ein großes Gemälde handelt, mit der Kühnheit eines ersten, in flammender Begeisterung geschaffenen Entwurfes hingemalt. Eine Nachtszene wie Rembrandts „Nachtwache“; man sieht hinten im Freien, wo das Gefolge wie fahle Nebelgestalten erscheint, die ersten Lichter des anbrechenden Tages, doch in dem ruinenhaften, durch einen Vorhang abgeteilten Saal ist noch alles dunkel. Da huschen Lichter herum, erfüllen den Raum mit geisterhafter Bewegung und beleuchten die Figuren nur so weit, daß man sehen kann, wie die Blicke aller in stummer Verehrung auf das Jesukind gerichtet sind, das Licht in Licht gemalt die Hand zum Segen erhebt. Sehr wichtig auch

die drei Landschaften, die sich in demselben Saal befinden: eine „Flucht nach Ägypten“, „Magdalena in der Wüste“ und „Maria Aegyptiaca“. In der ersten das Gefühl des Verlassens der lieblichen Gefilde und des Eindringens in die Wüste, in der schnell die erste Rast gehalten wird. Das zweite, das Sinnbild der majestätischen Größe der Einsamkeit, in der sich der Mensch verliert. Und die dritte, vielleicht die schönste, wie ein Zaubergarten voll geheimnisvoller exotischer Schönheit und Poesie. Es fällt bei diesen Landschaften auf, daß sie keine venezianischen Motive enthalten, weder solche, die in der Lagunenstadt wirklich zu sehen sind, noch solche, die bis dahin hier in der Malerei üblich waren. Es sind reine Phantasielandschaften, aber anders verstanden als die Ideallandschaften der Raffaelschule. Diese beruhten auf dem Bestreben, mit der landschaftlichen Darstellung den Begriff des klassisch Idealen zu vereinigen. Tintoretto gestaltet die Landschaft zum Ausdruck eines von jeder objektiven, also auch historischen Norm und Vorbildlichkeit unabhängigen geistigen Inhaltes.
Die Gewalt der natürlichen Elemente mit bedeutsamen Ereignissen in der Schilderung vereint, zeigen drei Darstellungen der Legende des heiligen Markus für die Scuola di S. Marco und für denselben Raum gemalt, in dem bereits die Befreiung des Sklaven hing. Die früheste von ihnen stellt die Errettung eines Sarazenen aus der Gefahr des Ertrinkens dar. Ein Seesturm, wie er gewaltiger in der Kunst nie geschildert wurde! Ein großes Schiff ist gesunken, man sieht nur noch den Mastkorb aus den Wogen herausragen, in dem einige der Schiffbrüchigen hängen; andere versuchen sich in einem Boot zu retten, doch auch dieses sinkt schon. Da erscheint der Heilige, um den Jüngling dem rasenden Element zu entreißen: eine geisterhafte Szene, in düsterer Beleuchtung, die auf dem tiefgrünen Himmel und Meer schwefelgelbe Lichter aufblitzen läßt. In dem zweiten Gemälde ist die Entführung des Leichnams des heiligen Markus dargestellt. Der Himmel ist den Entführten zu Hilfe gekommen: ein Gewitter stieg auf, der Blitz zuckt; der plötzlich eintretende Sturm wirft einen Mann, der einen aufgerissenen Vorhang halten will, und den Kameltreiber um; der Regen prasselt auf den Platz nieder, der an die Piazza S. Marco mit der ihn einst abschließenden, von Na-

poleon abgetragenen Kirche erinnert. Alles flüchtet, der Platz wird gleich ganz leer sein; ungestört kann der Leichnam auf das Kamel aufgeladen und entführt werden. Unter der ersten Arkade sieht man etwas wie Schleier flattern, formlos und doch bei näherer Betrachtung Formen annehmend – eine gespenstische Erscheinung, als ob es der Geist des Heiligen wäre, der das Wunder bewirkt hat. Noch deutlicher ist diese Gegenüberstellung von Körper und Geist in dem dritten und spätesten der Bilder mit der Auffindung des Leichnams des heiligen Markus. Man sieht eine in die Tiefe sich erstreckende nur schwach beleuchtete Renaissancehalle; ganz in der Tiefe leuchten zwei Männer in eine offene Gruft hinein, und weiter vorne hält ein Mann eine Fackel empor. Man ist gekommen, den Leichnam zu suchen, doch wie soll man wissen, in welchem der vielen Steinsärge er verborgen liegt? Da geschieht das Wunder: der Gesuchte erscheint selbst – nicht der tote Markus, sondern der überirdisch lebende – und zeigt den Suchenden, wo sie seine irdischen Überreste finden werden. Der Geist des Heiligen bewirkt Wunder: rechts entweicht der Dämon in Rauchform aus dem Munde eines Besessenen, und rückwärts sieht man einen Blinden, dem wohl im nächsten Moment das Augenlicht zurückgegeben wird.

So gewinnen in Tintorettos Kunst das Irrationelle und das Gefühlsmäßige immer mehr das Übergewicht. Aus dem Ende der sechziger Jahre (1568) stammt eine andere „Kreuzigung", in S. Cassiano. Es ist der Moment nach der Kreuzesaufrichtung dargestellt; Golgatha ist verlassen, das bewegte Schauspiel ist aus, die drei Gekreuzigten – die Kreuze sind quer in den Raum hineingestellt – sind ihrem Schicksal überlassen worden. Die Soldaten haben sich zurückgezogen, man sieht nur noch ihre Köpfe und Hellebarden und zwei Männer, die damit beschäftigt sind, die Inschrift am Kreuze Christi zu befestigen. Die Mutter mit ihrem treuen Freund und Begleiter hat sich Christus gegenüber niedergelassen und sieht ihn an, und Christus erwidert ihren Blick. Über dieses Abschiednehmen für immer vergißt man alles, was hier sonst gemalt ist, und nur eine tiefe erschütternde Kompassion bleibt übrig.

Daß man solchen Bildern gegenüber den Manieristen Mangel an Selbständigkeit und Originalität vorgeworfen hat, ist unbegreiflich und beweist nur, wie wenig man sich mit diesen Schöpfungen beschäftigt hat. In ihnen erhebt sich gegenüber der gegenständlichen und formalen Begrenztheit der Renaissance die künstlerische Phantasie zu einem Fluge, der alles, was in den vorangehenden hundert Jahren geschaffen wurde, wie ein bescheidenes Vorspiel erscheinen läßt. Fragt man nach den Quellen dieses Reichtums, so kann kein Zweifel bestehen, daß sie aus der Überwindung der Naturnachahmung und des Modellstudiums einerseits und aus der Überwindung der formalen Ideale, des Strebens nach Körperformen, die die höchsten Paradigmen der natürlichen Gesetzmäßigkeit sind und die noch Michelangelo als Bausteine seinem „Jüngsten Gericht" zugrunde legte, anderseits entspringen. Es ist im höchsten Grade instruktiv, Tintorettos „Jüngstes Gericht" in S. Maria dell'Orto, entstanden am Anfang der sechziger Jahre, mit seinem Vorbild in der Sixtinischen Kapelle zu vergleichen. Es ist hier keine Gerichtsszene dargestellt, keine Zusammenfassung der einzelnen Stadien der letzten Dinge in einen einzigen furchtbaren Augenblick, sondern deutlich drei getrennte Situationen, von denen auf den Abbildungen leider nur zwei sichtbar sind, da der oberste Teil des Gemäldes nie photographiert wurde. Die drei Vorgänge sind nacheinander wie in einer Chronik abzulesen, sie entfalten sich nicht in der Bildebene neben- und übereinander, sondern entwickeln sich aus der Tiefe des Raumes. In der Mitte bricht aus weiten Fernen die Sintflut herein, was ihr im Wege steht, niederreißend, und Entsetzen verbreitend. In diesen Weltuntergang greift der zweite Akt ein: die Auferstehung der Toten und das Ringen des Himmels und der Hölle um ihre Seelen. Der Vorgang spielt sich in der vorderen vertikalen Bildebene ab. War der erste der Ausschnitte aus einem irdisch begrenzten Geschehen, so folgt hier die Übertragung in eine dem überrealen Gegenstand entsprechende Form. Unten sehen wir die Auferstehenden, einen dichten Knäuel von Figuren, eine grauenhafte Masse, in welcher dargestellt ist, wie sich Skelette allmählich in lebendige Körper verwandeln. Aus diesem zuckenden, sich windenden Haufen holen einerseits die Geister der Hölle ihre Opfer, um sie auf Charons Barke zu verladen, die in die Bahn der dahinflutenden Vernichtung einlenken wird; anderseits steigen links die Gerechten in die Höhe empor, wo ihre Seelen gewogen werden und sich mit den Seligen vereinigen, die losgelöst von allem irdischen Sein auf Wolken schweben. Je höher, desto mehr lichten sich die Massen, desto überrealer wird dieses Sein, und in unendlichen Welten schwebt da Christus zwischen Maria und Johannes, umgeben von Aposteln und Märtyrern, und noch eine Frau mit drei Kindern, das Symbol der Caritas. Die dichterische und malerische Phantasie webt aus Licht und Wolken die Welt der Unendlichkeit, über der wie ein Traum die Gottheit und die alles besiegende ewige Liebe steht.

Wollte man einem solchen Bild etwas Ähnliches an die Seite stellen, so müßte man auf die Phantasien der Neuplatoniker des III. und IV. Jahrhunderts, vor allem auf jene Plotins zurückgreifen. Doch was bei diesen philosophische Spekulation war, verwandelt sich hier in eine gewaltige bildliche Konzeption. Sicher hatte Tintoretto von neuplatonischer Philosophie und Dichtung keine Ahnung; aber wie die objektive Naturbeobachtung der Antike von der abendländischen christlichen Kunst als einer ihrer Ausgangspunkte immer von neuem aufgegriffen und weitergebildet wurde, so auch als zweiter Ausgangspunkt eine über die Bedingtheit der sinnlichen Wahrnehmung hinausgehende Spiritualisierung der Geheimnisse des Daseins. Man könnte nach dieser Richtung hin eine ähnliche immer wieder neu einsetzende Entwicklungsreihe feststellen, wie jene der künstlerischen Objektivierung des Weltbildes, die man längst erforscht hat.

Nicht nur solche makrokosmische Phantasien bezeichnen den Weg Tintorettos, er drang tiefer auch in die Mysterien der religiösen Überlieferung ein, wie es uns ein anderes Gemälde, das „Letzte Abendmahl“ in S. Polo, lehren kann. Es ist vielleicht durch zwei Jahrzehnte von der Darstellung desselben Gegenstandes in S. Trovaso getrennt und wie verschieden ist es von dieser! Noch weit mehr ist hier Tintoretto von dem traditionellen Schema abgewichen – schon in der Wahl des dargestellten Momentes. Nicht die Ankündigung des Verrates führt es uns vor Augen, sondern die Einsetzung des Sakramentes in der Verteilung des Brotes. In leidenschaftlicher Ekstase ist Christus aufgesprungen und reicht zwei Aposteln den Bissen; wie er mit weit ausge-

breiteten Armen dasteht, ist er nicht mehr der Mensch, der seinen Tod vor Augen hat, sondern der Religionsstifter, der freudig bereit ist, sich für die Menschheit zu opfern und der vor seinem Tode, in plötzlicher Inspiration, einen neuen geistigen Bund begründet. Die Tat pflanzt sich sogleich fort: der Christus gegenüber sitzende Apostel reicht Brot einem Bettler, der vor ihm hilflos auf dem Boden liegt. Diesem bedeutungsvollen Stiftungsakte einer auf der mystischen Transfiguration des Faßbaren ins Unfaßbare aufgebauten Religion gegenüber tritt alles andere in den Hintergrund. Nur zwei Gestalten sind noch von Bedeutung, die kontrapostisch den Hauptvorgang einrahmen. Links ein Diener, der, was hier vorgeht, nicht sehend noch ahnend, bei dem Anrichtetisch beschäftigt ist, und rechts ein Mann, der, eben eingetreten, nachdenklich und andächtig den Vorgang betrachtet: Repräsentanten der Menschen, die jenseits der göttlichen Geheimnisse wandeln, und jener, die den tieferen Sinn des Lebens begreifen. Der mystische Charakter des Gemäldes bestimmt auch das Kolorit: auf dem kleinen Streifen des Horizontes, den man rechts oben sieht, kämpft ein strahlendes Licht mit dem dunklen Himmel, und im Vordergrund funkeln die Farben in dem Dämmerlicht der Kirche wie mittelalterliche Glasgemälde.
Solche koloristische Effekte hat Tintoretto in der letzten Periode seines Schaffens ganz aufgegeben. Ihr Hauptwerk ist die Ausmalung des großen oberen Saales in der Scuola di S. Rocco, die Tintoretto, inzwischen Mitglied der Bruderschaft geworden, im Jahre 1575 übernommen hat. Der Vertrag hat sich erhalten; der Meister verpflichtet sich darin, wie Michelangelo beim Bau der Peterskirche, zum Heil seiner Seele, jährlich drei große Gemälde gegen eine geringe Jahrespension zu malen. Er hat diese Gemälde, während er die Ausführung sonstiger Aufträge in den letzten zwanzig Jahren seines Lebens zum großen Teil seinen Schülern überließ, ganz eigenhändig ausgeführt. Auch das Programm dürfte er selbst entworfen haben: in typologischer Gegenüberstellung sollten Szenen aus dem Alten Testament, hauptsächlich aus der Geschichte Moses, und Vorgänge aus dem Leben Christi dargestellt werden. Nach venezianischer Art ist die Decke in reicher Holzschnitzerei ausgeführt, in der Felder, und zwar große viereckige und verschiedene

kleinere, für Gemälde ausgespart sind. In den kleinen beschränkt sich Tintoretto auf wenige Figuren, in den großen malt er umfangreiche Historien. Zunächst als Beispiel der ersten Gattung die „Vision Ezechiels". Der Prophet hebt den Sarkophagdeckel, doch was er sieht, ist nicht der Inhalt eines Sarges, nicht ein realistisches Bild, sondern eine innere spukhafte Vision: Sterbende, Leichen, die noch nicht in Verwesung übergegangen sind. Skelette, Knochen und glotzende Totenschädel. Aus diesem Fiebertraum reißt ihn eine andere Vision: von oben kommt Gott herangeschwebt, umgeben von übernatürlichem Licht, eine Erscheinung, die sich um ihre eigene Achse zu drehen scheint, menschenähnlich und doch wieder nicht, eine rotierende Kraft, deren Ausstrahlung den Propheten erreicht und erfaßt und wie ein Wirbelsturm den nach vorne Gebeugten zurückwirft. – Hier ist Gelegenheit darüber zu sprechen, wie Tintoretto in dieser Zeit seine Figuren komponiert. Es ist auffallend, daß wir in seinen Spätwerken selten Gestalten finden, die in normalen Stellungen und Bewegungen dargestellt sind, und wo dies geschieht, sind es sicherlich nur nebensächliche. Die anderen sind wie verrenkt, in gewaltsamen Drehungen nach vorne oder nach rückwärts gebeugt, oft widerspruchsvoll beides in einer Figur vereinigt. Die größte Steigerung der Bewegung charakterisiert bereits die Werke aus Michelangelos mittlerer Periode und die ganze von ihnen abhängige Kunst, der sich auch Tintoretto anschließt. Doch nimmt diese Steigerung bei ihm einen neuen Charakter an; bei Michelangelo und seinen Nachahmern ging es um die Steigerung der natürlichen Bewegung bis zum Übernormalen und Übermenschlichen, wogegen bei Tintoretto der Ausgangspunkt nicht das natürliche Bewegungsmotiv, sondern eine von ihm unabhängige künstlerische Absicht und Forderung war, der sich die bewegten Körper als ihr Ausdruck restlos fügen müssen. Zunächst könnte man glauben, daß es sich wie bei anderen Manieristen im wesentlichen um die Erhöhung der räumlichen Wirkung der Figuren gehandelt hat. Dieser Faktor hat in der mittleren Schaffenszeit Tintorettos sicher auch mitgewirkt, bei den Spätwerken aber reicht diese Erklärung nicht aus, da man die sonderbar bewegten Figuren auch dort findet, wo von dem Streben nach starken räumlichen Wirkungen keine Rede sein kann.

Es ist unzweifelhaft, daß die Bewegung losgelöst von allen naturalistischen Funktionen ein unabhängiger Ausdruck des geistigen Inhaltes geworden ist. So fließt sie in diesem Gemälde einzig und allein aus der Vorstellung der visionären Erscheinung Gottes einerseits, aus dem Miterleben ihrer elementaren Wirkung, die sie auf den Propheten ausübt, anderseits. – Eine solche, nicht in der Umwelt, sondern in der Phantasie allein verankerte Bewegtheit charakterisiert auch die großen Darstellungen, zum Beispiel das „Wunder der ehernen Schlange". In relativer Ruhe ist da nur Moses, der Wundertäter, das übrige ist ein Konglomerat von Figuren im höchsten Paroxismus konvulsivischer Bewegungen: unten eine grauenhafte Masse von unter den Bissen der Schlange zuckenden Leibern, das Gesamtbild einer ihrer Sünden wegen der Vernichtung preisgegebenen Menschheit; oben Gott umgeben von Engeln, oder besser gesagt, eine dahinjagende Wolke, in der die Rachegeister hausen; und zwischen diesen zwei Massen das Holz des Rettung bringenden Kreuzes. – Wie für die Körperwiedergabe, so wird auch die ganze Konzeption das rein Geistige die Hauptquelle, wie uns ein Wandbild aus diesem Saal, die „Himmelfahrt Christi", lehren kann. Man erinnere sich, wie dieses oder ein ähnliches Thema von der vorangehenden Kunst behandelt wurde: in dem Vordergrund die Apostel versammelt, nach oben schauend, wo über ihnen Christus (oder Maria) in die Höhe schwebt. Hier sind die Apostel in den Hintergrund getreten, man sieht nicht einmal alle, sie sind in der Landschaft verstreut und nur wie hingehaucht; blasser Schatten ist, was einst als der Hauptgegenstand der Darstellung angesehen wurde. Nur einer hat sich von ihnen abgesondert, und dieser, die Hauptfigur unten, sieht nicht zu Christus hinauf. Er hat sich mit seinem Evangelium beschäftigt, denkt darüber nach, was er über die Himmelfahrt Christi schreiben soll – und nun sieht er die Szene, nicht als etwas Reales, nicht in sinnlicher Gegenwart, sondern eben als Bild der Phantasie. Dieses Traumhafte ist dargestellt: die schattenhaften Apostel auf Erden und jenseits jeder meßbaren Wirklichkeit Christus, der von Wolken und Engeln umgeben dahinschwebt. Es ist klar, weshalb in einer solchen Darstellung das glühende, farbenreiche Kolorit der älteren Werke verschwunden ist. Rückblickend kann Tintorettos Bedeutung dahin zusammengefaßt werden, daß er genial und unbeirrt durch äußeren Erfolg folgerichtig den Weg weiterschritt, den Michelangelo in seinen letzten Werken eingeschlagen hatte. Dieser Weg führte von der Vorherrschaft der Natur und der Form zu der Vorherrschaft des Geistes und der Empfindung. Bei Michelangelo hatte sich diese neue Orientierung seinem Temperament gemäß beinahe in einem jähen Bruch mit der Vergangenheit vollzogen, bei Tintoretto wurde sie Schritt für Schritt erreicht. Michelangelo war vom ersten Augenblick an bereit, ihr, wie die altchristlichen Künstler, alle Errungenschaften der vorangehenden Kunst zu opfern, er besaß noch als Greis die Seele eines Revolutionärs; Tintoretto dagegen eroberte ihr allmählich alles, was die damalige Kunst an Ausdrucksmitteln besaß: die kunstvolle Komposition, das Helldunkel, die Wiedergabe des atmosphärischen Lebens, die Darstellung der Körper, die Darstellung des Raumes und die Farbe. All dies hatte die frühere Bedeutung eingebüßt, war nicht mehr Mittel der Schilderung oder der Idealisierung der Natur, sondern hatte einer neuen Phantasiekunst zu dienen, deren Quelle in erster Linie psychische Erlebnisse waren. – Nirgends kommt dies so deutlich zur Geltung, wie in den Zeichnungen aus Tintorettos Spätzeit, von denen sich uns eine größere Anzahl in einem Skizzenbuch in London erhalten hat. Wozu hat Tintoretto solche Walpurgisnachtszenen gezeichnet? Die Frage ist durchaus nicht überflüssig. Alle Zeichnungen der Renaissance hatten einem äußeren, gegebenen oder zumindest vorausgesetzten, Zweck zu dienen: sie waren Vorstudien für ein Gemälde oder ein plastisches Werk, Studien nach der Natur oder kompositionelle Motive und Entwürfe, die der Künstler bei einem gegebenen Projekt oder irgendeinmal später verwerten wollte. Es ist kaum anzunehmen, daß die vierzehnmal gezeichnete Versuchung des heiligen Antonius als Vorbereitung für ein bestimmtes Gemälde aufzufassen ist. Die fieberhafte Hast, mit der die Zeichnungen hingeworfen sind, zeigt deutlich, daß sie die Niederschrift von Vorstellungen, beklemmenden Bildern einer spukhaften Welt sind, von denen der Künstler irgendeinmal erfüllt war. Der Vorgang ist der Gegenwartskunst ganz geläufig, war aber im XVI. Jahrhundert neu, so neu, wie die psychologische Selbstbeobachtung in den Schriften der großen Mystiker dieser Zeit, mit der er die größte Verwandtschaft hat. Zugleich zeigen uns gerade solche Zeichnungen, wie die ganze Kunst Tintorettos auf übernaturalistischen Grundlagen, auf dem Ringen nach Ausdruck dessen, was den Künstler innerlich bewegte, aufgebaut war. Doch blieb er dabei durchaus Italiener und Mensch des XVI. Jahrhunderts: solche Träume verdichten sich bei ihm immer wieder – was ihn von den Künstlern der Gegenwart trennt – zu Kompositionen, deren geistiger Inhalt nicht rein subjektiv ist, sondern auf den allgemeingültigen, in der religiösen Weltanschauung gegebenen Voraussetzungen und Problemen einer spirituellen Vertiefung des Daseins beruht. –

Drei monumentale Bekenntnisse unter den letzten Werken Tintorettos möchte ich noch besprechen: das „Paradies" im Dogenpalast, an dem er vom Jahre 1588 an malte, und die beiden großen Bilder in S. Giorgio Maggiore aus seinem Todesjahr. Das „Paradies" schmückt die Schmalwand des Saales des großen Rates, die bis dahin von einem Fresko Guarientos von 1368 bedeckt war. Tintoretto ersetzt es durch ein Gemälde auf Leinwand; wohl das größte der Welt, da es eine Fläche von über 500 Quadratmetern umfaßt. Es wird von heutigen Besuchern des Saales kaum beachtet, in seiner gigantischen Ausdehnung und mit seinen unzähligen Figuren ist es für den eilenden Touristen zu mühsam, und selbst der Kunstforscher kann sich nur schwer mit ihm befreunden; Velázquez dagegen schrieb über das Werk in Ausdrükken höchster Bewunderung. – Bis zu einem gewissen Grad war die Aufgabe ähnlich wie jene für Michelangelo im „Jüngsten Gericht": ein prunkvoller Raum, dessen Decke und drei Wände mit Gemälden geschmückt waren, sollte in einem Riesengemälde der Stirnwand eine Dominante erhalten. Welche Darstellung war geeignet, dieses Ruhmesdenkmal der Serenissima zu bekrönen? Gewiß nicht das „Jüngste Gericht", wohl aber das „Paradies", in dem die Männer, die so Großes geschaffen, der ewige Lohn erwartet. Schwer war das Problem zu lösen, wie eine Darstellung an dieser Stelle zu erfinden sei, damit sie das Ganze beherrsche. Im Trecento, wo alles in einen imaginären Maßstab übertragen wurde, war dies keine Schwierigkeit, da der Maßstab ad infinitum gesteigert werden konnte; aber jetzt im Cinquecento, dessen Kunst eine solche von der realen Erscheinung abstrahierende Steigerung des Maßstabs nicht mehr erlaubte und wo die Wirkung der Figuren, des sinnlichen Glanzes und der Komposition bereits in dem übrigen Schmuck die äußerste Grenze des Erreichbaren erlangt hatte, schien die Aufgabe menschliche Kräfte zu übersteigen. Dieses scheinbar Unmögliche erreicht Tintoretto, indem er den epischen Darstellungen nicht wieder ein begrenztes Geschehen, sondern die Unendlichkeit selbst entgegensetzt, einen unermeßlichen Raum ganz mit Figuren erfüllt, so daß das Auge auch nicht das kleinste Vakuum entdecken kann. Es ist nicht eine bloße Addition von Figuren, sondern die Darstellung einer einheitlichen Bewegung und übersinnlichen Ordnung, die das ewige sphärische Geschehen von jeder irdischen Gebundenheit trennt. Den Mittelpunkt bilden die Gestalten Christi und der vor ihm knienden Maria, und um diesen Mittelpunkt sind konzentrisch bewegte Wolkenringe dargestellt, die aus Gestalten bestehen und in deren Bewegung wir mitten hinein versetzt werden. Sie kreisen nicht in der vertikalen Ebene, sondern schräg in den Raum hinein, so daß sich die Bewegung unbegrenzt auch in die Tiefe erstreckt. Zugleich gehen, durch Stellung und Richtung der Hauptfiguren, radiale Bahnen vom Zentrum aus; überall in den bewegten Massen ist eine Beziehung zu dem Ausgangspunkte dieses ewigen Lebens in himmlischen Räumen geschaffen. Daß all dies nicht tot und schematisch erscheint, bewirkt das Licht. Um dies zur vollen Wirkung zu bringen, verzichtet der Künstler auf alle Mannigfaltigkeit der Farben und ersetzt sie durch einen warmen Gesamtton, der auf der Zusammenwirkung eines warmen Rot und eines tiefen Blau, verbunden durch dunkle Schatten, beruht. Durch diesen Schleier bricht das Licht – nicht das natürliche Tageslicht, sondern ein magisches weißes, das aus dem Zentrum, dem Lichtkreise um Christus und die Madonna, kommt, im Vordergrund durch die Gestalten gebrochen wird, doch in der Tiefe unbehindert durch die Unermeßlichkeit flutet. Es ist die Idee der Unendlichkeit, die hier zur Anschauung geworden ist. Mit der Anschauung des Ewigen wird die ganze Geschichte der Menschheit in tausend Typen und historischen Gestalten und in unerschöpflicher Fülle immer wechselnder Bewegungen verwoben. – Es ist nicht so wichtig zu wissen, an welche konkreten Vorstufen die große illusionistische Malerei des XVII. und XVIII. Jahrhunderts in einzelnen Fällen angeknüpft hat: in einer solchen Konzeption des Unermeßlichen, Allumfassenden liegt ihre Quelle. Die beiden wunderbaren Gemälde in S. Giorgio Maggiore sind wie ein Nachwort zu diesem Blick in die Ewigkeit. Sie schmücken den Chor der Kirche, die ein Neubau Palladios und eines der wichtigsten Beispiele einer neuen kirchlichen Architektur in Venedig ist. Sie erhebt, wie dies in Gesù der Fall ist, im Gegensatz zur Renaissance das geistige Zentrum des Baues zum künstlerischen, und für dieses Zentrum waren die beiden Gemälde bestimmt. Sie scheinen auf den ersten Blick grundverschieden zu sein, ja das erste scheint aus dem idealen Stil der Spätzeit überhaupt herauszufallen: ein landschaftlicher Ausschnitt in starker Aufsicht gesehen, in dem verschiedene Szenen und Figuren verstreut sind. Man nennt es die „Mannalese", und auf diesen Darstellungsstoff weisen die Körner, die auf dem Boden verstreut sind und von einzelnen Gestalten gesammelt und in den Händen gehalten werden. Doch die übrige Darstellung geht darüber hinaus und führt uns verschiedene Beschäftigungen des Alltags vor Augen: man sieht einen Schuster an der Arbeit, in der Mitte eine Näherin, am Wasser Frauen bei der Wäsche, weiter oben Spinnerinnen, eine Schmiede, einen Eseltreiber und einen lesenden Mann. Das tägliche Leben, das Tintoretto in dem „Abendmahl" in S. Polo durch die Gestalt des Dieners symbolisierte, ist in grüner Landschaft zu einem umfassenden Bild ausgestaltet. Was bedeutet diese Allegorie des irdischen Daseins mit seinen Mühen und Beschäftigungen hier im Altarraum? Die Antwort geben die Figuren im Vordergrund. Da sieht man zunächst Moses, eine Gestalt, die der Christi gleicht; ein neben ihm stehender Mann macht ihn in heftiger Drehung auf das Wunder aufmerksam, doch Moses oder Christus hört ihm gelassen zu, seine Geste und sein Blick scheinen zu besagen: das ist nicht das Wichtigste, das tägliche Brot, man muß die Blicke anderswohin lenken. Wohin, das zeigt die Frau links im Hintergrunde. Sie hält nicht Mannakörner in der Hand, sondern einen Palmzweig, hat sich von des Tages Hast abgewendet und blickt, die Rechte auf die Brust gelegt, wie

entgeistert aus dem Bilde heraus, als würde sie das Gemälde betrachten, das auf der gegenüberliegenden Wand hängt.
Hier wird dem Tageslichte eine Nachtszene entgegengesetzt, dem grünen Ton, der alles deutlich erkennen läßt und doch so trügerisch ist, eine Welt der Schatten, dunkel, aber zum wahren Lichte führend. In diesem seinen letzten Gemälde malt Tintoretto wieder das Abendmahl. Die Komposition erinnert einigermaßen an die „Hochzeit zu Kana“, nur ist die scharfe Begrenzung des Raumes, die dort so charakteristisch war, hier verschwunden. Der Raum ist wie von Rauchwolken erfüllt, die jede Begrenzung aufheben, und in seinen oberen Partien nur spärlich von einer Lampe erhellt. In weitem Kreise um den Abendmahltisch herum die Diener, die ruhig ihrer Arbeit nachgehen, während sich in ihrer Mitte das Wunder vollzieht. Mit beiden Händen reicht Christus seinem Nachbarn den Bissen in andächtiger Feierlichkeit. Nicht die ekstatische Religionsstiftung ist hier dargestellt, sondern das Sakrament selbst, die Verwandlung des Faßbaren ins Unfaßbare, und dieses Ereignis ruft in den daran teilnehmenden Aposteln nicht Handlungen, sondern wunderbare Erlebnisse hervor. Von der Gestalt Christi geht ein zweites Licht aus, sieghaft die Dunkelheit durchdringend, und über den Köpfen beginnt es sich zu regen, die Rauchwolken verwandeln sich in beflügelte Gestalten, und was sich in den Herzen und Gedanken der Apostel vollzieht, ihre Ergriffenheit und Andacht, das Erleben des Wunders der Transsubstantiation, das Unsagbare, das Mysterium, gewinnt bildlichen Ausdruck. – Kein anderer Abschluß dieses langen Künsterlebens hätte erhabener sein können. Wenn man einmal lernen wird, die Entwicklung der Kunst nicht nur vom Standpunkt der Naturnachahmung und der formalen Probleme, sondern auch vom Standpunkt der rein geistigen Vertiefung zu betrachten, wird man dieses Gemälde zweifellos zu ihren allerhöchsten Gipfelpunkten zählen.

Idealismus und Naturalismus in der gotischen Skulptur und Malerei

Einleitung

Das immer tiefere Eindringen in das politische, rechtliche, wirtschaftliche, religiöse Leben des Mittelalters gehört ohne Zweifel zu den großen Ruhmestiteln der neueren und neuesten Geschichtsforschung. Nach einem Worte Belows war die Geschichtsschreibung nie so objektiv wie heute, worunter nicht nur die bis zur größtmöglichen Gewißheit erhobenen Quellenkritik zu verstehen ist. Die Vielseitigkeit der Anschauung und das Vermögen, auch längst entschwundene und ihrem Wesen nach fremdartige Perioden unserem Verständnis näherzubringen, war nie früher so groß, und nirgends kann man diesen Fortschritt, der in ununterbrochener Wechselwirkung aus der Ausbreitung und Vertiefung der historischen Studien und aus dem wachsenden Reichtum unseres Kulturbewußtseins entstanden ist, deutlicher beobachten als in der Behandlung der Geschichte des Mittelalters.

Das gilt aber durchaus nicht auch für die Geschichte der mittelalterlichen Kunst. Wohl ist die neue Literatur über die Kunst des Mittelalters groß, wenn auch lange nicht so groß wie über die Kunst der Antike oder der Renaissance. Es fehlt auch nicht an einer Fülle von neuen Tatsachen, die auf allen Gebieten der mittelalterlichen Kunstübung erforscht wurden und durch die für einzelne dieser Gebiete in vorbildlicher Weise – man braucht nur auf Dehios monumentales Werk über die kirchliche Architektur des Mittelalters hinzuweisen – eine bleibende Grundlage für jede spätere wissenschaftliche Behandlung des Stoffes geschaffen wurde.

Doch es dürfte einem aufmerksamen Beobachter kaum entgehen, daß mit der Feststellung der Tatsachen ihre Deutung keinesfalls gleichen Schritt gehalten hat.

Besonders auffallend ist das in der Beurteilung der Werke der mittelalterlichen Plastik und Malerei. In der Erforschung ihrer äußeren Entstehungsgeschichte, in der Beobachtung der zeitlichen und lokalen Zusammenhänge, in der

Sonderung und gegenseitigen Abgrenzung der Schulen, in ikonographischen Fragen, in der kritischen Behandlung der Denkmäler ist viel und Treffliches geleistet worden; in der kunstgeschichtlichen Erklärung des allgemeinen künstlerischen Faktums, das sie einzeln und in ihrer Gesamtheit verkörpern, dagegen nur wenig und kaum etwas, was auch heute noch befriedigen könnte.
Der bewunderungswürdige, großartige Versuch Schnaases, die mittelalterliche Kunst als Ganzes aus ihren „äußeren und inneren Motiven" abzuleiten, ist fast fünfzig Jahre alt und beruht zumeist auf Voraussetzungen, die als überholt und unhaltbar angesehen werden müssen. Wie wenig haben wir uns aber seitdem bei aller genaueren Kenntnis der Überlieferung dem künstlerischen Sinn der mittelalterlichen Skulpturen oder Gemälde historisch genähert und gelernt, sie in ihrer Eigenart als Zeugnisse der künstlerischen Bestrebungen zu verstehen, die *dem Mittelalter eigentümlich* waren und objektiv nicht minder wichtig und beachtenswert sind, auf die spätere Entwicklung der Kunst nicht minder eingewirkt haben als die der klassischen Antike oder der italienischen Renaissance. Innere Größe und schöpferische Kraft wird zumeist nur der mittelalterlichen Baukunst zugesprochen, die Werke der darstellenden Kunst läßt man daran in geringem Maße und nur mittelbar teilnehmen: sie werden mit wenigen Ausnahmen (von denen wir noch sprechen werden), bewußt oder unbewußt, wogegen sich bereits Schnaase gewendet hat, mehr oder weniger als „nur historische Dokumente" und „Zeugnisse primitiver Entwicklungsstufen", als relative Werte einer Übergangszeit behandelt und in den seltensten Fällen auf ihren besonderen mittelalterlich künstlerischen Inhalt hin untersucht. Bemüht man sich jedoch, den künstlerischen Vorzügen mittelalterlicher Bildwerke oder Malereien gerecht zu werden, so klingen die Worte vielfach hohl, wie konventionelle Höflichkeitsformeln: Es verbinden sich mit ihnen Wertvorstellungen, die willkürlich auf das Mittelalter übertragen wurden. Das beeinflußt natürlich auch das Gesamtbild der mittelalterlichen Kunst, das dadurch schwankend und merkwürdig leblos wird, ein Reich nebelhafter, chaotischer Dämmerung, aus der sich einzelne Gipfelpunkte des künstlerischen Schaffens, die großen Dome, die Statuen von

Reims, von Naumburg, die Glasgemälde von Chartres, zu einer starken, doch mehr unbestimmt empfundenen als klar umschriebenen Wirkung und Bedeutung loslösen, während die Mehrzahl der Denkmäler als eine indifferente Masse erscheint, an die sich antiquarische Fragen, vage Stilvorstellungen oder moderne Gefühlsassoziationen knüpfen, der es jedoch fast durchweg an jener historischen und künstlerischen Verlebendigung fehlt, die zum Beispiel auch das geringste Werk der griechischen Kunst als die notwendige Frucht einer bestimmten geschlossenen und eigenwertigen, geistigen und künstlerischen Entwicklung erkennen läßt.
Die Ursachen dieses Sachverhaltes werden uns klar, wenn wir uns vergegenwärtigen, wie der Maßstab beschaffen ist, nach dem die künstlerische Bedeutung einer mittelalterlichen plastischen oder malerischen Schöpfung in der Regel beurteilt wird. Abgesehen von inhaltlichen Gesichtspunkten, wird sie vor allem daraufhin untersucht, ob sie noch antik ist oder schon naturtreu, wobei unter Naturtreue beiläufig jene Anforderungen an gegenständliche Objektivität der Schilderung und Formenwiedergabe verstanden werden, die sich in der Kunst des XV. und des beginnenden XVI. Jahrhunderts ausgebildet haben und seitdem in der allgemeinen Vorstellung die unterste Grenze dessen geblieben sind, was von einer sachlich treuen und naturwahren Darstellung gefordert werden kann. Man beurteilt mit anderen Worten die mittelalterliche Malerei und Skulptur nach Gesichtspunkten einer weit zurückliegenden Vergangenheit oder einer viel späteren Entwicklung und vergißt, daß dazwischen Jahrhunderte lagen, die eine Welt für sich bedeuten. Im Grunde genommen ist es der Standpunkt der italienischen Kunsttheoretiker der Renaissance und Barockzeit, der da noch immer eine Rolle spielt, die Lehre von Verfall und Erneuerung der Kunst, die aus der künstlerischen Verurteilung der Gotik im Quattrocento hervorgegangen, die gefühlsmäßige und historische Entdeckung der mittelalterlichen Kunst im vorigen Jahrhundert überlebte und nur neue wissenschaftliche Formen angenommen hat.
Es war und ist sicher fruchtbar, dem Nachleben der Antike im Mittelalter und den in verschiedenen Zeiten und Gebieten einsetzenden Renaissancebewegungen, byzantinischen und anderen Einflüssen nachzugehen, wie ja auch Untersu-

chungen über die mittelalterlichen Vorstufen einer objektiv überprüfbaren Naturtreue ähnlich interessant und wichtig sein können wie etwa Studien über den Besitz des Mittelalters an positiven naturwissenschaftlichen Kenntnissen. Man darf nur nicht glauben, daß Untersuchungen dieser Art uns irgendwie erschöpfend über „Rückschritt" und „Fortschritt" in der mittelalterlichen Kunst, über ihre allgemeine kunstgeschichtliche Stellung, über ihr Wesen und ihre Ziele belehren können. Nicht als ob, wie im paradoxen Widerspruche zur allgemein geübten Methode vor einiger Zeit behauptet wurde, die naturalistischen Errungenschaften der mittelalterlichen Kunst als irrelevant für die ihr zugrunde liegenden künstlerischen Absichten anzusehen wären; sie waren jedoch so vielfach und mannigfaltig mit spezifisch mittelalterlichen Voraussetzungen und Problemen verknüpft, daß sie davon getrennt weder ein befriedigendes Bild von dem nach einer anderen Richtung hin gewendeten gewaltigen Wollen und Vermögen der mittelalterlichen Künstler bieten, noch selbst richtig verstanden werden können. Und ähnlich wie mit der Naturtreue verhält es sich auch mit einzelnen kompositionellen Merkmalen, die wir unter dem Einflusse der klassischen Kunst und der von der Renaissance ausgehenden Kunstströmungen gewohnt sind, als untrennbar mit dem Begriffe einer jeden „nicht mehr primitiven" bildlichen Gestaltung verbunden zu betrachten, denen aber durchaus nicht immer und überall dieser Rang beigemessen wurde. In vielfacher Beziehung ist mittelalterliche Plastik und Malerei mit der antiken oder neuzeitlichen einfach inkomparabel, beiläufig wie die Kreuzzüge mit antiker oder moderner Kolonialpolitik nicht verglichen werden können. Bringt man sie in Beziehung zueinander, so kann man wohl nicht schwer nachweisen, daß die Antike ihr offizielles Ende überlebt und die Renaissance vor ihrem offiziellen Anfang begonnen hat; doch an dem, was nur der mittelalterlichen darstellenden Kunst eigentümlich war, worin ihr Eigenwert und die grundsätzlich neue Wendung bestanden, die sie dem plastischen und malerischen Schaffen gaben, geht man dabei vorbei.

Dies soll natürlich nicht besagen, daß man sich nie mit den spezifisch mittelalterlichen künstlerischen Qualitäten etwa der romanischen oder gotischen Skulpturen und Gemälde beschäftigte. Sie wurden wiederholt hervorgehoben und untersucht an einzelnen Denkmälern, Schulen oder Perioden. Doch gerade die darin herrschende Unsicherheit, die zwischen subjektiver Emphase und zusammenhanglosen Beobachtungen schwankt, beweist deutlich, wie sehr es an festen Grundlagen und historisch geklärten Gesichtspunkten fehlt. Das beginnt man auch einzusehen, und immer mehr macht sich das Bedürfnis geltend, diese Unsicherheit durch ein vertieftes Verständnis für die der mittelalterlichen Kunst zugrunde liegenden und ihr eigentümlichen künstlerischen Werte wie auch durch eine einheitliche und lebendige Auffassung ihres Gesamtcharakters zu überwinden – wie sie bis zu einem gewissen Grade die romantische Periode besessen hat. Nur war diese romantische Auffassung phantastisch und einseitig auf geistigen Gegenwartsströmungen aufgebaut und mußte, als künstlerischer Naturalismus und historischer Kritizismus auch im Verhalten zur alten Kunst die Führung übernahm, allmählich zerfallen, ohne daß sie in der Folgezeit durch eine andere ersetzt worden wäre. Wie rasch aber, wie stark sich in den letzten Jahren die Erkenntnis dieses Mangels und des Unzulänglichen der älteren Anschauung verbreitet hat, bezeugt die günstige Aufnahme des Versuches Worringers, mit einem Schlage den Schleier zu lüften, hinter dem der künstlerische Kern der mittelalterlichen Kunst bisher für den modernen Beschauer verborgen war. Ohne Rücksicht auf den jeweiligen historischen Tatbestand und in willkürlicher Beschränkung auf einen allerdings sehr charakteristischen Zug der mittelalterlichen Kunst legte Worringer seinen glänzend geschriebenen Betrachtungen einen völkerpsychologisch konstruierten Begriff des gotischen Formwillens zugrunde, der alles, was die neuen nordischen Völker aus eigener Kraft künstlerisch erfunden haben, vom altorientalischen und klassischen Kunstschaffen unterscheidet, so daß die Gotik als ein latentes oder offenkundiges Merkmal ihrer ganzen künstlerischen Entwicklung bis zu dem Zeitpunkte, wo sie durch den Einfluß der italienischen Renaissance unterbrochen wurde, und in späterer Zeit wieder in dem Maße, als sie sich von diesem Einflusse emanzipierte, angesehen werden kann. So blendend auch Worringers Beweis auf den ersten Blick erscheinen mag, so verwandelt sich doch bei näherer Betrachtung sein Ausgangspunkt, eine a priori existierende, der Wirklichkeit und daher auch jedem Naturalismus feindlich gegenüberstehende „gotische“ Konzentration der Kunst der neuen Völker auf Momente der übersinnlichen Ausdruckssteigerung, in eine willkürliche Konstruktion, die manche wichtigen Phänomene der mittelalterlichen Kunst unserem Verständnisse näherbringen kann, doch dem komplizierten historischen Sachverhalte gegenüber noch phantastischer ist als die abstrakten Stilbegriffe der Romantiker. Einen fruchtbareren Weg haben einige Einzeluntersuchungen auf dem Gebiete der altchristlichen und mittelalterlichen Baukunst und Skulptur eingeschlagen, auf die ich später zurückkommen möchte, die aber auch kaum mehr als vereinzelte Ansätze zu einer von den geläufigen und unhaltbaren Vorstellungen unabhängigen Auffassung der künstlerischen Bedeutung der mittelalterlichen Plastik und Malerei enthalten.

Daß wir so schwer ein engeres Verhältnis zu dem finden, was Bildwerke und Malereien dem Mittelalter künstlerisch waren, beruht in erster Linie darauf, daß wir die allgemeinen geistigen Grundlagen der mittelalterlichen Kunst nicht genügend kennen oder nicht genügend berücksichtigen. Es wird zwar immer wieder darauf hingewiesen, daß die mittelalterliche Kunst ganz und gar auf einer religiösen Weltanschauung beruhte, wobei man aber zumeist übersieht, daß diese Weltanschauung nicht nur negativ, sondern auch positiv auf die Kunstentwicklung eingewirkt und dadurch Gesichtspunkte und Werte geschaffen hat, die allem Vorangehenden inkommensurabel sind und die kunstgeschichtlich niedriger als andere einzuschätzen wir um so weniger berechtigt sind, als sie auch auf die folgende neuzeitliche Kunst einen bestimmenden Einfluß ausgeübt haben. Niemand wird wohl heute noch daran zweifeln können, daß die mittelalterliche Theologie nicht als ein steriles Stillstehen der geistigen Entwicklung, als eine Knebelung des menschlichen Geistes durch starre Dogmatik wie einst aufgefaßt werden kann, sondern ein wichtiges Stadium in der geistigen Entwicklung der europäischen Völker bedeutet, auf dem sich das heutige Geistesleben ebenso aufbaut wie auf dem der Renaissance. Dasselbe gilt aber auch für die mittelalterliche Kunst. Die tiefgreifenden Unterschiede, die

bei allen Analogien doch die Kunst der Neuzeit überall grundsätzlich von der klassischen unterscheiden, haben zum großen Teil ihre Wurzeln im Mittelalter, und zwar gerade in jenen Entwicklungsmomenten der mittelalterlichen Kunst, die, ebenso unantik wie auch allem neuzeitlichen Denken und Fühlen weit entrückt, in der eigenartigen Stellung des mittelalterlichen Menschen zum sinnlichen Leben ihren Ursprung haben.
Wie sollen wir aber all dies verstehen und deuten lernen, was sich zunächst ganz unserem Nachempfinden zu verschließen scheint, da es aus einer künstlerischen Gesinnung entstand, zu der wir kaum noch irgendwelche unmittelbare Beziehung besitzen? Während die Antike durch eine weit zurückreichende und zielbewußte geistige Arbeit ein integrierender Teil unserer Bildung geworden ist und das meiste, was sich seit dem Siege der Renaissance an allgemeinen geistigen Gesichtspunkten ausgebildet hat, im wesentlichen noch in unserem intellektuellen und künstlerischen Bewußtsein weiterlebt, ist uns bei aller Begeisterung der Romantiker die geistige Kultur des Mittelalters im vollen Sinne des Wortes eine fremde Welt, zu deren anschaulichem Bilde wir uns erst mühsam durchringen müssen. Darin kann zweifellos der sinnfällige Niederschlag dessen, was dem Mittelalter an spirituellen und materiellen Gütern wert schien, künstlerisch exemplifiziert und verewigt zu werden, kostbare Führerdienste leisten, und ich möchte nicht versäumen zu betonen, daß das Wichtigste, was wir nach dieser Richtung hin von der Kunstgeschichte erwarten können, aus ihren eigensten Aufgaben, aus der Beobachtung der künstlerischen Bestrebungen und Ausdrucksmittel in ihrer immanenten und autonomen Entwicklung erfließen muß. Dies besagt aber durchaus nicht, daß man sich im stolzen Gefühle dieser Lösung der kunstgeschichtlichen Probleme im eigenen Wirkungskreise, wie sie in der letzten Zeit zuweilen verlangt wurde, Erkenntnissen verschließen müßte, die zur Beurteilung der allgemeinen geistigen Situation des Mittelalters, sei es aus der fortschreitenden Erforschung anderer Gebiete des mittelalterlichen Geisteslebens, sei es aus dessen ursprünglichen literarischen Denkmälern, herangezogen werden können. Nicht um, wie man es in Schnaases Zeit versuchte, künstlerische Erscheinungen in

einen ursächlichen Zusammenhang mit der Entstehung neuer wirtschaftlicher, sozialer, religiöser Zustände zu bringen, was ja längst als unfruchtbar erkannt wurde, und auch nicht, um den geistigen Inhalt der mittelalterlichen Kunstwerke etwa aus den Schriften der großen mittelalterlichen Theologen abzuleiten, deren Einfluß auf die Kunst, wenn er bestanden hat, kaum irgendwie historisch faßbar sein dürfte. Doch was uns den wertvollsten Anhaltspunkt zur richtigen Beurteilung der mittelalterlichen Kunstwerke bieten kann, ihr von allem uns Vertrauten abweichender geistiger Inhalt und die durch ihn bedingte eigentümliche und geschichtlich unendlich wichtige Entwicklung des Verhältnisses zu transzendenten Ideen einerseits, zu den realen Tatsachen und Gütern der Natur und des Lebens anderseits – die wichtigste Quelle der inneren Wandlungen in der mittelalterlichen Kunst –, all dies war natürlich nicht auf die Kunst allein beschränkt, sondern allen Zeitströmungen und geschichtlichen Tatsachen gemeinsam, auf die die ihnen zugrunde liegende mittelalterlich christliche Weltanschauung einen Einfluß ausgeübt hat. So finden wir aber Entwicklungsmomente, die sich im Kleide der bildlichen Darstellung jeder Anknüpfung daran entziehen, was wir gewohnt sind von der Kunst zu fordern, zum Beispiel in der mittelalterlichen Literatur, in den großen theologischen Kämpfen und Systemen, in wissenschaftlichen Bestrebungen und allgemeinen Bildungselementen des Mittelalters, zum großen Teile entweder in den Denkmälern selbst unzweideutig ausgedrückt oder durch Forschung auf diesen Gebieten soweit klargelegt, daß die Bedeutung der entsprechenden Analogien in der Kunst kaum noch einem Zweifel unterliegen kann. Nicht der kümmerliche Behelf des Werkstattbetriebes, die Rezeptenbücher, auf die man sich zu berufen pflegt, sind der theoretische Kommentar zu der Wiedergeburt einer idealistisch-monumentalen Kunst im Mittelalter und zu dem in ihr beschlossenen neuen Schöpfen aus der Natur, sondern die Werke der großen mittelalterlichen Denker, für die das Problem der Stellung der Menschen zu gewaltigen geistigen Abstraktionen und die durch sie bedingte Auffassung der Welt der Sinne durch Jahrhunderte der Mittelpunkt der geistigen Interessen gewesen ist.

Die ausschlaggebenden künstlerischen Ziele und Zusammenhänge in der Geschichte der Kunst der Neuzeit erscheinen vielfach in dem Maße geklärt, als sie in der Zeit ihrer Geltung von kunsttheoretischen Erörterungen begleitet wurden, die, so viel Formelhaftes oder willkürlich Konstruiertes sie auch enthielten, doch zur Folge hatten, daß die später einsetzenden kunstgeschichtlichen Untersuchungen vom Anfang an an eine fortlaufende Kenntnis der wichtigsten Wandlungen in der Auffassung der künstlerischen Probleme anknüpfen konnten. Dies fehlt fast ganz im Mittelalter, wo sich formale Aufgaben dem allgemeinen geistigen Inhalte vielfach vollständig unterordnen müssen, kann jedoch durch die diesem Inhalte gewidmeten Werke der großen Theologen zumindest zum Teil ersetzt werden.
Wenn auch die letzten Ziele der kunstgeschichtlichen Betrachtung überall dieselben sind, so erfordern doch zweifellos die großen Hauptperioden der Kunst eine verschiedene wissenschaftliche Behandlung, und es wäre unklug, auf die genannten Hilfsmittel etwa deshalb zu verzichten, weil sie abseits liegen oder weil man in ihrer Anwendung nicht immer glücklich war. Man geht fehl, wenn man sie wahllos in eine vermeintlich abschließende Schilderung der künstlerischen Zustände einer bestimmten Zeit verarbeitet, doch sie können uns heuristisch helfen, wie ich in der folgenden Untersuchung an einer konkreten Frage nachzuweisen versuche, für die Beurteilung der Kunstwerke einen neuen Maßstab zu gewinnen, was, wie oben ausgeführt wurde, gegenwärtig als eines der wichtigsten Desiderien der Kunstgeschichte des Mittelalters angesehen werden muß.

I. Idealistische Grundlagen

Der Idealismus der gotischen Kunst. Was ist darunter zu verstehen?
Verschieden vom Idealismus der klassischen Kunst, hatte er im Spiritualismus der christlichen Weltanschauung seinen Ursprung und beruhte auf dem Siege einer abstrakt ideellen Bedeutsamkeit über formale Vollendung, auf der Herrschaft des Geistes über die Materie. Die war allerdings nicht auf

die Gotik beschränkt, sondern gilt für das ganze Mittelalter, ja, älter als dieses, war sie ein charakteristisches Produkt der spätantiken Geistesentwicklung und gehörte zu den Brükken, die das Christentum mit der klassischen Kultur verbunden haben. Ein rein semitisches, das heißt jede Verbindung zwischen der Gottesidee und bildlichen Vorstellungen bekämpfendes, Christentum wäre bei den Mittelmeervölkern ebenso undenkbar gewesen, wie der materielle Anthropozentrismus der griechisch-hellenistischen Kunst vom Christentum nicht einfach akzeptiert werden konnte. Da boten aber die neoplatonische Philosophie und die neue illusionistische Kunst den erwünschten Ausgleich und ermöglichten es, auch auf dem Gebiete der Kunst den neuen religiösen Gedanken mit der klassischen Kulturwelt zu verbinden. Eine Kunst, die die Körper nur als unendlich fließenden und wandelbaren optischen Eindruck kennt, das reale Sein immer mehr zum Spiegelbilde der subjektiven Sensation gestaltet, konnte leicht auch nach einer anderen Richtung hin das Schwergewicht in der künstlerischen Gestaltung auf einen geistigen Subjektivismus verschieben und den Sensualismus der älteren klassischen Kunst durch die Vorherrschaft des Spiritualismus ersetzen, auf dem die ganze mittelalterliche Kunst sich aufbauen sollte. Und aus dieser neuen Grundorientierung der Phantasie, durch die wohl auch in erster Linie der Eintritt der germanischen Völker in den Kreis der alten Mittelmeerkunst ermöglicht wurde, entstand abwechselnd schrittweise und in jähen Wandlungen eine neue Kunst, die als Rückschritt erscheint, weil sie sich nach einer anderen Richtung bewegte als der, die wir bisher allein als Fortschritt zu betrachten gewohnt waren. Sie nahm den künstlerischen Formen alles, was als ein Ausdruck der künstlerischen Apotheose der sinnfälligen Erscheinung des Menschen und der rationellen, die Materie bewegenden Kräfte angesehen werden könnte, um die tote architektonische Masse zu mathematisieren, sie in ihrer wuchtigen amorphen „barbarischen“ Formlosigkeit durch die „geheime“ Konstruktion und Rhythmik prinzipiell zu idealisieren, zum Ausdruck abstrakter Ideen zu verwandeln und um von der bildlichen Darstellung einen tieferen Sinn, eine grundsätzliche Vergeistigung zu verlangen, sie mit anderen Worten vom objektiven Kultbilde – in ovo und doch für alle Zukunft entscheidend – zum Bekenntnis zu erheben! All dies und vieles andere, was damit zusammenhängt, wird uns, wenn wir versuchen, der Betrachtung objektiv historische Gesichtspunkte zugrunde zu legen, auch die *frühmittelalterliche und romanische Kunst in einem neuen Lichte erscheinen lassen; nicht nur als ein Zehren von der antiken Tradition und ein Versuchen und Suchen nach neuen naturalistischen und praktisch-technischen Lösungen, sondern als eine selbständige Phase einer großen spiritualistisch-idealistischen Kunstperiode, die auch in der Kunst für die Entwicklung der Menschheit neue Werte und Grundlagen geschaffen hat, wie auf allen anderen Kulturgebieten.*

Doch von diesem spätantiken und frühmittelalterlichen Antimaterialismus war der gotische Idealismus wesentlich verschieden. Während für jenen die Materie an sich null und nichtig oder zum mindesten vom Standpunkte der geistigen Erhebung durch die Kunst nebensächlich war und nach Möglichkeit eliminiert wurde, komplizierte sich im späteren Mittelalter das Verhältnis zwischen dem sinnlich Wahrnehmbaren und Übersinnlichen ungemein. Das gilt nicht nur für die Kunst – und es dürfte für die Klärung des Problems nützlich sein, wenn wir uns vergegenwärtigen, wie sich dieses Verhältnis in der ganzen Weltanschauung des späten Mittelalters gestaltet hat. Es ist ein auf die Humanistenliteratur zurückgehender Kardinalirrtum, wenn man glaubt, daß die Humaniora das einzige Vermächtnis der Antike für die Folgezeit gewesen sind. Sie sind mit den auf Naturrecht begründeten militärischen und polytheistischen National- und Eroberungsstaaten zusammengebrochen, und es blieben nur membra disjecta übrig; ihr im naiven Materialismus wurzelnder Sinn ging verloren, und so wurden sie an sich wertlos wie eine Schrift, die man nicht lesen kann. Was sie ersetzte, war die Lehre vom absoluten Wert der menschlichen Seele und von einem Ethos, das nicht auf Macht oder Recht, sondern auf Überzeugung und Gesinnungsgemeinschaft beruhte. Sie war ein gemeinsames Produkt der antiken Philosophie und des Christentums, und darin, daß sie die Führung übernahm, liegt weit mehr als in äußeren Umwälzungen die tiefe Kluft, die ein neues Zeitalter, eine neue Menschheit von der Antike trennt. Dieser Menschheit erschienen die neuen geistigen Ziele als das einzig Wahre und Richtunggebende so wertvoll, daß alles andere daneben zunächst als nebensächlich und gleichgültig beiseite geschoben wurde. Die antike Kultur verfiel, nicht weil sie von Barbaren überschwemmt wurde, nicht weil sie die Besten verlor (Seeck), sondern weil den Besten andere Aufgaben erwuchsen als jene, die in den antiken Institutionen und in der antiken Lebensauffassung enthalten waren. Die positiven Wissenschaften, die nationalen Literaturen, die naturalistischen Künste sind verfallen, weil eine über sie hinausgehende allgemeine Fragestellung die großen Denker ganz auszufüllen begann, und was diese Denker geschaffen haben, war viel mehr als nur der innere und äußere Ausbau einer neuen Religion: hat die Antike nach Diltheys Worten eine ästhetisch-sinnliche Kultur hervorgebracht, so wurde durch die gewaltige jahrhundertelange Konzentration der Phantasie und Spekulation auf rein spirituelle Ideale, welche das geistige Leben der christlichen Antike und des frühen Mittelalters charakterisiert, jenes Durchdringen aller Lebensverhältnisse und Lebensprobleme durch rein geistige Werte, jenes Überwiegen der vom Subjekt aus objektiven Wahrheiten und ethischen Gefühlen ermöglicht, das die wichtigste Voraussetzung aller späteren Kulturfortschritte bedeutet.

Diese Verschiebung des Schwergewichtes von der sinnlichen Wahrnehmung und von der auf Willen und Macht beruhenden Organisation des Lebens zugunsten einer auf geistigen Strömungen und Empfindungen aufgebauten hätte kaum eine so tiefe Wirkung besessen, wenn sie nicht ihren Siegeszug als eine unbedingte religiöse Forderung, die nur ein übernatürliches Ziel kennt, begonnen hätte. Doch der schrankenlose Spiritualismus, das Grab der alten, durch ihn entwerteten Kulturen, mußte sich in dem Maße, als er in kirchlicher Form in alle Lebenszustände einzugreifen begann, mit den realen Verhältnissen auseinandersetzen, wie sie sich durch die große geistige Katastrophe von allen klassischen kulturellen Bedingtheiten losgelöst und unter dem Einflusse der neuen Völker neu entwickelt haben. Daraus erwuchs aber jenes Problem, in dem sich alle geistigen Interessen des Mittelalters kreuzen, das alle Denker des Mittelalters beschäftigte und das den Schlüssel zur ganzen mittelalterlichen Weltanschauung und Weltordnung bedeutet:

das Problem des Verhältnisses zwischen den übersinnlichen Idealen und der „Welt", zwischen dem natürlichen und übernatürlichen Gesetz, zwischen dem absoluten geistigen Prinzip einer transzendenten Lebensbestimmung und all dem, was ihr die Natur, das Leben, die geschichtliche Entwicklung an irdischen Gütern und Voraussetzungen entgegenstellen.
Aus diesem Problem, oder besser gesagt, aus diesem Komplex von Problemen entwickelte sich das merkwürdige System des späteren mittelalterlichen Geisteslebens, dessen Ausgangspunkt und reinste Verkörperung zugleich die mittelalterliche Kirche war, die Behüterin und Vermittlerin der Gnade und Offenbarung, jener tiefsten und idealen Geistesgüter, die nach christlicher Anschauung höher als alles andere zu stellen waren, zugleich aber, und zwar gerade dadurch auch die Vermittlerin einer vollständigen Umwertung aller weltlichen Werte. Sie beruhte auf der theosophischen Vorstellung eines Gottesstaates, auf Jenseitsgedanken, die aber dem alten Anteil der Stoa nach, durch die Gewalt der Verhältnisse und vor allem durch die folgerichtige, autonome Weiterbildung und Anwendung der christlichen Grundideen nicht nur ein negatives, sondern auch ein positives Verhältnis zum Diesseits mit seinen weltlichen Gütern und Rechten, Aufgaben und Pflichten gefunden haben und sie durchaus nicht mehr in dem Umfang negierten, wie es in der frühmittelalterlichen Periode der Fall war, wohl ihnen aber einen neuen Sinn und Inhalt gegeben haben. *Nicht aus neuen Anfängen oder alten Residuen, sondern prinzipiell vom Standpunkte des durchgehenden mittelalterlichen Spiritualismus wurde die Welt neu entdeckt und gedeutet;* es entstand ein neues weltliches Ethos, eine neue Wissenschaft, eine neue Poesie, eine neue Weltanschauung, als deren Grundzug ein religiöser, philosophischer und historischer Relativismus erscheint. Das Leben erhielt einen neuen Eigenwert als Schauplatz verdienstvoller Werke, die Natur eine neue Bedeutung als das Zeugnis der Allmacht und Weisheit Gottes. Die natürlichen, sozialen und politischen Bildungen mit ihrer Abstufung der Pflichten und Rechte werden als ein Werk der Vorsehung und als die notwendige Durchgangsstufe einer überirdisch bestimmten Entwicklung der Menschheit in das bis zu letzten Konsequenzen ausgebaute

Weltinstitut einer Kirche eingefügt, die, mag sie auch vielfach zu einer gewaltsamen oder sophistischen Ausgleichung der Gegensätze genötigt worden sein, doch als der erste große realisierte und in der Kühnheit und Energie der Durchführung unübertroffene Versuch, die gesamte Kultur in ihren natürlichen und geschichtlichen Bedingtheiten auf spiritueller Grundlage und vom Gesichtspunkte einer idealistischen Welterklärung zu einer einheitlichen geistigen Organisation der Menschheit zusammenzufassen, angesehen werden kann.
Sie beruhte auf den wichtigsten philosophischen und ethischen Errungenschaften des Altertums, auf Plato und Aristoteles, auf Cicero, auf der Stoa und auf dem römischen Recht, auf der Entwicklung der christlichen Ideen, wie auch auf all den verschiedenen neuen territorialen und nationalen Bildungselementen. Das Ergebnis dieser Vereinigung, die wie die Verschmelzung heterogener chemischer Stoffe durch eine hohe Temperatur, unter dem Drucke einer zur höchsten Energie und Konzentration entwickelten Stellung zu den Grundproblemen des Seins erfolgte, war aber durchaus neu und selbständig. Nicht nur eine Politeia oder Civitas dei, wie sie weder Plato noch Augustin kühner geträumt hatten, sondern auch eine vollständige Umgestaltung aller Wege zur Erkenntnis und zum sittlichen Bewußtsein, ein neues, einheitliches, gewaltiges Gedanken- und Gefühlssystem, in dem die ganze Masse der älteren geistigen Werte verarbeitet wurde, das, wie es Scholastik und Mystik umfaßte, auch die ersten Ansätze sowohl zu den rationalistischen als auch idealistischen Strömungen der Neuzeit enthielt und in dem die Antike nicht nur in die Ferne gerückt, sondern virtuell als Gegenwart – für alle Zeiten – überwunden wurde.
Und dieses merkwürdige, unendlich kunstvolle und komplizierte System spiegelt sich in der Kunst des späteren Mittelalters wider. Man hat sie oft, auf die Subtilität ihrer Konstruktionen anspielend, versteinerte Scholastik genannt, was jedoch nur insofern berechtigt ist, als es sich um parallele Erscheinungen einer tiefer liegenden allgemeinen Kulturwandlung handelt. Den fundamentalen Ausgleich zwischen einer übersinnlichen Lebenserklärung und zwischen einer bedingten Lebensanerkennung, der dieser Wandlung zugrunde lag,

finden wir auch in der gotischen Kunst. Ihren höchsten und reichsten Ausdruck fand diese Kunst in riesigen Kirchenbauten; nicht deshalb, weil sie wie die altägyptische rein hieratisch gewesen wäre, und ebensowenig deshalb, weil von der religiösen Kunst Lösungen ausgegangen wären, die schlechtweg die einzige Quelle der künstlerischen Vorstellungen gebildet hätten, sondern aus dem Grunde, weil die großen Kathedralen die reinste Verkörperung des kirchlichen Weltinstitutes waren, gleichsam das Symbol des Zeitalters, wie heute die Riesenstädte. Doch man muß sich hüten, in diese Fragen moderne Vorstellungen hineinzutragen: allen Vergleichen sich entziehend, waren die gotischen Kathedralen eine ganz einzigartige, spezifisch mittelalterliche Schöpfung. Man wohnte in dumpfen kleinen Städten mit engen Gassen und finsteren Wohnungen, geistig und körperlich zusammengepfercht, und dieselben Menschen führten Bauten aus, die jeden Rahmen irdischer Gebundenheit zu sprengen scheinen, die sich weiträumig und leicht in schwindelnde Höhen erheben, die nichts oder wenig Bodenständiges haben, an denen sich Künstler von nah und fern beteiligten und die, das gemeinsame Werk von Generationen, Völkern, der ganzen Christenheit, als das Sinnbild des Gottesreiches auf Erden und als der Ausdruck von Ideen, die durch die Läuterung des Irdischen der Menschheit ein höheres Dasein vor Augen führen, entstanden sind.

In diesen Bauten tritt uns das Verhältnis zwischen Gottesstaat und Welt als ein neues Verhältnis zwischen Geist und Materie entgegen.

Die gotische Baukunst versuchte durchaus nicht, die Materie zu eliminieren. Die gotischen Dome sind riesige Steinbauten, die als solche auch wirken sollen. Sie sind ihrer künstlerischen Absicht nach grundverschieden von altchristlichen Basiliken, bei denen der materielle Kern des Baues für den Beschauer künstlerisch nicht bestehen sollte und deshalb in einem antimateriellen Spiel von Bewegung, fernsichtiger Raumwirkung, Licht und Schatten und Farbenwechsel verschwinden mußte. Davon kann bei gotischen Bauten keine Rede sein, die ihren Steincharakter nie verleugnet haben. Darin berührten sie sich mit der vorangehenden romanischen Baukunst, doch nicht ohne zugleich von derselben durch eine tiefgehende Verschiedenheit getrennt zu sein. Während in den romanischen Bauten der Dualismus der Weltanschauung als ein schroffes Nebeneinander der in elementarer Form als Mauer und Pfeiler geformten Materie und einer abstrakten kompositionellen Gesetzmäßigkeit erscheint, büßt in der Gotik das Material, die bauliche Masse, der Stein als Bauelement, ohne als Wirkungsfaktor auszuscheiden, seine Selbständigkeit und Selbstbestimmung ein und wird restlos nur der Ausdruck einer einheitlichen, übergeordneten, künstlerischen Idee, wie er es in der griechischen Baukunst gewesen ist, doch mit dem epochalen Unterschiede, daß, während in der letzteren es sich in der künstlerischen Erfindung und Veranschaulichung um eine künstlerische Verkörperung und Verklärung der objektiven, dem Bau zugrunde liegenden materiellen Kräfte, der Schwerkraft, des physischen Widerstandes und dessen Überwindung, um die mechanische Verlebendigung der stofflichen Konsistenz handelte, in der Gotik gerade diese Kräfte in der künstlerischen Wirkung nach Möglichkeit ausgeschaltet und verborgen werden und die Materie anderen Gewalten zu folgen hat, die nicht in ihrem natürlichen Wesen und Sichverhalten vorhanden sind. Durch eine höchst sinnreiche Konstruktion, die als technischer Fortschritt allein einen neuen Abschnitt in der Geschichte der Menschheit bedeutet – sie wurde allerdings, ein bedeutsames Memento für alle positivistischen Systeme und Geschichtserklärungen, nicht als technische Errungenschaft, sondern rein spirituellen Zielen zuliebe ersonnen –, konnten zwei Grundeigenschaften des Materiellen, die Beharrlichkeit, das an die Erde Gebundene und die Kohärenz, die Kompaktheit überwunden und die Materie ohne vollständige Entmaterialisierung einem übermateriellen künstlerischen Willen dienstbar gemacht werden, der freilich nicht ein individueller war wie in der Barockzeit, sondern auf allgemeinen, die Menschheit beherrschenden Ideen beruhte. Als würden sie gar nicht auf dem Boden stehen, erheben sich die gotischen Dome im schrankenlosen Vertikalismus riesengroß und doch nicht schwer über den Städten, im Raume aufgelöst, frei wachsend wie die vegetabile Natur, und doch bis zur letzten Fiale zusammengehalten durch eine immanente Ordnung, die wie das göttliche Gesetz und die es vertretende geistliche und weltliche Autorität im staatlichen und kirchlichen Leben alles regelt und zu einer universellen und ideellen Einheit zusammenfaßt.

In diesem künstlerischen Organismus, der durch Jahrzehnte und Jahrhunderte wachsen konnte, ohne daß die Einheit verlorengegangen wäre, weil sie nicht auf einer isolierten, in sich begrenzten Form, sondern auf einem immateriellen Prinzip beruhte, konnte die nachbildende Kunst keine selbständige Bedeutung besitzen. Das klingt paradox, wenn wir an die unübersehbare Zahl der plastischen Bildwerke denken, mit denen die gotischen Dome geschmückt waren und die eine Wiedererweckung der monumentalen Skulptur bedeuten, oder wenn wir uns der Fülle der Glasgemälde und Wandmalereien erinnern, die sich aus der gotischen Zeit erhalten haben oder die verlorengegangen sind, und deren Gesamtzahl an Reichtum der Stoffe und Schilderungen wohl die ausführlichste Bilderchronik aller Zeiten bedeuten würde.

Und doch war dieser Reichtum gefesselt, äußerlich und innerlich unfrei, sowohl den Bauten gegenüber, mit denen er verbunden war, als auch in seinem Verhältnisse zur Natur und zum Leben. Ein Bildwerk der Renaissance, eine Statue von Donatello, ein Gemälde von Raffael oder Tizian sind ein Mikrokosmos, eine Welt für sich nicht nur in dem Sinne, daß ihr Wert und ihre Wirkung nicht wesentlich von der Wirkung des Baues abhingen, für den sie bestimmt waren, sondern auch dadurch, daß der größte Teil ihres künstlerischen Inhaltes autonom war und ohne Beziehung zu einem übergeordneten künstlerischen System verstanden und genossen werden konnte. Davon kann bei gotischen Bildwerken oder Gemälden keine Rede sein. Die Statuenreihen, die eine gotische Fassade schmücken, bilden einen integrierenden Teil dieser Fassade, und zwar nicht nur etwa als eine Dekoration, wie zuweilen behauptet wurde, indem man von der dekorativen Bedeutung der gotischen Skulptur und Malerei sprach. Dekorativ sind Kunstformen (wenn man den Sinn des Wortes nicht ganz verdrehen will), die ein Aggregat bedeuten, welches die Wirkung eines Kunstwerkes zu erhöhen hat, welches aber auch weggelassen werden könnte, ohne daß die Grundform ihre formale Bedeutung verlieren würde. Der gotische Statuenschmuck ist aber ein Teil dieser Grundform und drückt gemeinsam mit den architektonischen Teilen die Bewegung des Baues und seinen tektonischen Sinn aus, das unbehinderte Wachsen, die freie Auflösung der kompakten Masse, und die gotischen monumentalen Gemälde sind der unverkennbare Ausdruck einer Baukunst, die der festen Wand, der Rundform, dem in sich geschlossenen Raume die Vorherrschaft entzogen hat.

Dabei wäre es aber ganz falsch, wenn man in der gotischen Skulptur und Malerei nur eine Verkörperung der architektonischen Gedanken des Zeitalters sehen wollte. Im Rahmen der architektonischen Gebundenheit bedeutet die gotische nachbildende Kunst zugleich eine selbständige neue Auseinandersetzung mit plastischen und malerischen Problemen, und zwar zunächst auf der Grundlage des idealistischen Grundcharakters der frühgotischen Kunst, von dem wir auch bei unserer Betrachtung ausgehen müssen. Man stößt da auf nicht geringe Schwierigkeiten, schon in der Terminologie der künstlerischen Eigenschaften, da die uns geläufige aus einer Zeit stammt, welche von dem künstlerischen Sinn der älteren gotischen Kunst nichts wissen wollte und wohl auch nichts wissen konnte. Doch nicht minder aus gegenständlichen Gründen.

Unsere Auffassung der Kunst stützt sich seit der Wandlung, die sie vom Mittelalter zur Neuzeit durchgemacht hat (auch dort, wo sie irreale Stoffe behandelt), durchaus auf Beziehungen zum realen Sein, zur Natur und zum sinnlichen menschlichen Erleben, weshalb wir uns nicht leicht in eine Welt hineindenken, die alle Wirklichkeitswerte, alles durch die Sinne oder durch den Verstand Faßbare, alles Endliche, Begrenzte nur im Spiegel des Absoluten, Ewigen, Unendlichen, nur als Manifestation des sensuell und rationell unfaßbaren göttlichen Gedankens sah, der nach Hildebert von Lavardines Worten „über allem, unter allem, außer allem, in allem" ist und auf den allein jede Kausalität, alles Schaffende und Geschaffene zurückgeführt werden muß.

Nicht in dem religiösen Charakter allein, auf den immer hingewiesen wird, lag das Eigenartige der mittelalterlichen Kunstentwicklung – die Kunst der Gegenreformation war zum Beispiel nicht minder religiös und doch trotz mancher Berührungspunkte so weit von der gotischen entfernt –, sondern in dieser Allgewalt einer jenseits des materiellen Erlebens liegenden geistigen Konstruktion, deren Einfluß so groß war, daß jedes unvermittelte Zurückgreifen auf sinnliche Erfahrung in geistigen Dingen, ähnlich wie heute jedes willkürliche Sichhinwegsetzen über dieselbe, als ein unsinniger und zu verdammender Verstoß gegen die Wahrheit und den Menschenverstand aufgefaßt wurde. „In ihren Seelen ist das Denken so von körperlichen Dingen umsponnen, daß es sich aus ihnen gar nicht herauszuwickeln vermag", schrieb Anselm von Canterbury gegen Roscellin und seine Schüler.

In dieser Unterordnung aller körperlichen Dinge, das heißt aller sinnlichen Werte und materiellen Beziehungen unter die Gesichtspunkte einer rein geistigen und übersinnlichen Bedeutsamkeit, war die primäre Quelle der Fortschritte enthalten, die sich in der mittelalterlichen Kunst vollzogen haben und die sie als eine – nicht minder wie die altorientalische, klassische oder moderne – selbständige und in sich abgeschlossene Phase der allgemeinen Kunstentwicklung erscheinen lassen. Sie zeigt uns den Weg, der von der traumhaften Vergeistigung der Materie und des ganzen Universums im antiken Christentum und in der altchristlichen Kunst zu dem barbarisch vulkanischen, grauenhaft revolutionären Verzicht der neuen Völker und der neuen Kultur des frühen Mittelalters auf sinnliche Schönheit führte und eine scharfe Grenze zwischen der neuen geistigen Wahrheit und Überzeugung wie auch dem auf ihr beruhenden Phantasieleben und der „Scheinexistenz" der alten weltlichen Güter und sinnlichen Eindrücke bis zur Vernichtung aller alten Kulturbegriffe gezogen hat. Als man sich ihnen in der karolingischen Zeit wieder zuzuwenden begann, nachdem der unbedingte transzendente religiöse Lebensinhalt aufgehört hat, den einzigen Maßstab für die Menschenbestimmung zu bilden, und unter dem Einflusse neuer politischer und sozialer Bildungen einen neuen Ausgleich mit dem irdischen Leben und seinen Werten suchen mußte, worin wohl die tiefste Ursache der karolingischen Renaissance zu suchen ist – war es wiederum die Vorherrschaft des Spiritualismus, die bei allen neuen Forderungen und Zielen schließlich doch einen ausschlaggebenden Einfluß auf die Kunst ausgeübt und sie, statt zu der Antike zu-

rück, zu einer allmählichen Umwertung der sinnlichen Elemente auf einer neuen geistigen Grundlage geleitet hat.
Es wäre sehr verlockend und wichtig, im einzelnen zu beobachten, wie sich aus diesem Prozesse in allen Künsten als erste Etappe der merkwürdige Parallelismus der begrenzt materiellen und abstrakt übermateriellen künstlerischen Wirkung in der romanischen Kunst ergeben hat und wie die zweite Etappe und zugleich die Vollendung der Umbildung der überlieferten Kunst in der Gotik aufgrund einer vollständigen Durchdringung und Umgestaltung aller realen Substanzen und Zusammenhänge durch neue Begriffe des für die Menschheit geistig Wertvollen und zu Verewigenden erreicht wurde. Wie dadurch alle Beziehungen zur Umwelt verändert wurden, neue künstlerische Vorstellungen, formale Ziele und Gesichtspunkte entstanden sind, eine neue, von der klassischen grundverschiedene, nicht vom Sinnlichen zum Geistigen, wie im Altertum, sondern umgekehrt vom Geistigen, und zwar zunächst überweltlich Geistigen zum Sinnlichen fortschreitende Wiedererhebung der Körperwelt, der vergänglichen begrenzten Materie durch formale Schönheit und künstlerische Begrifflichkeit in das Reich der Idealgüter der Menschheit begründet wurde! Wie durch diesen universalhistorisch bahnbrechenden Aufstieg einer neuen Kunst aus einer neuen Weltanschauung alle Überlieferungen umgedeutet wurden, neue Probleme, neue Gesetze der Monumentalität, künstlerischen Vollendung, Größe und Allgemeingültigkeit entstanden sind!
All dies würde als treibende Kraft der geschichtlichen Betrachtung der mittelalterlichen Kunst zugrunde gelegt und mit dem reichen Tatsachenbestand verwoben das Schauspiel einer künstlerischen Entwicklung erschließen, wie sie, was Folgerichtigkeit ihrer inneren Struktur, Geschlossenheit und Schärfe ihres Gepräges und Bedeutung für alle Zukunft betrifft, nur mit jener verglichen werden kann, die wir den Griechen zu verdanken haben.
Doch dies ist eine Zukunftsaufgabe; heute wollen wir uns nur, soweit dies für unseren Zweck erforderlich ist, einige aus ihrem übersinnlich idealistischen Ursprung sich ergebende Eigentümlichkeiten der gotischen Skulptur und Malerei vergegenwärtigen.
Da die Figurendarstellung anfänglich ganz und gar im Vor-

dergrunde stand, empfiehlt es sich, von ihr auszugehen und die für die Erfindung der einzelnen Figur maßgebenden Gesichtspunkte zunächst zu untersuchen.
Der objektive Formeninhalt der gotischen Figuren, der aus zwei Quellen, aus der Überlieferung und, wie zuweilen betont wird, „aus einem persönlichen Verhältnis zur Natur" stammt, wird nach Vöges anschaulichen Worten von dem Künstler „wie in einem Hohlspiegel umgezeichnet" oder, mit anderen Worten, einem formalen Schema angepaßt. Dieses Schema beruhte aber gewiß nicht auf primitiven Erinnerungsbildern, wie sie als Ausgangspunkt der archaisch-griechischen Kunst und jeder primitiven Kunst von Julius Lange und Emanuel Löwy angenommen wurden, und läßt sich auch nicht einfach aus den struktiven und ästhetischen Voraussetzungen der neuen Baukunst ableiten, wie es bisher am geistvollsten von Vöge versucht wurde, sondern war ein ungemein kompliziertes Produkt der ganzen Entwicklung der mittelalterlichen Kunst, zu dessen Erklärung man viel eher auf die idealistischen Normen der höchsten Blütezeit der griechischen Kunst hinweisen könnte. Nur war es nicht wie bei den letzteren die natürliche Funktion und die ihr entsprechende Schönheit und Ausdrucksfähigkeit der Formen, deren vollendete Ausbildung in den Idealgebilden der gotischen Kunst angestrebt wurde, sondern die Verarbeitung der überlieferten oder auf Naturbeobachtung beruhenden formalen Vorstellungen und Zusammenhänge zu Ausdrucksmitteln einer übermateriellen Auffassung der künstlerischen Idealgebilde. Nicht nur künstlerisch gesteigerte Wirklichkeitseindrücke und natürliche, lebendige Organismen beherrschende Kräfte sollten sie verkörpern, sondern auch die *reale Form mit solchen Qualitäten verbinden, welche dem Beschauer die Substanz des Göttlichen, ihr Walten, eine transzendente Gesetzmäßigkeit vor Augen führen.*
Es ist zweifellos richtig, wenn man auf den didaktischen Sinn der mittelalterlichen Skulptur und Malerei, der „Bibel der Armen im Geiste", als auf einen ihrer wichtigsten Züge hinweist, man darf jedoch nicht vergessen, daß neben dem historischen und dogmatischen Inhalte ihrer Darstellungen auch überall die auf einer, wenn der Ausdruck gestattet ist, metaphysischen Transsubstantiation aller formalen Elemente und Bindungen beruhende Veranschaulichung der

Souveränität der geistigen Einsicht und Offenbarung gegenüber der an sich „unreinen" und „irreführenden" sinnlichen Wahrnehmung, der Lex dei gegenüber der Lex naturae, auf den Beschauer erhebend wirken sollte. Der Begriff der Forma substantialis als Abglanz der verborgenen, von allem Veränderlichen unabhängigen und nur der intelligiblen Erkenntnis erfaßbaren Urschönheit und Synthese der geheimen, nur dem „geistigen Auge" sich entschleiernden Ursachen und Wirkungen spielt, aus der neoplatonischen Philosophie übernommen und auf die christliche Weltanschauung übertragen, in der mittelalterlichen Literatur von Augustin bis Thomas und darüber hinaus in fortschreitender Vertiefung und Weiterentwicklung eine ähnliche, nur noch viel wichtigere Rolle als das klassisch-materielle Schönheitsideal in den Kunsttheorien der Neuzeit. Daß dies mehr war als nur ein apologetischer Versuch, die darstellende Kunst zu retten, lehrt uns der ganze Gang ihrer Entwicklung im Mittelalter, der schwankend und uneinheitlich erscheint, wenn man ihn nach dem Fortschreiten der objektiven Naturwiedergabe beurteilt, sich jedoch folgerichtig aufbaut, wenn man das im gotischen System der Figurenerfindung einmündende Streben nach Ausdruckswerten, die geeignet waren, das neue metaphysische Verhältnis zur Umwelt zu veranschaulichen, der Betrachtung zugrunde legt. Für dieses Streben war die sinnliche Wahrnehmung nur eine trübe Quelle der künstlerischen Wahrheit und Schönheit, welche erst durch die höhere Einsicht des menschlichen Geistes geläutert werden kann, wobei nicht ein Naturerlebnis, sondern ein Gotteserlebnis, das Sichbewußtwerden und künstlerische Zumbewußtseinbringen der auf Spiegelung der Gottesgedanken in irdischen Dingen beruhenden wunderbaren Ordnung der Welten, den tieferen Sinn jeder künstlerischen Schöpfung zu umfassen hat. Anstelle der natürlichen Kausalität und Gesetzmäßigkeit wurde mit anderen Worten eine andere gesetzt, und zwar nicht eine subjektiv bestimmbare, sondern eine übernatürlich gegebene, die in den Beziehungen des Seelenlebens zu einer zeitlich und materiell nicht begrenzten Urquelle alles Seins ihren Ursprung hat. Worin kommt dies künstlerisch zum Ausdruck? Am augenfälligsten vielleicht im *bewußten Sichabwenden von Naturtreue und*

Naturnachahmung. Wie in der mittelalterlichen Literatur immer wieder betont wird, daß das Kunstwerk wahrer als die Natur sein müsse, so kann man auch mit Sicherheit annehmen, daß es zumeist eine wohlerwogene künstlerische Absicht bedeutet, was uns in mittelalterlichen Kunstwerken von unserem naturalistischen Standpunkte aus als Unvermögen erscheint.

Es ist selbstverständlich, daß infolge einer solchen Umorientierung der Kunst mit dem Interesse auch die Erfahrung, das positive Können in der Naturwiedergabe sinken mußten, ähnlich wie etwa eine zeitlich und territorial begrenztere Erscheinung, der historische Idealismus der Klassizisten und Nazarener des vorigen Jahrhunderts, mit einer Einbuße an bestimmten älteren malerischen Errungenschaften verbunden war. Doch wie in diesem Falle, so war auch im Mittelalter diese Einbuße ein gewollter Verzicht auf Dinge, die für die fortschreitende Kunst unter dem Einflusse neuer Aufgaben und Anschauungen wertlos geworden sind: nicht die Ursache, sondern die Folge einer Entwicklung, deren Ausgangspunkt die Verachtung des Naturkultes in jeder Form als des Zeichens einer heidnischen verwerflichen Gesinnung gewesen ist. So war aber jede Annäherung an die Natur, sei es durch die Tradition, sei es im Wege des neuen Phantasielebens, nur ein Mittel zum Zweck, von vornherein dazu *bestimmt, höheren künstlerischen Absichten zu dienen, und ausgeschaltet, wo sie diesen Absichten widersprochen hat.*

Fragen wir aber nach dem positiven Inhalte dieser, so müssen wir wohl in erster Linie auf das Primat der theologischen Rangordnung und Bedeutsamkeit natürlichen Zusammenhängen gegenüber hinweisen. Werden göttliche und heilige Personen als verehrungswürdige Sinnbilder, wunderbare Begebenheiten als Zeugnisse des Erlösungswerkes dargestellt, so geschieht dies zugleich in einer Weise, die ein solcher Zweck der künstlerischen Erfindung erfordert. Ohne Rücksicht auf Erfahrung und auf die Wirklichkeitsmöglichkeit der dargestellten Situation wird die illustrative Aufgabe in den Vordergrund gestellt, indem alle Momente der gegenständlichen Schilderung entweder ganz unterdrückt oder auf das Mindestmaß eingeschränkt werden, die nicht unmittelbar mit dem verbalen Berichte oder mit der theosophischen, hagiographischen, liturgischen Bedeutung der dargestellten Personen zusammenhängen, wogegen alles, was sich darauf bezieht, mit der größtmöglichen Betonung, Klarheit und Übersichtlichkeit dem Beschauer vor Augen geführt wird. In demselben Maße, wie die großen Erfindungen der griechischen Kunst, die Darstellung des natürlichen Raumzusammenhanges und die Begründung jeder figuralen Erfindung in einer realen Handlung, Stellung und Bewegung nicht vergessen (wie hätte man sie vergessen sollen), sondern belanglos werden, verwandelt sich die Darstellung gleichsam in eine Bilderschrift, deren Charakter und Komposition durch die demonstrativen Aufgaben und erst in zweiter Linie durch reale Situationen und erschöpfende Formenwiedergabe bestimmt werden. Bäume werden durch einige Blätter, Bauten durch einige auffallende Bauteile angedeutet und widernatürlich klein dargestellt, als Abbreviaturen, die nur eine relative selbständige Bedeutung haben, wogegen alle Mittel der künstlerischen Gestaltung darauf konzentriert werden, den geistigen Mittelpunkt der Komposition, die verehrungswürdige Persönlichkeit oder die wunderbare Begebenheit in ihrer zwingenden übermateriellen Bedingtheit, Wesenheit und Wirkung, das Unsterbliche und Unsichtbare, dem Geiste allein Offenkundige durch das Sichtbare verständlich zu machen und die tiefsten Geheimnisse des Erlösungswerkes, die Allmacht übersinnlicher Kräfte durch die Kunst in ergreifende und erhebende Gegenwart zu verwandeln.

Dieser Exemplifikation und irrealen Illusion wegen mußten aber nicht nur die überlieferten spätantiken, auf natürlicher Gesetzmäßigkeit und Wahrnehmung beruhenden bildlichen Erfindungen aufgelöst und umgestaltet, in Spoglien verwandelt werden, aus denen neue, andersartige Phantasiegebilde aufgebaut wurden, sondern *auch die Art der Wiedergabe der Formen, die malerische und plastische Sprache* mußten sich verändern. Denn jene, die man von der altchristlichen Kunst übernommen hatte und in der die alten Vorlagen ausgeführt waren, beruhte auf Voraussetzungen, die der mittelalterlichen Kunst ganz entgegengesetzt waren. *Nicht in einem verschiedenen Grad der Fähigkeit, die Natur darzustellen, bestand dieser Unterschied,* denn es handelt sich um nach dieser Richtung ganz heterogene Dinge. Die spätantike Auflösung der Form in farbige Werte, in Licht und Schatten, die äußerste Grenze, zu der die klassische Kunst in dem Streben nach der Objektivierung der Naturphänomene gelangte, indem sie sie als durch die transitorischen Raumfaktoren und die Stellung des Beschauers zu denselben bedingt erkannte und dadurch ihre eigene Vergangenheit und das Arkanum ihrer Bedeutung vernichtet hat, konnte zwar mit der altchristlichen, jenseits aller materiellen Güter stehenden Ekstase und bis zu einem gewissen Grade auch noch mit dem frühmittelalterlichen Verzicht auf jeden objektiven Formeninhalt verknüpft werden – in der vollständigen Auflösung des alten geistigen und gesellschaftlichen Aufbaues zum schrankenlosen Subjektivismus und Spiritualismus bestand die Brücke, die von der alten Welt zur neuen führte –, doch in dem Maße, wie man begonnen hat, wie in allen Lebensbezügen so auch in der Kunst, über den ursprünglichen, von der Welt der materiellen Werte ganz losgelösten Gefühlsradikalismus hinaus diese in das neue, nicht auf natürlicher Kausalität beruhende System einer geistigen Weltordnung einzufügen, mußte der alte, auf sensueller Überzeugungskraft allein beruhende illusionistische Stil gerade vom Standpunkte der (neu verstandenen) künstlerischen Wahrheit und Wirkung jeden Sinn und Wert verlieren und unbrauchbar werden, wie zum Beispiel umgekehrt eine mittelalterliche, auf übernatürlicher Verbindung der Erscheinungen beruhende Darstellung für die Zwecke der modernen wissenschaftlichen Illustration nicht zu brauchen wäre.

So entstand aber im Mittelalter allmählich eine andere Formenwiedergabe, die man geneigt war, als die „ersten“ Versuche der zeichnerischen, plastischen und malerischen Wiedergabe einer neu erwachenden Naturanschauung zu bezeichnen.

Es ist dies eine Bezeichnung, die ganz und gar unrichtig und irreführend ist. Man kann überhaupt nicht von einem „Anfangen“ sprechen, von einer mittelalterlichen Kunst, die irgendwo und irgendwann begonnen hat, in kindlichen Versuchen die Natur nachzuahmen. Das war weder möglich, noch gab es einen Anlaß dazu. Denn zu den auffallendsten geschichtlichen Zügen der mittelalterlichen Kunst gehört ihre anfänglich so geringe Originalität und ihre lang andauernde große Abhängigkeit von der formalen und ikonographischen, in die Antike zurückreichenden Überlieferung. Der Ausgangspunkt dieser Überlieferung, die altchristliche Kunst, hat sich durchaus im Rahmen der gegebenen spätantiken kulturellen und künstlerischen Zustände entwickelt, nicht zum geringen Teil als ihre Frucht und sie nur soweit modifizierend, als es vom Gesichtspunkte der neuen, nicht auf weltliche Dinge gerichteten geistigen Auffassung unbedingt notwendig war, und auch in den folgenden Jahrhunderten wurde bei allen Stadien der Weiterentwicklung der neuen christlichen Kultur, bei allen ethnischen, politischen, sozialen Umwälzungen nie und nirgends ein vollständiger Ersatz des vorgefundenen Vermächtnisses an bildlichen Vorstellungen und formalen Lösungen durch andere, unabhängig von ihm aus der Natur und aus einem neuen, grundsätzlich verschiedenen weltlichen Kulturbewußtsein geschöpfte angestrebt. Wie hätte auch ein solches Bestreben entstehen sollen? Man darf nicht vergessen, daß die große umstürzende, vorwärtstreibende und neu aufbauende Kraft in der Entstehung der mittelalterlichen Welt eine religiöse Bewegung war, das Ringen um einen neuen inneren Menschen, um neue moralische Verpflichtungen, um eine geistige Reform der Welt, der gegenüber die gegenständlichen und formalen Errungenschaften der vorangehenden weltlichen Kultur nicht grundsätzlich bekämpft und vernichtet, durch andere, aus einem neuen objektiven Verhältnis zu irdischen Dingen sich ergebende verdrängt wurden, wohl aber etwas Nebensächliches geworden sind, ein konventioneller Apparat der verschiedenen Gebiete der geistigen und materiellen Betätigung, der das einigende Band der Weltanschauung, aus der er hervorging, und dadurch die Voraussetzung seiner Weiterbildung verloren und sich in innerlich zusammenhanglose Bruchstücke verwandelt hat. In der barbarischen vorkarolingischen Kunst, das heißt in der Kunst jener Völker, die durch alte materielle Kulturbedürfnisse wenig beschwert, die Führung in der Umwertung aller Werte durch den neuen Spiritualismus übernommen haben, wurden diese Fragmente, ohne ganz zu verschwinden, auf eine Schattenexistenz reduziert, weil an dergleichen Dingen überhaupt nichts gelegen war, und als nach dieser geistig noch mehr als äußerlich sturmbewegten Zeit seit Karl dem Großen die reale Entwicklung der Verhältnisse einen Ausgleich mit der Welt, einen neuen Aufbau von materiell objektiven, auf dem Verhältnis zu natürlichen Gegebenheiten beruhenden Institutionen und Geistesschöpfungen forderte, wurden sie wiederum benutzt, nicht in ihrer einstigen lebenden Kraft, Bedeutung und Verbindung, sondern als gegebene Ausdrucksmittel, als Formeln für bestimmte Anschauungsmomente, deren man sich wie eines Wortschatzes bediente, weil sie eben vorhanden waren und weil sie auch in der Kunst dieser Periode, trotz ihrer relativen Rückkehr zur Welt der objektiven Natur, nur Hilfsmittel waren und die eigentlichen Aufgaben geistiger Bedeutsamkeit nach wie vor anderswo gesucht wurden. Man bediente sich ihrer, wie man sich der alten toten Sprache bediente, weil der Eigenwert der Sprache nicht in Betracht kam im Vergleiche zu dem für alle Menschen entscheidenden geistigen Inhalt. *Und wie man diese Formeln entlehnte, so ging man auch von ihnen, nicht von einer von der Vergangenheit unabhängigen, ganz neuen und primitiven Naturwiedergabe aus, wo es sich darum handelte, neue Anschauungsmomente zum Ausdruck zu bringen.*

All dies besagt aber selbstverständlich durchaus nicht, daß die alten formalen Elemente, die der breite Strom der unbewußten und bewußten Überlieferung – des ererbten Betriebskapitals der künstlerischen Betätigung, soweit sie natürliche Tatsachen darzustellen hatte – aus den verschiedensten Quellen weitertrug und die durch neue Anleihen bei alten Vorbildern immer wieder vermehrt wurden, nur ein Zurückgehen, Verkümmern, nicht zugleich eine Weiterbildung der alten Darstellungsmittel bedeuten. Wie die Block- und Raumbauten der altchristlichen Zeit, im Mittelalter allmählich nicht durch eine neue Architektur ersetzt, sondern künstlerisch umgedeutet und durch einen in sie hineinwachsenden Organismus von neuen architektonischen Wirkungsfaktoren ersetzt wurden, dessen Bedeutung sich auch die überlieferten Formen der klassischen Tektonik fügen mußten, so ist auch in der Malerei und Skulptur in die Massen der malerischen und plastischen Überlieferung schrittweise eine neue Auffassung der formalen Werte hineingewachsen. Sie veränderte allmählich von Grund aus in einen neuen lebendigen Faktor, was den ursprünglichen

Sinn verloren hatte, und schuf aus alten und neuen Elementen *eine ganz neue Figurenkomposition und Formensprache, die den mittelalterlichen Fortschritt der antiken gegenüber bedeutet.* Ihre Entstehung erstreckt sich wie die der gotischen Baukunst auf das ganze Mittelalter und bestand darin, daß in verschiedenen Perioden und in verschiedenen Gebieten scheinbar unabhängig und in wechselnder Abhängigkeit von alten Vorbildern und doch in konsequenter Weiterentwicklung neue Forderungen für die Wiedergabe und Erfindung der Formen sich durchgerungen haben, um schließlich alle formalen Mittel transformierend in der Gotik, die auch in dieser Beziehung nicht den Anfang, sondern die Vollendung einer neuen Kunst bedeutet, einem neuen Prinzip der bildenden Darstellung in voller Reinheit und überall Geltung zu verschaffen.
Dieses Prinzip unterscheidet sich auf den ersten Blick von dem spätantiken durch die auffallende Reduktion der Darstellungsmittel. Die ausführliche, möglichst erschöpfende Schilderung der plastischen und farbigen Erscheinung der Objekte, die ein Kennzeichen der von der Antike übernommenen Malerei und Skulptur war und in wenig zusammenhängenden Residuen in der der gotischen vorangehenden Kunst sich noch erhalten hat, verschwindet nun ganz und wird durch eine abstrahierende Auswahl von bestimmten Linien, plastischen Formen und Farben ersetzt. Die Darstellung scheint sich durch diese Simplizität der Schilderung längst vergangenen Kunstperioden zu nähern und hängt mit ihnen auch insoweit zusammen, als zwischen den Perioden, in denen die Kunst ihre Ideale jenseits der natürlichen Gesetzmäßigkeit suchte, zweifellos nicht minder eine geschichtliche Kontinuität besteht als bei solchen, wo sie in dieser ihre höchsten Ziele fand. Doch von einer rückläufigen Bewegung kann auch da keine Rede sein. Grundlegende Normen der antiken künstlerischen Rekonstruktion der natürlichen formalen Bildungen und Zusammenhänge, wie zum Beispiel die Berücksichtigung des organischen Aufbaues der Körper, der Einheitlichkeit der Figurenerscheinung, ihrer natürlichen Proportionierung, Gliederung und Färbung, oder der durch die räumliche Stellung der Objekte bedingten Verkürzungen, sind durchaus nicht etwa ganz verlorengegangen, sondern blieben ein technisches

Können, dessen man sich überall soweit bediente, als es die höhere Regel der neuen künstlerischen Signifikanz gestattete.
Die Quelle der letzteren war aber zweifellos die immer wieder in erster Linie betonte Beziehung zum menschlichen Erkenntnisvermögen, zur Vix cognoscitiva, die durch göttliche Gnade den Menschen gestattet, im Geiste – spiritualiter tiefer in die Geheimnisse der Erscheinung einzudringen als durch die vielfach täuschenden Sinne allein, deren Trugspielen die Kunst die durch die höhere geistige Einsicht geläuterte Form entgegensetzen muß. Der Ausgangspunkt dieser Einsicht war aber für den mittelalterlichen Menschen nicht die Natur, sondern die Gotteslehre, das durch Gottes Gnade der Menschheit gewährte Bewußtsein, daß über den nur relativen Naturwerten eine Welt übersinnlicher Ordnung, Bestimmung und Zweckmäßigkeit steht, die nur dem nachsinnenden Geiste und der inneren Erfahrung erfaßbar ist, ein Aufbau des begrifflichen Seins, in dem die wahrhaft realen Substanzen enthalten sind (wogegen die sinnlich erfaßbare Erscheinung nur seine letzte und niedrigste Emanation bedeutet) und von dem aus die Welt verstanden und gewertet sein muß. Diesem Grundzuge der mittelalterlich spiritualistischen Weltanschauung entsprechend konnte auch die Kunst nicht von Naturnachahmung zu ihren höchsten Idealgütern fortschreiten, sondern schlug einen umgekehrten Weg ein, indem sie durch natürliche Formen eine a priori gegebene ideale Konzeption zu erläutern sich bemühte. Nicht als eine Imago soll die künstlerische Form der natürlichen gegenüberstehen, sondern nur eine Similitudo soll sie mit ihr verbinden und ihre Aufgabe darin bestehen, das Imperfectum der sinnlichen Wahrnehmung durch das Perfectum der den Erscheinungen zugrunde liegenden, dem menschlichen Geiste geoffenbarten göttlichen Gedanken zu ersetzen. Es kommt deshalb nicht auf die Gleichmäßigkeit des Grades der Naturanschauung an, wohl aber auf die innere Disziplin des abstrakten Gefüges: während – was für unsere weiteren Betrachtungen wichtig ist – die Annäherung an die Wirklichkeit schwankend bleibt, werden die neuen idealen Schemen konsequent weiterentwikkelt, und ihre Norm ist so bindend, daß sie selbst dort angewendet wird, wo die Absicht der Naturwiedergabe den

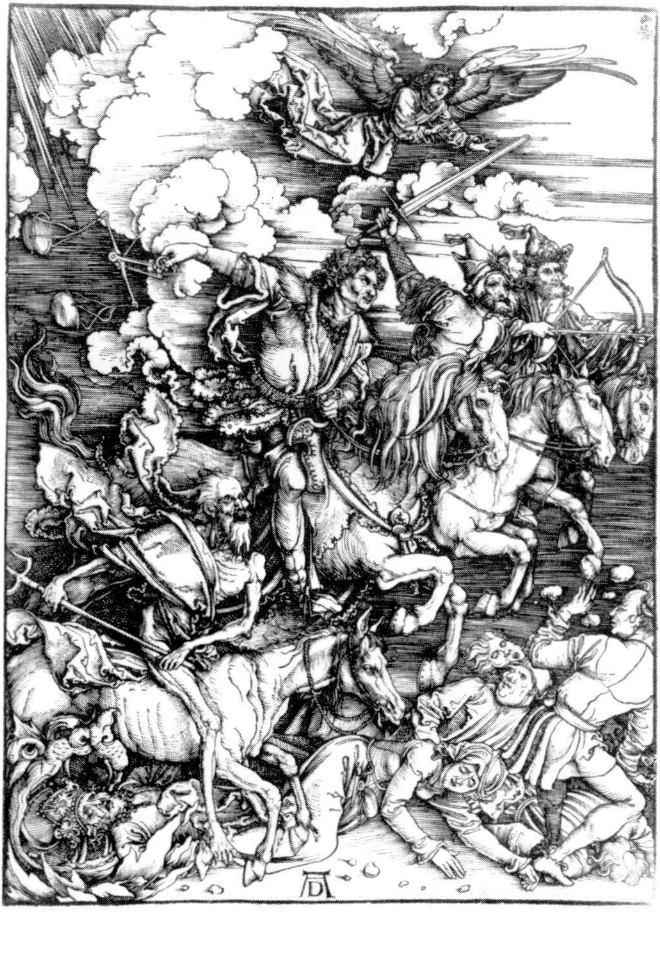

1. Albrecht Dürer, Apokalypse, Die vier apokalyptischen Reiter, 1498

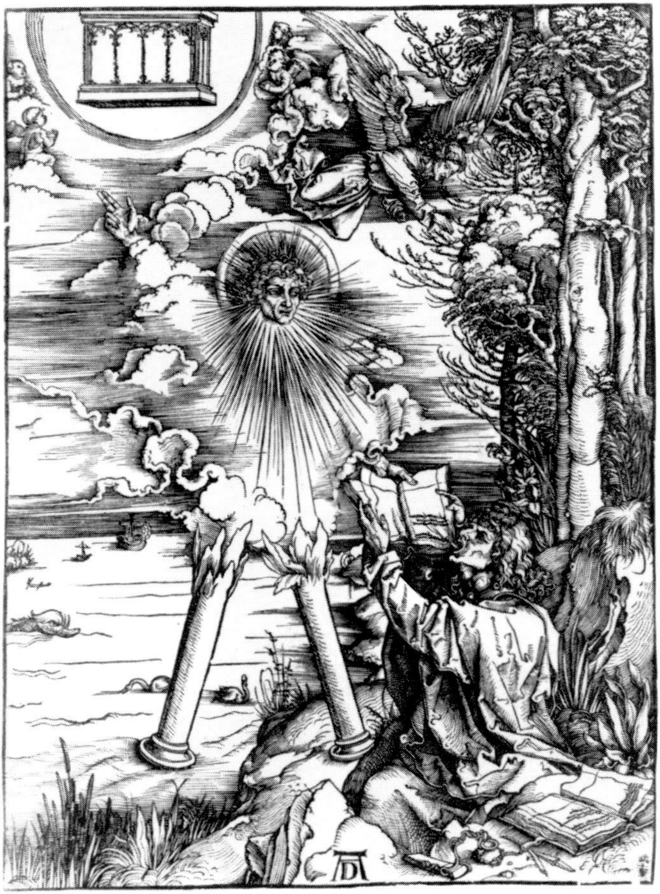

2. Albrecht Dürer, Apokalypse, Johannes verschlingt das Buch, 1498

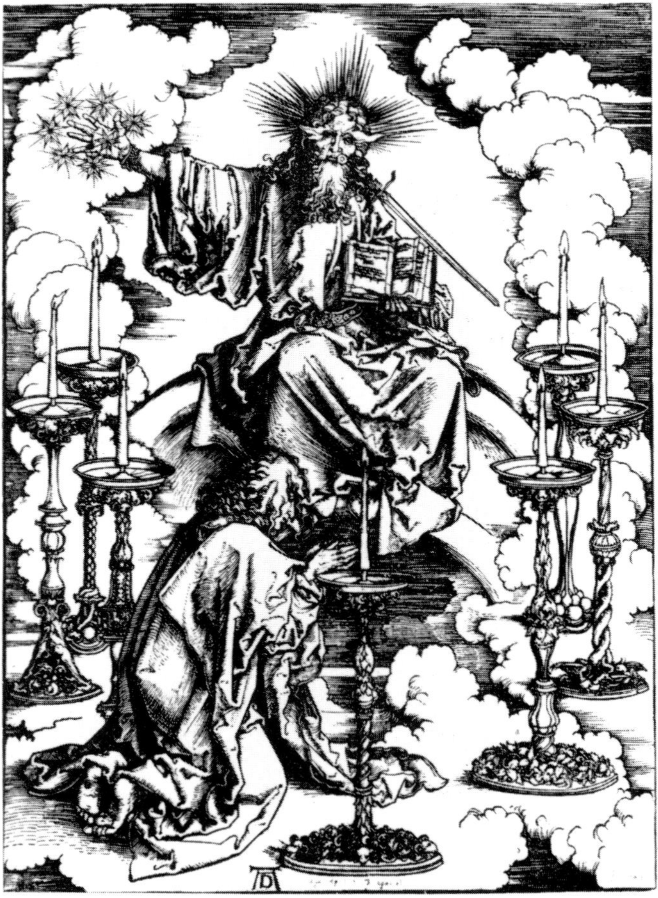

3. Albrecht Dürer, Apokalypse, Johannes erhält die Weisung gen Himmel, 1498

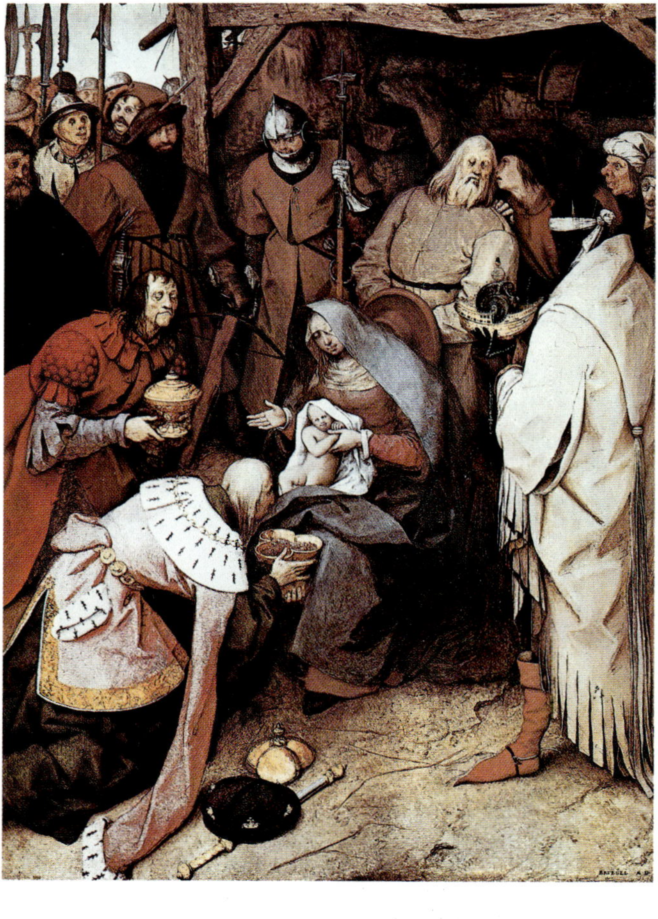

4. Pieter Bruegel der Ältere, Die Anbetung der Könige, 1564

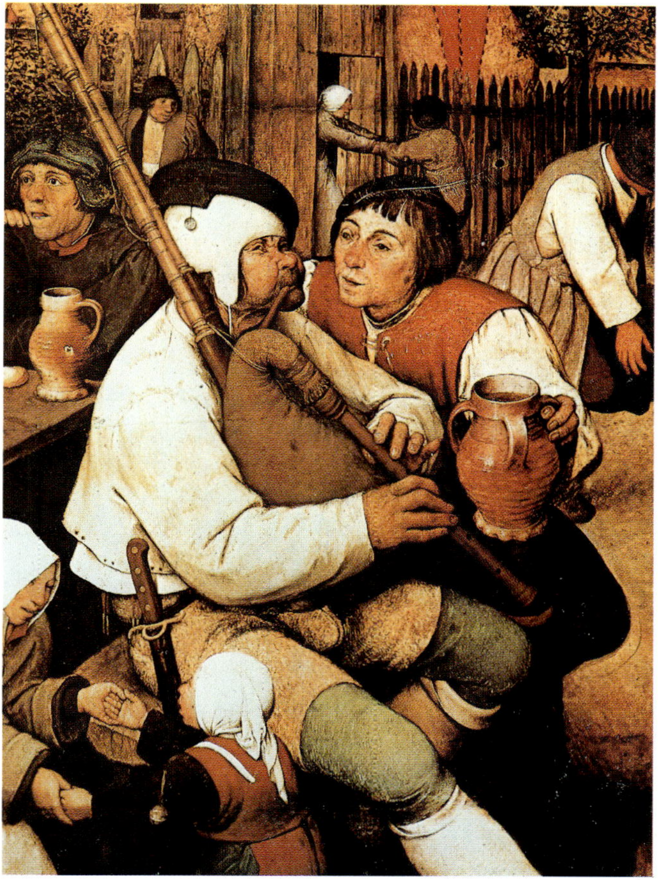

5. Pieter Bruegel der Ältere, Der Bauerntanz (Ausschnitt), um 1568

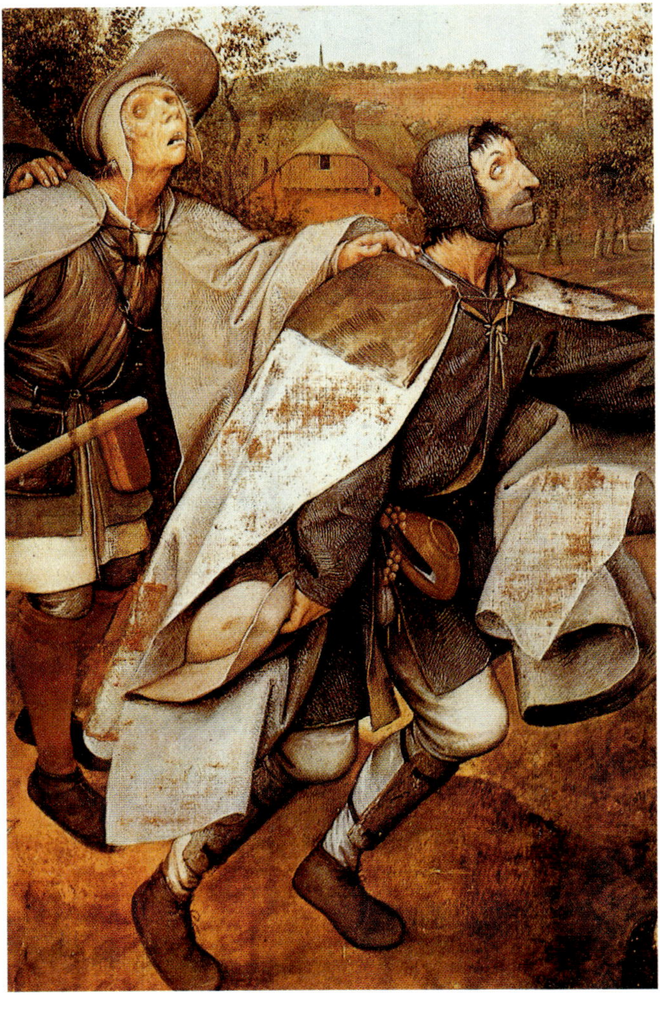

6./7. Pieter Bruegel der Ältere, Das Gleichnis von den Blinden (Ausschnitte), 1568

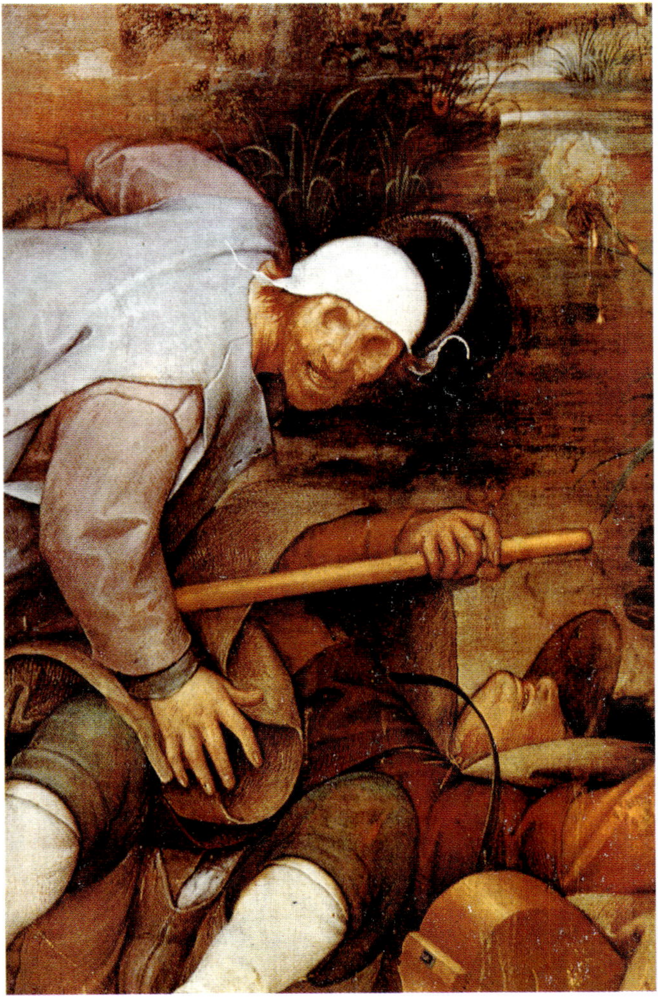

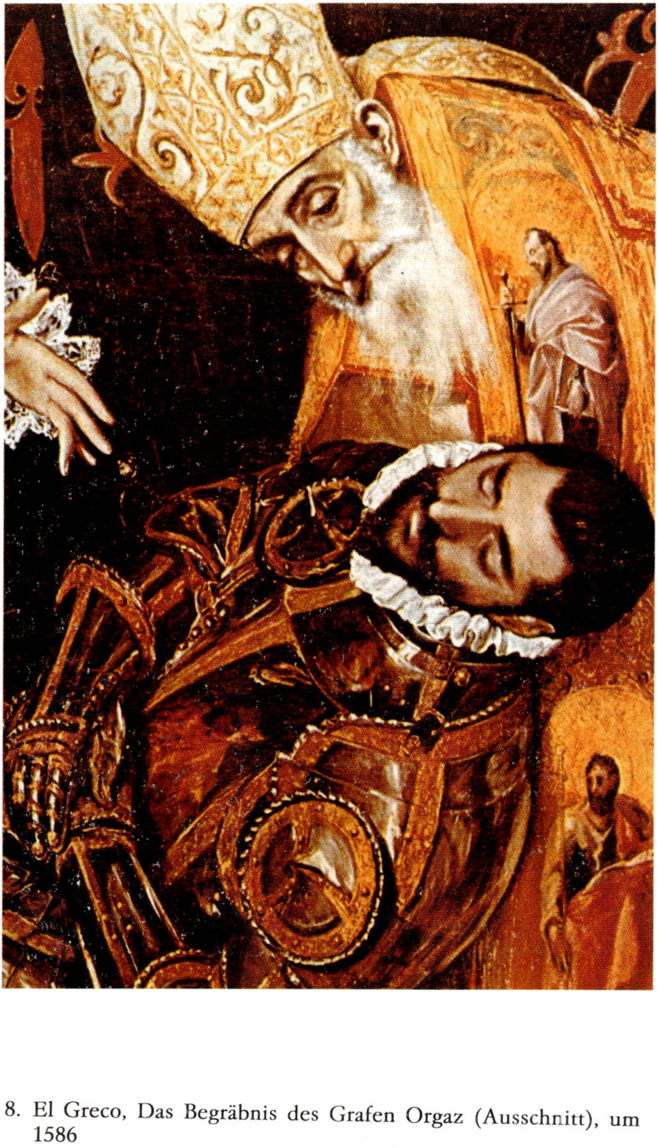

8. El Greco, Das Begräbnis des Grafen Orgaz (Ausschnitt), um 1586

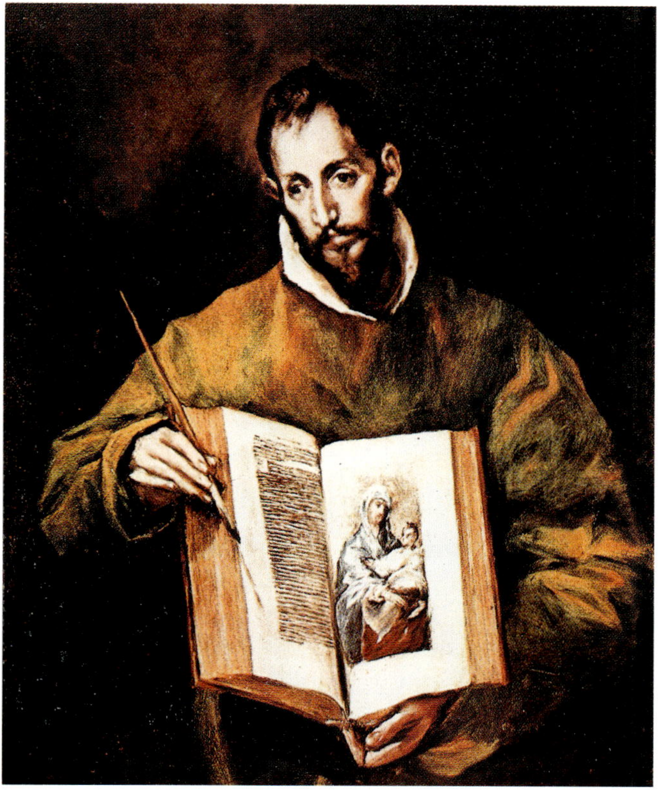

9. El Greco, Heiliger Lucas, 1602 (vermutlich ein Selbstbildnis)

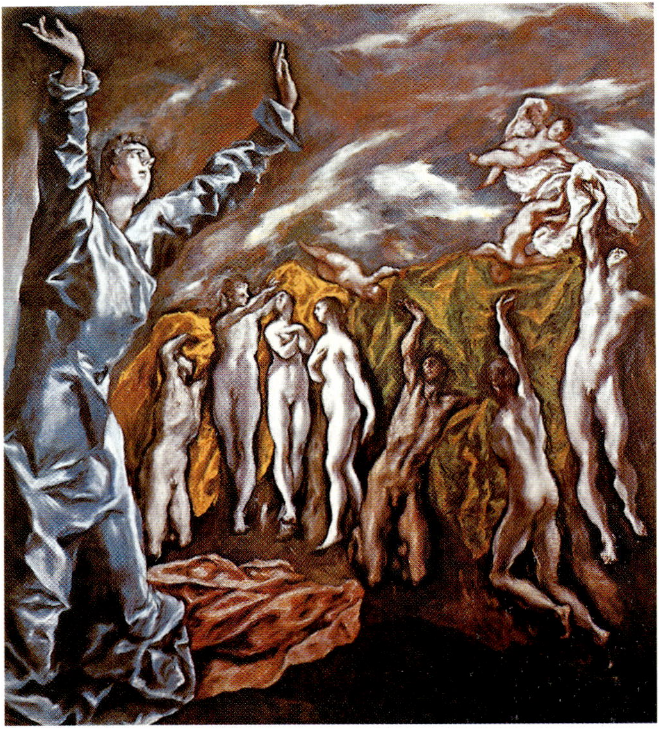

10. El Greco, Die Eröffnung des fünften Siegels der Apokalypse, zwischen 1608 und 1614

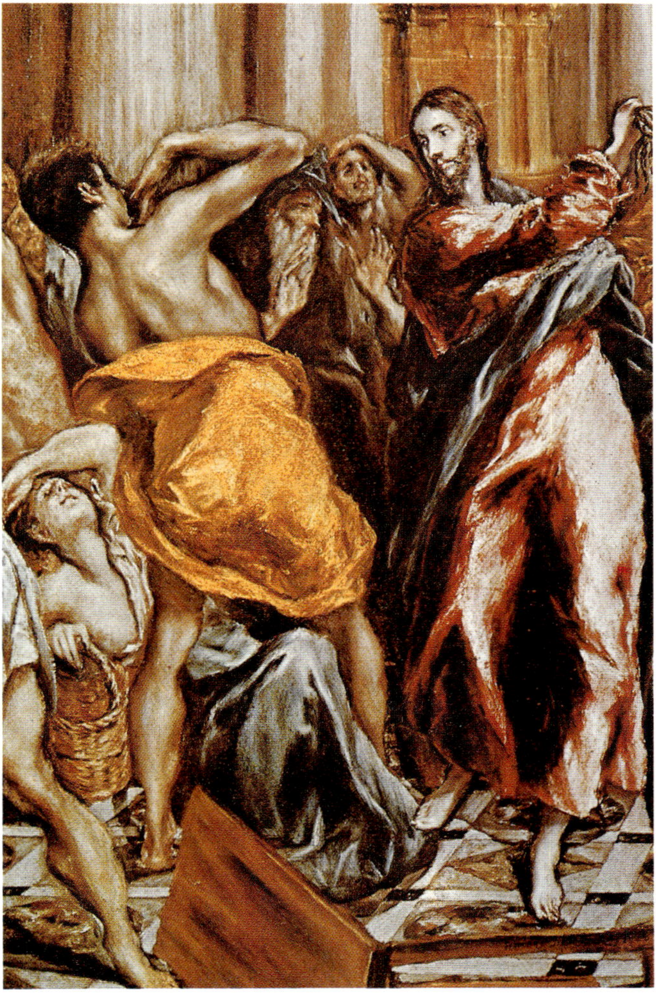

11. El Greco, Die Vertreibung der Händler aus dem Tempel (Ausschnitt), um 1610/14

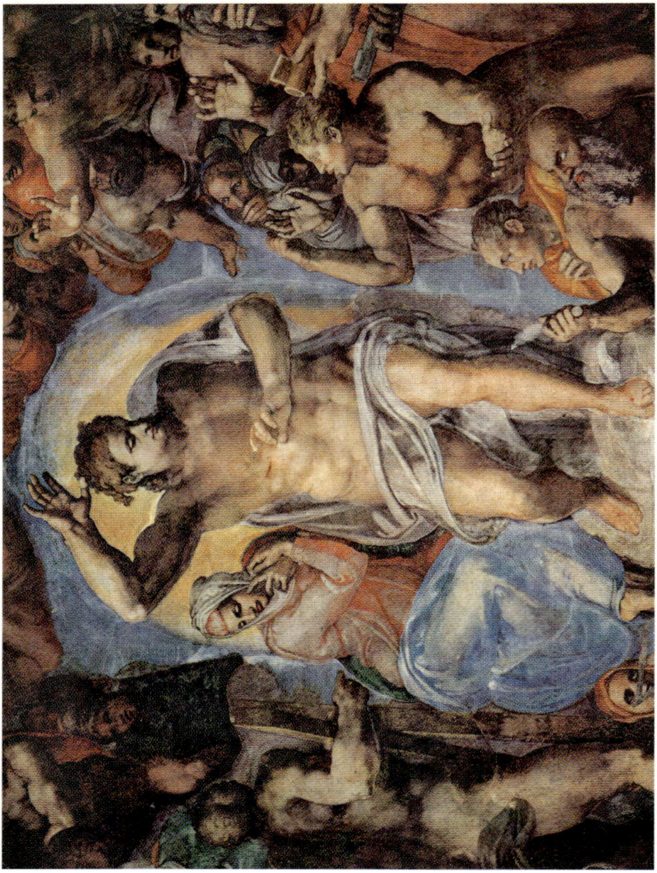

12. Michelangelo, Der Weltenrichter Christus und Maria, Detail aus dem Jüngsten Gericht, Sixtinische Kapelle, 1535–1541

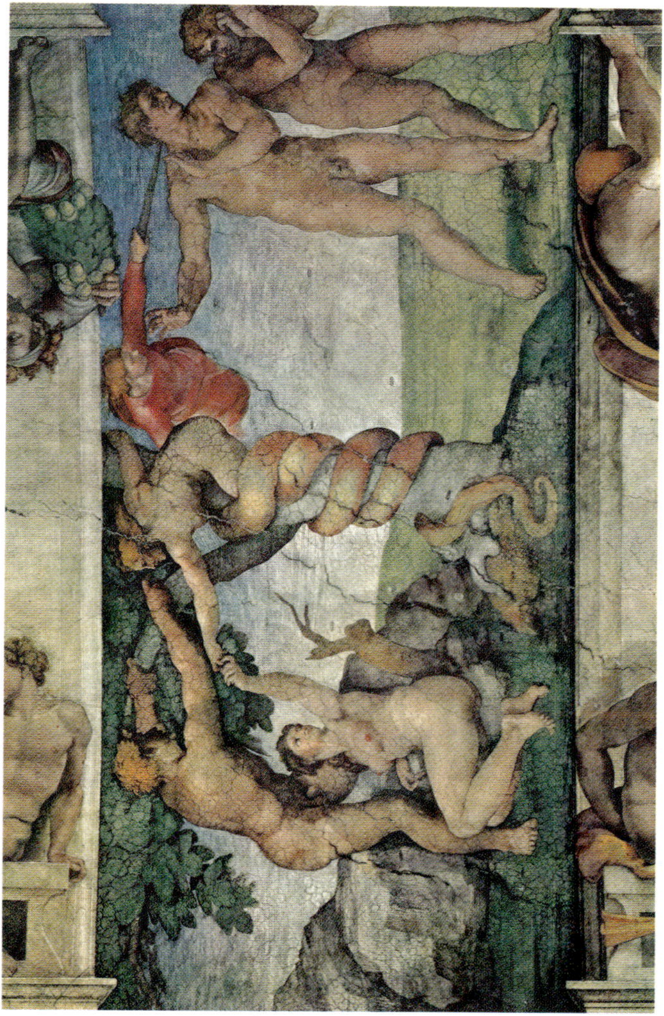

13. Michelangelo, Der Sündenfall und die Vertreibung aus dem Paradies, Decke der Sixtinischen Kapelle, 1508–1512

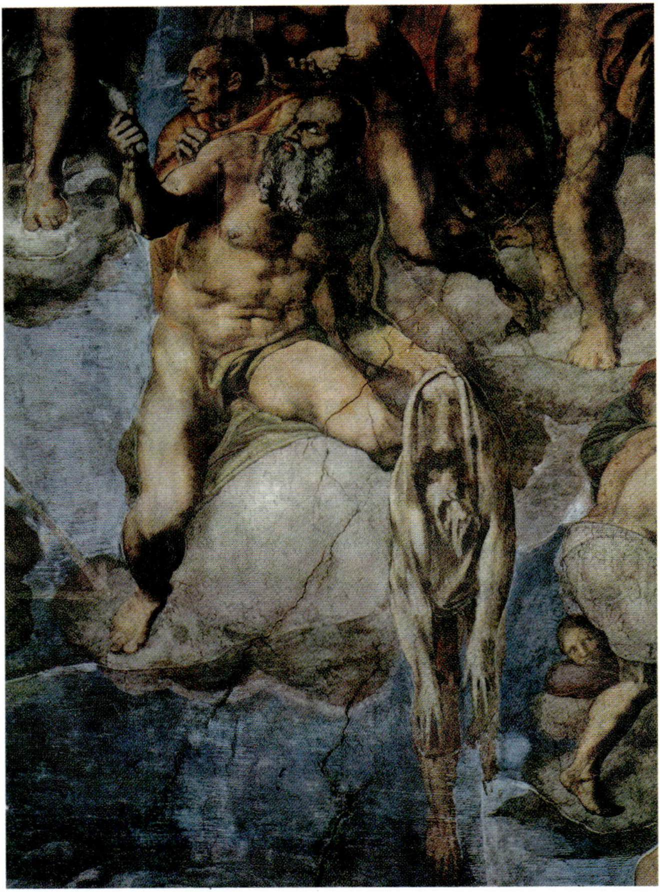

14. Michelangelo, Der heilige Bartholomäus, Detail aus dem Jüngsten Gericht, Sixtinische Kapelle

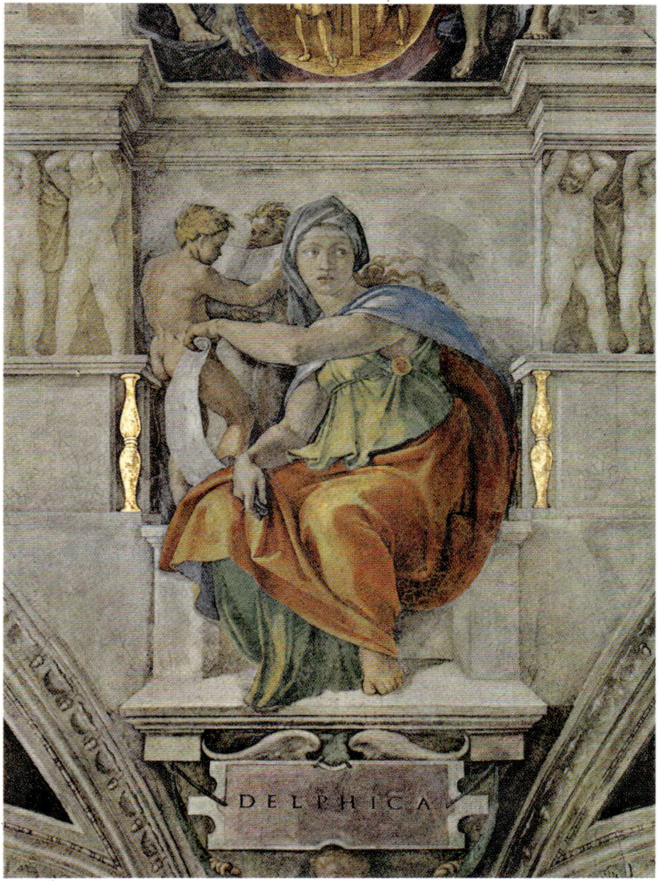

15. Michelangelo, Die Delphische Sibylle, Decke der Sixtinischen Kapelle

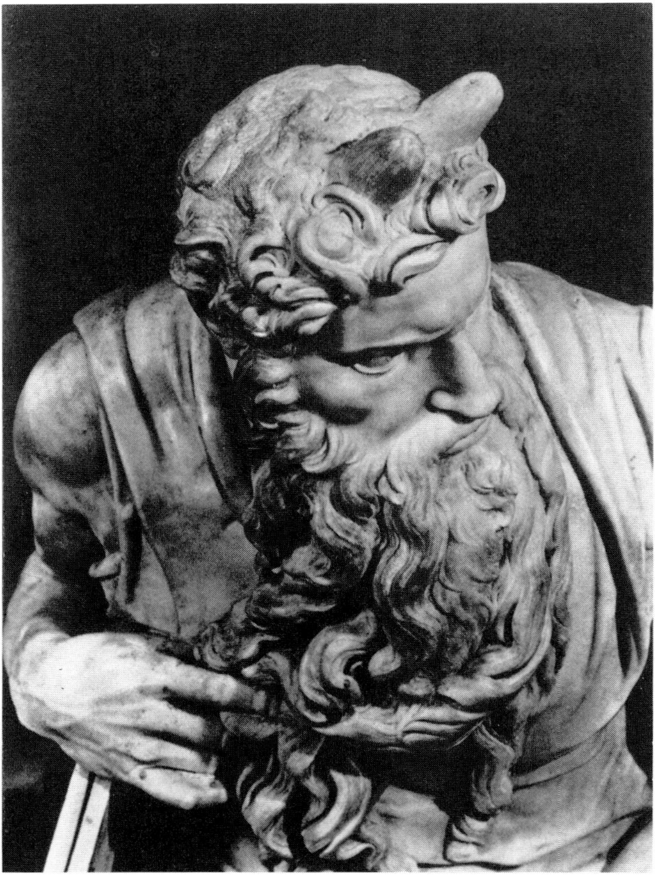

16. Michelangelo, Moses, Kopf und Torso von oben, 1515/16, San Pietro in Vincoli

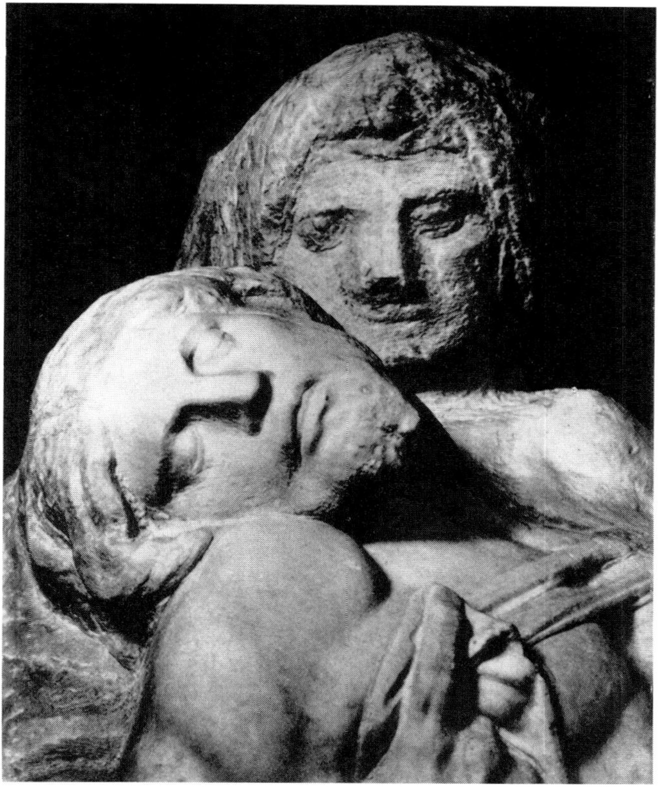

17. Michelangelo, Kopf des Christus und der Jungfrau aus der Pietà Palestrina, um 1553, Florenz, Galleria dell'Accademia

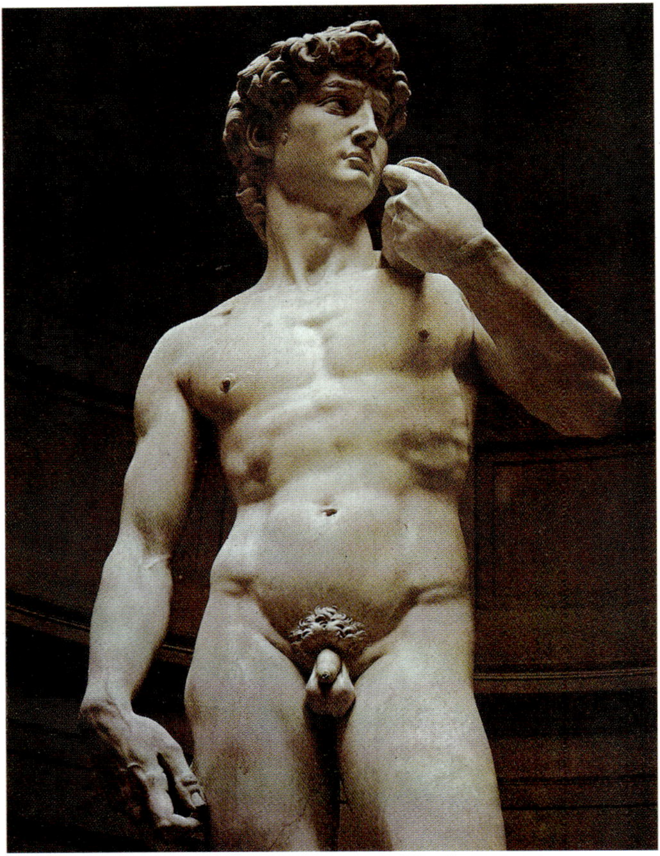

18. Michelangelo, David, vollendet 1504, Florenz, Galleria dell'Accademia

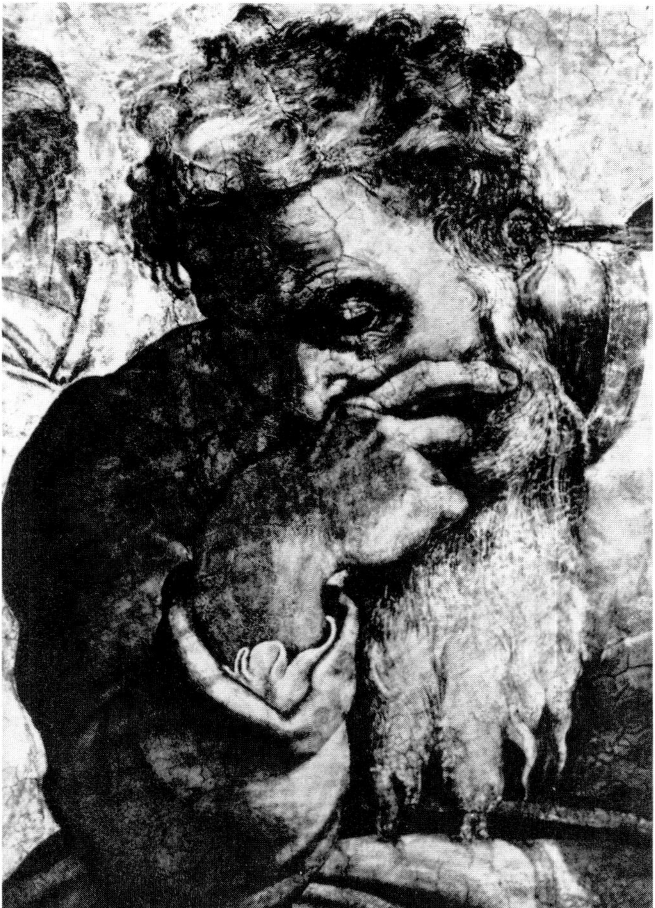

19. Michelangelo, Der Prophet Jeremias, Decke der Sixtinischen Kapelle

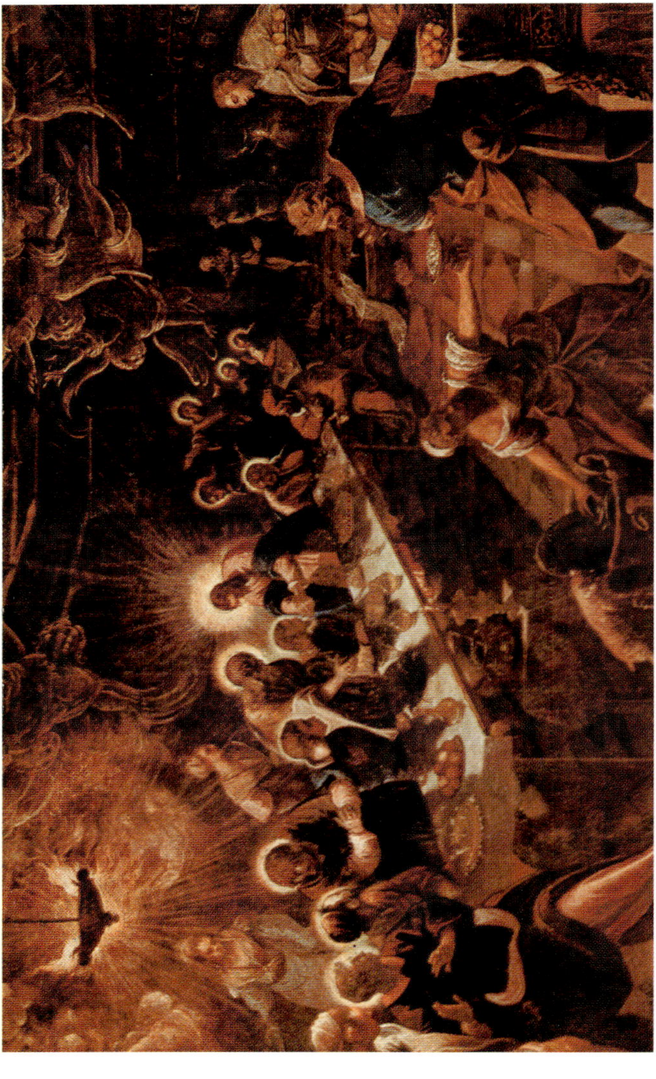

20. Tintoretto, Das Abendmahl, 1578–1581

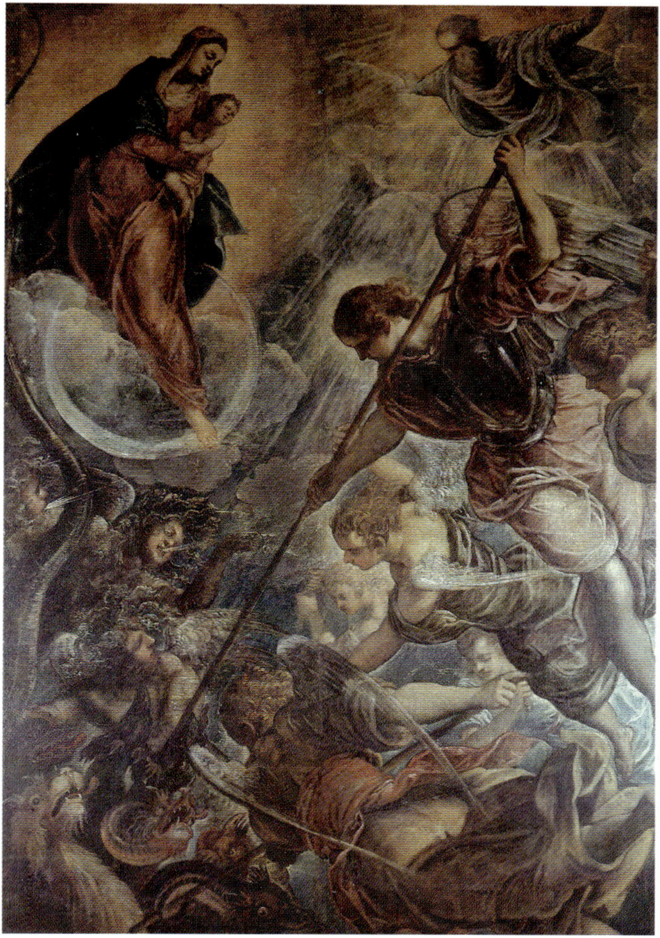

21. Tintoretto, Kampf des Erzengels Michael mit dem Satan in Gestalt eines Drachens, 1588–1590

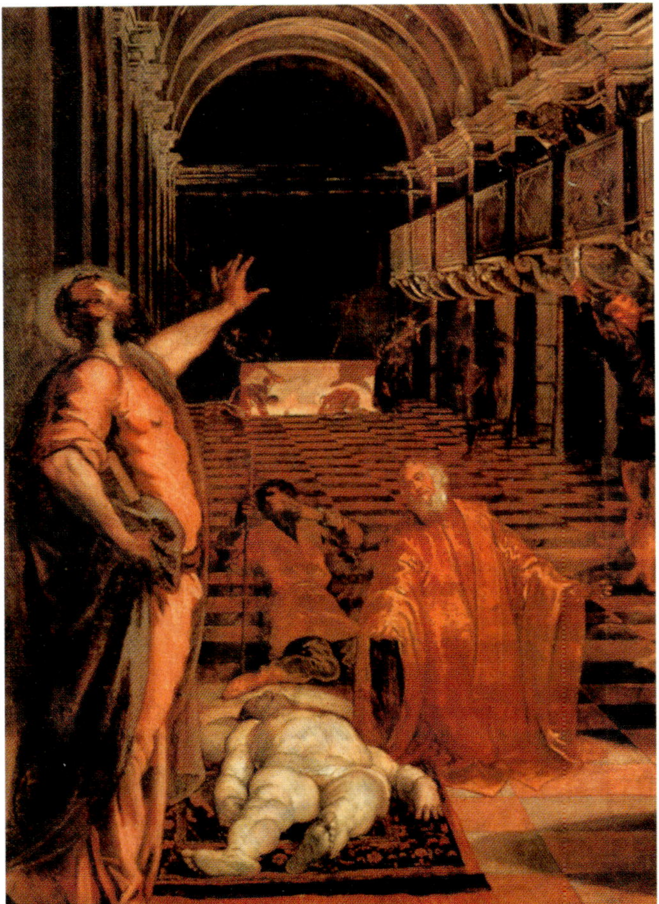

22. Tintoretto, Auffindung des Leichnams des heiligen Markus, Ausschnitt, 1562–1566

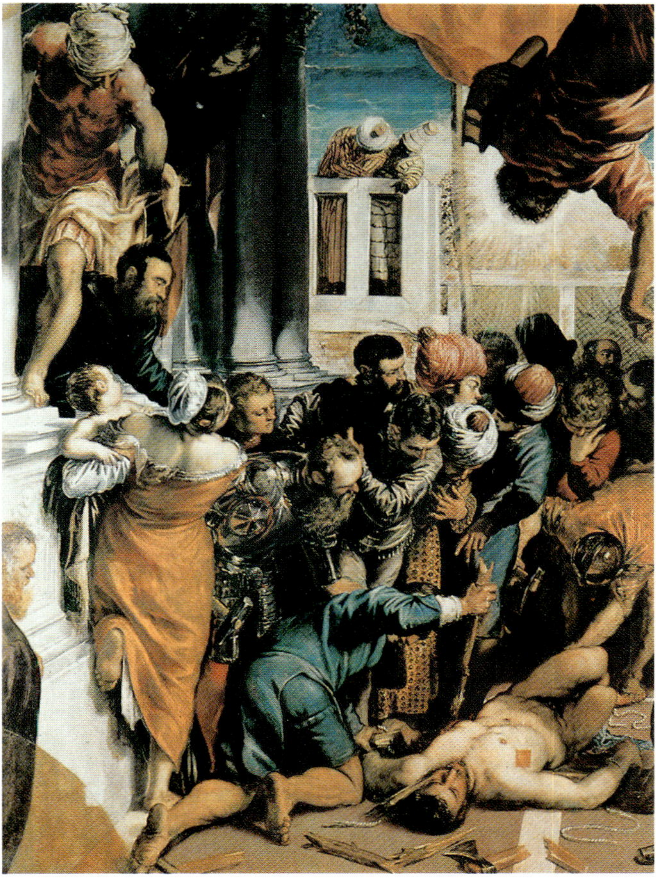

23. Tintoretto, Das Markuswunder (San Marco befreit einen Sklaven), Ausschnitt, 1548

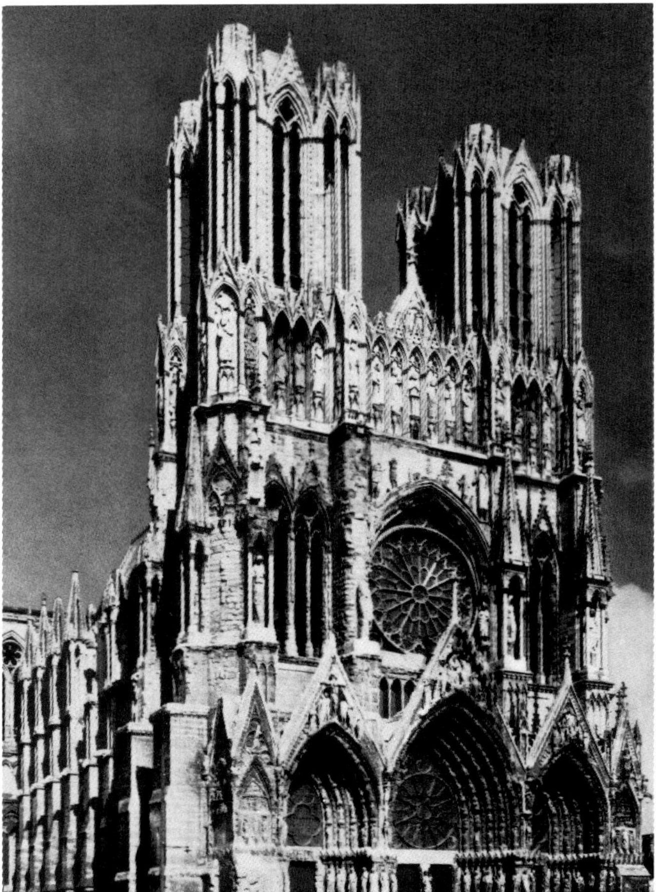

24. Reims, Kathedrale von Nordwesten

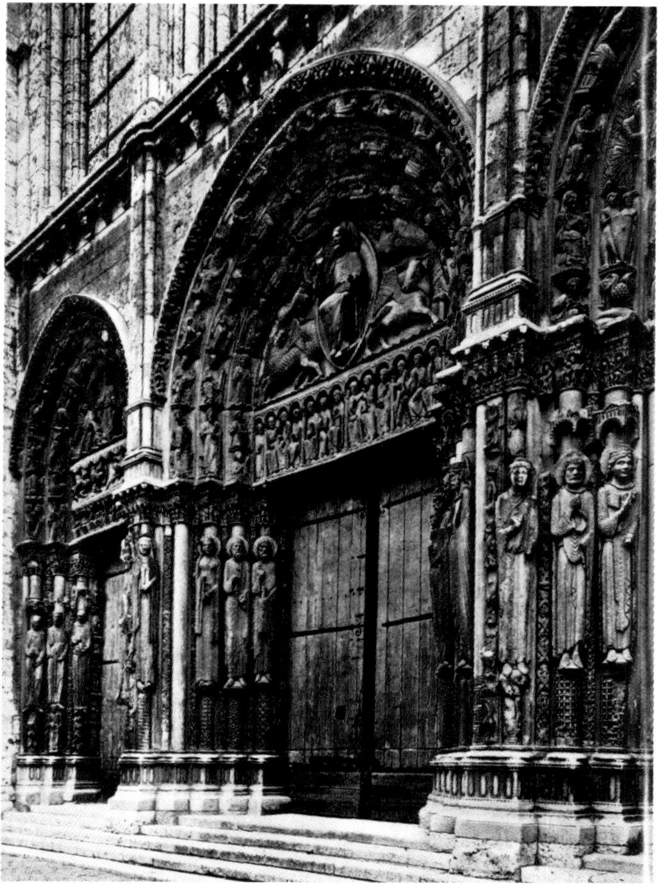

25. Die Kathedrale von Chartres, Königsportal, um 1140

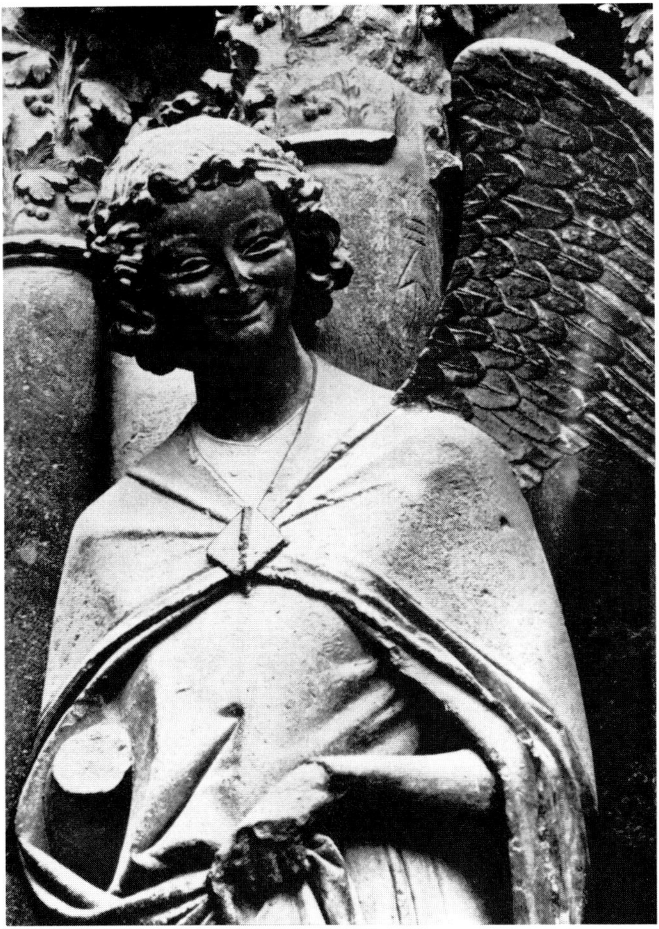

26. Reims, lächelnder Engel am Westportal

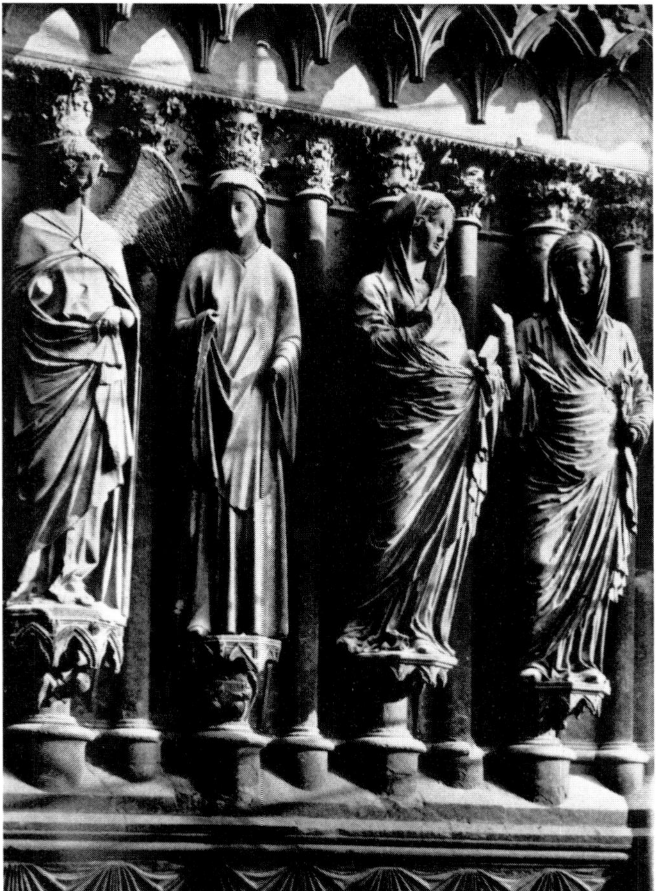

27. Reims, Verkündigung und Heimsuchung vom Gewände des mittleren Westportals, zwischen 1210–1260

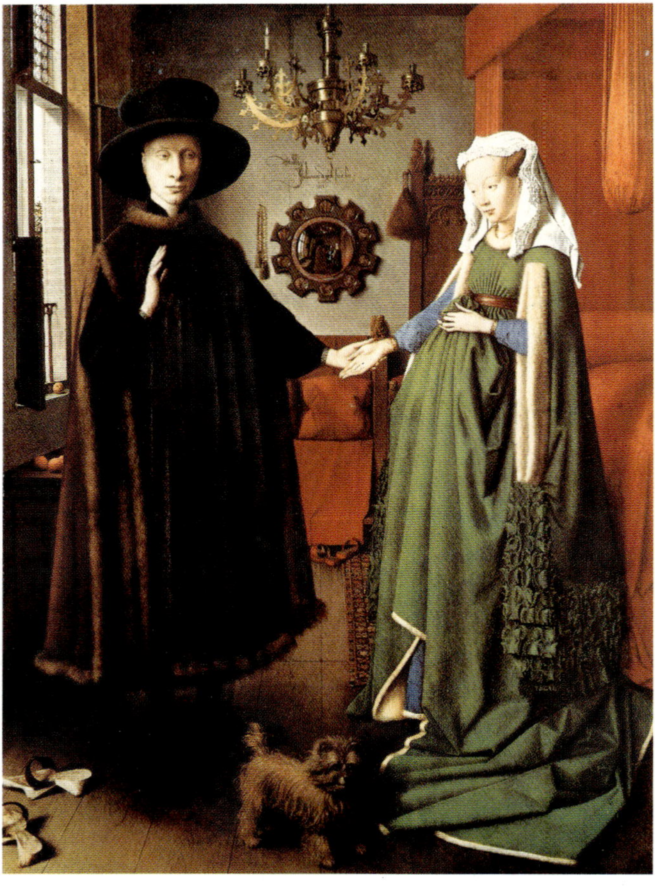

28. Jan van Eyck, Die Hochzeit des Giovanni Arnolfini mit Giovanna Cenami, 1434

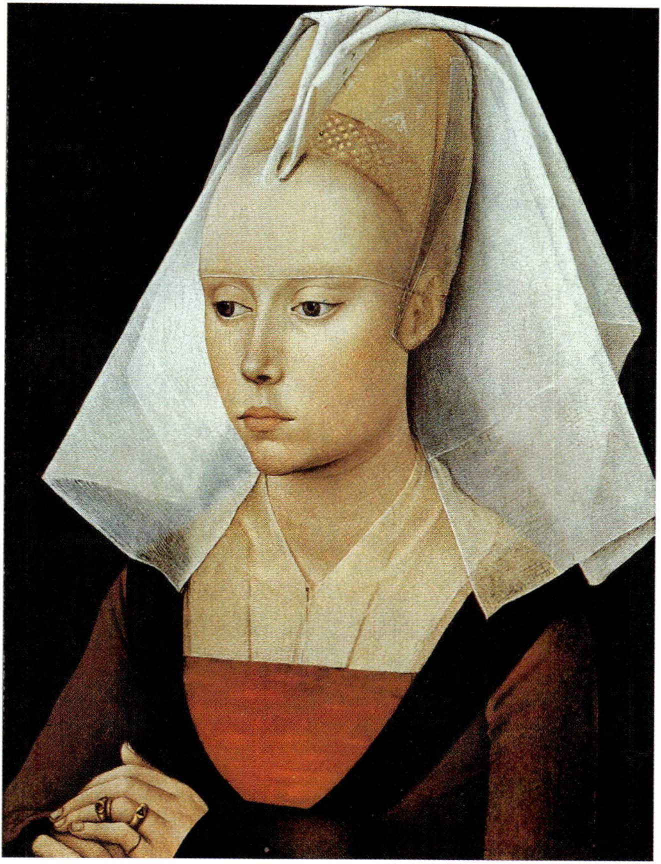

29. Rogier van der Weyden, Bildnis einer Dame, 1450–1460

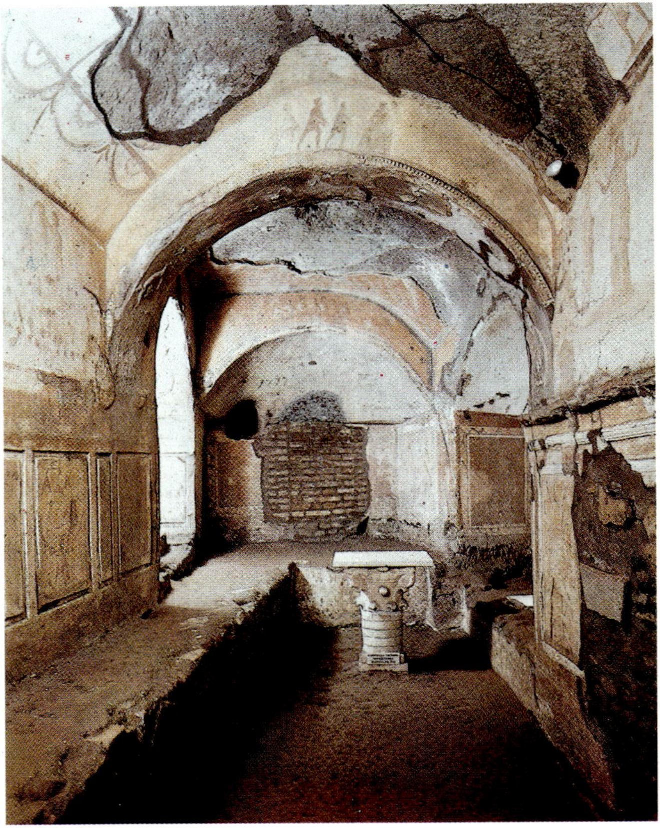

30. Priscilla-Katakombe, „Cappella Graeca“

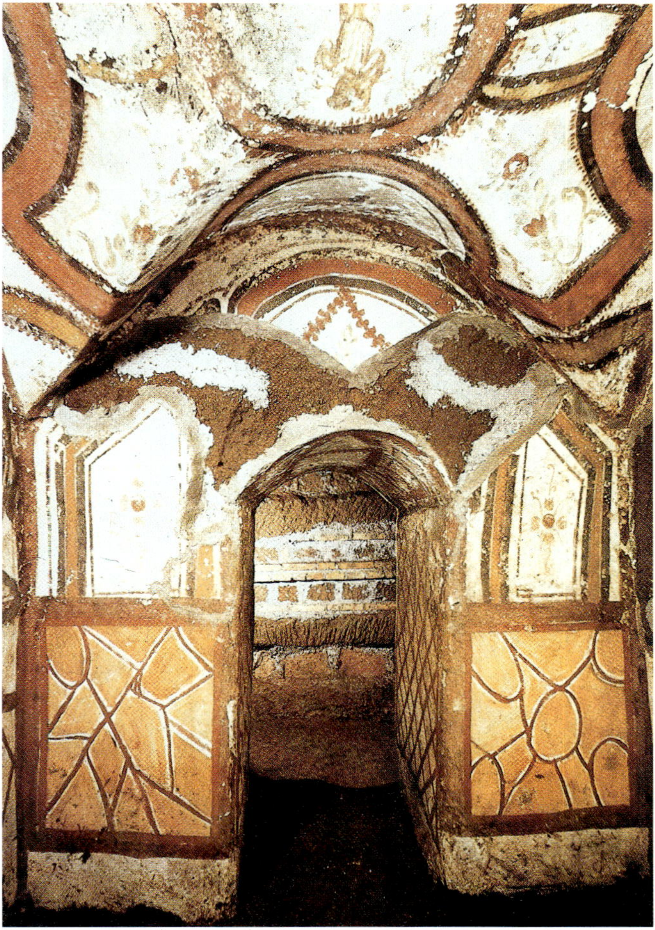

31. Pamphilus-Katakombe, Grabkammer

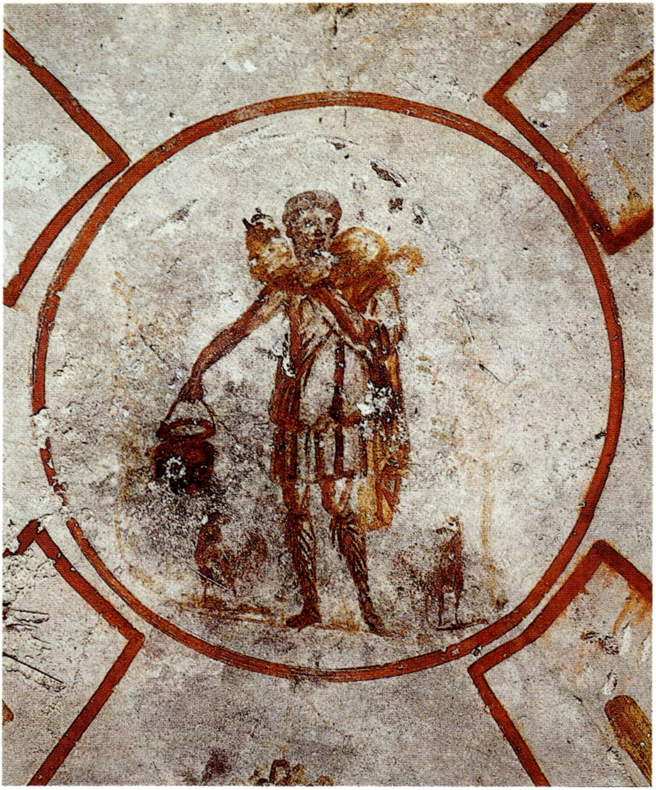

32. Callixtus-Katakombe, Krypta der Lucina, Christus als Guter Hirte

Zweck der Darstellung bedeutet – man könnte sagen, gerade dort als Norm der tieferen Sachkenntnis –, etwa wie man sich noch heute in einer wissenschaftlichen Darstellung einer linearen Abstraktion und Betonung des „Wesentlichen" mit Ausschluß aller anderen Momente der sinnfälligen Erscheinung zu bedienen pflegt.
Nun muß man sich aber wohl fragen, was war, wenn man diesen Vergleich weiterspinnt, für den mittelalterlichen Künstler das „Wesentliche"? Oder mit anderen Worten, wie sind die Normen der Naturdarstellung entstanden, die man höher stellte als die Natur selbst? Um ihre Entstehung zu verstehen, muß man sich noch einmal vergegenwärtigen, daß sie nicht in neuen Natureindrücken oder bildlichen Vorstellungen ihren Ursprung haben, sondern sich durch allmähliche Umbildung von alten bildlichen Erfindungen entwickelt haben, deren Hauptgestalten zugleich ideell die höchste Synthese der christlichen Weltanschauung gewesen sind. Verfolgt man aber die Entwicklung dieser ikonographischen Zentraltypen der christlichen Kunst des Mittelalters, etwa die Darstellung der göttlichen Personen oder der Heiligengestalten, so findet man, daß sie in der ersten Periode der mittelalterlichen Entwicklung den ursprünglichen Charakter einer naturalistischen oder historischen Determinierung verloren und sich in abstrakte und zunächst im Vergleich zu ihrer ursprünglichen Form beinahe formlose Begriffssymbole verwandelt haben. Doch die Begriffe selbst, das geistige Substrat, an welches das plastische oder malerische Gebilde erinnern sollte, waren nicht hieratisch fixiert (worin ein grundlegender Unterschied allen älteren Perioden gegenüber besteht, in denen die Kunst in erster Linie ebenfalls der Ausdruck abstrakter Ideen gewesen ist), sondern im Gegenteil in ununterbrochener Weiterbildung begriffen, die auch in den sie vertretenden Symbolen wirksam sein mußte. Sie bestand darin, daß einerseits in diesen Gebilden eine Welt übernatürlicher, vom zeitlich und räumlich begrenzten Geschehen unabhängiger, für alle Menschen, Zeiten und Verhältnisse geltender, religiöser, sittlicher, geschichtlicher Mächte verkörpert, anderseits aber mit dem Glauben an solche Gewalten das Bestreben verbunden war, mit ihm sowohl das klassische Vermächtnis eines durch Beobachtung der natürlichen Gesetzmäßigkeit

systematisch geschulten Denkens und Sehens als auch die aus den ungeheuren Energien neuer, von der Kraftentwicklung und vom Phantasieleben junger Völker getragener sozialer und politischer Bildungen und geistiger Kulturen sich ergebenen Forderungen und Gesichtspunkte zu verweben und in Einklang zu bringen. Es sind so Spannungen entstanden, in denen die Erklärung zu suchen ist für die stürmische innere Bewegung der mittelalterlichen Formendarstellung, für ihren suchenden, in oft beinahe unvermitteltem Neben- und Nacheinander schwerfällig konservativen und ungestüm radikalen Charakter, für ihre jähen Peripetien und die so weitgehende Verzweigung in scheinbar auseinanderstrebende Schulen und Kunstgebiete. Und doch handelt es sich überall um verschiedene Folgen und Stadien eines in den treibenden Ursachen einheitlichen Prozesses, wie ja auch die verschiedenen formalen Lösungen nicht schwer in bestimmte Kategorien eingeordnet werden können. Immer wieder werden formale Elemente der bildlichen Darstellungen und ihrer einzelnen Teile aus dem Gefüge der natürlichen Zusammenhänge, in welchen sie begründet waren, losgelöst und in andere eingefügt, die nicht aus der Nachahmung einer realen Situation, sondern als Spiegelbild geistiger Vorgänge in der „sinnvollen“ Anordnung von Linien und Flächen, in rhythmischen Kombinationen und dynamischen Bewegungsfolgen entstanden sind.
Neben diesen Metamorphosen, die man der merkwürdigen Verarbeitung der klassischen Philosophie in der mittelalterlichen theologischen Spekulation vergleichen könnte, zum Teil in Verbindung mit ihnen, zum Teil unabhängig davon, veränderte sich auch der gegenständliche Charakter der Formen. Anstelle von ausführlichen Schilderungen der optischen und haptischen, stofflichen und funktionellen Beschaffenheit treten Abkürzungen, die jedoch nicht willkürlich sind, sondern in einer systematischen Reduktion des objektiven Sachverhaltes bestehen. Man könnte sie als eine gesetzmäßige progressive Vereinfachung bezeichnen. Ihr Ausgangspunkt war die Zusammenfassung aller weltlichen und überweltlichen Dinge in einen nach ihrer Bedeutsamkeit abgestuften Aufbau. Nichts ist nach der mittelalterlichen Anschauung im Universum bedeutungslos, weil jedes,

auch das geringste Objekt in irgendeinem Zusammenhang mit der alles regelnden Weisheit der ewigen Weltordnung steht. Doch der Grad der Bedeutung ist verschieden und entwickelt sich in einer hierarchischen Rangordnung von niedrigen, begrenzten und gegenständlich differenzierten Dingen zu immer höheren Wesen, wobei die höhere Stufe durch das Ausmaß des Allgemeingültigen, Bleibenden gegenüber dem Einmaligen und Vergänglichen charakterisiert erscheint. In der Allgemeingültigkeit der höheren Stufen liegt aber zugleich die aufsteigende Vereinfachung: anstelle der zeitlich und materiell bedingten Diskrepanz tritt die Einheitlichkeit der umfassenden Idee in ununterbrochenem Aufstieg bis zur höchsten Idee des ewigen göttlichen Seins, das über jede Differenzierung erhaben ist. Mit dieser Konstruktion, die, mag sie auch in der Erklärung und Anwendung schwankend gewesen sein, doch im allgemeinen als der Grundzug der mittelalterlichen Deutung der Welt anzusehen ist, kann aber auch das System der künstlerischen Abstraktionen verglichen werden. Während in Figuren und Szenen, die Menschen und Ereignisse in ihrer irdischen Begrenztheit schildern, wechselnde und zusammenhanglose Andeutungen einer individuellen Wirklichkeit häufiger waren als in den älteren Perioden der antiken Kunst, versuchte man überall immer wieder die Gestalten, die die bleibenden Ideale der Christenheit bedeuten, auch in ihrer körperlichen Erscheinung als Paradigmen einer konzentrierten Wesenhaftigkeit darzustellen, die anstelle des zeitlich und individuell Bedingten nur das der ideellen Konstruktion einer höheren generellen Daseinsstufe Entsprechende enthält, worauf die Linien, plastischen Formen und Farben reduziert werden. In diesem Sinne ist es zu verstehen, wenn Thomas von Aquino, dessen Lehren, wie in allen Fragen, so auch in ihren ästhetischen Forderungen, nicht als ein spekulatives System allein aufzufassen sind, sondern eine Zusammenfassung der geistigen Fortschritte der Menschheit im Mittelalter enthalten, von der künstlerischen Darstellung Klarheit als das erste der drei Kriterien der Schönheit verlangt, jene Klarheit, die nicht materiell zu verstehen ist, sondern soviel wie erleuchtet und erleuchtend bedeutet und darin besteht, daß die künstlerische Schöpfung einerseits die sinnlichen Merkmale der Dinge

zum adäquaten Ausdruck der ihnen zugrunde liegenden Ideen gestaltet, anderseits in Zeugnissen des „geistigen" Sehens, in intelligible Zeichen der durch die geistige Erkenntnis der Menscheit erschlossenen, allem Sein zugrunde liegenden höheren Organisation verwandelt.
Dieser Weg hätte die Kunst immer weiter von der Natur entfernen und die Naturformen immer mehr durch konventionelle Zeichen ersetzen müssen, wenn die zweite der genannten Komponenten der mittelalterlichen Entwicklung, der klassische Objektivismus, nicht als Ziel, wohl aber als Anschauungsmittel, wie auch alle anderen Momente, die eine Berücksichtigung der natürlichen Beschaffenheit der Dinge forderten, dem nicht immer wieder von neuem entgegengewirkt hätten. Mit der Claritas soll sich nach der Ästhetik des Doctor angelicus auch die Integritas, das heißt Vollendung, verbinden, die sich sowohl auf das Geistige als auch auf das Körperliche bezieht und die, was das letztere anbelangt, vorhanden ist, wenn den Körpern nichts mangelt, was ihrer Natur nach als wesentliche Eigenschaft aufzufassen ist. Das heißt, auf die darstellende Kunst angewendet, daß für die Erfindung der höchsten formalen Bildungen auch ein bestimmter Grad von natürlicher Gesetzmäßigkeit gefordert wurde, ein Postulat, das dadurch, daß es eigens betont werden mußte, besonders deutlich zeigt, wie weit man grundsätzlich von der Antike entfernt war und wie sehr das Verhältnis der Kunst zur Natur und zum Leben ein anderes geworden ist.
Nach dem schon früher Gesagten ist dieser Sachverhalt nicht so aufzufassen, als ob Idealismus und Naturalismus in unserer Bedeutung des Wortes im vorgotischen Mittelalter im Zwiespalte gewesen wären. Beiden Richtungen lag vielmehr das Primat einer spirituell idealistischen Weltkonstruktion zugrunde, und so bestand dieser Dualismus der mittelalterlichen Kunst und der aus ihm in langem Bemühen sich ergebende Fortschritt in der verschieden angestrebten oder erzielten Vereinigung der alten oder neuen Elemente der natürlichen Erfahrung mit den Sinnbildern einer transzendenten Geistesgemeinschaft. Da nun aber der Ausgangspunkt beider Strömungen ein einheitlicher war, so war auch der Gegensatz nicht unüberbrückbar, und das Bestreben, ihn durch eine harmonische Einheit zu ersetzen,

gestaltete sich allmählich nicht nur zu einem dritten Faktor in der Stilentwicklung der mittelalterlichen Malerei und Skulptur, sondern ist schließlich ihr wichtigstes Problem geworden, dessen Lösung, soweit sie überhaupt erreichbar war, zu den konstituierenden Errungenschaften der Gotik zu zählen ist. Sie entspricht der dritten Qualität, die Thomas von Aquino mit dem Begriffe der Schönheit verbindet, consonantia nennt und dahin erklärt, daß, wie man einen Menschen schön nennt, wenn seine Glieder in richtigem Verhältnis und richtiger Lage zum Körper stehen, so müsse auch von jeder Schönheit eine Spiegelung der harmonischen Reziprozität zwischen den Urgedanken der Schöpfung und ihrer Ausstrahlung in irdischen Dingen gefordert werden, deren Wahrheit, Schönheit und Güte in der Übereinstimmung mit den göttlichen Ideen zu suchen ist. In dieser vom ganzen vorgeschrittenen Mittelalter ersehnten und in der Gotik erreichten, auf ausgleichender Vergeistigung der materiellen und Materialisierung der spirituellen Momente aufgebauten Harmonie zwischen der Gegenwart der irdischen Bedingtheit und der Distanz der ihre Fesseln sprengenden Seele bestand das Band, das die gotische Baukunst und die gotische Skulptur und Malerei in notwendiger Gleichartigkeit vereinigte: so ist auch der Hohlspiegel zu verstehen, in dem die großen Meister der Chartrer Königspforte die Natur gesehen und dargestellt haben. In den bildenden Künsten führte dieser merkwürdige Prozeß dazu, daß jene heiligen Gestalten, die die wichtigsten Träger der geschilderten Entwicklung waren, nicht nur Personifikationen einer übersinnlichen Begrifflichkeit geblieben sind, zu denen sie sich aus ihrer ursprünglichen historischen oder konkret symbolischen Bedeutung entwickelt haben, sondern zugleich, wie einst die griechischen Götter, nur unter anderen Umständen und in einem anderen Zusammenhange, führende Typen einer neuen Naturauffassung geworden sind. Da sie nach mittelalterlicher Auffassung das Summum der durch die Kunst vermittelten Belehrung, Erhebung und Erkenntnis verkörperten, wurde ihre Typik der Maßstab der Idealität und zugleich Naturwahrheit in ihrer künstlerischen Bewältigung überhaupt und dadurch für jede Darstellung vorbildlich, die der natürlichen Form die Signatur einer über das Zufällige und Nebensächliche sich erhebenden künstlerischen Einsicht und allgemeinen Gültigkeit verleihen sollte. Aus der Überzeugung von der absoluten Idealität und Vorbildlichkeit der – endlich – gefundenen Norm erklärt sich ihre rasche Verbreitung in der ganzen europäischen Kunst – idealistische Schemen wurden zu allen Zeiten bald geistiges Gemeingut und wirkten ausgleichend auf die im naturalistischen Streben sich voneinander entfernenden Schulen und Kunstgebiete. Da nun aber in der gotischen Kunst zu ihrem Inhalte eine relative Annäherung an die Natur gehörte, so war in ihnen zugleich auch die Möglichkeit einer neuen naturalistischen Entwicklung enthalten, die jedoch mit der Naturnachbildung der Alten nicht verglichen werden kann. Der Unterschied bestand vor allem darin, daß sich die Objektivität vom Objekt in das Subjekt verschoben hat. So ist es zu verstehen, wenn die Mens und Scientia artificis als die Causa efficiens des Kunstwerkes erklärt wird, von der aus die Elemente der sinnlichen Wahrnehmung geordnet werden, doch nicht in einzelnen Individuen spontan und isoliert, sondern wie es eine der Menschheit erschlossene höhere Wahrheit erforderte. Die neue Entdeckung und künstlerische Bewältigung der Natur erfolgten mit anderen Worten zugleich – und darin bestand der weitere Unterschied der Antike gegenüber – aufgrund von generellen geistigen Wahrheiten, deren Verkünderin die Kunst geworden ist und auf die von da an der Fortschritt in der Naturwiedergabe bezogen wurde, auch dann, als man sie nicht mehr auf göttliche Offenbarung, sondern auf natürliche rationelle Erkenntnis der in der Welt waltenden, nur dem Geiste erkennbaren Zusammenhänge zurückzuleiten begonnen hat. Nichts wäre aber irrtümlicher, als wenn man glauben würde, daß es sich bei der Entstehung der gotischen Formensprache nur um die geschilderten Gesichtspunkte gehandelt hat. Andere Momente, die weniger mit Erkenntnisproblemen als mit dem Bestreben zusammenhängen, durch bildliche Erfindungen Gefühle und Vorstellungen einer vollständigen Loslösung vom realen Sein zugunsten eines übermateriellen geistigen Geschehens zu erwecken, spielten eine nicht minder wichtige Rolle. Die gedankenreichen Schriften Wittings und die trefflichen Untersuchungen Pinders über die Rhythmik romanischer Innenräume in der Normandie haben uns belehrt, wie (wofür der Positivismus des vorigen Jahrhunderts kein Verständnis hatte) aus der eigentümlichen geistigen Bedeutung der kirchlichen Räume der frühen Christenheit und des Mittelalters – deren Besonderheit darin bestand, daß sie in den Menschen bestimmte psychische Eindrücke, die die Empfindung einer geistigen Anteilnahme an übersinnlichen und überrationellen Mysterien zu unterstützen und zu leiten geeignet waren, auslösen sollten – grundlegende stilistische Tatsachen und Entwicklungsreihen erklärt werden können. Auch in der Skulptur und Malerei wirkten zweifellos ähnliche Momente bestimmend auf die Erfindungen, die nicht nur bildliche Vorstellungen erwecken, als Begriffssymbole, als eine Veranschaulichung der göttlichen und durch diese erkannten weltlichen Wahrheit wirken, sondern auch den Seelen durch die Dynamik einer abstrakten künstlerischen Organisation eine feierliche und andächtige Stimmung, das Bewußtsein des Weilens am Schauplatze heiliger und heiligender Vorgänge und tiefer, aus den Bedrängnissen des Alltags erlösender Geheimnisse vermitteln sollten. Wie im Gebete und im Liede, so vollzog sich auch in den Bilder- und Statuenreihen der christlichen Kirche die im Wesen der neuen Religiosität enthaltene Korrelation von Mensch und Gott, und so wurde, wie auf allen Gebieten der geistigen Kultur, auch in der darstellenden Kunst ein spezifisch geistiger, über allem objektiven Sein, Handeln und Geschehen stehender Inhalt und die mit ihm verbundene künstlerische Abstraktion mit den ungeheuren Komplexen der durch das Christentum organisierten und in den Mittelpunkt einer reichen geistigen Entwicklung gerückten Gefühlsmassen verbunden. Wurde dadurch die Kunst zum unmittelbaren Organ des religiös subjektiven Gefühlslebens – der erste Schritt in der allmählichen Umwandlung zum Organ des subjektiven Seelenlebens überhaupt –, so gewannen dadurch die künstlerischen Ausdrucksmittel dieser Unmittelbarkeit – abstrakt-gesetzmäßige Formen, deren Aufgabe es war, seelische Emotionen wachzurufen und nach bestimmten Richtungen zu lenken – eine Selbständigkeit, wie sie sie in der Antike, wo sie viel enger mit dem objektiven Darstellungsinhalte verbunden waren, nie besessen haben.

Aus dieser Besonderheit der mittelalterlichen Kunst, in der der Anfang des später immer wieder zutage tretenden und so fruchtbaren Gegensatzes zwischen einer primär abstrakten künstlerischen Disposition und natürlicher Gesetzmäßigkeit zu suchen ist, entstand eine Fülle von stilbildenden Prozessen, ohne deren Erforschung wir kaum einen Einblick in den inneren Reichtum der mittelalterlichen Kunst gewinnen und die Weite des von ihr im Sturme erregter Perioden oder in langsamem Wachsen zurückgelegten Weges übersehen dürften.

In dreifacher Beziehung kommen in der gotischen darstellenden Kunst, welche auch darin das Ergebnis der vorangehenden Entwicklung bedeutet, die aus den Quellen des Strebens nach übersinnlichen Verbindungen im geistigen Bewußtsein fließenden Kompositionselemente besonders deutlich zum Ausdruck: in der Reihung der Figuren, in ihrer Bewegung und in ihrem Verhältnisse zur Raumdarstellung.

Wie die Heiligenscharen, die eine gotische Kathedrale schmücken, inhaltlich eine sub specie aeternitatis gesehene sacra conversazione, eine Vereinigung in Zeit und Ewigkeit, im irdischen Wandeln und himmlischen Verharren bilden, zu der der Beschauer emporgehoben wird, so verknüpft sie auch formal nicht eine durch die Teilnahme an einem zeitlich und örtlich bestimmten Ereignis bedingte Gruppenbildung, sondern nur eine rhythmische Reihung. Wie magisch festgebannt stehen die Figuren in der Massenkomposition als im wesentlichen gleichwertige vertikale Schemen nebeneinander oder zuweilen auch in mehreren Reihen übereinander als koordinierte Glieder, ohne jede, einer realen Situation entsprechende Vereinigung, gleichsam im Raume schwebend, zuweilen zu Akkorden und zu Akkordfolgen verbunden, doch ohne abschließende formale Begrenzung, so daß die Reihen in der Einbildungskraft ins Unendliche fortgesetzt werden können.

Man pflegt auf einen tektonischen Zwang als Ursache dieser Anordnung hinzuweisen: Doch es handelt sich nicht, wie man angenommen hat, um einen konstruktiven Zwang, der zweifellos auch eine andere Verteilung und Gliederung des Statuenschmuckes gestatten würde. Es ist vielmehr ein geistiger Zwang, der den Bau und dessen Ausschmückung beherrscht und so stark ist, daß er selbst in Reliefs und Gemälden im Widerspruche zu dem, was darin erzählt werden soll, nicht ohne Einfluß geblieben ist, der den baulichen Organismus und die Statuen verbindet und doch auch in diesen wie in jenem selbständig waltet und zum Ausdruck kommt. Es ist gerade diese relative Verselbständigung der plastischen Bildungen, die als ein wesentlicher Fortschritt der Gotik gegenüber der romanischen Kunst angesehen werden kann. In dieser waren sie außerhalb ihrer verbalen Bedeutung mehr oder weniger ein mitklingender Ton in dem Choral der architektonisch rhythmisierten Baumassen: in der Gotik konnten sie aber stellvertretend und in eigener Machtsphäre die künstlerische Funktion der letzteren übernehmen – dies war der Ursprung und der Sinn einer neuen monumentalen Skulptur und statuarischen Kunst, deren Freiheit und Zukunft nicht in einem Zurückgreifen auf ihre antike Bestimmung, sondern darin bestand, daß für sie im Rahmen der neuen, innerlich festgefügten Welt der künstlerischen Bedeutsamkeit eine neue Aufgabe und durch diese eine Brücke zur monumentalen Wirkung und zu statuarischen Problemen gefunden werden konnte. Die Statuen nahmen die Form von Pfeilern an, weil dies der Weg war, ihren höheren, über Körpernachahmung stehenden künstlerischen Zweck zu erfüllen, über den wir durch jene rhythmische Reihung besonders anschaulich belehrt werden.

Wie in ein geometrisches Schema bei einer leonardesken Dreiecksgruppe wurden die Statuen einzeln, in Gruppen und in ihrer Gesamtheit in eine ideale Ordnung künstlerischer Zusammenhänge hineinkomponiert, die jedoch nicht wie bei den Meistern der Hochrenaissance auf einer äußeren formalen Einheit beruhte, in der durch die Kraft der in ihr verkörperten künstlerischen Einsicht natürliche Verbindungen und sinnliche Eindrücke zur gesteigerten künstlerischen Wirkung emporgehoben werden sollten, sondern auf der Annahme einer transzendenten Einheit aufgebaut wurde, zu der die Körper jenseits ihrer natürlichen, mechanischen und organischen Funktion und Verbindung in Beziehung gebracht wurden, indem sie der generellen Form und der Anordnung nach Erreger und Exponenten von ohne zeitliche Begrenzung in unendliche Räume projizierten Gedanken und Gefühlswellen geworden sind. Durch die Verknüpfung mit einer künstlerisch artikulierten Abfolge von tektonischen und plastischen Grundformen, die geeignet waren, die Richtung der geistigen Bewegung zu verkörpern, wurden die Menschen in eine Welt rein geistiger Vorgänge und Substanzen emporgetragen, deren künstlerisches Widerspiel derart beschaffen war – darin lag der Fortschritt der gotischen Kunst –, daß in seine ideale Konzeption und Struktur auch statuarische Lösungen einbezogen und dadurch neu monumentalisiert werden konnten. So wurden Figuren vom Beschauer aus in Pfeiler hineinkomponiert und die Pfeilerfiguren im Verhältnis zum Beschauer aneinandergereiht wie rhythmische Fugen einer zum Himmel aufsteigenden und nach allen Seiten ausklingenden Symphonie.

Zu ihrer Wirkung gehörte aber auch die Bewegung, die unabhängig von natürlichen Stellungs- und Bewegungsmotiven, zum Teil auch im Widerspruch dazu, Linien, Formen und Körper in eine einheitliche übernatürliche Bewegungsrichtung zusammenfaßt, sie als vom breiten Strome eines gewaltigen Bewegungsdranges ergriffen erscheinen läßt, demgegenüber die Schwere der Körper wie auch die Wirksamkeit der mechanischen und organischen Kräfte jede ausschlaggebende Bedeutung verlieren mußte. Dieser Bewegungsdrang wurde zunächst ähnlich wie in der Architektur in dem Vertikalismus und in den Proportionen der Figuren und Formen verwirklicht, die im Widerspruch zu wirklichen Maßverhältnissen der Körper in die Höhe gezogen sind und deren subtile, alles Lastende, jedes Herabweisen zur Erde vermeidende Schlankheit als Überwindung der materiellen Gebundenheit durch geistige Gewalten erscheint.

Dazu kam, als innerhalb des allgemeinen Sursum spezifisch statuarische Aufgaben und mit ihnen Bestrebungen nach einer weitergehenden statuarischen Gestaltung und Verlebendigung der Körper immer mehr Raum gewannen, eine engere statuarische und allmählich überhaupt figuralbildliche Bewegungsnorm der geschwungenen und sich biegsam und melodiös hinaufwindenden Körperlinie, deren zumeist in sanften Kurven, zuweilen aber auch in leidenschaftlicher Bewegtheit aufsteigender Verlauf in allen Konturen der

Glieder und Gewandung wiederklingt und später auch auf dekorative Formen übertragen wurde.
Dieses gotische Bewegungsaxiom entstand nicht, wie man anzunehmen pflegt, aus der Notwendigkeit, bewegte Figuren in der gegebenen Blockform unterzubringen, sondern verkörperte, ähnlich wie die Figura serpentinata der Manieristen des XVI. Jahrhunderts, eine vom Standpunkte der herrschenden künstlerischen Gesichtspunkte ideale Lösung der statuarischen Figurenbewegtheit. Ihr Vorzug bestand darin, daß sie es ermöglichte, die Körper in allen Punkten als Ausdruck einer Aufwärtsbewegung aus der ruhenden Lage zu bringen, und zwar – im Gegensatze zur Barockkunst – ohne Zuhilfenahme der natürlichen Körperdynamik, die in der gotischen Kunst der antimateriellen Idealität der Darstellung widersprochen hätte. In diesem Sinne gehörte die geschwungene gotische Linie der Körper und Formen, in die nebst neuen Voraussetzungen weit zurückreichende ästhetische Energien und Errungenschaften einmünden, zweifellos zu den Merkmalen einer neuen, übersinnlich-körperlichen Schönheit, die in göttlicher Immanenz sterbliche Formen auf leichten Schwingen einer lyrisch weichen, mystisch labilen und vergeistigten Überwindung aller irdischen Schwere in die Sphären einer unsterblichen Wesenhaftigkeit emporhob und die daher vor allem mit Gestalten verbunden wurde, die der mittelalterlichen Phantasie der höchste Inbegriff der himmlisch beseelten und beseligenden Schönheit und Grazie gewesen sind. Es ist kein Zufall, daß in ihrer höchsten und reinsten Inkorporation, in der Darstellung der Gottesmutter, zugleich jener Bewegungskanon in der prägnantesten und vollendetsten Ausbildung beobachtet werden kann.
Er war nicht der einzige. Darstellungen des Heilands und seiner Jünger, der Propheten und Kirchenväter – Männer, die das Erhabene der göttlichen Weisheit oder das im Jenseitsglauben begründete Ethos der Christenheit dem Beschauer vor Augen führen sollten – fehlt zumeist die schwebend leichte Biegung und wird durch eine wuchtig aufrechte Haltung ersetzt, die jedoch nicht ponderos wirkt, nicht wie bei verwandten antiken Motiven als ein festes und gewichtiges Stehen, sondern im Gegenteil als ein unaufhaltsames Emporwachsen und zuweilen auch geradezu

als ein schnurgerades Emporschweben erscheint. Dieser Eindruck wird durch einen widernatürlichen Kontrapost der oberen und unteren Körperhälfte der mit einem vorgesetzten Fuße in Diagonalstellung zum Beschauer dargestellten Figuren unterstützt. Der Kontrapost ist so wenig auffallend, daß er als unvereinbar mit einer organischen Körperbewegung bei flüchtiger Beobachtung kaum wahrgenommen wird, dennoch aber genügt er, um alle Formen leise aus ihrer ruhenden, durch das natürliche Kräftespiel bedingten Lage zu verschieben und die die Erscheinung der Figur beherrschenden Vertikallinien zum Ausdruck einer von jenem unabhängigen, frei schwingenden Bewegung zu gestalten. In Verbindung mit der Aufstellung der Figuren auf schmaler Basis oder oft auch in punto de' piedi und mit der geringen Betonung des Körperhaften wird auf diese Weise das antike Motiv des statuarischen, festen oder elastischen auf dem Boden Stehens in die Illusion eines im freien Raume sich in der Schwebe Haltens verwandelt.
Es war ein Vermächtnis der altchristlichen Kunst, göttliche und heilige Gestalten, wo sie in monumentaler Erhabenheit als Vertreter des Waltens übernatürlicher Mächte den Beschauer zu sich emporziehend erscheinen sollten, in traumhafter Entmaterialisierung schwebend darzustellen. Diesem Vermächtnis blieb man aber auch dann noch treu, als statuarische Körperhaftigkeit in den Kreis der künstlerischen Interessen wiederum einbezogen wurde. Aus seiner Grundkonzeption entwickelten sich die zwei führenden Bewegungsschemen der gotischen statuarischen Kunst, als Neuschöpfung das eine, das andere als Umdeutung des wichtigsten klassischen Standmotivs nach den Erfordernissen jener Konzeption und beide – Derivate der im geistigen Leben des Mittelalters wirksamen, durch die höhere Instanz des großen idealistischen Systems der gotischen Periode zu einer inneren Einheit verbundenen älteren und neuen, klassischen und christlich mittelalterlichen Elemente – als Ausgangspunkt der wichtigsten statuarischen Lösungen und der ganzen späteren statuarischen Kunst, deren Ursprung uns demgemäß in einem neuen Lichte sich darstellen dürfte.
Aus der Einbeziehung des körperlichen Seins in den die Welten und Zeiten vereinigenden Flug ins Transzendente,

der die substantielle Form den Maßstäben und Gesetzen einer ersehnten Unendlichkeit unterworfen hat, ist ein neuer Begriff und Inhalt der statuarischen Monumentalität entstanden, der nicht eine Rückkehr zum Klassischen war und auch nicht als solche, sondern seinen Schöpfern als der Antike übergeordnet erscheinen mußte. Die künstlerischen Absichten und Probleme der statuarischen Kunst, wie sie der griechische Geist erfunden hat, konnten der neuen monumentalen Freiplastik des Mittelalters, wie die Systeme der griechischen Weisen dem mittelalterlichen Denken, nur ein Hilfsmittel in der Lösung von Aufgaben sein, die ihr als die höheren gegolten haben: dadurch wurden sie in die neue Entwicklungslinie der europäischen Kunst wieder eingeführt und konnten sich in der Folgezeit, als sich die ursprüngliche Bindung einigermaßen gelockert hatte und durch eine andere, ihnen näherstehende ersetzt wurde, zu einer relativen Selbständigkeit neu entwickeln und sich ihrer antiken Bedeutung wieder nähern, in der Ausbildung der formalen Errungenschaften sie sogar weit überbieten, ohne jedoch tatsächlich je zu ihr wirklich zurückzukehren. Denn man konnte nie mehr in dem Maße wie in der Antike das monumental Bleibende als objektiv und substantiell außerhalb unserer geistigen Stellungnahme verkörpert darstellen, nachdem man gelernt hatte, es im letzten Grunde aus der ideellen Erkenntnis der über das Einzelobjekt hinausgehenden Zusammenhänge abzuleiten und auf das innere Leben des Menschen zu beziehen, was wohl theoretisch bereits in der idealistischen Spekulation der griechischen Philosophie gefordert wurde, doch erst aufgrund der alle Lebenswerte umfassenden, christlich-idealistischen Weltanschauung ein bleibendes geistiges Gemeingut der Menschheit geworden ist.

Auch in der Darstellung des Verhältnisses der Figuren zu ihrer räumlichen Umgebung können wir einen ähnlichen Sachverhalt beobachten. Es sind drei innerlich zusammenhängende Eigentümlichkeiten, die dabei hauptsächlich ins Auge fallen und an Gemälden besonders deutlich beobachtet werden können. Wohl wurde die Wiedergabe der räumlichen Szenerie im Vergleich zu der zwischen vollständiger Auflösung und Annäherung an antike Formeln schwankenden Regellosigkeit der vorangehenden Stilstufen einheitlicher und geregelter, in einzelnen Motiven naturtreuer und organischer in deren Verbindung. Dabei war aber dieser Fortschritt durchaus nicht mit einem folgerichtigeren Aufbau und mit einer stärkeren räumlichen Wirkung der einer dargestellten Situation entsprechenden natürlichen Bühne verbunden! Man bemühte sich im Gegenteil, jede räumliche Vertiefung des Bildes nach Möglichkeit auszuschalten, so daß die Figuren und die kulissenartig zusammengezogenen Bauten aneinander zu kleben scheinen, die letzteren aber auch oft nur eine architektonisch gegliederte Einrahmung der figuralen Komposition bilden und dem Gemälde das Gepräge einer auf die Wiedergabe der räumlichen Tiefe verzichtenden Flächendekoration verleihen.

Das bedeutet jedoch nicht, daß die frühgotische Malerei und Plastik auf jede räumliche Wirkung verzichtet haben. Davon kann keine Rede sein: nur war das Verhältnis der Figuren zum Raum anders beschaffen als in der antiken oder neuen Kunst, von der aus wir in der Beurteilung der Raumwiedergabe auszugehen pflegen. Zu den charakteristischen Zügen der frühgotischen Malerei gehört das Bestreben, die Komposition nicht in die Bildfläche hinein, wie wir es gewohnt sind, sondern aus der Bildfläche heraus zu entwikkeln. Die Figuren, zum mindesten jene, die in der dargestellten Begebenheit die wichtigsten sind, werden in der Regel nicht auf der horizontalen Ebene eines in die Tiefe sich hineinziehenden Bodenausschnittes untergebracht, sondern stehen auf dem äußersten Rande des Bildes, den inneren Rahmen der bildmäßigen Begrenzung vielfach überschneidend, so daß sie nicht hinter, sondern vor der durch den Malgrund gegebenen Bildfläche sich zu befinden scheinen, als ob sie einer Kraft folgen würden, die sie aus der Bildtiefe dem Beschauer entgegenschiebt und auch die hinter ihnen befindlichen Gegenstände dicht an sie herandrängt.

Kann man unter diesen Umständen überhaupt noch von Bildtiefe sprechen? Es ist da auf eine zweite Eigentümlichkeit der gotisch bildmäßigen Erfindung hinzuweisen, auf den Teppichhintergrund, der regelmäßig mit der geschilderten Anordnung der Figuren verbunden wird. Er ist gewiß nicht naturalistisch, etwa als Abschluß eines Innenraumes aufzufassen, da er auch bei landschaftlichen Szenerien

oder als Folie für die Andeutung von atmosphärischen Erscheinungen angewendet wird. So bedeutet er aber kaum etwas anderes, als er tatsächlich ist, nämlich eine ornamental geschmückte Fläche, vor der die Figuren stehen und räumlich verbunden werden, ähnlich wie die gotischen Statuen vor der Fassadenwand. Man könnte vielleicht Correggios scheinbar vor der baulichen Masse im Kirchenraume schwebende Kirchenväter und ihre ganze barocke Deszendenz zum Vergleiche heranziehen, nur handelte es sich in der Gotik nicht wie bei Correggio und seinen Nachfolgern um die Darstellung eines einzelnen, wunderbar visionären Ereignisses, sondern um eine allgemeine kompositionelle Gesetzmäßigkeit, deren Bedeutung nicht zweifelhaft sein kann, wenn man ihre Entstehung wie auch ihre Übereinstimmung mit ähnlichen Erscheinungen in der gleichzeitigen Skulptur in Betracht zieht.
Ihre Anfänge sind in der spätantiken Kunst zu suchen, zu deren wichtigsten Neuerungen nach Riegl „eine Isolierung der Formen in ihrer dreidimensionierten vollräumigen Abgeschlossenheit gegenüber der Grundebene und die daraus sich ergebende Emanzipation der Intervalle zu zählen ist". Ähnliches gilt wohl auch für das Verhältnis der gotischen Figuren zum „Grunde", von dem sie sich loslösen, so daß eine Raumschicht zwischen ihnen und dem Hintergrunde den Eindruck einer freien räumlichen Umhüllung der dreidimensionalen Form zu erwecken vermag. Doch wenn auch in jener fundamentalen Wandlung die Wurzeln der gotischen räumlichen Komposition zweifellos zu suchen sind, so ist sie doch nicht nur als ein Fortbestehen der altchristlichen Grundsätze aufzufassen.
Vergegenwärtigen wir uns die Unterschiede. In der spätrömischen Kunst beruhte die Entwicklung der Raumdarstellung darauf, daß die kubische, dreidimensionale Form in Werte, die der transitorischen Erscheinung im Raume entsprechen, verwandelt und als solche zu den optischen Werten des sie umgebenden freien Raumes in Beziehung gesetzt wurde. Das Meßbare, Tastbare, auf die kubische Raumverdrängung Hinweisende hat seine Kraft und Macht verloren und wurde durch optischen Schein, durch Auflösung der Formen in Farbenwerte, in Licht und Schatten, in Linien, die nicht Formbegrenzung, sondern Raumvorstel-

lung bedeuten, ersetzt, was naturgemäß dazu führen mußte, daß auch das Verhältnis zu dem die Figuren umgebenden, nicht materiell begrenzten Raume, zu der Raumschichte, in der sie sich befinden, in die Darstellung einbezogen wurde. Fast körperlos, in vergeistigter Entmaterialisierung trennen sich die Gestalten vom Hintergrunde und ordnen sich überall, wo sie gedankenhafte Einheiten darstellen sollen, in eine ideelle Sehebene ein, in der sie sich wie eine Reihe paralleler visueller Phantome von einer idealen, ebenfalls nur als ein optischer Eindruck dargestellten Raumzone abheben.
Der Raum wurde auf diese Weise eine ideale Hintergrundsfolie, der Ausdruck einer Tiefenorientierung, die nicht durch einen geschlossenen Raumabschnitt gegeben ist, sondern als eine abstrakte Tiefenbewegung im unbegrenzten Raume erscheint, in welche die Figuren eingestellt werden, um, indem sie die Bewegung für einen Augenblick hemmen, in einer traumhaft unkörperlichen, doch lebendigen Plötzlichkeit und Unmittelbarkeit den Blick des Beschauers zu fesseln und in der gewollten Richtung zu leiten. Eine ähnliche Rolle spielte die räumliche Umgebung in der spätantiken Kunst auch, wo sie zwischen den einzelnen Figuren als „Intervall" zur Geltung kam. Auch da bedeutet sie in erster Linie den Rahmen der Form und als solcher ein trennendes Element. Soweit sie ein selbständiger ästhetischer Faktor wird, erscheint ihre Funktion als jener der materiellen Form koordiniert und führt zu dem für die altchristliche Kunst so bezeichnenden rhythmischen Wechsel von Form und Raum, Licht und Schatten, der die kubische Form in Fläche und diese in den Spiegel einer bestimmt gerichteten oder nach allen Seiten ausstrahlenden Bewegung von Raum und Form gestaltet.
So bestand der Fortschritt in der Raumwiedergabe der klassischen Kunst gegenüber hauptsächlich darin, daß sie sich aus dem Attribut eines lokal begrenzten räumlichen Zusammenhanges in seiner gegenständlich objektiven Bedeutung in ein generell künstlerisches Ausdrucksmittel verwandelte, das, seiner ursprünglich naturalistischen Bedeutung allmählich entkleidet, in der neuen christlichen Kunst immer mehr dazu dienen mußte, im allgemeinen die materielle Konsistenz und mechanische Verankerung der Körper und

einzelnen Formen in einer materiellen Raumrekonstruktion aufzulösen, ihre Verbindung mit einem individualisierten räumlichen Ambiente durch eine universell räumliche Wirkung zu ersetzen und diese mit abstrakten Raumwerten alternieren zu lassen. Dadurch wurde ein Mittel gewonnen, in malerischen und plastischen Darstellungen alles am körperlichen Dasein und Sinnesleben Haftende der neuen psychozentrischen Auffassung unterzuordnen, die, von dem Glauben an einen übersinnlichen Zusammenhang der Dinge ausgehend, auch in der Kunst nach abstrakter und supranaturaler Gesetzmäßigkeit und Bedeutsamkeit auf antimateriellen Grundlagen streben mußte.
Es ist klar, daß diese Erschließung des Freiraumes als integrierender Reversseite jeder formalen Erfindung nicht mit der naturalistischen Forderung der neuzeitlichen Kunst, jeden Gegenstand als Teilerscheinung eines Raumausschnittes darzustellen, verwechselt werden kann. Doch die grundsätzliche Basis für das neuzeitliche Prinzip wurde in der Zeit der großen geistigen Umwälzungen, die von der Antike zum Mittelalter hinüberleiten, geschaffen und auf diese Weise in voller Bedeutung des Wortes der Kunst eine neue Bahn erschlossen, auf der sie, wie einst die archaisch griechische der altorientalischen gegenüber, das Maß der erreichten Vollendung in den Wind schlagend, tatsächlich „vom Anfang an" aus einem Urstadium zu neuen Möglichkeiten und Errungenschaften fortschreiten konnte, die sicher nicht, soweit es sich um das Mittelalter handelt, in einer Annäherung an die Natur, sondern in einer generellen Weiterbildung der neuen künstlerischen Raumfunktion bestanden haben, deren Geschichte einen tiefen Einblick in das Wesen und die Entwicklung der mittelalterlichen Kunst gewähren dürfte.
Um den bis zur Gotik nach dieser Richtung hin zurückgelegten Weg zu übersehen, empfiehlt es sich, noch einmal zu der monumentalen Skulptur der gotischen Periode zurückzukehren. Eine grundlegende Neuerung lag darin, daß die Figuren nicht mehr in ein ihre Materialität verschleierndes System von optischen Form- oder Raumandeutungen, in schattende Tiefen und helle Erhebungen, neutrale Flächen und unkörperliche Linien, die als antimaterieller Reflex eines räumlichen Geschehens wirken, zergliedert und

aus diesen Elementen, wie es das künstlerische Spiel oder besser gesagt das supranaturale Bekenntnis forderte, ohne Rücksicht auf Naturtreue neu zusammengefaßt, sondern als kubische Körper erfunden werden, die auch als solche in ihrem Verhältnis zum Raume wirken sollen. Nicht schwer ist, in ihrer möglichst frontalen, in einer Tiefenzone parallel zur Hintergrundfläche verlaufenden Reihung, die weder mit der klassischen Reliefplastik noch mit der klassischen, auf sich allein beruhenden Isolierung der Statuen etwas zu tun hat, die Abstammung von dem spätantiken und im ganzen Mittelalter weiter wirksamen kompositionellen Prinzip der Einstellung der Figuren in eine zum vertikalen Durchschnitte eines idealen räumlichen Hintergrundes parallel verlaufende Sehebene zu erkennen. Doch die Figuren stehen nun materiell in ihrer ganzen tastbaren plastischen Beschaffenheit vor der Fassadenmauer oder einer anderen Wand, von der sie tatsächlich durch eine Raumschichte getrennt wurden: das heißt, es handelt sich nicht mehr um einen generellen idealen Raumbegriff, wie in der spätantiken und frühmittelalterlichen Kunst, sondern um einen wirklichen, dreidimensionalen Raum, in dem sich kubische Körper ausbreiten, räumliche Vorgänge abspielen können und der vor allem auch dem Beschauer in mannigfacher Relativität erscheint, wie sie der individuellen Wahrnehmung eines realen Raumabschnittes eigentümlich ist.
Es münden da Entwicklungslinien der romanischen Kunst ein, in der mehr oder weniger die Stofflichkeit und materielle Räumlichkeit der Formen, ihr ruhendes Beharren und freies räumliches Sichentfalten eine neue Rolle zu spielen begonnen haben, ein stärkeres Objektivisieren der dreidimensionalen Funktion der Körper angestrebt wurde, was teilweise zu einer neuen Annäherung an die klassische und noch mehr an deren christianisierte Enkelin, die byzantinische Kunst, führen mußte. Antike Naturtreue und Formenvollendung blieben nach wie vor jenseits der künstlerischen Interessen, doch die plastische Rundung der Körper, wie man sie an älteren antiken Kunstwerken beobachten konnte und die die neu hellenisierte spätantike Kunst in Byzanz treuer bewahrte, Standmotive, welche geeignet waren, Figuren als eine im kompakten Volumen gegliederte und bewegte Einheit zu veranschaulichen – die spezifischen Pro-

bleme der plastischen Form wurden in der romanischen Skulptur und Malerei unter neuen Voraussetzungen und neben anderen neuen Entwicklungsmomenten allmählich wieder lebendige Faktoren und wirkten darauf ein, daß sich im Rahmen der alten Kompositionen die Figuren immer mehr aus Schemen einer räumlichen Erscheinung zur Wiedergabe der haptischen Körperlichkeit und Vollräumigkeit entwickelt haben.

Dazu kam jedoch noch etwas anderes.

Die geschilderte Wandlung war nicht verbunden mit einer Loslösung der neuen formalen Gebilde und der ihnen zugrunde liegenden Probleme aus dem höheren Komplex räumlicher Werte, der seit der römischen Kaiserzeit die führende Macht in der künstlerischen Gestaltung geworden ist. Darunter sind nicht die Überreste der Wiedergabe einer naturalistischen Szenerie zu verstehen, die auf gelegentliche gegenständliche Andeutungen beschränkt waren oder sich ebenfalls in eine höhere kompositionelle Einheit einfügen mußten; sondern die räumliche Unterordnung bestand in einem alle Teile umfassenden und ihre künstlerischen Aufgaben bestimmenden idealen räumlichen Zusammenhang, demgegenüber auch die neue, auf Elementen der tastbaren Substantialität und Raumverdrängung beruhende Formenbildung unantik, ein im Grunde unselbständiger Koeffizient geblieben ist. Nie wäre es einem romanischen Künstler eingefallen, ihr zuliebe jenes Verhältnis zwischen Form, Raum und Raumbegrenzung, zwischen statischen Kräften und rhythmischer Bewegung im Raume, zwischen toter Masse und dem sie formenden und über sie hinweggleitenden Strom durchgeistigter Ordnung und Bedeutsamkeit zu stören, welches der tiefste Sinn und Zweck der romanischen Kunst gewesen ist. Wohl hat aber eine ähnliche Metamorphose wie die Figurenbildung auch die große raumgestaltende Kunst ergriffen, wodurch tektonische und plastische Glieder und Formen eine veränderte Bedeutung für die ganze räumliche Konfiguration, für den Raum selbst und dessen Begrenzung gewonnen haben, indem sie jenem und dieser gegenüber, also auch in Verbindung mit einem einheitlichen großen Raumgebilde, in höherem Maße als früher die räumliche Illusion durch eine objektive, real räumliche Existenz und Wirkung ersetzten. Die Pfeiler einer romanischen Kirche sind nicht nur Glieder einer rhythmischen Bewegungslinie, sondern nicht minder schwere, massige Körper, die die Vorstellung des voluminösen Stehens und Sichausbreitens in einem realen Raum erwekken.

Idealismus und Naturalismus in der Gotik

Die Wand zerfällt in Travéen, durch die dasselbe Bestreben, die Komposition in kubisch wirksame Einheiten zu zerlegen, auch auf die Raumbegrenzung, auf die bis dahin im wesentlichen glatt fließende Hintergrundsebene, ja, bis zu einem gewissen Grade auch auf den begrenzten Raum selbst übertragen wird, der sich aus einem unbestimmten Idealraum in ein System von Raumeinheiten verwandelt hat, denen die Vorstellung eines meßbaren, als Raumkörper wirksamen Raumausschnittes zugrunde lag.
In der Gotik zog man aus dieser Umbildung die radikalsten Folgerungen, die zugleich einen Bruch mit der Vergangenheit und den Anfang einer neuen Entwicklung bedeuten. Die begrenzende Mauer verschwindet ideell, das heißt hört auf, ein ästhetisches Mittel zu sein, und wird soweit als nur möglich durch plastische Körper und durch Freiraum selbst ersetzt. Die Schranken zwischen der inneren, gegen alles irdisch Relevante abgegrenzten Bühne religiöser und künstlerischer, im räumlichen Geschehen sich vollziehender Vorgänge und geistiger Erlebnisse und der Außenwelt, zwischen einem idealen und dem wirklichen Raume sind gefallen, womit natürlich auch das ganze kunstvolle Spiel verschwinden mußte, das in der romanischen Kunst basilikale Anlagen in ein gebundenes System von geometrisierten Raumschemen verwandelt hat. Wie in altchristlichen Bauten die Säulen, reihen sich in gotischen Kathedralen die Pfeiler als eine ununterbrochene rhythmische Abfolge von tektonischen Einzelkörpern aneinander, was den Anschein erwecken könnte, als ob sich die christliche Kunst in dieser Beziehung ihrem Ausgangspunkte wieder nähern würde. Doch wieviel lag dazwischen! Denn nicht aus der Beziehung zu einem gegebenen und begrenzten, von allem anderen abgesonderten idealen Raumbereich entsprang die

künstlerische Bestimmung und Gestalt dieser gotisch peristylen Anlagen, wenn wir sie so nennen dürfen. Sie waren nur an den unendlichen, universellen Freiraum in seiner realen Größe und Ausdehnung, mit seinen a priori unbegrenzten, alles relativierenden Maßstäben gebunden: da wachsen sie in übernatürlicher Kraft und Ordnung vom Boden in weite Höhen, erstrecken sich in ferne Tiefen, und wenn sie sich – die Emanation der materiellen Endlichkeit im ewigen, grenzenlosen Weltraume – gewaltige Hallen bildend zueinander neigen und zusammenschließen, um das Gotteshaus, die Stätte des in die Sphäre des rein Geistigen emporstrebenden Bewußtseins, wie einen heiligen Hain gegen alles Profane abzugrenzen, so bedeutet diese Abgrenzung nicht mehr einen Abschluß, der unüberschreitbar unvereinbare und unvergleichbare Welten trennt. Sie beruht nicht auf Gegenüberstellung, sondern auf Verbindung, und was sie einrahmt, doch nicht isoliert, ist ein Ausschnitt aus dem unbegrenzten Weltall, der dadurch, daß ihn Zusammenhänge einer übersinnlichen Gesetzmäßigkeit im Bereiche der sinnlichen Wahrnehmung erfüllen, in ein künstlerisches Medium, in eine Quelle der künstlerischen Empfindung und Bedeutsamkeit verwandelt wurde. Daraus ergeben sich folgende Stadien in der mittelalterlichen Entwicklung des Verhältnisses zwischen formaler und räumlicher Komposition:

1. In der christlichen Antike und im beginnenden Mittelalter: abstrakte geistige Verknüpfung und Bewegung entmaterialisierter Formen im idealen Raumambiente.
2. In der romanischen Kunst: Einordnung koordinierter kubischer Formen und idealer, doch kubisch gedachter Raumkörper in ein abstraktes Kompositionsschema.
3. In der Gotik: ideale Verbindung von kubischen Formen in einem realen Ausschnitt aus dem unendlichen Raume.

So hatte aber dieser merkwürdige Werdegang den ersten Schritt zur Erschließung des natürlichen, alles umfassenden, unbegrenzten Weltganzen zur Folge, den ersten Schritt zu jener die Neuzeit beherrschenden Anschauung, die in ihm die höchste Einheit sieht, der gegenüber alle Einzeldinge und Naturphänomene nur Teilerscheinungen sind. Welche Horizonte dadurch dem künstlerischen Sehen und geistigen Leben eröffnet wurden – von der Entdekkung der Majestät eines „die Seele erweiternden Rundblikkes vom Mont Ventoux“ bis zur Überwindung des Geozentrismus und dem Evangelium jener Weltanschauung, für die die ewigen natürlichen Prozesse im Universum den Ursprung aller Lebensformen, ihre Erforschung den Weg zur Erkenntnis, ein Sichversenken in sie eine geistige Erhebung bedeuten –, muß wohl nicht geschildert werden, wogegen es mir wichtig zu sein scheint, noch einmal zu betonen, daß die Wurzeln dieser Entwicklung, und das gilt auch für ihre spekulativen Anfänge, in dem transzendenten Verhältnisse des Mittelalters zum ewigen, unendlichen Weltall, der notwendigen Ergänzung des unendlichen Gotteswirkens, zu suchen sind.

Es war also, um auf den Ausgangspunkt dieser Betrachtung wieder zurückzugreifen, eine dem Beschauer gegenüber orientierte Verbindung von plastischen und tektonischen Formen im unbegrenzten, realen Freiraume, die der räumlichen Erfindung der gotischen Bildwerke zugrunde lag. Daraus erklären sich viele ihrer Züge: der tiefere Sinn des in den Block, in ein räumliches Volumen Hineinkomponierens der Figuren, das nicht nur die Gotik beherrschte, sondern auf welches man auch später zurückgriff, wo es sich darum handelte, die volle räumliche Wirkung der Körper prägnant und künstlerisch gesteigert zum Ausdruck zu bringen. Auch die neuen künstlerischen Beziehungen der Statuen zu dem Baue, den sie zu schmücken haben, werden dadurch verständlich. Die Mauer, vor der die Statuen stehen, wird, wenn sie überhaupt zur Geltung kommt, möglichst gegliedert, wobei die Proportionen der Figuren keine Rücksicht auf die zumeist, wie die landschaftlichen Hintergründe in den Gemälden, im Verhältnis zu den Gestalten disproportionierten Motive dieser Gliederung nehmen, wohl aber im Einklang mit der durchgehenden, freiräumlichen Disposition des Baues stehen. Die Hintergrundswand sollte eben weder als eine Reliefebene noch als ein abschließender architektonischer Rahmen, sondern als eine neutrale Hintergrundskulisse wirken, die, soweit sie nicht ganz vermieden werden konnte, auch künstlerisch nicht mehr war als ein räumliches Zwischenglied, welches zugleich als nicht unüberwindbarer Widerstand auf dem Wege der vom Beschauer aus gerichteten Tiefenprojektion mutatis mutan-

dis, ähnlich wie Mittelgrundsfiguren in späteren perspektivierten Konstruktionen, nur nicht auf naturalistischem Wege, die angestrebte räumliche Verbindung und Wirkung der Statuen um so wirksamer erscheinen läßt. Zuweilen verzichtet man aber, wo es durchführbar ist, ganz darauf, indem man einzelne Figuren oder, besonders häufig bei den Reliefs, die ganze figurale Komposition in eine tiefe Nische, wie auf eine Bühne, deren Wände im Schatten verschwinden, also in einen tatsächlichen, scheinbar unbegrenzten und doch künstlerisch mit der Darstellung verknüpften Raumausschnitt stellt, ein Verfahren, das uns die grundsätzlich neue Verkettung von Kunst und Wirklichkeit, Geist und Materie, aus der es hervorging und die die Wiege einer neuen künstlerischen Naturauffassung werden sollte, in ihren elementaren, idealistisch bedingten Anfängen besonders drastisch vor Augen führt.
Nun dürfte aber auch das Verhältnis zwischen Form und Raum in der frühgotischen Malerei verständlich sein. Der Hintergrund und zumeist auch der Rahmen der Darstellung waren von sekundärer Bedeutung dafür. Ihre Aufgabe bestand darin, die Freiräumigkeit der Figuren hervorzuheben, eine Raumschicht zwischen sie und den Hintergrund zu schieben, wobei sie selbst jedoch, was in ihrer farbigen Behandlung und Musterung zum Ausdruck kommt, weder als reale Raumgrenze noch als Andeutung eines Idealraumes, wie in der altchristlichen Kunst, zu deuten sind, sondern dem eigentlichen Raumzusammenhange, der freien Verbindung dreidimensionaler Körper in einem Ausschnitt aus dem unbegrenzten Universum gegenüber das bleiben, was sie materiell sind, der Malgrund, die Wand- oder Pergamentfläche, die zuweilen höchst prunkvoll in Gold und herrlichen Farben, doch immer so geschmückt wird, daß der Charakter einer materiell gegebenen, doch für die angestrebte Erfindung und Verbindung der Objekte im Raume an sich nebensächlichen Malfläche keinem Zweifel unterliegen kann.
Es gibt einen Beweis für diese Deutung, wie er kaum merkwürdiger und überzeugender gedacht werden kann. Die eigentlichste Schöpfung der Entwicklung der Malerei im Übergang von der romanischen Periode zur Gotik und der reinste Inbegriff der malerischen Ziele der letzteren waren

Glasgemälde. Daß diese so spröde, schwierige und ungewöhnliche Art der Malerei eine so große Bedeutung und Vollkommenheit erlangte, erklärt sich nicht zuletzt daraus, daß sie in vielfacher Beziehung wie keine andere dem, was man in erster Linie künstlerisch von der Malerei verlangte, entsprochen hat. Die großen gotischen Glasfenster bilden Wände, die keine Wände sind, sie begrenzen den Kirchenraum, stellen aber zugleich eine Verbindung mit dem unbegrenzten Weltraum her. Die Verbindung wird, und dies ist eine nicht minder weittragende Neuerung als die Eroberung des Freiraumes, durch das natürliche einfallende Licht vermittelt, welches jedoch dadurch, daß es die farbigen Scheiben durchdringen muß, farbig verändert wird und in übernatürlich leuchtender Kraft von den Gestalten der Gemälde auszustrahlen scheint. Und diese Gestalten selbst, in den Konturen und Flächen am eindringlichsten in jene monumentale Begrifflichkeit, in jene ideenhafte Klarheit, Vollendung und Harmonie übertragen, die das gotische Ideal der Personifikation des Göttlichen war, treten wie aus weiten Fernen kommend, als himmlische Gäste, strahlend „wie nichts anderes", aus der Dämmerung, die alle Grenzen verwischt, hervor, Sendboten der zeitlichen und räumlichen Unendlichkeit und ein Wunder der geistigen, übermateriellen „Verklärung", dessen Werkzeuge die Erscheinung im realen unbegrenzten Raum und das ihn erfüllende und durchdringende Licht geworden sind.

„Es gibt in der ganzen sichtbaren Welt kaum einen mächtigeren Stimmungseindruck", – es sind dies Worte Julius Langes, dem wir eine glänzende Charakteristik der mittelalterlichen Glasmalerei zu verdanken haben – „als man ihn von einem großen gotischen Kircheninnern gegen Abend empfängt, wenn alles im Raum nur undeutlich im Dunkeln schimmert und das Auge nichts weiter sehen kann als jene klaren, leuchtenden Gestalten, die oben im Westen in strengen, feierlichen Reihen oder in mystischen Linienkombinationen schweben, wenn die Abendsonne brennend darauf fällt. Da wird das Gefühl von Feuer durchglüht, und alle Farben singen und jubeln und schluchzen. Das ist in Wahrheit – eine andere Welt."

Doch diese andere Welt, fügen wir hinzu, die die Seelen zu sich emporreißt, gab auch dem unmittelbaren sinnlichen

Erleben einen neuen künstlerischen Inhalt, und wenn Lange mit Recht hervorhob, das Geniale der gotischen Glasmalerei bestehe darin, „daß die Menschen des Mittelalters infolge der vorherrschenden Geistesrichtung ein natürliches Mittel fanden, um den Eindruck des Übernatürlichen hervorzurufen", so wäre dies dahin zu ergänzen, daß umgekehrt die neuen natürlichen Koeffizienten jener Apotheosen durch die Verbindung mit dem Erhabensten, was nach mittelalterlicher Anschauung dem menschlichen Auge zu sehen beschieden war, auch dessen Teil geworden sind und von da an einen dauernden Bestand unter den höchsten geistigen Gütern der Menschheit gebildet haben.
Als die transzendente Bedingtheit in den Hintergrund trat, wurde dieser Bestand auf sich selbst gestellt: – die bis zur Grenze des Sichtbaren am Horizonte über Gottesnatur und Menschenwerk hinweg den Blick leitende Raumweite, der Zauber des Lichtes, der die irdischen Dinge mit festlichem Glanze oder wie mit einem Märchenschleier umhüllt, sie mit feinen Fäden im Raume versponnen im Spiegel des ewigen kosmischen Seins und Lebens, der individuellen Einflußnahme oder Selbstbestimmung entrückt erscheinen läßt und die Vorstellung einer traumhaften Stille, eines Jenseits von Wollen und Handeln erweckt, wurden selbst das ergreifbare Wunder, das die Kunst den Menschen zu enthüllen vermag.
Es wäre verlockend, der schöpferischen Kraft des mittelalterlichen Spiritualismus noch weiter nachzugehen, die (und nicht nur in der Kunstgeschichte) bisher viel zu wenig berücksichtigt wurde, doch für unsere Betrachtung dürfte es genügen, sie an den wichtigsten allgemeinen Stileigentümlichkeiten der frühgotischen Malerei und Skulptur dargelegt zu haben.
Gemeinsam war diesen Eigentümlichkeiten die unlösbare Verbindung des geistigen und formalen Inhaltes der Kunstwerke mit subjektiven, psychischen Vorgängen, was wohl ein Vermächtnis der ganzen christlichen Kunst von ihren Anfängen an war, doch durch die Einbeziehung natürlicher Daseinswerte, wie wir hören werden, eine neue Bedeutung erhalten hat. Die Worte des heiligen Thomas von „der Stimme Gottes in uns, welche uns lehrt, richtig und sicher zu erkennen", sind nicht nur das Bekenntnis einer religiö-

sen Offenbarung: es liegt in ihnen zugleich eine allgemeine Erkenntnislehre, in der der Anfang vom Ende des ganzen stolzen thomistischen Gedankenbaues enthalten war.

II. Das neue Verhältnis zur Natur

Auf der gewaltigen Unterlage des mittelalterlichen Spiritualismus, dessen Bedeutung für die Kunst wir vorläufig mehr ahnen als wirklich kennen, vollzog sich nicht nur gegenständlich, sondern auch formal seit dem XII. Jahrhundert die Rückkehr zur Natur, zur sinnlichen Welt. Sie beruhte, wie schon angedeutet wurde, auf dem allgemeinen geistigen Ausgleich mit dem Diesseits, das man als Schauplatz verdienstvoller Taten und als notwendige Vorstufe des ewigen Seins der Auserwählten gelten ließ. In der Kunst kam dieser Ausgleich darin zum Ausdruck, daß die Natur nicht mehr grundsätzlich als bedeutungslos für die Auffassung der künstlerischen Aufgaben angesehen, sondern diesen unter bestimmten Einschränkungen neu erschlossen wurde.
Am deutlichsten tritt uns diese Wandlung mit den mit ihr verknüpften Neuerungen in der Menschendarstellung entgegen, deren Fortschritte wir wiederum zum mindesten in der ersten Periode klarer an plastischen Arbeiten übersehen können als an Gemälden, wo alte, auf anderen Voraussetzungen beruhende Kompositionen länger mitgewirkt haben. (Später wurde das Verhältnis umgekehrt.) Die Konzentration der Interessen auf überweltliche Wahrheiten hatte im frühen Mittelalter zur Folge, daß der Körper nur eine ganz untergeordnete Rolle spielte und in künstlerischen Darstellungen, wie in der altgriechischen archaischen Kunst, einen leblosen, starren, blockartigen Charakter angenommen hat. Nicht die stark bewegten Gestalten, die das Mittelalter hie und da als ein Erbe der großen historischen Zyklen der frühchristlichen Kunst verwendet hat, ähnlich wie in der Kunst der Gegenwart barocke Motive weiterleben, sondern die strengen Axialfiguren, die, ebenfalls ein Vermächtnis der altchristlichen Antike, sich an den Beschauer wenden und untereinander nur lose durch Gesten, enger aber durch innere gemeinsame geistige Potenz ver-

bunden sind, verkörpern den stilistischen Fortschritt der mittelalterlichen Kunst sowohl in der Skulptur als auch in der Malerei.
Als sich die geistige Orientierung wiederum dem Menschen in seinem diesseitigen Dasein zuzuwenden begonnen hat, wurden die erstarrten Menschensymbole wieder lebendig, doch nicht dadurch, daß man sie auf ihren klassischen Ursprung zurückgeführt oder daß die Kunst einen ähnlichen Weg eingeschlagen hätte wie die griechische, als sie den altorientalischen und eigenen archaischen Gebilden einen stärkeren Grad der unmittelbaren Vitalität abzuringen sich bemühte. Bei den Griechen beruhte diese Verlebendigung in erster Linie auf der Beobachtung und Darstellung der physischen Bewegungsmotive, die, in bestimmten bildlichen Vorstellungen gegeben, auf ihre natürliche Gesetzmäßigkeit und Ursächlichkeit, auf ihre organische Verbindung und die ihnen zugrunde liegenden Willensakte zurückgeführt wurden, so daß der Mensch nur im Spiegel des materiellen Geschehens als geistiges Wesen künstlerisch erschlossen wurde. Dies konnte in der neuen gotischen Kunst ihrer ganzen Vorgeschichte nach, die in der Überwindung des antiken künstlerischen Materialismus bestand, zunächst gar nicht in Betracht kommen.
So behalten auch die Statuen oder gemalten Einzelfiguren noch lange den blockartigen Charakter, und in der Darstellung der physischen Bewegungsmotive kann bis zum Eindringen der Renaissance die größte Gebundenheit beobachtet werden, der gegenüber einzelne kleine Errungenschaften kaum in Betracht kommen. Es war also ein anderes Mittel, durch welches das Leblose, kristallinisch Unbewegte der älteren mittelalterlichen Figuren überwunden wurde, und dieses Mittel war die geistige Belebung. Durch den Ausdruck des Geistigen, sei es im allgemeinen als Darstellung einer verbindenden geistigen Tendenz, sei es im besonderen als Wiedergabe des geistigen Kontaktes oder als geistige Charakteristik, wurde den toten Gebilden ein neues Leben eingehaucht. Der neue nachantike Naturalismus geht von der Auffassung des Menschen als geistiger Persönlichkeit aus: das ist die fundamentale Tatsache der neuen Kunstentwicklung, die auch auf das ganze Verhältnis zur Natur einen ausschlaggebenden Einfluß ausüben

mußte. Es war dies die notwendige Folge der ganzen Entwicklung der christlichen Kunst, die von ihren Anfängen an, wie schon hervorgehoben wurde, der Erfindung der Figuren und ihren kompositionellen Verbindungen nicht Handlungen, sondern geistige Situationen zugrunde legte. Nur war in dem älteren Stadium dieser Entwicklung das psychische Grundelement der künstlerischen Konzeption fast ganz unpersönlich, eine höhere spirituelle Gewalt, die über allem Geschehen waltet, weshalb auch zuweilen ein schroffer Widerspruch zwischen der psychischen und physischen Begebenheit entstanden ist, welcher dem modernen Beschauer, der gewohnt ist, beides in Einklang zu bringen, als widersinnig und barbarisch erscheinen muß. Als nun die metaphysische Weltanschauung mit einer relativen Anerkennung der irdischen sinnlichen Werte verknüpft wurde, blieb doch die psychozentrische Auffassung des Daseins nach wie vor für alle Lebensbezüge und hiermit auch für das Verhältnis zur Natur maßgebend, wobei der Unterschied darin bestand, daß diese Vergeistigung nicht ausschließlich in transzendenten Substanzen gesucht, als eine jenseits der natürlichen Erscheinungen und Geschehnisse herrschende Macht gedeutet, sondern mit diesen, mit der sinnlichen Wahrnehmung und psychischen Erfahrung nach Möglichkeit vereinigt wurde. Vergegenwärtigen wir uns die wichtigsten Folgen dieser Entwicklung.

Es lag in ihr einmal der wichtigste Schritt zu einer vollständigen Änderung der Idealität in der Menschenschilderung. Es war nicht der zur höchsten Vollkommenheit künstlerisch bewältigte Körpermechanismus, der ihr zugrunde lag, sondern sie beruhte im wesentlichen auf geistigen, in erster Linie auf spirituell ethischen Vorzügen. Nicht körperliche Idealgestalten, durch deren materielle Formenschönheit und Gesetzmäßigkeit das im Wandel der Dinge Höhere und Erhebende künstlerisch erreicht werden sollte, waren das Ziel der neuen Kunst, sondern *geistige Individualitäten, die dem Alltäglichen den Begriff eines intellektuell und ethisch höheren Menschentums entgegenstellen.*

Dies ist nicht so zu deuten, als ob irdische Körperschönheit grundsätzlich ausgeschlossen worden wäre. Bis zur Gotik wurde sie wohl bekämpft oder spielte zum mindesten keine Rolle. Nur die göttlichen Figuren und die Engel behielten in der frühmittelalterlichen und romanischen Kunst einen Schimmer der klassischen Formenvollendung. In der Masse der Figuren findet man aber kaum eine Spur davon. In ihrer Mehrzahl erscheinen sie uns verzerrt, disproportioniert, grotesk und karikaturenhaft, und zwar sowohl am Anfang der Entwicklung im VII. und VIII. Jahrhundert, als auch in ihren letzten romanischen Ausläufern, so daß weder von einem allmählichen Verlust des klassischen Kanons, noch von einer allmählich überwundenen Primitivität gesprochen werden kann. Dabei suchte man nicht etwa, wie zuweilen in der neuzeitlichen Kunst, das häßlich Charakteristische, sondern unterdrückte nur alles, was an körperliche Vorzüge, an Körper- und Lebenskult erinnerte, woraus der mumienhafte Charakter der Darstellung zu erklären ist. Der alte klassische Formenkanon verwandelte sich, da man ihm alles Lebensvolle, materiell Wirksame entzog, in ein greisenhaft verschrumpftes Phantom, und dieser Zug kam, weil er der Grundrichtung der künstlerischen Auffassung entsprach, auch dann immer wieder zum Vorschein, wenn man im Zusammenhange mit der neuen mittelalterlichen Entwicklung der formalen Probleme, wie im IX. oder XI. Jahrhundert, mit klassischen formalen Lösungen auch klassische Formenkonstruktionen neu aufzunehmen versuchte. Das frühe Mittelalter hatte von solchen Konstruktionen unabhängige Ideale, und was uns bis zum XII. Jahrhundert an Spuren einer künstlerischen Menschenverherrlichung entgegentritt, war mehr der Überrest aus vergangenen Zeiten oder eine zweckdienliche Formel als eine neue Errungenschaft.

Darin kann man allerdings eine mit der mehr weltlichen Orientierung der geistigen Interessen einsetzende Wandlung beobachten, deren man sich auch bewußt war. Der griechische Schönheitsbegriff wurde wieder in die Literatur eingeführt, wobei man sich hauptsächlich auf Augustin und auf den „neuplatonischen Pseudo-Apostel, den Ästhetiker unter den Vätern der Kirche", Dionysius Areopagita, berufen hat, dessen Erläuterung im Rahmen der thomistischen Kunstlehre eine so wichtige Rolle spielte und dem von Dante ein unvergängliches Ruhmesdenkmal errichtet wurde. Alte Themen der ästhetischen Spekulation wurden wieder aufgenommen, bekamen aber allerdings einen neuen Inhalt. Während für Augustin der Ausgangspunkt aller künstlerischen Ideen die absolute übersinnliche Schönheit Gottes war, die sich als „der lebendige Rhythmus und die rein geistige Form und Einheit des ungeheueren Weltgedichtes" äußerte, wurde von den Denkern des gotischen Zeitalters der Schönheit eine rein weltliche Sphäre eingeräumt, wobei sie allerdings mit dem Honestum verbunden sein mußte, das nach den Worten des Thomas von Aquino als spiritualis decor et pulchritudo gedeutet wurde. Aus dieser Verbindung entstand ein neuer Begriff der künstlerischen Schönheit und Erhabenheit, in dem die *materiell schöne Form als der Ausdruck der geistigen Vorzüge erscheint.* Die gotischen Marien sind ein Abbild holder Frauenanmut, die heiligen Ritter der edlen, jugendlichen Kraft, die Apostel und Bekenner Christi die Verkörperung der unerschütterlichen Männlichkeit. Die heiligen Gestalten sollen von sinnfälliger, körperlicher Schönheit sein – dadurch wurde, wie in der Kunst, auch in der Kunsttheorie grundsätzlich und über das Mittelalter hinweg ein Weg nicht nur zur Welt der Sinne, sondern auch zur Antike gefunden –, doch darüber hinaus liegt die Betonung nicht auf der körperlichen Charakteristik, sondern auf den mit ihr verbundenen geistigen Eigenschaften, auf dem Liebreiz der zart empfindenden Frau, auf dem festen, doch gottergebenen Willen eines christlichen Streiters, dem jede Überhebung fremd ist, auf der milden, abgeklärten Weisheit der Gründer und Lehrer der neuen Menschheit.

In dieser Verbindung des spiritualistischen Idealismus des Mittelalters mit der neuen Weltbejahung lag der Ursprung der neuen künstlerischen Auffassung des Menschen, die wir als das Streben nach der Wiedergabe der geistigen Persönlichkeit bezeichnet haben und die auch zu neuen Voraussetzungen der Naturwiedergabe in der Menschenschilderung führen mußte. Denn geistige Individualitäten fordern naturgemäß auch eine körperliche Individualisierung, und wenn auch in dieser Individualisierung zunächst eine starke, durch die Richtlinien der christlichen Lebensgebote gegebenen Typik beobachtet werden kann, so handelte es sich bei solchen Schemen nicht wie in der Antike um die Synthese des Individuellen zu einem einheitlichen Körperideal, sondern um die Wesensähnlichkeit der einzel-

nen Individuen, die, mag sie auch den Schöpfungen der ersten Periode dieser neuen Kunst einen konventionellen Charakter verliehen haben, doch nicht zur fortschreitenden Synthese, sondern mit der Weiterbildung der neuen geistig-weltlichen Organisation der Menschheit zu einer fortschreitenden Individualisierung führte und auf diese Weise den Anfang eines Prozesses bedeutet, der trotz einiger späteren Rückschläge auch heute noch nicht als abgeschlossen angesehen werden kann.
Doch nicht nur der Begriff der Persönlichkeit hat sich verändert, auch *das Verhältnis zur ganzen äußeren Welt* wurde, als man sich für sie wieder zu interessieren begann, aufgrund der Verschiebung des Nachdruckes auf psychische Phänomene, die das christliche Zeitalter von dem klassischen trennt, ein anderes. In der Fortsetzung einer Wandlung, die bereits mit den philosophischen und künstlerischen Problemen der späten Antike den Anfang nahm, hat das Christentum mit seinem Erlösungsglauben, mit seiner Gesinnungsethik die Menschen gelehrt, dem Seelenheil und christlichen Leben oder, mit anderen Worten, dem individuellen Gefühlsleben, den individuellen religiösen, das heißt *geistigen Interessen die Auffassung der Welt unterzuordnen,* und so wurde ihr individuelles Empfinden und Glauben, Sehen und Denken, wurden ihre persönlich bedingten geistigen Bedürfnisse und Erlebnisse zum Maßstabe ihres Verhältnisses zur Außenwelt, *die sie als ein Erzeugnis des Geistes zu verstehen begonnen haben.* Diese Entdeckung der Welt im Spiegel des individuellen Bewußtseins war aber die zweite fundamentale Errungenschaft, die sich geltend machte, als der Blick neuerdings auf die diesseitige Welt gelenkt wurde.
In der Menschendarstellung kamen die neue Vergeistigung und Verinnerlichung in dreifacher Beziehung zum Ausdruck.
1. *In der Darstellung des seelischen Kontaktes* zwischen den einzelnen Figuren. Wohl waren psychische Beziehungen oder Konflikte noch lange nicht ein selbständiges künstlerisches Problem, doch wurden sie, wo sie sich aus der dargestellten Erzählung ergeben haben, unvergleichlich stärker betont als je früher und gestalten sich zu einem integrierenden Teil der künstlerischen Menschenschilderung. So verwandelt sich, um ein Beispiel anzuführen, die Heimsuchung, die

noch in der romanischen Kunst im Sinne der Antike als eine materiell bewegte Gruppe aufgefaßt wurde, in der Frühgotik in ein fast bewegungsloses geistiges Beisammensein, welches später durch ein seelisches Zwiegespräch ersetzt wurde.

2. *In der Darstellung der Empfindungen,* deren Ausdruck nicht nur gesteigert wurde, wie man es etwa an den Figuren der Kreuzigungsgruppen beobachten kann, sondern die auch zum ersten Male in der Kunstentwicklung als passive seelische Vorgänge, von der stillen, in sich gekehrten Versunkenheit an bis zu den gewaltigsten Erschütterungen der Freude oder des Leides, neben den Handlungen oder an ihrer Stelle ein selbständiger Inhalt der künstlerischen Erfindung geworden sind.

3. *In dem Verhältnis zur Außenwelt.* An den Reihen der Statuen, die die Fassade eines gotischen Domes schmücken, können wir die Wahrnehmung machen, daß die Figuren in ihrer Mehrzahl ohne jede Verbindung untereinander und über symbolische Andeutungen hinaus jenseits jeder Aktion stehen und doch von einer inneren Spannung erfüllt sind, die nur nicht auf einem Willensakt, sondern auf einem rezeptiven psychischen Vorgang beruht: auf dem Schauen, auf dem Sichbewußtwerden von Eindrücken, die jede einzelne Gestalt mit der Außenwelt verbinden. Nichts kann die grundsätzliche Verschiedenheit der neuen Kunst der Antike gegenüber greller beleuchten als diese Eigentümlichkeit, die das alte Wort, daß die Gotik den Menschen den Blick geöffnet hat, zu erklären vermag. Doch nicht nur den Dargestellten, sondern auch den Darstellenden. Da das Insichaufnehmen, das Beobachten, das subjektive Wahrnehmen, die Welt als Geistesprodukt die Führung übernahm, so mußte naturgemäß das Verhältnis zwischen Kunst und Wirklichkeit von Grund aus sich ändern: anstelle der objektiven Vollendung, der angestrebten Verkörperung des höchsten Begriffes einer formalen Gegebenheit, der gleichsam generellen Lösung der mit ihr verbundenen Probleme, die dem Einzelfall der Wirklichkeit entgegengestellt wurde, trat ein rezeptives Sichverhalten der unendlichen Mannigfaltigkeit der Naturbildungen und Lebenserscheinungen gegenüber, das *Naturstudium in einer ganz neuen, früher nie dagewesenen Bedeutung des Wortes.* Der Mensch wurde in einem

ganz anderen Sinne als in der Antike der Mittelpunkt der Kunst: *nicht als das Objekt, sondern als das Subjekt der künstlerischen Wahrheit und Gesetzmäßigkeit.* Den Maßstab der künstlerischen Leistung bildet nicht mehr die durch die künstlerische Arbeit von Generationen erzielte Norm, sondern die immer wieder neu gewonnene Beobachtung und Erfahrung. Während die Antike den subjektiven Anteil möglichst zurückgedrängt hat, wird er nun – und zwar nicht nur wie in der ersten Periode der Entwicklung der christlichen Kultur durch das Verhältnis zur metaphysischen Welterklärung, sondern auch in allen realen Lebensbezügen – zum wichtigsten Ausgangspunkte der künstlerischen Schöpfung.

In zweifacher Beziehung mußte dies einen gewaltigen Einfluß auf die Kunst ausüben. Erstens extensiv. Die bildlichen Vorstellungen der klassischen Kunst waren bei aller Mannigfaltigkeit begrenzt: nun gab es aber grundsätzlich keine Grenze mehr, denn die Welt dessen, was man beobachten kann, die Welt der subjektiven Eindrücke, ist unbegrenzt, und so wurde, wenn auch in der tatsächlichen künstlerischen Bewältigung erst allmählich – auch dieser Prozeß erstreckt sich bis auf die Gegenwart –, doch im Prinzip als eine künstlerisch gegebene und lösbare Aufgabe schon im Mittelalter die ganze Welt des Sichtbaren für die Kunst und alles, was mit ihr zusammenhängt, gewonnen. Man hat diese neue, umfassendere Entdeckung der Natur mit der angeborenen Naturliebe der neuen germanischen Völker in Verbindung gebracht, doch muß man demgegenüber betonen, daß weder die Poesie noch die bildende Kunst dieser Völker in den vorangehenden Jahrhunderten einen Anhaltspunkt dafür bietet. Es kann also höchstens von einer Disposition gesprochen werden, wogegen die tatsächliche Erweiterung der künstlerischen Aufgaben durch unbegrenzte Naturbeobachtungen ohne Zweifel ein bestimmtes historisch bedingtes Ereignis war, ähnlich wie die Entstehung der empirischen Wissenschaften.

Es geht nun aber ebenfalls nicht an, diesen ganzen historischen Prozeß, aus dem ein neues Verhältnis zur Natur hervorging, oder mit anderen Worten die Entdeckung der Persönlichkeit und der Natur, wie man ihn zu bezeichnen pflegt, als Verselbständigung der neuen Völker dem alten kirchlichen Leben gegenüber oder als eine von diesem unabhängige profane Renaissancebewegung der Menschheit zu erklären. Davon kann keine Rede sein, denn das Neue wurzelt durchaus in dem *christlichen Spiritualismus der mittelalterlichen Welt,* ohne den die neue künstlerische Auffassung ebensowenig denkbar gewesen wäre wie die neue Wissenschaft, die neue Dichtung, das neue weltlich soziale Pflichtbewußtsein oder das neue profane Gefühlsleben. Wohl hat sich aufgrund einer ungemein komplizierten historischen Entwicklung eine bedingte Säkularisierung der geistigen Gewalten vollzogen, doch nicht im Gegensatze zu der religiösen Kultur des Mittelalters, sondern auf deren Grundlage und in ihrem Rahmen, und die dabei entscheidenden Gesichtspunkte, wie die neue Bedeutung der geistigen Persönlichkeit und die neue Auffassung der Natur, beruhten auf Entwicklungsreihen, die von jener Umbildung der Menschheit, die im Christentum ihren Ausdruck fand, nicht getrennt werden können.

Es ist klar, daß mit einer solchen Wandlung eine weitgehende Überwindung der überlieferten bildlichen Vorstellungen verbunden sein mußte. Während in der vorangehenden Periode die Darstellungsstoffe auf bestimmte alte Zyklen beschränkt waren, die erweitert oder zusammengezogen und verschiedenartig neu gefaßt wurden, doch sich immer in einem höchst beschränkten Kreise bildlicher Vorstellungen bewegten, der sicher ärmer war als seine altchristlichen Voraussetzungen, verschwand seit der Mitte des XII. Jahrhunderts diese Begrenzung, und in scheinbar schrankenloser Fülle strömte eine neue Phantasiewelt in die Kunst ein: die alten Darstellungsstoffe wurden nicht nur neu redigiert, sondern auch neu erfunden, und zahlreiche neue epische und lyrische, religiöse und profane Themen schlossen sich an. Die stoffliche Bereicherung der Kunst war nicht minder groß als jene, die sich im XIX. Jahrhundert der Kunst der Renaissance und Barockzeit gegenüber vollzogen hat, nur mit dem Unterschiede, daß die Erweiterung des Darstellbaren sich weniger auf das Gegenständliche der Naturbeobachtung (obwohl auch darin die größte Umwälzung stattgefunden hat) als auf das literarisch Erzählende bezogen hat. Die ganze mittelalterliche Kunst hatte, wie oft mit Recht betont wurde, einen stark literarischen und illustrativen Charakter, und so war es nur natürlich, daß in dem Maße, wie sich der literarische Interessenkreis erweiterte und veränderte, wie die kirchliche und profane Literatur von einem neuen Aufblühen des Phantasielebens durchsetzt wurde, dies auch in der darstellenden Kunst zum Ausdruck gelangen mußte. Es handelt sich dabei nicht nur um das Bedürfnis, neue Werke mit Illustrationen zu versehen, sondern auch um eine selbständige Parallelerscheinung: so waren die endlosen Erzählungen der Glasgemälde ein kirchliches Widerspiel der Ritterromane. Dennoch war aber die Bezugnahme auf einen literarischen Gedankenkreis so stark, daß wir dessen maßgebende Einwirkung nicht nur in Darstellungen historischer oder poetischer Ereignisse, sondern auch in jeder Natur- oder Lebensschilderung und in der Wiedergabe der Einzelobjekte beobachten können. Es ist sicher kein Zufall, daß zwischen der großen Enzyklopädie des mittelalterlichen Wissens, dem Speculum des Vinzenz von Beauvais, und den spätmittelalterlichen bildlichen Darstellungsstoffen die größte Übereinstimmung besteht: eine gemeinsame Wurzel lag dem Schulbuche und den geläufigen Darstellungsgegenständen zugrunde. Nicht sinnliche Eindrücke und primäre bildliche Vorstellungen wie in der Antike, sondern ein theoretisches Wissen, eine aus literarischen Quellen schöpfende Bildung waren der Ausgangspunkt der großen stofflichen Bereicherung, die sich in der gotischen Kunst des XII. und XIII. Jahrhunderts vollzogen und nicht nur ihr, sondern auch dem ganzen folgenden Entwicklungsgang der europäischen Kunst den Weg gewiesen hat. Im Unterschiede zur altorientalischen und klassischen Kunst, wo das Gebiet der künstlerischen Darstellung von vornherein auf bestimmte stoffliche Beziehungen und künstlerische Probleme beschränkt war, gewann das europäische Kunstleben dadurch sowohl ein fast unbegrenztes Programm als auch einen wissenschaftlich ausgreifenden Grundzug, der zunächst wohl nur in naiver Interessenerweiterung zum Ausdruck kam, später jedoch den ganzen Begriff des Künstlerischen umgestaltet hat.

Noch weit radikaler als das Hinausgehen über die überlieferten Darstellungsstoffe war die Überwindung der überlieferten Formenanschauung. Man kann sie selbst in den un-

günstigsten Fällen unverkennbar feststellen, das heißt selbst dort, wo, wie zum Beispiel bei Darstellungen des Heilands oder der Madonna, ein von alters her übernommener, gleichsam geheiligter Typus vorlag, der in der vorangehenden Zeit jeder Änderung den größten Widerstand entgegensetzte. Während eine romanische Marien- oder Christusdarstellung, wie im ganzen Typus, so auch in der Gewandbehandlung, in den Körperformen, in der Zeichnung und Modellierung, in dem Verhältnis zwischen Form und Fläche, zwischen Licht und Schatten, deutlich als Glied einer Entwicklung erscheint, deren ununterbrochener Stammbaum sich bis in die Antike zurückverfolgen läßt, verliert sich in der gotischen Kunst diese Kontinuität vollkommen, und wenn auch die traditionelle Komposition zuweilen beibehalten wurde, so waren doch die Formen und Lösungen, zu denen sie den Künstler inspirierte, neu und beruhten nicht mehr auf der Überlieferung, sondern auf einer neuen selbständigen Naturauffassung. Diese wird aber ganz unverkennbar bei Darstellungen, die mehr oder weniger von alten bildlichen Erfindungen unabhängig waren.
Mit der Verschiebung des Verhältnisses zwischen dem Künstler, der Natur und dem Kunstwerk war jedoch notwendig auch eine Wandlung in den formalen Problemen, in dem Wie der Naturdarstellung, verbunden. Die entscheidenden Momente der subjektiven Wahrnehmung und Beobachtung mußten auch in der Wiedergabe der Form und aller formalen und räumlichen Zusammenhänge eine große Rolle spielen.
Nicht die zur begrifflichen Norm und Formenvollendung erhobene Naturkenntnis, sondern das einmal Beobachtete und individuell Charakteristische wurde als Naturtreue empfunden. So war es aber nicht nur gegenständlich, nicht nur dem geistigen Inhalte nach, sondern zugleich auch stilistisch bis zum letzten Linienzug eine andere, neue Naturtreue, die mit der Gotik siegte und die Antike trotz mancher scheinbaren Rückschläge *für alle Zukunft unwiderruflich überwunden hat.* Nicht in einzelnen formalen oder sachlichen Fortschritten und Errungenschaften, sondern in dieser fundamentalen, für alle Zukunft in der ganzen Kultursphäre des Abendlandes entscheidenden Tatsache liegt die Bedeutung des neuen gotischen Naturalismus: ähnlich wie in der griechischen

Kunst der altorientalischen gegenüber, hat sich in der Gotik eine von der klassischen grundverschiedene künstlerische Naturauffassung durchgerungen. Eine neue Menschheit, aus den gewaltigsten geistigen Umwälzungen hervorgegangen, hat begonnen, von ihren neuen Gesichtspunkten und geistigen Interessen aus die Natur künstlerisch neu zu erschließen. Man kann die Kunstentwicklung der Neuzeit nicht verstehen, wenn man sich dies nicht vor Augen hält.

Man könnte allerdings fragen, warum dieser neue Naturalismus, dessen Einwirkung in der ganzen Folgezeit zu beobachten ist und den wir den *individuell-rezeptiven* nennen könnten, in der gotischen Periode, obwohl er, soweit es sich um Naturbeobachtung handelte, von ausschlaggebender Bedeutung war, doch nicht über begrenzte Anfänge zur Entfaltung kam. Dies erklärt sich aus seinen schon früher geschilderten transzendent-idealistischen Voraussetzungen. Denn über der Welt der Sinne, über dem Leben, über der Naturwahrheit und Naturfreude in unserer Bedeutung des Wortes stand überall noch die Offenbarung, die Sphäre einer überweltlichen, religiösen Begrifflichkeit, ein Sein, das anderen als durch die Sinne erkennbaren, verstandesmäßig erfaßbaren Gesetzen folgte und nicht nach vergänglichweltlichen Werten allein bemessen werden konnte. Und dieser ewigen und makellosen Überwelt sollte sich die Kunst nähern, sollte den Beschauer zu ihr emporheben. Nicht nur durch ideelle Abstraktion wie in den vorangehenden Perioden der christlichen Kunst, wo Körper und Geist getrennte Wege gehen, sondern durch Vereinigung des geistigen Inhaltes mit einer durch ihn begrenzten und bedingten sinnlichen Wirkung der ideellen und körperlichen Schönheit, wobei sich diese jener unterordnen mußte. So sollte die Darstellung der Maria mehr sein als nur ein Abbild einer schönen Frau, einer menschlich liebreichen Mutter, sie sollte zugleich die überirdische Holdseligkeit der Gottesmutter in ihrer unsterblichen Begrifflichkeit verkörpern, und wenn die Apostel und Märtyrer als geistige Persönlichkeiten charakterisiert wurden, so lag dieser Charakteristik mit ihren naturalistischen Hilfsmitteln zugleich das

Bestreben zugrunde, dem Beschauer Vertreter einer metaphysisch absoluten, ewigen, heiligen Gemeinschaft anschaulich vor Augen zu führen. Es handelte sich dabei nicht nur um lehrhafte Zwecke, auf die man einseitig hinzuweisen pflegt, nicht nur um gemalte oder gemeißelte Theologie und kirchliche Menschenerziehung, sondern nicht minder um Phantasiegebilde, in denen sich wie einst in Griechenland anthropomorphe religiöse Vorstellungen zu bildlichen Idealgestalten kondensierten. Sie erscheinen uns weniger neu als die griechischen, weil sie nicht wie diese ikonographisch neu waren, sondern zum großen Teil auf alte, vielfach auf antike Erfindungen zurückgehen. Und waren dennoch ebenso neu wie die neue Naturauffassung! Es lag ihnen ein von dem antiken grundverschiedener Begriff der Idealität zugrunde, dessen Ausgangspunkt nicht wie in der griechischen Kunst die metaphysische Projektion der sinnlichen Erfahrung war, sondern bei dem umgekehrt *die generelle Bedeutsamkeit der künstlerischen Ergebnisse der letzteren nach ihrem Verhältnisse zu übersinnlichen geistigen Werten bemessen wurde.* Wie wenig hat man die epochale Wichtigkeit dieser Tatsache beachtet! Die sinnliche Form in der Kunst als adäquater Ausdruck abstrakt psychischer Vorgänge, diesen untergeordnet, aus ihnen heraus idealisiert – welche Fülle von neuen Horizonten, von unendlichen neuen Möglichkeiten der künstlerischen Konzeption und Wirkung war darin enthalten! Die klassische Kunst konnte sich, indem sie körperliche und kosmische Gesetzmäßigkeit, Schönheit und Harmonie in bestimmten Phantasieschöpfungen objektivisierte, zur größten Blüte, zu einem tiefgehenden Einfluß auf das Leben entfalten, doch in ihrem sinnlichen Objektivismus lag auch eine Begrenzung, die früher oder später dem Aufstieg ein Ende bereiten mußte, und im reinen Spiritualismus der späten Antike und des frühen Mittelalters lag wiederum für die Kunst die Gefahr, zuallerletzt jede Möglichkeit des im sinnlichen Erleben, in der lebendigen Anschauung und Erfahrung wurzelnden Fortschrittes zu verlieren. Diesen beiden Grundsystemen des künstlerischen Idealismus setzt das späte Mittelalter ein drittes entgegen, indem es die objektive Tatsächlichkeit und Schönheit der materiellen Form zum gefügigen Ausdruck übermateriell geistiger Werte, des allgemeinen und individuellen Ringens um ideellen und ethischen Fortschritt der Menschheit erhoben hat.

Wie aus der grundsätzlichen Vergeistigung aller Lebenszusammenhänge der neue Naturalismus, so entstand aus derselben Quelle auch eine neue weltlich idealistische Orientierung der Kunst, ein neues Verhalten der Kunst zu den die Menschheit bewegenden Ideen und Gefühlen. Es wurde jene Entwicklung begründet, die dazu führte, daß das künstlerische Schaffen, ohne seine Beziehungen zum sinnlichen Leben zu verlieren, in der Folgezeit in höherem Maße als in älteren Kunstperioden unmittelbar vom hinreißenden Pathos neuer allgemeiner Menschheitsideale bis zum stillen Bekenntnisse eines subjektiven seelischen Erlebnisses an großen geistigen Bewegungen, aus ihnen wie aus der Natur innere Wandlung und Erneuerung schöpfend, teilgenommen hat.

In der Gotik handelte es sich allerdings zunächst nur um ein Band, das zwischen künstlerischen Diesseitswerten und einer transzendenten Weltordnung, zwischen weltlicher Schönheit und christlichen Lebensidealen geknüpft wurde.

In dieser Verbindung lag aber eine weitere Quelle der Umgestaltung der altchristlichen bildlichen Grundtypen, die Ahnenreihe jener Personifikationen der vergeistigten, mit Gefühlstiefe oder bestimmten ethischen Vorzügen verknüpften *Schönheit*, die wie in der Kunst der Alten die Idole der körperlichen Vollkommenheit unter veränderten Voraussetzungen und neben den letzteren in der ganzen Folgezeit immer wieder auf die idealisierende Menschenschilderung einen Einfluß ausgeübt haben, in der Gotik aber gleichsam die vorbildlichen Inkunabeln eines vergeistigten Schönheitsbegriffes, der auch in der gleichzeitigen kirchlichen und weltlichen Poesie eine so große Rolle spielt, gewesen sind. Nur so ist es erklärlich, daß sie uns gegenständlich begrenzt noch in einer Zeit entgegentreten, wo von einer Befangenheit in der Naturwiedergabe sicher nicht gesprochen werden kann.

Doch es handelte sich nicht nur um neue Idealtypen. Auch sonst können wir überall die Entstehung einer neuen Auffassung der Schönheit beobachten, in der, und zwar nicht nur in ihren geistigen, sondern auch in ihren sinnlichen

Elementen, der Antike gegenüber ein neuer Maßstab gewonnen wurde. Ohne daß Formen, die Kraft und Energie ausdrücken, ganz verschwunden wären, sind doch sowohl die in gleichmäßiger Harmonie einer systematischen Körperkultur gebildeten hellenistischen Gestalten wie auch die massigen gedrungenen Menschen des römischen Machtgefühles oder die plumpen Figuren der frühmittelalterlichen Abwendung von jeder körperlichen Schönheit immer mehr durch ein Streben nach subtiler Feinheit und graziler Leichtigkeit ersetzt worden, das, so mannigfaltige Wandlungen es auch vom XII. bis zum XVI. Jahrhundert erfahren hat, stets den Zusammenhang mit einer Idealität bewahrte, der seelische Vorzüge, Askese und Innerlichkeit, erhebende Empfindungen, altruistische Gesinnung und auf geistiger Gemeinschaft beruhende Lebenseinrichtungen wichtiger waren als körperliche Vollkommenheit und individuelles oder öffentliches Machtbewußtsein.

In der starken Abhängigkeit vom geistigen Inhalt lag zugleich ein Schwanken, ein wechselndes Sichnähern der Natur und Sichentfernen von der Wirklichkeit, wie es der konsequenten Weiterbildung der klassischen Kunst mit ihren objektiven Problemen unbekannt gewesen ist. Die großen Realisten des Chartrer Nordportals sind kaum eine Generation jünger als die Meister, die in Moissac, Vézelay, Souillac jene „aus Haß und Zorn geborenen und wie nichts in der Welt die antike Schönlebendigkeit und den heidnischen Heroenkultus verleugnenden abstrusen Gestalten schufen, deren Körper wie Skelette unter den Gewändern klappern und die den hohläugigen Klosterinsassen zeigen, was jeder von ihnen werden möchte: eine reine, im Feuer der mystischen Ekstase ausgeglühte Seele, die am Körper nur noch haftet wie der Duft an den Aschenstäubchen des Weihrauches, die in Demut sich erniedrigt und in Sehnsucht sich aufbäumt, die am Boden liegt wie ein geknickter, vom Sturm gebrochener Halm und die zum Himmel ihren Blick aufhebt, wie eine Lilie ihren Kelch". In Bamberg folgt auf das mächtige geistige Pathos der Propheten des Georgenchors, das man als den ersten Akt einer Trilogie der gewaltigen Darstellungen der vorchristlichen Sehergestalten bezeichnen könnte, deren zweiten die Propheten und Sibyllen Giovannis in Pistoja und dritten – „große Dinge werfen ihren Schatten voraus" – die göttlichen Gestalten der Sixtina bilden, die subtile Epik einer Kunst, die jenseits aller geistigen Konflikte aus der beruhigenden Sicherheit eines freudevollen Gottesbewußtseins ihre gleichmäßig edlen Gebilde schöpft, und umgekehrt sind nicht viel mehr als eine Generation später nach den in Schmerz und Gottesergebenheit lyrisch weltentrückten Lettnerfiguren von Wechselburg und Halberstadt die fast brutal lebensvollen Stifterbildnisse in Naumburg entstanden. Dieses Vorspiel einer großen Beweglichkeit des geistigen Inhaltes beruhte aber nicht nur auf dem Gegensatze von Schulen und Werkstätten, sondern entsprang nicht minder der im Vergleich zur Antike größeren und unmittelbareren Abhängigkeit des künstlerischen Schaffens von all dem, was das geistige Leben des Zeitalters bewegte, die sich aus der der christlichen Kunst in ihrem Grundcharakter eigentümlichen Bewertung aller Dinge vom Gesichtspunkte der Erfordernisse des Seelenlebens notwendig ergeben hat.

Aus denselben Quellen fließt aber auch der erstaunliche Phantasiereichtum der gotischen Kunst, jene rastlose Neuerungssucht im Ersinnen von Motiven, die nicht nur neue Natureindrücke enthalten, sondern auch der Einbildungskraft immer wieder neue Nahrung bieten. Wie grundverschieden war von der Begrenzung des klassischen Geistes, der „in den Furchen seines Dreischlitzes Ruhe finden und sich zufrieden geben konnte, diese seltsame Freude der neuen Kunst, immer wieder neue traumhafte Gebilde zu schaffen und Formen zu erfinden, welche den Vorzug hatten, nicht nur neu zu sein, sondern auch den Keim zu fortwährenden Neuerungen in sich zu tragen". Die Epoche der großen Phantasiekunst, die nach Dilthey von der Mitte des XIV. Jahrhunderts bis zu der des XVII. reicht, ist tatsächlich schon früher durch die Gotik eingeleitet worden. Wie Pieter Bruegels Bauernbilder, Rabelais oder Caravaggio, die unendliche Reihe der nordischen Genremaler in Bild und Schrift im gotischen Naturalismus wurzeln, so spinnen sich Fäden von der Phantasiewelt der Gotik zu Dürers Apokalypse, zu Boschens Spukgeschichten, Altdorfers Idyllen, zu Rembrandts Ghettomärchen, zu der Geisterwelt des Macbeth und des Sommernachtstraumes oder zu den Gestalten, in denen Spaniens größter Dichter das Schattenspiel der

Einbildungskraft selbst im Spiegelbild einer hinreißenden Ironie zum Vorwurf seiner genialen Schöpfung erhoben hat. Nicht daß es sich nur um eine Fortsetzung der Gotik gehandelt hätte! Tiefgreifende Umwälzungen der geistigen Interessen, die an einer anderen Stelle zu erörtern wir Gelegenheit haben werden, liegen dazwischen, es war aber doch von entscheidender Bedeutung für die Entwicklung der neuen Kunst, daß in der gotischen Periode die ungeheuere geistige Erregung, die aus der doppelten Quelle einer absterbenden und einer entstehenden Kultur fließend, an der Pforte der mittelalterlichen Welterneuerung steht, durch die Verknüpfung mit Überresten der antik-objektiven künstlerischen Rekonstruktion der sinnlichen Welt einerseits, anderseits mit den ersten Versuchen über diese hinweg zu einem in subjektiver Wahrnehmung und Überzeugung begründeten Weltbilde zu gelangen, auf das Gebiet einer künstlerischen Natur- und Lebensdeutung geleitet wurde.
Begrenzt war dieser Frühling der Allmacht der Phantasie wie alle übrigen neuen Wege der gotischen Kunst durch die transzendenten Voraussetzungen, aus denen er sich entwikkelt hat. Damit gelangen wir aber wiederum zum Ausgangspunkt unserer Betrachtung – nämlich zu jenen stilistischen Eigentümlichkeiten der gotischen Kunst, die in einer grundsätzlich idealistischen Weltanschauung verankert, a priori jeder Naturnachahmung und Kunstbereicherung eine bestimmte Grenze gezogen haben.

III. Das neue Verhältnis zur Kunst

Die innere Entwicklung der mittelalterlichen Kunst führte zu einem Zwiespalt nicht etwa des Naturalismus und Antinaturalismus, sondern des Begrifflichen und subjektiv Beobachteten.
Dieser Zwiespalt beruhte auf einer Fragestellung, die auf allen geistigen Gebieten das ganze Mittelalter beschäftigte und in dem großen *Universalienstreit* ihren Ausdruck fand. Die Grundprobleme des Streites, der sich durch Jahrhunderte hingezogen hat und im Mittelalter eine ähnliche Rolle

spielte wie die Kritik der Erfahrung in der Neuzeit, waren ein Vermächtnis des Altertums, von dem sie das Mittelalter hauptsächlich in neuplatonischer Fassung übernommen hat. Ihre Stellung zum allgemeinen geistigen Leben war jedoch in der mittelalterlichen Welt eine ganz andere als in der Antike. Durch die engste Verbindung mit den tiefsten Geheimnissen und Lehren der christlichen Weltanschauung aus dem Bereiche der um ihrer selbst willen aufgestellten theoretischen Erkenntnissysteme in den Brennpunkt des ganzen Verhältnisses der Menschen zum Dasein gerückt, konnten und mußten sie sich in weit höherem Maße als im Altertum unmittelbar in allen geistigen Beziehungen zur Umwelt geltend machen. Zum ersten Male wurde dadurch der innere Gegensatz in den Möglichkeiten der künstlerischen oder wissenschaftlichen Naturerforschung nicht nur klar erfaßt und formuliert, sondern im Unterschiede zu dem naiven Objektivismus der griechischen Kunst und wissenschaftlichen Beobachtung auch praktisch angewendet und auf diese Weise durch die Übertragung der dualistischen religiösen und philosophischen Welterklärung auf das Gebiet des Wahrnehmbaren und vernunftmäßig Begründbaren jene Duplizität der Erkenntniswege ausgebaut, aus der in erster Linie die wissenschaftlichen Fortschritte in der Folgezeit flossen, ähnlich wie die künstlerischen aus einer analogen größeren Scheidung der idealistisch generalisierenden und naturalistisch subjektivisierenden Momente. Es ist höchst merkwürdig, wie sehr der Streit der Realisten, für die die Ideen das Realste waren – „je vollkommener etwas ist, um so mehr ist es" –, während sie dem sinnlichen Einzelding nur eine abgeschwächte und durchweg abhängige Existenzform beigemessen haben, mit den Nominalisten, denen die Universalien nur als Bezeichnungen, als Laute und Zeichen, flatus vocis für eine Mannigfaltigkeit von Substanzen galten, während als das wahrhaft Wirkliche nur das einmalige Einzelding, das in der individuellen Erfahrung der Sinne Begründete, anzusehen sei, einen Kommentar zu dem bietet, was sich, wie in allen Lebensfragen, als die Verhältnisse zu einem Ausgleich mit dem Weltlichen drängten, auch in der Kunst seit dem XII. Jahrhundert zu vollziehen begonnen hat. Ist nicht Abälards bekannte Formel, durch die der Streit einen vorübergehenden Abschluß fand, wie ein Programm jener Vereinigung der überweltlichen und weltlichen Weltansicht, wie wir sie in der gotischen Kunst beobachten können? Die dialektische Lösung des großen Philosophen konnte freilich ebensowenig den tatsächlichen Gegensatz dauernd beseitigen wie der neue „Stil", und in dem Maße, als durch die einmal auch nur teilweise geöffnete Pforte die Massen der in subjektiver Beobachtung, Erfahrung und Überzeugung begründeten Erkenntnisse in das europäische Geistesleben hineinzuströmen begonnen haben, mußte die Gabelung der beiden Wege, *der Widerspruch zwischen dem gotischen Idealismus und Naturalismus von Generation zu Generation schärfer und dringender zutage treten.*

Die gotische Kunst spaltet sich von ihrem Anfang an, weniger äußerlich als innerlich, ähnlich wie sich einzelne Wissenschaften von ihrer gemeinsamen metaphysischen Grundlage allmählich losgelöst haben, in zwei Richtungen: in eine gotisch idealistische und eine gotisch naturalistische, die sich hundertfach durchdringen, bei einer genaueren Beobachtung aber doch stets nicht schwer auseinandergehalten werden können. Neben Darstellungen, die mit der neuen Naturauffassung und Beobachtung den metaphysischen Grundzug der mittelalterlichen Kunst und die durch ihn bedingte Formenauswahl verknüpfen, finden wir solche, die jenseits jeder Idealisierungsabsicht nur die *einmalige Wirklichkeit* darstellen. Die geschilderte Erweiterung der Darstellungsstoffe schreitet nach dieser Richtung weiter. Neben neuen epischen Zyklen kommen immer häufiger, besonders dort, wo künstlerische Phantasie alle Nebenrücksichten fallenlassen konnte, Schilderungen vor, bei denen die Wiedergabe des einfachen, beobachteten Sachverhaltes aus der Natur und aus der Umgebung des Künstlers, ein Stück Leben alle supranaturalen, teleologischen Interessen verdrängte. Das Heroische in jeder Beziehung des Wortes weicht *einem gegenständlichen Realismus*, das nur *Genremäßige* gewinnt an Bedeutung, und selbst die biblischen Berichte – selbstverständlich auch die historischen Erzählungen der klassischen und nationalen Dichtung – werden ganz und gar in die Gegenwart übertragen und auf diese Weise ihres historischen Charakters zugunsten einer naturalistisch-anschaulichen Darstellung entkleidet.

Dasselbe können wir aber auch bei formalen Lösungen beobachten. Es fehlen bereits im XIII. Jahrhundert nicht Kunstwerke, die an den weitgehendsten Naturalismus der folgenden Perioden erinnern und offensichtlich nur von dem Bestreben ausgehen, das Einmalige, Porträthafte, die Wirklichkeit bis zu ihrer letzten Spielart künstlerisch festzuhalten.

So entwickelte sich aber aus der naturalistischen Komponente der gotischen Kunst, die nicht das Gemeinsame und Bleibende, das Normative der Erscheinung, sondern das individuell Verschiedene suchte, folgerichtig bereits in der gotischen Kunst, zum mindesten im Prinzip jene *extrem individualisierende Naturtreue, jener künstlerische Pantheismus*, der, mag er jeweilig eine größere oder geringere Bedeutung besessen haben, zweifellos zu den auffallendsten Merkmalen der neuzeitlichen Kunstentwicklung gezählt werden muß. Vielleicht auch zu den schwierigsten Problemen ihrer historischen Erklärung. Er war allen vorangehenden Perioden der Kunst unbekannt, denn der „trockene Naturalismus" der augusteischen Kunst, auf den man sich etwa berufen könnte, war zwar scheinbar von ähnlichen Bestrebungen erfüllt, tatsächlich aber nur eine relative Erweiterung der gegenständlichen Aufgaben aufgrund der alten normativen Bestrebungen der klassischen Kunst, wogegen in der geschilderten Strömung in der Gotik *das Streben nach Überwindung jeder Norm* als ausschlaggebend betrachtet werden muß.

Wie konnte aber dieser extreme, für die Zukunft der Kunst so schicksalsschwere empirische Antiidealismus, wenn das Wort gestattet ist, für den der subjektive Wirklichkeitsbefund maßgebend war, im Rahmen einer ihrem Wesen nach idealistischen Kunst entstehen? Die Erklärung liegt zweifellos gerade in dem besonderen Charakter des gotischen Idealismus, der zwar der Naturbeobachtung die Tore geöffnet hat, ohne daß jedoch – zum mindesten am Anfang – die Natur, die Realität, wie im Altertum das Maß aller Dinge, die einzige Quelle der höheren geistigen und künstlerischen Gesetzmäßigkeit gebildet hätte. Diese wurde jenseits der vergänglichen Natur gesucht, in suprarationellen Beziehungen, denen gegenüber die Erscheinungen der sichtbaren Welt nur subordinierte Momente waren, die nicht das

Bleibende, Ewige, Normative, sondern im Gegenteil das Einmalige, Vergängliche, unendlich Mannigfaltige verkörperten, Tatsachen, welche an sich *bedeutungslos*, doch ad maiorem Dei gloriam, als testimonia und Exemplifikationen des Übernatürlichen durch das Sinnliche, der Gottesschau in dem geringsten seiner Werke, in dem großen idealen System der spätmittelalterlichen geistigen Kultur *eine individuelle Daseinsberechtigung* gefunden haben. So führte der transzendente Idealismus des Mittelalters in seiner neuen Verbindung mit weltlichen Werten zum extremen Naturalismus, wie umgekehrt später in der Renaissance und Neuzeit aus diesem Naturalismus sich ein neuer, mit teilweiser Rückkehr zur Antike verbundener anthropologischer und kosmischer Idealismus entwickelt hat.

„Die ich rief, die Geister, werd' ich nun nicht los" –. Nachdem in jener Weise im Mittelalter die Brücke zum, wenn auch am Anfang bedingten, Selbstwert der irdischen Dinge gefunden wurde, konnte es nicht ausbleiben, daß sich auf verschiedenen Wegen, vor allem aber durch die innere Dialektik der damit verbundenen Beobachtungen und Erfahrungen, die in diesen wurzelnde Weltansicht von ihren ursprünglichen metaphysischen Voraussetzungen immer weiter entfernte. Wir können diesen nicht äußeren, sondern inneren Säkularisationsprozeß seit der zweiten Hälfte des XII. Jahrhunderts überall beobachten. Die im Christentum latenten stoischen Elemente haben, und mit ihnen der Naturrechtsglaube, durch die – trotz aller Versöhnungsversuche – vorläufig zum mindesten zu der theoretisch oft betonten Zweiteilung der Wahrheit und Erkenntnis drängenden Geistesrichtung einen neuen Sinn und eine neue Bedeutung erhalten. Die Lehre des heiligen Thomas, daß im Verstand auch das Gute enthalten sei, dieser alte sokratische Gedanke mußte in seiner neuen Anwendung ebenfalls zu einer gewissen Lockerung des Intellektualismus von den allgemeinen transzendenten Bedingtheiten führen. Vor allem war es aber der aristotelische Begriff der natürlichen organischen Entwicklung, der auf dem Umweg über die arabische und jüdische Literatur in das abendländische Geistesleben wieder eingeführt, so sehr er auch im Thomismus der kirchlichen Einheitskultur assimiliert wurde, unendlich viel dazu beigetragen hat, dem menschlichen Wis-

sen und Forschen einen esoterischen, von der Offenbarung unabhängigen Inhalt zu verleihen.
Es liegt in allen diesen und vielen anderen ähnlichen Erscheinungen weit mehr als die „Geschichte der religiösen Aufklärung im Mittelalter", die das vorige Jahrhundert in ihnen suchte: sie bedeuten in der Entwicklung des menschlichen Geistes die Anfänge eines neuen Stadiums, dessen Eigenart wir dahin zusammenfassen können, daß das auf Beobachtung und rationeller Beweisbarkeit beruhende Wissen ein selbständiges Gebiet der geistigen Betätigung wurde, auf dem es *Selbstzweck* war und seinen eigenen Gesetzen folgte. Es handelt sich nicht um die Wiederbelebung der klassischen metaphysischen Vernunftwissenschaft, sondern was aus der mittelalterlichen Weltanschauung, für die die metaphysischen Wahrheiten wirklich oder pro foro externo außer Spiel waren, entstanden ist, was die Denker der Schule von Chartres und Duns Scotus, die Averroisten und Roger Bacon zunächst gleichsam im Winkel des großen mittelalterlichen geistigen Weltgebäudes begründet haben, war etwas durchaus Neues: *die durch die sonderbaren Komplikationen des mittelalterlichen Spiritualismus bedingte Lehre von doppelter Wahrheit, ein Widerspiel des zwiespältigen Verhältnisses zur Natur, war die Wiege der neuen autonomen, von jeder aprioristischen Welterklärung unabhängigen Wissenschaft.*
Unterstützt wurde diese Entwicklung durch arabische Einflüsse, denen ich allerdings im Gegensatze zu der geläufigen Meinung nur eine sekundäre Rolle beimessen möchte. Der Ausgleich mit dem philosophisch begrifflichen Denken, der dem abendländischen Christentum eigentümlich war, hat im Islam nie in dem Grade wie im Christentum stattgefunden, so daß die religiöse Spekulation ihren ursprünglichen prophetischen Charakter behielt und das klassische Vermächtnis, welches gewiß nicht geringer war als in der abendländischen Kultur, ein vom religiösen Denken und Fühlen getrenntes Sonderleben führte. Es ist bezeichnend, worauf schon von Windelband hingewiesen wurde, daß nicht Kleriker, sondern Ärzte die Träger der arabischen Wissenschaft im Mittelalter waren, die zwar an sachlichen Kenntnissen viel mehr antikes Material überlieferte als ihre Schwester im Abendlande, in der Auffassung der wissenschaftlichen Aufgaben sich jedoch ähnlich wie die arabische

Kunst immer weiter von ihrer klassischen Basis entfernte. Während sich die griechische Auffassung der Wissenschaft als einer anthropologischen Naturphilosophie, die die Welt der Sinne in metaphysischen Systemen zu erklären versuchte, im antiken Christentum mit der aus dem Osten kommenden reinen Religiosität verbunden und auf diese Weise eine neue Bedeutung für die weitere geistige Entwicklung der Menschheit gewonnen hat, spielte bei den semitischen Völkern des Mittelalters diese Auffassung nur eine geringe Rolle und mußte einer mystischen und kabbalistischen Deutung der Lebenszusammenhänge gegenüber immer mehr zurücktreten. Dagegen bewahrten aber die Araber und Juden nebst Überresten des aristotelischen erkenntnistheoretischen Positivismus, der im Abendlande durch den frühmittelalterlichen ethischen und transzendenten Idealismus fast ganz zurückgedrängt wurde, unmittelbarer und vollständiger als die Klöster des Abendlandes das gelehrte Material, die realen wissenschaftlichen Kenntnisse des Altertums und vermehrten sie auf dem Wege der praktisch angewendeten Naturforschung noch weiter. Diese Sätze gingen nun seit dem Ende des XII. Jahrhunderts auch in den Besitz der christlichen Völker über. *Das wäre sicher nicht ohne die geschilderte Entwicklung möglich gewesen, die die Natur und ihre Gesetzmäßigkeiten, wie auch die irdische Geschichte der Menschheit zu einem von den Offenbarungsproblemen relativ unabhängigen Wissensgebiete erhoben hat;* immerhin war es aber nicht unwichtig, daß eine Fülle von neuem Wissensstoff auf diesem Wege ins Abendland gelangte.

Seine Bedeutung hat sich dort allerdings bald verändert. Während im Osten die naturwissenschaftlichen, astronomischen, chemischen, medizinischen, mathematischen Studien eine Reihe von mehr oder weniger zusammenhanglosen Kenntnissen darstellen und daher in ihrer Entwicklung höchst beschränkt und auf den Zufall angewiesen waren, konnten sie im Abendlande, wo man die subjektive Erfahrung in das ganze System der Welterklärung einbezogen und im Zusammenhange mit dem ganzen Intellektualismus der nachthomistischen Zeit nicht nur in einen selbständigen Mittelpunkt geistiger Arbeit, sondern zugleich in eine einheitliche bewußte Vernunftwissenschaft in einer neuen Bedeutung des Wortes verwandelt hat, viel einheitlicher

und folgerichtiger weiterentwickelt werden. Da die Theologie der neuen wissenschaftlichen Erkenntnis nicht folgen konnte und der Gegensatz doch nicht als für einen von den beiden Wegen zur Wahrheit und geistigen Erhebung entscheidend empfunden wurde, so wurde eine Trennung der Gesichtspunkte geschaffen – theoretisch zuerst wohl von Duns Scotus, praktisch von Roger Bacon, wobei der neu auflebende Nominalismus in der Folgezeit naturgemäß dabei enden mußte, die Natur als das einzige Objekt der Wissenschaft zu betrachten. So findet man die kühnsten, im schroffsten Gegensatz zu kirchlichen Lehren stehenden Fragen und Erkenntnisse secundum rationem, bei denen man das religiöse Gewissen mit dem Vorbehalte beruhigte, daß sie secundum finem natürlich als belanglos angesehen werden müssen.
Ich verweilte länger bei der Entstehung dieser neuen dualistischen Scheidung der Menschen- und Naturerforschung vom Gottesbewußtsein, weil sie dem entspricht, was wir in der gleichzeitigen Kunst beobachten können, wo sich unmittelbare und voraussetzungslose Naturbeobachtung einerseits, anderseits aber ein über alles Irdische hinausgehender Idealstil entgegenstehen.
Und die eine Gleichung blieb auch in der Folgezeit immer bestehen: die Bedeutung des der nominalistischen Auffassung der Gotik im Grundprinzip entsprechenden deskriptiven Naturalismus für die allgemeine Lage der Kunst wächst oder sinkt mit der Bedeutung der positiven Wissenschaften für das allgemeine europäische Geistesleben. Mit dem Siege der letzteren im vorigen Jahrhundert erreichte sie scheinbar ihren Höhepunkt.
Und doch dürfte dieser Sachverhalt kaum ausreichen, die große Wandlung zu erklären, die sich etwa seit der Mitte des XIV. Jahrhunderts in der Bedeutung der Naturwahrheit für den Gesamtinhalt des künstlerischen Schaffens zu vollziehen begonnen hat und die in der ersten Hälfte des XV. Jahrhunderts eine vollständige Verschiebung des Verhältnisses der beiden Grundrichtungen der gotischen Kunst zur Folge hatte. Bei allen Residuen der mittelalterlichen Auffassung, auf die sehr feinsinnig von Heidrich hingewiesen wurde, tritt uns doch zum Beispiel in den Bildnissen des Jan van Eyck unerwartet und gewaltig eine vollständige

Umwertung der Daseinswerte entgegen, und nur historische Voreingenommenheit könnte daran zweifeln, daß gleichzeitig auch in Italien, in den Gemälden Masaccios, in den Statuen Donatellos nicht nur von einer Fortsetzung der mittelalterlichen Entwicklungslinien gesprochen werden kann.

Wir werden in einer späteren Untersuchung zu erläutern haben, worum es sich dabei bei den Italienern gehandelt hat, doch das eine kann gleich hervorgehoben werden, daß sowohl im Norden als auch in Italien das Wesentlichste in der Wandlung die *weitgehendste Verselbständigung der Kunst jeder übernatürlichen Gesetzmäßigkeit gegenüber gewesen ist.* Die stilistischen Voraussetzungen dieser Wandlung, die noch näher zu erläutern sein wird, waren, wie ich in einem anderen Zusammenhange darzustellen versuchte, im gotischen Naturalismus enthalten, doch eine andere Frage geht dahin, wie die naturalistische Richtung dem mittelalterlichen, künstlerischen Dualismus gegenüber ein vollständiges Übergewicht erlangen konnte. Denn wenn auch neben der allgemeinen Zunahme der Naturbeobachtung der eigenartige Wirklichkeitssinn, der zu den wichtigsten Entwicklungsfaktoren in der Kunst der Neuzeit gezählt werden muß, bereits als eine Sonderströmung in der Gotik des XIII. und XIV. Jahrhunderts vorhanden war, so besaß er doch im Gesamtbilde des künstlerischen Schaffens bis zum Ende des XIV. Jahrhunderts nur eine akzessorische Bedeutung, ähnlich wie die gleichzeitigen neuen wissenschaftlichen Bestrebungen für die ganze Lebensanschauung, und in *der historischen Besonderheit des Bundes der beiden Grundrichtungen der gotischen Kunst schien auch ihre Unlösbarkeit enthalten zu sein.* War doch die neue Naturauffassung durch die mittelalterliche Idealität bedingt, und das Band wäre auch kaum so bald gelockert worden – auf anderen Gebieten des Kulturlebens können wir seine Einwirkung weit über das Mittelalter hinaus beobachten –, wenn sich zu den früher dargelegten Ursachen nicht auch noch *ein neuer Begriff des Kunstwerkes* gesellt hätte, der zwar zunächst nicht ganz jenseits aller mittelalterlichen Gebundenheiten stand, aber doch ihnen gegenüber etwas Neues und Selbständiges bedeutet.

Er ist im Süden entstanden.

Vielleicht wird uns deutlicher, worum es sich handelte,

wenn wir die Parallelentwicklung in der Literatur zum Vergleiche heranziehen. Wie die Kunst, so war auch die Literatur im Mittelalter durchaus an eine feste transzendente Ordnung, an das metaphysische Reich übersinnlicher Substanzen gebunden. Es bestanden in der Poesie, in der Geschichte keine Beziehungen zur sinnlichen Welt, zum menschlichen Leben und Erleben, die nicht irgendwie in dem übernatürlich-spiritualistischen Idealismus der mittelalterlich-christlichen Weltanschauung ihren Ursprung und ihre Grenze hatten, jenseits deren es keine poetische oder historische Bedeutsamkeit gegeben hat. Nicht vom sinnlichen Leben und dem in ihm begründeten Empfinden, nicht von den Kausalverbindungen des materiellen Geschehens schreitet der Geist zu einem höheren poetischen und geschichtlichen Bewußtsein, sondern umgekehrt: der Glaube an die Allmacht und den Alleinwert übersinnlicher geistiger Gewalten war der Ausgangspunkt des poetischen Schaffens und der historischen Betrachtung, der neuen dichterischen, geschichtlichen Entdeckung der Welt und der Geschichte der Menschheit. Überall, wo man im Mittelalter über das annalistische Rohmaterial in seiner lokalen, zeitlichen und sozialen Begrenzung hinausging, suchte man in den Legenden, in den Epen und in universellen historischen Darstellungen die Ereignisse in ein System übermaterieller Gesichtspunkte einzuordnen. In einem anderen Sinne noch, als es von Bédier dargelegt wurde, sind die Chansons de geste aus dem religiösen Spiritualismus des Mittelalters abzuleiten, ähnlich wie ihr kirchliches Widerspiel, die großen legendären Dichtungen und die Weltgeschichten, der reinste Ausdruck der historischen Auffassung des Mittelalters, die einen so großen Fortschritt in der Richtung einer ideell einheitlichen Geschichte der Menschheit bedeuten! Weit näher als alles, was man an literarischen Vorstufen der „Göttlichen Komödie" anzuführen pflegt, stehen der größten Dichtung des Mittelalters in der künstlerischen Auffassung und im geistigen Aufbau die steinernen Epopöen der gotischen Kathedralen, in denen alles, was der damaligen Menschheit in Vergangenheit, Gegenwart und Zukunft bedeutsam war, in den Rahmen einer die Welt des Sinnlichen siegreich überwindenden, auf Beziehungen zum Überweltlichen aufgebauten geistigen Einheit, von dieser den tiefsten künstlerischen Sinn empfangend, eingefügt wurde. Doch auch in den wichtigsten Quellen des profanen Inhaltes des neuen süßen Stiles waltet ein ähnliches Abhängigkeitsverhältnis, da, wie kürzlich von Wechsler überzeugend nachgewiesen wurde, der Begriff der Minne, der ihm zugrunde lag, als eine Übertragung des spirituellen Verhältnisses zwischen Gott und Mensch auf Frauenverehrung aufgefaßt werden muß, wodurch zum ersten Male die Erotik als eine rein geistige, vom Sinnlichen losgelöste Gewalt in die geistige Entwicklung der Menschheit eingeführt wurde. Es entspricht diesem Ursprung, wenn Amor bei Dante in Engelsgestalt mit weißen wallenden Gewändern erscheint.

So war aber wie in der Kunst so auch in der Literatur das neue Verhältnis zur Welt durch den spirituellen und transzendenten Idealismus der mittelalterlichen religiösen Welterklärung gebunden, wobei aber abermals analog wie in der Kunst durch die Übertragung auf nur irdisch begrenzte Gebiete der poetischen Phantasie und des Gefühlslebens eine gewisse bedingte Verselbständigung der in diesseitigen Lebenswerten beschlossenen poetischen und geschichtlichen Stoffe und Probleme erfolgte. Unter diesen allgemeinen europäischen Verhältnissen setzt nun in Italien eine Sonderentwicklung sowohl in der Literatur als auch in der Kunst ein.

Um sie zu verstehen, müssen wir uns ihre territorialen Voraussetzungen wie auch den Zeitpunkt ihres Einsetzens vergegenwärtigen. Obwohl Italien den größten Organisator, den größten Denker und den größten Dichter des mittelalterlichen Ausgleichs zwischen dem natürlichen und göttlichen Gesetz hervorbrachte, so gewannen doch die darin enthaltenen Ideale und die damit verbundene Vereinheitlichung der geistigen (und materiellen) Kultur dort einen weniger allgemeinen und entscheidenden Einfluß als nördlich der Alpen. An der Entwicklung der mittelalterlichen Theologie und Erkenntnislehre und der damit verknüpften Auffassung der ethischen und öffentlichen Pflichten nahm Italien ebenso einen nur geringen oder mittelbaren Anteil wie an der Schöpfung der neuen antiantiken gotischen Kunst, weshalb vom Gesichtspunkte dieser und im Zeitalter ihres gewaltigen Werdens vom XI. bis zum XIV. Jahrhundert die italienische Kunst im allgemeinen als verkümmert und rückständig angesehen werden kann. Dafür bewahrten aber die Italiener, ähnlich wie die semitischen Völker, viel vom sachlichen Wissen des Altertums, starke Überreste einer von den im Norden alles durchdringenden metaphysischen Idealen unabhängigen *formalen Kultur,* deren Einfluß wir in dem wenn auch sehr kümmerlichen Fortleben einer profanen Bildung, der die letzte direkte Ausstrahlung des vom Christentum unberührten spätantiken rhetorischen Bildungsideals zugrunde lag, in der Bedeutung der alten Rechtsbegriffe und in der Bevorzugung der Rechtsstudien überhaupt, in dem wissenschaftlich nüchternen praktischen Sinn, der so weit entfernt war von dem inneren Überschwang des mittelalterlichen Menschen im Norden, und nicht zuletzt in der italienischen Kunst beobachten können, die in einem anderen Lichte erscheint, wenn man sie nicht nach dem Maßstabe der nordischen Gotik beurteilt, sondern nach ihrem eigenen zu messen versucht. All dies erlangte aber ähnlich wie die Residuen des klassischen Wissens einen neuen Sinn und Wert, als sich durch den dargelegten Prozeß in der Weltanschauung des späteren Mittelalters die Wege der auf Offenbarung und auf Vernunft und Anschauung beruhenden Erkenntnis zu trennen begonnen haben.

Es ergaben sich daraus Konsequenzen für die Stellung zur Kunst, deren sich der größte Denker des mittelalterlichen geistigen Dualismus merkwürdigerweise bereits bewußt war, bevor sie auf die Entwicklung der Kunst einen entscheidenden Einfluß ausgeübt haben.

In der genialsten Weise hat nämlich Thomas von Aquino eine scharfe begriffliche Grenze zwischen dem Inhalte des religiös moralischen und künstlerischen Strebens gezogen, indem er ausgeführt hat, daß zwar das ethisch Gute und künstlerisch Schöne als identisch in subjecto oder in ihrem konkreten Inhalte zu betrachten sind, dabei jedoch begrifflich – in ratione – ihrem Zwecke und ihrer Wirkung nach verschieden sind, da das Gute als recta ratio agibilium, als tugendhaftes Leben und Handeln, zu deuten sei und auf die höchste und letzte Bestimmung der Menschen Bezug habe, die Kunst dagegen als recta ratio factibilium, als Gestaltungsgesetz und das Schöne als in formalen Mo-

menten (in ratione formali) begründet angesehen werden müsse.
In dieser Unterscheidung, die zwar bis zu einem gewissen Grade an Aristoteles anknüpft, zugleich aber der ganzen neuen Lage der Dinge nach, wie sie sich im christlichen Geistesleben entwickelt haben, weit über ihn hinausgeht, war ein Programm enthalten, welches in seiner fortschreitenden Durchführung zu einer vollständigen Trennung der religiösen und künstlerischen Weltansicht führen mußte, und zugleich ein Programm, für dessen Aufgaben die italienischen Erben der antiken Tradition aus oben angeführten Gründen besonders geeignet waren.
So wurde aber durch die allgemeine Entwicklung des europäischen Geisteslebens im Verlaufe des XIII. Jahrhunderts eine Situation herbeigeführt, die es ermöglichte, daß die italienische Literatur und Kunst gerade aufgrund der Superstitionen, die bis dahin ihre Rückständigkeit bewirkt hatten, eine selbständige Bedeutung und intensive Weiterbildung wie auch bald eine große Einwirkung auf die ganze abendländische Kunst erreichen konnte.
Wir wollen uns nicht bei den Anfängen dieser Wandlung in der literarischen Produktion aufhalten und uns gleich ihrem ersten großen Ergebnis zuwenden. In den Gedichten und prosaischen Werken patris poeseos Petrarca tritt uns die künstlerische Form, die im früheren Mittelalter der allgemein geistigen oder konkret gegenständlichen Bedeutsamkeit gegenüber, deren Korrelat sie war, keine selbständige Aufgabe und Wichtigkeit hatte und deshalb stets mehr oder weniger typisch war, zunächst wohl in einer recht äußerlichen, aber dessenungeachtet entschiedenen Weise als der eigentliche Zweck und Sinn der künstlerischen Schöpfung entgegen. *Zu den zwei Welten, die das menschliche Wollen, Fühlen und Denken im Mittelalter beherrschten, zu der Welt des begrenzten Diesseits und des ewigen Jenseits, gesellte sich eine dritte, die der künstlerischen Konzeption,* welche ihren eigenen Gesetzen folgte, ihre Aufgaben, Ziele und Maßstäbe in sich selbst fand und die, während im Mittelalter dem dichterischen Berufe Kleriker oder Bänkelsänger obgelegen sind, nunmehr den Dichter zum Vater und Autor erhoben und ihm einen Adel verliehen hat, der nicht geringer war als jener, den der Staat oder die Kirche bieten konnten.

Auch in der Kunst hat sich diese Wandlung vollzogen. Schon früher – man kann bis auf das XII. Jahrhundert zurückgehen – gewann in der italienischen Kunst die architektonische, plastische und wohl auch malerische Form ein gewisses Eigenleben, das auf künstlerisch autonomen Interessen beruhte: völlig ausgebildet und klar tritt uns diese dritte geistige Weltmacht des späten Mittelalters, *die des autonomen Kunstwerkes,* in Giottos Gemälden entgegen. Die Aufgabe, die ihnen zugrunde lag, das Leben Christi, Mariä und der Heiligen zu erzählen, war zwar alt, beinahe so alt wie das Christentum selbst, die Art und Weise aber, wie sich Giotto dieser Aufgabe entledigte, war sowohl vom mittelalterlich-naturalistischen als auch vom mittelalterlich-idealistischen Gesichtspunkte neu und grundverschieden von allem, was an ähnlichen Darstellungen die vorangehende Kunst geschaffen hat. Der Fortschritt in der Naturbeobachtung war dabei, so groß er auch war, wie Rintelen mit Recht in seinem schönen Giottobuche betonte, bei weitem nicht das Wichtigste. Die heiligen Geschichten, die Giotto so wunderbar neu erzählte, erscheinen in seinen Werken nicht als realistische Lebensschilderungen, sondern in einen heroischen Idealstil übertragen, der vielfach mit Bewußtsein von erschöpfender Naturtreue abgewichen ist.

Dieser Idealstil war aber nicht der Ausfluß einer irrationellen Übernatürlichkeit wie in der Gotik, sondern eine künstlerische Paraphrase und Verklärung, Monumentalisierung der sinnlichen Wirklichkeit, wie sie in der antiken Kunst angestrebt wurde. Und doch auch grundverschieden von der klassischen Auffassung. In der Antike entwickelten sich die bildlichen Vorstellungen und die formalen Errungenschaften der Kunst in einer unlösbaren Verbindung mit dem Mythos, der die personifizierte und heroisierte Natur war, so daß die Weiterbildung der Kunst zugleich die Weiterbildung ihres künstlerisch objektivisierten religiösen Inhaltes und der in ihm enthaltenen Naturauffassung gewesen ist. Mit dem Übergewicht des geistigen Inhalts und der vollständigen Unterordnung der formalen Lösungen in der christlichen Kunst veränderte sich dieses Verhältnis, und eine weitere Veränderung erfolgte nun in Italien, wo sich die Kunst in ihren formalen Aufgaben sowohl der Natur als auch der Religion gegenüber als ein selbständiges Drittes, als eine Welt für sich, in der die Phantasie ihre eigenen Werte schafft, zu konstituieren begann. Wie die Wissenschaft, so wurde auch die Kunst nicht nur der Ausdruck, sondern auch *eine selbständige, von metaphysischen Voraussetzungen unabhängige Quelle der Weltanschauung.*

Zu den Ursachen der herrschenden Unsicherheit und Verwirrung in der Beurteilung der Kunstwerke aus älteren Perioden, die unter anderen allgemeinen geschichtlichen Voraussetzungen entstanden sind als die Schöpfungen der Kunst der Gegenwart, gehört der Glaube an bleibende Grundbegriffe der Kunst, der auf der Annahme beruht, daß bei allen Wandlungen der künstlerischen Ziele und des künstlerischen Könnens doch der Begriff eines Kunstwerkes als etwas im Prinzip Bleibendes und Unwandelbares angesehen werden kann. Nichts ist jedoch falscher und unhistorischer als eine solche Annahme, denn der Begriff des Kunstwerkes und des Künstlerischen hat im Laufe der historischen Entwicklung, und zwar bis auf die Grundlinien, die mannigfaltigsten Wandlungen erfahren und war stets ein zeitlich und kulturell begrenztes und variables Ergebnis der allgemeinen Evolution der Menschheit. Was man unter Kunst verstand, was man in ihr suchte und von ihr begehrte, war in der altorientalischen, in der klassischen, in der mittelalterlichen und in der neuzeitlichen europäischen Geisteswelt, ganz abgesehen von anderen Kulturkreisen, so verschieden wie etwa die Auffassung der Religion, Moral, Geschichte oder der Wissenschaften, und nur aufgrund einer klaren Erkenntnis der durch diesen Sachverhalt bedingten geschichtlichen Besonderheiten der „Grundbegriffe" in verschiedenen Zeiten und Gebieten kann über nebelhafte Vorstellungen von einer Kunst an sich hinaus der Weg zum historischen Verständnis der künstlerischen Phänomene vergangener Perioden gefunden werden. Die autonome Stellung der Kunst im Rahmen der das menschliche Dasein beherrschenden Gewalten erscheint uns heute so selbstverständlich, daß wir in der Regel die relativ späte Entstehung dieser Stellung vergessen, die nach längerer Vorbereitung erst in der italienischen Kunst um die Wende des XIII. und XIV. Jahrhunderts zur vollen Ausbildung gelangte. Jedes der Gemälde Giottos ist eine Welt für sich, in der das Walten überweltlicher Mächte nur in den geschilderten Vorgängen zum Ausdruck kommt, die aber in der künstlerischen Rekonstruktion dieser Vorgänge ihren eigenen Gesetzen folgt, durch welche die künstlerische Bedeutung der Figuren, ihre Erfindung, Anordnung, räumliche Stellung und Verbindung bestimmt wird. Dabei wird diese von metaphysischen Beziehungen unabhängige *künstlerische Gesetzmäßigkeit* nicht wie in der Antike als eine in den Objekten, in ihrer materiellen Schönheit und Kausalität allein begründete angesehen, sondern zugleich dem subjektiven künstlerischen Ermessen, dem individuellen künstlerischen Schöpfungsakte in der durch künstlerische Erfordernisse bestimmten Paraphrase der materiellen Gegebenheit in weit höherem Maße als je früher anheimgestellt. *Der grundsätzliche Subjektivismus der christlichen Kunst wurde nun mit anderen Worten auch auf die autonomen künstlerischen Probleme übertragen.* Wie bis dahin im Spiegel des subjektiven Offenbarungsglaubens und der subjektiven Beobachtung, so wurde von da an auch im Spiegel der subjektiven, auf sich selbst beruhenden Einbildungskraft das Reich der künstlerischen Werte neu aufgebaut und der Wirklichkeit und überweltlichen Bedeutsamkeit entgegengesetzt, wodurch die künstlerische Persönlichkeit wie in der Literatur auch in der Kunst eine neue Bedeutung gewonnen hat.

In dem neuen Begriff des Künstlerischen war aber notwendig auch *ein neuer Begriff sowohl der künstlerischen Wahrheit und Verlebendigung als auch der – von da an spezifisch künstlerischen – Idealität* enthalten. Beides hing unvergleichlich enger zusammen als das Ideale und das Natürliche in der vorangehenden gotischen Kunst.

Wohl waren die Fortschritte der giottesken Kunst auch in der Richtung der auf Beobachtung der individuellen Form der Einzelobjekte beruhenden gotischen Naturtreue beträchtlich und mannigfaltig, doch wichtiger war die neue innere Einheit der Darstellung, der sich jene unterordnen mußten und in der implizite auch eine neue Auffassung der natürlichen Zusammenhänge enthalten war. Es ist nicht schwer, in gleichzeitigen Miniaturen, Wandgemälden oder plastischen Dekorationen nördlich der Alpen Motive nachzuweisen, in denen eine konkrete Wirklichkeit treuer dargestellt wird als etwa in Giottos so weit davon entfernten

Felsen und Bäumchen oder verallgemeinerten Architekturen. Dafür gewinnt aber bei Giotto alles eine neue künstlerische, mit der Wirklichkeit nur lose zusammenhängende Tatsächlichkeit und Überzeugungskraft. Wie ein Zauberspiel mußte es den Zeitgenossen erscheinen, als der große Künstler an der Hand der alten heiligen Erzählungen vor ihren Augen ein Sein und Geschehen entrollte, in dem aus dem Rohstoff der sinnlichen Erfahrung Formen und Zusammenhänge geschaffen wurden, die den Zufälligkeiten der alltäglichen Wirklichkeit gegenüber als die Offenbarung ungeahnter typischer Wahrheiten und Beziehungen, die der sinnlichen Anschauung zugrunde liegen, erscheinen mußten und die es ermöglichten, die Erzählung in die Sphäre einer eindringlicheren und klareren Wiedergabe der in der Natur waltenden formalen Kräfte und ihrer ursächlichen Verbindungsnormen zu übertragen. So wurde aber die Beobachtung in der Erfindung, plastischen Wirkung und kompositionellen Bedeutung der Figuren wie auch in ihrer Verwebung mit dem dargestellten Raume zu einer *natürlichen normativen künstlerischen Gesetzmäßigkeit* verarbeitet, die nicht mehr ein Spiegelbild von transzendenten Voraussetzungen war, sondern im sinnlichen Erleben ihre Quelle hatte. Früher als dem forschenden Geiste erschlossen sich der künstlerischen Anschauung aus diesem Erleben neue *generelle Wahrheitskategorien* und formale Wertsysteme, die wohl wie in der Antike und sicherlich auch unter ihrem Einfluß als ein Kriterium der weltlichen Tatsächlichkeit, doch auch zugleich als ein Ausdruck des persönlichen Ringens um die künstlerische Bewältigung der sichtbaren Welt und nicht zuletzt als der Weg zu einer formalen Bedeutsamkeit entstanden sind, in die der Künstler als Schöpfer unabhängig von den tiefsten Geheimnissen der kirchlichen Offenbarung durch seine im irdischen sinnlichen Leben begründete Kunst, durch das freie Walten der Phantasie den göttlichen und menschlichen Inhalt der heiligen Erzählungen kleiden konnte.
So war aber in der neuen Kunst ein zweifacher Fortschritt enthalten.
1. *Generelle* Probleme und Normen der Naturwiedergabe und Naturparaphrase gewannen selbständige Bedeutung und wurden der wichtigste Inhalt des spezifisch künstlerischen Strebens und Erfolges.

2. In ihrer autonom künstlerischen, sinnfälligen Gesetzmäßigkeit wurde ein neuer Ausgangspunkt für künstlerische Idealisierung und Monumentalisierung gefunden. So wurde beispielsweise der Raumzusammenschluß als Grundform der natürlichen räumlichen Zusammenhänge und hiermit auch als eines der wichtigsten Merkmale der Naturtreue einer malerischen Darstellung zum unumgänglichen Erfordernis jeder malerischen Komposition, zugleich aber durch freie Anpassung dieses Zusammenschlusses an die geschlossene und in Fläche und Raum abgewogene und konzentrierte Bildwirkung das hauptsächlichste Mittel, im Beschauer den Eindruck einer klärend befreienden und erhebenden künstlerischen Lösung zu erwecken. Ähnliches gilt für die neuen Idealtypen, in denen sich zur mittelalterlichen Formelhaftigkeit eine bewußte künstlerische Regel, wie auch zu der auf generellen geistigen Momenten und ihnen entsprechenden Schönheitsvorstellungen aufgebauten Idealisierung eine auf rein formalen Momenten und den mit ihnen verknüpften Anschauungen von Größe, Stil und künstlerischer Überlegenheit beruhende gesellte. In diesem Bewußtsein und offenen Eingeständnis des autonomen Phantasiespieles als der eigentlichen selbständigen Aufgabe der Kunst war jene Wandlung begriffen, die den ihre Folgen miterlebenden Schriftstellern des XV. und XVI. Jahrhunderts als die Erneuerung der Kunst und als die Rückkehr zu der wahren Doktrin, zu den im Mittelalter verlorengegangenen Regeln erscheinen mußte. „Cominciò l'arte della pictura a sormontare in Etruria in una villa allato alla città die Firenze", schrieb Ghiberti klar und entschieden, wie man nur über Tatsachen zu schreiben pflegt, bei denen ein Zweifel nicht möglich ist, was in Anbetracht der zahlreichen, Ghiberti gewiß nicht unbekannten älteren Denkmäler nicht verständlich wäre, wenn es sich nicht eben um einen neuen Begriff der Malerei gehandelt hätte.
Dieser blieb aber wie Petrarcas Lehre vom Wesen der Literatur auch *im Norden nicht ohne Einfluß.* Man kann ihn in verschiedenen aufeinanderfolgenden oder auch nebeneinander bestehenden Wirkungen beobachten.
Hand in Hand mit ikonographischen und einzelnen formalen Entlehnungen ging eine Annäherung an die neuen italienischen Grundsätze der bildmäßigen Erfindung, wobei

sich zunächst eine starke Verschiebung zugunsten der selbständigen Bedeutung der formalen Gesichtspunkte, und zwar *sowohl in idealistischer als auch naturalistischer Beziehung*, vollzogen hat.

Mit den neuen italienischen Darstellungsnormen waren zweifellos neue Vorstellungen von formaler Vollendung und Schönheit und die ersten Ansätze einer innerweltlich platonischen Idealität verknüpft, die auch im Norden einen Einfluß auszuüben begonnen haben. So ist es zum Beispiel nicht schwer, in den Madonnendarstellungen, die verbunden mit dem wachsenden Marienkulte (darin liegt auch ein Zeichen der Wandlung) so beliebt wurden, den Einfluß der giottesken und sienesischen Idealtypen zu beobachten. Ihr antikisierender Schönheitskanon, mit jenen Vorstellungen der Anmut und Lieblichkeit verbunden, die sich im Rahmen der kirchlichen Kunst des Mittelalters entwickelt haben, wurde auch im Norden zum Ausgangspunkte eines Schönheitsbegriffes, bei dem der Nachdruck von der religiösen Idealität auf die rein künstlerische überging, so daß in solchen Madonnen oder ähnlichen Heiligendarstellungen zum ersten Male seit der Antike auch im Norden ein Menschenideal die Kunst zu beherrschen begann, das den Wohllaut, die Lieblichkeit der Formen, sie freilich dank der vorangehenden mittelalterlichen Entwicklung der Antike gegenüber mit einer stärkeren Betonung der psychischen Charakteristik verbindend, nicht nur als weltliche Exemplifikation der göttlichen Wahrheiten, sondern um ihrer selbst willen als Ausdruck der rein künstlerischen Freude am Menschentum und an den an ihm geschätzten irdischen Vorzügen über alle anderen Gesichtspunkte erhoben hat.

Doch nicht nur in solchen Präludien des späteren Ringens um klassischen Stil, deren Widerspiel wir in der ältesten „humanistischen“ Literatur nördlich der Alpen beobachten können, auch im Rahmen der alten gotischen Formenwelt gewinnen formale Aufgaben einen neuen Sinn und Rang. Das gotische Linienspiel, das grazile Schweben oder pathetische Rauschen der gotischen Bewegung, das immer reichere, kunstvollere, doch auch bis zum barocken Überschwang gesteigerte Leben der plastischen Formen und Konstruktionen, die Effekte der freundlich blumigen oder prunkvoll leuchtenden Farbigkeit der Gemälde beginnen sich ebenso wie die Rhythmik, die Raumwirkung und die Dekoration in der Architektur zu einer größeren Selbständigkeit und zu einer – jenseits der mittelalterlichen ideellen Einheit stehenden – allgemeinen künstlerischen Bedeutung zu entwickeln. Nebst den italianisierenden entstehen auch neue *nordische Idealtypen,* in denen die Abstraktion und Generalisierung und die mit ihnen sich verbindenden Begriffe der individuellen Vorzüge weniger auf aprioristischer Begrenzung der Darstellung durch die christlich-subjektive und überweltlich bedingte Auffassung der Persönlichkeit als auf formalen Momenten beruhten. Und wie die innere Dialektik der neuen Thesen und Gesichtspunkte in dem gleichzeitigen theologischen und philosophischen Denken immer mehr der mittelalterlich einheitlichen und autoritativ absoluten religiösen Idee gegenüber wirksam zu werden begann, so könnte man auch von einer solchen Dialektik in der Kunst sprechen, *einer Dialektik der Linien, Formen, Typen und Probleme,* die zwar die große spirituelle Einheit der mittelalterlichen Kunst zunächst nicht ganz zu sprengen vermochte, dennoch aber sie gelockert und einer neuen Stellung der Kunst im Kulturleben den Weg geebnet hat. Es ist bezeichnend, daß diese Entwicklung, wie die parallele in der Literatur, im Norden zunächst an *persönliche Einsicht, an eine höhere Bildung, an ein besonderes Kennertum* gebunden war und zuerst an Gemälden oder Bildwerken beobachtet werden kann, die nicht im festen Verbande mit dem großen Vermächtnisse der gotischen Kunst, dem architektonischen Gesamtkunstwerke der kirchlichen Bauten standen, also an Tafelgemälden, Miniaturen, Einzelstatuen, bei denen in einer Zeit, als sich die architektonische Skulptur und Malerei noch in den Bahnen des transzendenten gotischen Idealismus weiterentwickelte, für kunstverständige Auftraggeber oder vielleicht auch bereits ohne Auftrag als künstlerisches Glaubensbekenntnis Werke geschaffen wurden, denen die neue, spezifisch künstlerische Gesetzmäßigkeit zugrunde lag. Es ist kaum ein Zufall, daß von da an bis auf den heutigen Tag die Weiterentwicklung der bildenden Kunst weit mehr von den beweglichen Kunstwerken ausging als von den monumental mit dem Baue verbundenen, wobei nur die Gegenreformationskunst eine Ausnahme bildet, die sich auch sonst in so mancher Beziehung der gotischen genähert hat.

Das Allerwichtigste war nun, daß diese Autonomisierung nicht nur auf generell formale Probleme, *sondern auch auf die Naturwiedergabe, und zwar auf den alten gotischen Naturalismus, übertragen wurde.*

Wir haben gehört, wie im Zusammenhange mit der Stellung des christlichen Menschen zu der sinnlich wahrnehmbaren Umwelt im späteren Mittelalter dem dieser Stellung zugrunde liegenden Psychozentrismus gemäß eine neue Auffassung der Naturwahrheit als Spiegelung der individuellen Erscheinung in der subjektiven Beobachtung entstand, zunächst bedingt und begrenzt durch eine überweltliche Gesetzmäßigkeit, mit der alle weltlichen Phänomene verbunden wurden, – wie ferner dieser nominalistische Naturalismus (den Lehren von der doppelten Wahrheit entsprechend) allmählich eine wichtige Quelle der inhaltlichen und formalen Bereicherung der Kunst, Erkenntnis und Weltanschauung geworden ist, und haben darauf hingewiesen, wie im allgemeinen geistigen Leben eine parallele Entwicklung nicht hervorgerufen, wohl aber gefördert wurde durch die Rezeption der Überreste der positiven Naturkenntnisse, die sich als antikes Erbe in der wissenschaftlichen Literatur der semitischen Völker erhalten hatten. Durch diesen Prozeß, in dem sich die positiven Wissenschaften als ein von der Philosophie und Theologie unabhängiges Organ der Auseinandersetzung der Menschen mit der sie umgebenden Welt zu konstituieren begonnen haben, mußte naturgemäß auch in der Kunst die enge Verbindung der neuen Naturbeobachtung mit dem großen mittelalterlichen Welterklärungssystem gelockert werden.

Und in diesem Zeitpunkte beginnt der neue Begriff eines autonomen Kunstwerkes im Norden einzuwirken, und Vorbilder werden nachgeahmt, deren innere Struktur von jenem System unabhängig gewesen ist. Wir können da einen höchst merkwürdigen und für spätere ähnliche Erscheinungen lehrreichen Sachverhalt beobachten.

Obwohl sich die nordischen Künstler des XIV. Jahrhunderts ähnlich wie die späteren Romanisten zuweilen an die italienischen Vorbilder in ihren neuen naturalistischen Errungenschaften ziemlich treu angeschlossen haben, treten uns doch die Entlehnungen fast nie in jener Anwendung und Gestalt entgegen, die in Italien ihr wichtigstes Merkmal gebildet haben. Während in Italien beides durch einen künstlerischen Mikrokosmos, der mit der Wirklichkeit nur gleichsam wie ein freies, durch Erfordernisse der allgemeinen künstlerischen Wahrheit und inneren Logik geleitetes Bühnenspiel zusammenhing, bedingt war und aus diesem geschlossenen Wechselverhalten zwischen der bildmäßigen Einheit und allen ihren Teilen Sinn und Gestalt, Wahrheit und Schönheit empfangen hatte, wurden im Norden die entlehnten neuen Formen und Normen der bildlichen Erfindung im Gegensatze zu ihrem künstlerischen Ursprung mit Motiven verbunden, die sich aus dem alten gotischen Bestreben nach Wiedergabe der individuellen Wirklichkeit entwickelt haben. Doch noch merkwürdiger ist, daß die italienischen Kompositionsschemen im Norden nicht nur mit Zügen des subjektiven Naturalismus der nordischen Gotik vermengt, sondern auch als *Ganzes* einseitig nur vom Gesichtspunkte der Naturbeobachtung aufgefaßt wurden. So sah man zum Beispiel in dem konsequenten Raumzusammenschluß, der in Italien, nicht ohne Einfluß der antiken Kunst, in die Malerei als eine Forderung der über die einfache Wirklichkeitsnachahmung hinausgehenden höheren künstlerischen Gesetzmäßigkeit eingeführt wurde, nördlich der Alpen vor allem einen Fortschritt in der Wiedergabe der *subjektiven Beobachtung,* die nun auch auf die natürlichen Zusammenhänge der Figuren untereinander und mit dem sie umgebenden Raume ausgedehnt werden konnte, so daß, was in Italien die künstlerische, durch die angestrebte Gesamtwirkung der kompositionellen Erfindung bedingte Rekonstruktion eines landschaftlichen Gebildes oder eines Innenraumes bieten sollte, im Norden bald den Charakter der *Nachahmung eines bestimmten Raumausschnittes angenommen hat.* Burckhardts scheinbar paradoxe Behauptung, daß ohne Giotto Jan Steen anders und vermutlich geringer wäre, könnte man auch in diesem Zusammenhange und auf die ganze Landschaftsmalerei der Niederländer erweitert gelten lassen und durch einen Hinweis auf die Antike ergänzen. Vom Standpunkte der allgemeinen Entwicklung des Geisteslebens ist es aber von höchstem Interesse, den Kreislauf wahrzunehmen, durch den jene Auffassung und Erfindung der Malerei, die wir dem Geiste des Griechentums und seinem Streben nach künstlerischer und wissenschaftlicher

Objektivierung des Weltbildes verdanken, auf dem Umwege über italienische Bemühungen um formal-autonome künstlerische Perfektion nach dem Norden gedrungen, dort dem Verhältnisse zwischen dem Menschen und der Natur angepaßt, wie es sich im Mittelalter bei den abendländischen Völkern entwickelte, der Ausgangspunkt einer neuen Entdeckung der Welt, ihrer landschaftlichen Schönheit und Poesie im Spiegel des subjektiven Bewußtseins geworden ist.

Zunächst handelt es sich allerdings, wie gesagt, nur um bestimmte Schablonen der realen Zusammenhänge, die anstelle der gotisch überrealen Verbindung der Erscheinungen getreten sind und wie die letzteren mit naturalistischen Beobachtungen verbunden wurden.

Darin lag ein neuer Fortschritt, aber auch ein neues Problem!

Der Fortschritt bestand darin, daß, wie in Italien die formale Schönheit und Gesetzmäßigkeit, nun im Norden auch die *auf subjektiver Beobachtung beruhende größtmögliche Naturwahrheit ein künstlerischer Selbstzweck, ein Merkmal des großen Kunstwerkes* geworden ist. Es ist nicht ein neues Interesse für die Natur, welches die Werke der neuen „realistischen" Richtung des XIV. Jahrhunderts, wie etwa die Porträtstatue Karls IV., die Büsten des Meisters der königlichen Familie in Prag, das Denkmal des Bischofs Albrecht von Beichlingen in Erfurt und ähnliche Werke, von der älteren Kunst unterscheidet, sondern *das bewußte Naturstudium, das Streben, die Kunst ohne Rücksicht auf alle anderen Gesichtspunkte in erster Linie in steigendem Maße zur treuen Wiedergabe der an einem bestimmten Modell wahrgenommenen Wirklichkeit zu befähigen.* Was bis dahin eines der Ausdrucksmittel des mittelalterlichen Dualismus gewesen ist, verwandelte sich in *selbständiges Ziel*, in die wichtigste Aufgabe des künstlerischen Fortschrittes, der gegenüber alles andere zurücktreten mußte. Es ist dies derselbe Weg, den fast gleichzeitig in der Erkenntnislehre die Neonominalisten und Terministen Durand, Wilhelm Occam und Johann Buridan eingeschlagen haben, indem sie theoretisch alles Wissen und jede dem Menschen durch eigene Kraft erreichbare Wahrheit auf sinnliche Einzeltatsachen zurückzuführen versuchten. „Die Wissenschaft ist auf die äußere Erfahrung angewiesen, und da es in der Welt der Wirklichkeit keine Universalien gibt, so kann die Erkenntnis ihren Ausgang auch nicht vom Allgemeinen, sondern nur vom Besonderen nehmen" – so lehrte Occam, der große Vorläufer Bacons und Spinozas, und diese Lehren können als ein Kommentar dazu dienen, was sich bald darauf, hauptsächlich in Frankreich, wo ja auch der ideelle Mittelpunkt der neuen Erkenntnistheorien war, vollzogen hat.

Ohne einen plötzlichen Übergang zu unvermittelt neuen Formen, erhielt doch alles, was sich die Kunst, seitdem sie neu aus der Natur zu schöpfen begonnen, an Anschauung der Wirklichkeit erworben hat, eine neue Bedeutung, wurde der eigentliche ästhetische Faktor, um dessen Weiterentwicklung und Bereicherung sich die Künstler überall in unübersehbaren Einzelversuchen bemühten, so daß diese Versuche allmählich sowohl den „Stil" der gotischen Formendarstellung, den Ausdruck der idealistischen Konvention, durch treuere Nachbildung der individuellen Gegenständlichkeit in weitgehendem Maße zersetzt und durchdrungen, als auch die alten kompositionellen Einheiten mit einer Fülle von sachlichen Beobachtungen umsponnen und gesprengt haben, ähnlich wie im XVIII. und XIX. Jahrhundert die großen Phantasiegebilde der Barockzeit einerseits durch neue Forderungen der im säkularen Leben, seinen Ideen und seinen geschichtlichen Werten wurzelnden Bedeutsamkeit, anderseits aber durch eine neue Welle von naturalistischen Aufgaben, von Bemühungen um dokumentarische Treue in der Wiedergabe der Natur und der Lebenserscheinungen allmählich verändert oder aufgelöst wurden.

So sachte und für uns scheinbar als ein kaum merklicher Übergang diese Entwicklung im XIV. Jahrhundert stattgefunden hat, war sie doch der Ausgangspunkt einer unvermeidlichen Umwertung aller Werte in der Kunst. Aus einem ergänzenden Korrelat verwandelte sich die Naturbeobachtung in die Wurzel und das vornehmste Ziel, in Anfang und Ende der künstlerischen Schöpfung. Darin lag unendlich mehr als nur eine formale Neuorientierung der Kunst. Denn nichts anderes bedeutete diese Bewegung als den Ausdruck der ersten künstlerischen Manifestationen einer neuen Periode in der Geschichte der geistigen Entwicklung

der Menschheit, die sich von allen vorangehenden dadurch unterscheiden sollte, daß *der menschliche Geist in der Selbstgewißheit der Beobachtung den Ausgangspunkt der künstlerischen Wahrheit und Erhebung über den Alltag zu suchen begonnen hat.*
Das war neu:
1. dem Mittelalter gegenüber, weil durch diese Identifikation von Beobachtung und Kunst das künstlerisch Bedeutsame nicht mehr in einer Unterordnung der realen Erscheinungen unter eine übernatürliche Ordnung und Menschenbestimmung, sondern in der Wirklichkeit selbst und allein gesucht wurde.
2. war es auch der Antike gegenüber neu, weil es sich dabei nicht um Objektivierung des im sokratischen Sinne Allgemeinen, im Wechsel der Erscheinungen begrifflich Bleibenden, sondern in Übertragung des augustinischen in interiore homine habitat veritas auf das Verhältnis des Menschen zur sinnlichen Welt, um ein Streben nach höchster Ausbildung des Vermögens, die Natur- und Lebensphänomene durch intensivste Erfassung und darstellende Bewältigung ihrer Besonderheiten in dauernden geistigen Besitz und Bereicherung der Weltanschauung zu verwandeln, gehandelt hat.
Diese Bewegung führte nun, und zwar so ziemlich überall, im ganzen Bereiche der abendländischen Kunst zunächst zu einem Schwanken und Suchen, das man als Sturm und Drang bezeichnen könnte und das in einer merkwürdigen Vermischung alter und neuer Elemente bestanden hat. Das Charakteristische dieser Übergangskunst, deren Nachwirkung bei einzelnen Völkern, Schulen und Meistern lange angedauert hat, lag darin, daß zwar alle einzelnen Motive und Formen zu einer porträthaften Wiedergabe der Natur in ihrer individuellen Form, Stofflichkeit, farbigen Erscheinung entwickelt wurden (man findet ganz „moderne Landschaften", „exakte Architekturbilder", „wahre Bildnisse") und die neuen naturalistischen Forderungen und Errungenschaften quantitativ und qualitativ das Übergewicht erlangten, dabei jedoch durchgreifende, aus der Forderung der unbedingten Wirklichkeitsnachahmung sich ergebende Folgerungen in den allgemeinen Grundsätzen der bildlichen Erfindung nicht gezogen wurden.
Der Wille, die Herrlichkeiten der sinnlichen Welt in ihrem

vollen Umfange und ihrer unerschöpflichen Mannigfaltigkeit der Kunst zu erschließen, übernahm als Ziel des künstlerischen Strebens die Führung; doch wie sollte dieser Wille in Aufgaben der generellen bildlichen Komposition sich Geltung verschaffen?
Ähnlich wie in realistischen Lebensschilderungen und landschaftlichen Studien des vorigen Jahrhunderts barocke Schablonen lange nachwirken, finden wir am Beginn der neuen „naturalistischen“ Malerei nördlich der Alpen überall gleichsam auf dem Grunde der Wirklichkeitswiedergabe eine nach mittelalterlicher Art nur beiläufig der Erfahrung entsprechende Addition der Naturbeobachtungen, gotisch geschwungene Gestalten, alte giottesk konstruierte Idealkompositionen, nicht deshalb, weil man noch „unbeholfen“ war, sondern weil da das grundsätzlich schwierigste Problem lag: wie kann die neue Auffassung und Forderung der Naturtreue, wie sie sich aus dem christlichen Subjektivismus entwickelt hat, und, nachdem sie majorenn geworden ist, von der ganzen künstlerischen Schöpfung Besitz ergreifen wollte, in Darstellungsmomenten zum Ausdruck gebracht werden, die über einzelne gegenständlich isolierte Naturstudien hinausgehen! Eine noch so intensive und extensive Häufung von einzelnen Naturbeobachtungen, wie wir sie in Übergangswerken finden, konnte da allein nicht die Lösung bringen, für die weder die alten gotisch idealistischen kompositionellen Abstraktionen noch die neueren Kompositionsschemen der giottesken Malerei in Betracht kommen konnten.
Jene standen a priori in einem schroffen Widerspruche zu einer natürlichen Bedingtheit, was früher nicht nur nicht als störend angesehen, sondern im Gegenteil angestrebt wurde, nun aber als ein unerträglicher Widerspruch empfunden werden mußte – wie ja auch gleichzeitig von den Occamisten das Unvereinbare der Empirie und des Glaubens zum ersten Male in der Geschichte der Menschheit ausdrücklich hervorgehoben wurde –; diese beruhten zwar auf dem realen Sein, doch haben sie es zu einer freien künstlerischen Paraphrase umgestaltet, die sich auch im Gegensatze zu dem Grundprinzip der neuen Auffassung der Naturtreue befunden hat. Daraus entstand ein Konflikt, der die künstlerische Entwicklung um die Wende des XIV. und

XV. Jahrhunderts sowohl im Norden als auch im Süden beherrscht; darin lag das wichtigste Problem der Zeit, aus dem gleichzeitig im Norden und im Süden auf verschiedenen Wegen eine neue Kunst entstanden ist.

Die italienische Lösung des Konfliktes, in der Florenz die Führung übernommen hat, wollen wir in einem anderen Zusammenhange betrachten.

Im Norden war aber der *niederländischen* Malerei die geschichtliche Mission beschieden, aus dem Widerspruche der sie bewegenden geistigen Mächte der Kunst einen neuen Weg zu weisen.

Es ist sicher kein Zufall, daß diese Wandlung, die auf dem Gebiete der Kunst eine Epoche in der Weltanschauung bedeutet, mit dem Namen eines großen Künstlers, mit der ersten in ihrer individuellen Bedeutung klar erfaßbaren, bahnbrechenden Persönlichkeit der nordischen Kunst verknüpft werden kann. Das Lebenswerk des Jan van Eyck wird uns in diesem Zusammenhange in einem neuen Lichte erscheinen. Die in seinen Bildern verkörperte Naturanschauung war nicht neu, und viel von dem, was in seinen Werken durch die erreichte Reife wie ein Wunder erscheint, hat einen weit zurückreichenden Stammbaum. Es ist deshalb auch selbstverständlich, daß manche Züge und Stileigentümlichkeiten seiner Werke als allgemeiner Fortschritt seiner Zeit und Heimat angesehen werden können, zu dem sich auch unabhängig von ihm seine niederländischen Zeitgenossen durchgerungen haben. Neu war jedoch und sein Verdienst die Kühnheit, mit der er aus den geänderten Voraussetzungen der Kunst neue bahnbrechende Folgerungen gezogen hat, um sie als das allein gültige Prinzip alten Überlieferungen entgegenzustellen. Dies kommt am deutlichsten in einer ungeheuren Vereinfachung der Komposition zum Ausdruck. Man hat nicht mit Unrecht Gemälde giottesken Stiles episch genannt und sie mit Dantes „Göttlicher Komödie“ verglichen, indem man dadurch ihren erzählenden Inhalt betonte, den sie allerdings bis zu einem gewissen Grade mit der ganzen gleichzeitigen gotischen Kunst teilen. Die Bilder in Handschriften, die Glasgemälde, die Tapisserien oder Fresken, die im XIV. Jahrhundert die Wände schmückten, gleichen alle theatralischen Aufführungen mit zahlreichen Personen und berichtendem

Inhalte. Wohl fehlten repräsentative Darstellungen mit wenigen Figuren nicht ganz, doch sie waren eine Ausnahme, und das allgemeine Bestreben ging unverkennbar dahin, die figurale Komposition möglichst reich, bewegt, inhaltlich mannigfaltig und interessant zu gestalten. Dazu kommt, daß mit dem Übergewichte der naturalistischen Bestrebungen auch Naturbeobachtungen auf den Gemälden wie in einem Bilderbuche in möglichst großer Fülle aneinandergereiht wurden, und so war auch noch die Anbetung des Lammes in Gent – totius orbis conprehensio – ein Aufzug von Himmelsscharen und Vertretern aller Stände in einer Ideallandschaft, überreich an Figuren und Naturherrlichkeiten.

Demgegenüber sind alle Werke Jans von einer kompositionellen Einschränkung, die man als Verarmung auffassen könnte, wenn es nicht klar wäre, daß sie sowohl in des Künstlers Absichten gelegen war, als auch der Kunst einen neuen inneren Reichtum brachte. Besonders unverkennbar tritt uns der darin gelegene Fortschritt in der Auffassung der malerischen Probleme dort entgegen, wo die Komposition auf eine einzelne Figur, wie in den beiden nackten Gestalten, nach denen im XVI. Jahrhundert der Genter Schrein benannt wurde, oder wie in Jans Bildnissen eingeschränkt werden konnte. Nicht die Porträtabsicht oder das Studium des Nackten allein, wozu es auch früher schon mannigfaltige Ansätze gegeben hat, waren dabei das Neue, sondern die Entschlossenheit, mit der der Künstler das Studium des Nackten oder die Bildnistreue zum ausschließlichen Inhalte der Darstellung erhoben hat. *Eine Naturstudie in unserem Sinne des Wortes – ein Stück Wirklichkeit, wie es sich in seiner individuellen Erscheinung der Beobachtung dargeboten hat – wurde zum ersten Male in diesen Gemälden im wesentlichen gleichbedeutend mit der bildlichen Erfindung!* Es handelte sich mit anderen Worten um einen bewußten Verzicht auf alles, was außerhalb der unmittelbaren sinnlichen Wahrnehmung gelegen war, und um ihre Loslösung von allen metaphysischen oder empirischen, über den gegebenen einmaligen Sachverhalt hinausgehenden Zusammenhängen und Normen. Um den vollständigen Sieg jener subjektiven Entdeckung der Welt in ihrer unendlichen Mannigfaltigkeit, wie sie sich aus der mittelalterlichen Weltauffassung, verknüpft mit überweltlichen Voraussetzungen, entwickelt hat und nun selbst Weltanschauung und die auf sich selbst beruhende Quelle der Kunst geworden ist.

Dies kann sicher nicht nur aus einem neuen Können erklärt werden, das, so erstaunlich es auch war, doch nur die Fortsetzung einer weit zurückreichenden Entwicklungslinie bedeutet und bei vielen gleichzeitigen Künstlern, wenn auch in geringerem Grade, beobachtet werden kann, sondern beruhte auf einer neuen *künstlerischen Gesinnung*, die unmittelalterlich war und deren Bahnbrecher ein genialer Künstler gewesen ist. In ihr ist der Ursprung der kompositionellen Begrenzung zu suchen, die nicht, wie mit künstlerischen Vorgängen wenig vertraute Schriftsteller meinten, als ein Mangel der Phantasie aufgefaßt werden kann, sondern eine revolutionäre Tat bedeutet, die der Kunst einen neuen ungeahnten Reichtum, eine neue Welt in voller Bedeutung des Wortes erschließen sollte. Der Timotheus in London, der Kardinal von S. Croce in Wien erscheinen von der mittelalterlichen Kunst so weit entfernt und wirken auf den naiven Beschauer wie moderne Bilder nicht deshalb, weil Jan plötzlich eine auf unseren Vorstellungen von Naturtreue beruhende Kunst entdeckt und die Wirklichkeit anders als seine Vorgänger gesehen hätte, sondern deshalb, weil er sich darauf beschränkte, das zu malen, was mit den Mitteln und im Rahmen der Probleme seiner Zeit und seiner Kunst möglichst restlos als treue individuelle Naturbeobachtung dargestellt werden konnte.

Das tritt uns auch dort entgegen, wo, wie in seinen religiösen Darstellungen, der bildlichen Erfindung nicht einfach eine Modellstudie zugrunde gelegt werden konnte, sondern Raum und überlieferte bildliche Vorstellungen, gegenständliche Treue und schöpferische Invention zu einer Einheit verbunden werden mußten.

In auffallender Weise hat Jan bei Darstellungen dieser Art im Gegensatze zu giottesken Bildern auf jede äußere Aktion möglichst verzichtet. In stiller Feierlichkeit, fast archaisch unbewegt, malt er die thronende Madonna und ihre Assistenz, die heiligen Männer und Frauen, den von ihnen beschirmten Stifter oder auch das Ehepaar, das er im bildmäßigen Zusammenhange zu einem Doppelporträt vereinigte. Versuchte die Kunst des XIV. Jahrhunderts die starre tektonische Reihung der frühgotischen Kunst durch eine stärkere, in Handlungen objektiv begründete Bewegtheit der Figuren und ihre daraus sich ergebende Vereinigung zu plastisch und räumlich wirkenden Gruppen zu überwinden, so scheint Jan alle daraus sich ergebenden Errungenschaften wiederum zugunsten des *alten bewegungslosen und isolierten Verharrens aufgegeben zu haben.* Man könnte auch darin ein Sichbescheiden mit dem vermuten, was vom Standpunkte der Naturbeobachtung seiner Zeit erreichbar und lösbar war: komplizierte Bewegungsmotive und Gruppen erforderten, wenn sie nicht auf alten Schemen beruhen sollten, eine Kenntnis des körperlichen Organismus und dessen auf Abstraktion beruhendes Studium, wie es gleichzeitig als eine der wichtigsten Aufgaben der darstellenden Kunst in Italien erkannt wurde, im Norden jedoch zunächst zugunsten der individuellen gegenständlichen Treue zurücktreten mußte. Alles, was in diesen Gemälden die Figuren umgab: die Gewänder und Geräte, die Architektur oder Vegetation und was in Stofflichkeit, Farbe, Beleuchtung ihre sinnfällige Erscheinung dem Beschauer vermittelte, war aus dem Bestreben entstanden, eine Wirklichkeitsabbildung zu schaffen, wie sie sich in der gotischen Kunst mit dem Begriffe der Naturtreue verbunden hat und nun zwar noch immer in alter gotischer Addition, doch mit möglichster Vermeidung aller vom Standpunkte einer so aufgefaßten künstlerischen Wahrheit nicht darstellbaren Momente der ganzen Komposition den Schein eines *einheitlich gesehenen und porträthaft gemalten Naturausschnittes verliehen hat.*

Dies wäre aber nicht möglich gewesen, wenn nicht dem Künstler ein solcher einheitlich gesehener Naturausschnitt a priori als die maßgebende ideelle Einheit vorgeschwebt hätte, und darin lag eine zweite Quelle der für die Geschichte der Kunst im Norden entscheidenden Neuerungen.

Es ist klar, daß für die porträthafte Darstellung eines bestimmten Naturausschnittes in seiner einmaligen Zufälligkeit – oder auch nur für den Schein einer solchen Einheit – weder das antike noch das neue italienische System der räumlichen objektiven Wirkungen und Darstellungsmittel geeignet war. Das kunstvoll abgewogene Spiel, durch welches plastische Körper mit einer Raumkonstruktion zu einer einheitlichen und überzeugenden Raumwirkung verbunden wurden, konnte zwar wie in der gleichzeitigen italienischen Kunst zu einer gesetzmäßigen und überprüfbaren Richtigkeit ausgebaut werden, war jedoch unzureichend, wo es sich darum gehandelt hat, dem Beschauer die Illusion eines freien Ausschnittes aus der Unendlichkeit der die Menschen umgebenden und ununterbrochenen fließenden Raumeindrücke zu vermitteln; höchstens verwendbar, um, wie es später geschah, Hilfsdienste zu leisten, doch als selbständiges Ziel jener Auffassung der Raumdarstellung, wie sie sich im Norden entwickelte, grundsätzlich entgegengesetzt.

Das Zauberspiel, das es ermöglichen sollte, den Eindruck eines freien, kompositionell ungebundenen Ausschnittes aus dem unbegrenzten Raume, mit dem ihn erfüllenden Sein und Leben darzustellen, erforderte ein anderes System und andere Mittel.

Doch vor allem müssen wir uns fragen, wie man dazu kam, ähnliches anzustreben. Handelte es sich wirklich um etwas ganz Neues? Knüpfte man nicht vielmehr an Dinge an, die älter waren, früher allerdings eine andere Bedeutung hatten, an eine Auffassung, die im Wesen der gotischen Malerei begründet war und nur durch die italienischen Einflüsse im XIV. Jahrhundert einigermaßen zurückgedrängt wurde?

Dem komplizierten Aufbau der giottesken Gemälde gegenüber erscheint die Raumkomposition in Jans Bildern unendlich vereinfacht: senkrechte und waagrechte Kulissen, die parallel zu den Figuren verlaufen und sie wie in einem Kasten einschließen, zuweilen verbunden mit einem ergänzenden Ausblick in die Landschaft, der die greifbare Nähe des vertikalen Aufbaues ohne Rücksicht auf ein begrenztes und abgewogenes Kräftespiel in die unbegrenzte Weite eines horizontalen Tiefenplanes, in den sich die landschaftlichen Motive wie ein Streumuster einordnen, übergehen läßt! Oder auch Versuche, die Nahsicht der figuralen Komposition ohne Zwischenglieder mit einem solchen Fernblick zu verbinden! All dies erinnert aber im Zusammenhange mit der Frontalität und einfachen Reihung der Figuren, auf die wir früher hingewiesen haben, an das kompositionelle System der älteren gotischen Kunst, wie es sich

in der Skulptur und Malerei im Norden vor dem Eindringen der italienischen Einflüsse entwickelt hat und auch nach ihrer Einwirkung in der großen kirchlichen Kunst herrschend geblieben ist. An jenes Prinzip, demgemäß die Statuenreihen an den Fassaden der großen gotischen Kathedralen oder die hoheitsvollen Gestalten der frühgotischen Glasgemälde nicht zu objektiven materiellen Gruppengebilden, sondern durch andere Momente im unbegrenzten Raume vereinigt erscheinen, so daß der immaterielle unendliche Raum mit den mit ihm sich verbindenden Vorstellungen von Unbegrenztheit und Weite als die höhere räumliche Einheit der bildlichen Gesamtkomposition zugrunde gelegt wird und sie so beherrscht, daß überall, selbst in den Reliefs und Miniaturen erzählenden Inhalts, die Motive einer konkreten räumlichen Szenerie nicht als die eigentlichen Träger, sondern nur als Zwischenglieder der räumlichen Verbindung dargestellt wurden!
Doch die Anwendung und Bedeutung dieses alten gotischen kompositionellen Prinzips hat sich in der neuen niederländischen Malerei verändert. Lehrte das Christentum durch seinen Glauben an das überall und in allen Zeiten waltende Gesetz der göttlichen Offenbarung, die Unendlichkeit mit den wichtigsten Voraussetzungen der Weltanschauung dauernd zu verbinden, zuerst als einen transzendenten Idealbegriff, dann in der Gotik als realen Weltraum, in dem übernatürliche Kräfte walten und übersinnliche Zusammenhänge bestehen, so wurde nun in der neuen niederländischen Malerei auch dieser grundlegende Fortschritt in dem Verhältnis zur Umwelt von seinen transzendenten Voraussetzungen und seinem transzendenten Inhalte losgelöst und unter dem Einflusse der Autonomisierung der künstlerischen Probleme und der Selbstgewißheit der Beobachtung *in den Ausgangspunkt der natürlichen und sinnlich wahrnehmbaren Vereinigung der Dinge im unbegrenzten Raume verwandelt.* [Vgl. hierzu: Artur Rosenauer, Das Rätsel der Kunst der Brüder van Eyck – Max Dvořák und seine Stellung zu Wickhoff und Riegl; in: Wien und die Entwicklung der kunsthistorischen Methode, Wien 1983, I. E.]
Die Zugehörigkeit zur Unendlichkeit und Unbegrenztheit des Raumes wurde mit anderen Worten ein natürlicher ästhetischer Grundfaktor, den man dem Beschauer durch

weite Horizonte vor Augen führte, der aber nicht minder in dem geringsten Ausschnitte aus dem Universum der bildlichen Erfindung zugrunde lag. Anstelle der klassischen und italienischen objektiven Rekonstruktion und Abgeschlossenheit des Raumes trat die Verbindung im Raume, wie sie sich in ihrer unerschöpflichen Mannigfaltigkeit und Grenzenlosigkeit dem subjektiven Erleben und Beobachten der Wirklichkeit bietet, worin der tiefere Sinn der scheinbaren Vereinfachung der räumlichen Komposition bei Jan von Eyck und deren Annäherung an das alte gotische System enthalten ist.

Wie in der Darstellung der Objekte, so wird auch in der Darstellung der Raumzusammenhänge jener Begriff der subjektiv erkannten und erlebten Tatsächlichkeit, der sich im Gegensatz zur Antike aus dem spirituellen Verhältnisse des mittelalterlichen Menschen zur Außenwelt entwickelt hat, der italienischen kompositionellen Abstraktion gegenüber für die Weiterentwicklung der Kunst im Norden maßgebend, doch nicht mehr mit einer transzendenten Ideenwelt verknüpft und ihr dienend, durch sie bedingt, sondern unter dem Einflusse der geistigen und formalen Emanzipation der Kunst als ein rein künstlerisches Problem und als Quelle der künstlerischen Anschauung, des sinnlichen Erfassens und Verstehens der Umwelt, die man dadurch in ihrer natürlichen Gegebenheit mit neuen Augen zu sehen und in der man Erscheinungen, Beziehungen, Geheimnisse und Wirkungen künstlerisch zu entdecken begonnen hat, von denen man sich weder im Altertum noch in der italienischen Trecentokunst etwas träumen ließ.

Ins volle Licht tritt dieser Zusammenhang, wenn wir uns vergegenwärtigen, wie eng nicht nur die kompositionelle Struktur und das Verhältnis zum unbegrenzten Raumausschnitte, sondern auch die *Mittel der Verbindung der Figuren im Raume* mit Gesichtspunkten sich berühren, die wir als charakteristische Neuerungen der mittelalterlichen Kunst der Antike gegenüber kennenlernten.

Ähnlich wie in der gotischen Kunst waren es in erster Linie *immaterielle Momente*, welche die fast unbewegten Figuren untereinander im unbegrenzten Raume und zugleich mit dem Beschauer verknüpfen, und zwar:

1. *Die Teilnahme an einer geistigen Gemeinschaft.* Die Verket-

tung von Figuren zu einer geschlossenen Komposition durch lebhafte Aktionen und ihnen entsprechende physische Beziehungen, wie sie die giotteske Kunst bevorzugte, trat wiederum zurück und wurde einerseits durch eine stärkere Betonung der nur seelischen Annäherung, anderseits aber durch eine Anordnung ersetzt, die allen individuellen psychischen oder physischen Vorgängen gegenüber die zwingende Macht einer ihnen übergeordneten gemeinsamen, nicht in einem Geschehen, sondern in einem ruhigen Sein wirksamen, höheren geistigen Bedeutsamkeit walten läßt. Sie war nun nicht mehr das Widerspiel eines transzendenten ideellen Systems allein wie in der älteren gotischen Kunst, deren monumentale Feierlichkeit auf der Erhebung der weltlichen Dinge zu einer überweltlich zeitlosen Existenz beruhte, bestand nicht in dem Bande allein, das die Auserwählten Gottes zu einem übersinnlichen, über allem Gegebenen, Vergangenen, Gegenwärtigen und Zukünftigen stehenden Reiche ewiger Werte verbindet, sondern beruhte auf der Innerlichkeit und geistigen Sammlung, die Jans Gestalten dem Alltag entrückt und in der Andacht des Beschauers einen Widerhall erweckt.

Die Folie dazu bildet das Beobachten und Bewundern der unerschöpflichen Natur und des „stillen“, vom menschlichen Willen unabhängigen Bestehens, Werdens und Vergehens der Dinge, auf dem ein Abglanz der Ewigkeit zu liegen scheint. Aus der Gotik mit ihren Vorstellungen von zeitlich und örtlich unbegrenzten Gewalten des göttlichen Waltens in der Geschichte der Menschheit und in der Natur, die dadurch der Phantasie neu erschlossen wurde, stammt die Freude an weiten Horizonten, an Bühnen, die sich unbegrenzt in Tiefe und Ferne zu erstrecken scheinen und dem Beschauer die Schönheit der Natur und die Mannigfaltigkeit des Lebens enthüllen, so weit das Auge sehen kann, oder an dem Reichtum der Beobachtungen, der sich auch dort, wo der Darstellungsstoff einen begrenzten Umkreis erfordert, dem Künstler bietet, wenn er sich in den Anblick der unendlichen Wunderwelt versenkt, die die Wirklichkeit auch im Kleinen und Alltäglichen unserer Umgebung enthält und die, liebevoll betrachtet, in der geringsten ihrer Erscheinungen durch sinnliche Eindrücke im sinnenden Geiste das Begreifen eines über dem individuellen

Wollen und Handeln stehenden Seins und Lebens auszulösen vermag. Auf diesen zwei Momenten beruht die weihevolle Stimmung, die mit lautlosen Schwingen die Figuren zu umschweben scheint und den Beschauer in ein Reich versetzt, wo Leidenschaften verstummen und alles sonntäglich sich verklärt. Die menschliche Seele in ihren Bedürfnissen und Geheimnissen und die Komplexität der Natur und des Lebens als Ausgangspunkt des Verhältnisses zur vergänglichen Welt und Spiegel ihres tieferen Sinnes – diese zwei wichtigen Kriterien der neuen christlichen Kunst des Mittelalters treten wiederum als der verbindende geistige Inhalt der Komposition in den Vordergrund, sind dabei jedoch nicht mehr wie in der gotischen Kunst der Widerschein einer übernatürlichen Gesetzmäßigkeit im menschlichen Innern und in der Natur, sondern umgekehrt ein natürlicher, im irdischen Leben und Erleben, im Sinnen und Beobachten enthaltener Wertbegriff, durch den die Kunst zunächst, um ihrer religiösen Bestimmung zu genügen, die Menschen geistig erheben und in ihnen religiöse Empfindungen erwecken kann.

2. Auch das zweite Mittel der räumlichen Verbindung in der neuen niederländischen Malerei steht in einem ähnlichen Verhältnis zu dem großen Vermächtnis der gotischen Kunst. Es ist dies die *Beleuchtung*, die den Raum mit einer immateriellen Bewegung erfüllt, spielend einzelne Formen streift, auf die Figuren Glanzlichter wirft, mit dämmeriger Dunkelheit kämpft und im Wettstreite mit den Schatten hin und her zu huschen scheint. Auch da ist auf die Rolle hinzuweisen, welche das Licht in der vorangehenden Entwicklung der christlichen Kunst als kompositionelles Mittel spielte, zuerst im frühen Mittelalter als ein abstrakter ideeller Faktor, dann in der Gotik das wirkliche Licht, welches in Verbindung mit der Glasmalerei dazu verwendet wurde, den Eindruck eines freien übernatürlichen Schwebens der heiligen Gestalten in ihrer Wirkung auf den Beschauer zu steigern und sie mit dem Beschauer und der unbegrenzten Außenwelt zugleich zu verbinden. So wurde aber das natürliche Licht ein Teil des malerisch gesehenen und dargestellten Ausschnittes aus dem Universum, wie auch ein Mittel, darin die Erscheinungen im Raume zu verbinden, und blieb es auch, als es sich nicht mehr um übernatürliche Zusam-

menhänge, sondern um natürliche Verbindungen im realen, zum selbständigen malerischen Problem verwandelten Raumausschnitt zu handeln begonnen hat. Was im Mittelalter entdeckt wurde, das Wunderbare den Menschen in visionärer Anschauung näherzubringen, wurde nun eine Quelle der Naturanschauung – noch weit entfernt von einem vollständigen Aufgehen aller Erscheinungen in Beleuchtungsphänomenen und deren einheitlicher und folgerichtiger Begründung und Durchführung, zweifellos aber der erste Schritt dazu – der erste Schritt zu jener nordischen Kunst, die wie keine andere die bildliche Einheit auf immateriellen Elementen der transitorischen optischen Erscheinung aufzubauen begonnen hat.
Es muß wohl nicht ausgeführt werden, wie sich dadurch die Aufgaben der Farbenwiedergabe und Modellierung verändert haben, indem sie nicht mehr abstrakt und isolierend, sondern in ihrer durch Beleuchtung und Umgebung beeinflußten Erscheinung als ein Element der Verbindung im Raume dargestellt wurden. Das sind bekannte Sachen. Zu betonen wäre jedoch abermals, daß die Voraussetzung aller dieser Neuerungen und dadurch im letzten Grunde die Hauptquelle der neuen bildmäßigen Erfindung nicht wie gleichzeitig in der neuen italienischen Kunst eine logisch konstruierte und rationell überprüfbare, im letzten Grunde also nach wie vor abstrakte Einheit war, sondern
3. *die Kraft der subjektiven Anschauung überhaupt*, die das Gemälde bis in seine letzten Winkel durchflutet und jedem Gegenstand ein charakteristisches Eigenleben verleiht. Wir fragen wenig danach, ob der Zusammenhang verstandesmäßig überprüfbar ist: er wirkt dadurch überzeugend, daß alle Dinge in ihrem sinnlichen Eigenwert, in ihrer Form und Stofflichkeit, in ihrem Neben- und Hintereinander als eine malerisch gleichmäßig erfaßte und treu dargestellte Wirklichkeit erscheinen. Und damit gelangen wir wiederum zu dem allgemeinen Ausgangspunkte der künstlerischen Umwälzung, wie sie uns in Jans Werken entgegentritt.
Wir hörten, daß Jan die alten idealistischen Normen der bildlichen Komposition zertrümmerte, weil sie der neuen geistigen Stellung zur Kunst und zur Natur nicht mehr entsprochen haben, und sie folgerichtig durch Naturstudien

ersetzte, die dem entsprochen haben, was sich die neuen Völker des Mittelalters im Zusammenhange mit ihrer ganzen geistigen Entwicklung und Weltanschauung als einen neuen Begriff der Naturwahrheit errungen haben.
Und von diesem Begriff ging er auch aus, wo es sich darum gehandelt hat, naturalistische Einzelstudien zu einer bildlichen Einheit zu verbinden. Es ist richtig, daß dabei, wie von Heidrich geistvoll bemerkt wurde, ein Rest von der alten Auffassung des letzten Zweckes einer künstlerischen Erfindung noch immer über der Anschauung steht, noch immer die Beobachtungen nicht wie vom naturalistischen Positivismus der Neuzeit aus ihrer natürlichen Kausalität folgerichtig entwickelt, sondern vielfach „unnatürlich", wie man heute zu sagen pflegt, aneinandergereiht und mit einer abstrakten kompositionellen Konstruktion verbunden werden. *Das Verhältnis hat sich aber dabei ganz und gar verschoben.* Nicht um das tatsächlich Erreichte handelt es sich, sondern um neue Ziele und Anschauungen, um eine neue geistige Stellung zur Kunst und ihr Verhältnis zur Natur und zum Leben. Aus der wachsenden Überzeugung von der selbständigen Bedeutung jener auf subjektiver Beobachtung beruhenden Natur- und Lebensanschauung, die im Mittelalter als ein bedingtes Glied einer transzendenten Welterklärung sich entwickelt hat, entstand, als das Band dieser Bedingtheit sich gelockert, in genialer geistiger Umwälzung *ein neues künstlerisches Bekenntnis, eine neue Auffassung dessen, was der Kunst in erster Linie zum Ruhme gereicht, worin ihre wichtigsten Probleme bestehen, wodurch sie die Menschen im eigenen Wirkungskreise in eine höhere Sphäre des geistigen Weltbewußtseins erheben kann und was den wichtigsten Inhalt der künstlerischen Verantwortlichkeit bedeutet.*
Aus dem Gefühle dieser Verantwortlichkeit wurde in kühner persönlicher Tat die mittelalterliche Kunstform gesprengt und eines der größten malerischen Ingenien auf sachliche Wahrheit konzentriert, die sich aus einem erläuternden Beiwerk in das höchste Ziel des künstlerischen Ringens verwandelt hat. Nicht wie der Ausdruck mittelalterlicher Bescheidenheit, sondern wie eine moderne Rechtfertigung klingen die Worte „als ich kann", mit denen Jan van Eyck den Rahmen seiner Bilder zu versehen pflegte, und mag auch alles, was sie an bahnbrechenden Neuerungen

bieten, mit einer mittelalterlichen naiven Selbstverständlichkeit vorgetragen werden, so kann es doch keinem Zweifel unterliegen, daß eine Kunst, die in individueller Bildnistreue, in Modellaufnahmen, wie es die Porträts des Jodokus Vydt oder des Kanonikus van der Paele sind, die reinste und höchste Spiegelung ihrer Eigenart gefunden hat, nicht nur materielle Fortschritte in der Naturnachbildung, sondern auch eine – ebenso bewußte, wie man sich ihrer, auf anderem Wege, gleichzeitig in Italien bewußt geworden ist – Überwindung der Vergangenheit und einen Triumph nicht neuer Mittel und Fertigkeiten, sondern einer grundsätzlich neuen Auffassung des Verhältnisses zwischen Mensch, Kunst und Umwelt bedeutet – einer Auffassung, in der eine weit über die Grenzen des normalen Fortschritts des an bestimmte Voraussetzungen gebundenen malerischen Schaffens hinausgehende allgemeine Neugestaltung der Kunst zum Ausdruck kam. Wie einst in Urzeiten aus geologischen Katastrophen neue Bergketten entstanden sind, von deren Gipfeln wir heute ergreifende Panoramen betrachten können, so wurden in den geistigen Erschütterungen, die die Geschichte Europas im Mittelalter erfüllen, neue geistige Möglichkeiten der Welterfahrung geboren, von denen ausgehend ein genialer Reformator auf dem Gebiete der Kunst, als die Zeit dazu reif geworden war, den in ihnen enthaltenen neuen Begriff der Wahrheit und künstlerischen Verpflichtung dem künstlerischen Schaffen, alte Ketten zerbrechend, als wichtigste Richtschnur zugrunde legte und dadurch in der Kunst den mittelalterlichen transzendenten Idealismus grundsätzlich überwunden hat.

Es ist dies eine Erscheinung, die uns kaum überraschen wird, wenn wir bedenken, daß sie an der Pforte einer Zeit steht, wo ein auf subjektiv erkannter Wahrheit und Überzeugung beruhender Radikalismus der geistigen Forderungen die Signatur des Zeitalters geworden ist und nicht nur jedem Reformgedanken in allen geistigen Angelegenheiten eine ungeheure Spannweite und Resonanz verlieh, sondern auch einen neuen Typus geistig unabhängiger und führender Männer hervorbrachte. Es ist jedoch charakteristisch, daß sich diese Wandlung in der Kunst relativ so früh vollzogen hat: und zwar (nebst Italien) zuerst in den Niederlanden, wo auch zweihundert Jahre später eine neue Phase in der geistigen Entwicklung der nordischen Völker auf dem Gebiete des malerischen Schaffens ihren reinsten Ausdruck gefunden hat.

Katakombenmalereien
Die Anfänge der christlichen Kunst

Wer von den Rompilgern versäumte es, die eine oder andere Katakombe zu besuchen! Der Eindruck war mehr bizarr als erhebend. Der Stimmung standen das Fremdenverkehrsmäßige der Veranstaltung und der restaurierte Zustand der ihres kostbaren Inhaltes längst beraubten Gruftgänge entgegen, einer eingehenden Betrachtung das schlechte Licht und die drängende Hast des Cicerones. Und so haben auch die Gemälde, mit denen die Wände dieser unterirdischen Nekropole geschmückt sind, in der Regel kaum ein lebhafteres Interesse hervorgerufen. Sie waren wohl für die altchristlichen Archäologen eine Fundgrube antiquarischer Tatsachen, doch ihre künstlerische und kunstgeschichtliche Bedeutung wurde wenig beachtet und untersucht, da die Originale schwer zugänglich, einem näheren Studium schwer erreichbar und die Reproduktionen ganz unzureichend waren. Erst Wilperts große Publikation hat eine eingehendere Beschäftigung mit diesen merkwürdigen Zeugnissen des Kristallisationsprozesses einer neuen Religion, Kunst und Weltanschauung erleichtert. Sie lehrt uns – wie ich glaube – manches, was den altchristlichen Archäologen bisher entging und was den Gemälden des unterirdischen Pompeji in der römischen Campagna eine nicht geringere historische Wichtigkeit verleiht, als sie dem Wandschmuck der durch eine Elementarkatastrophe am Fuße des Vesuv entstandenen Stadt der Toten längst beigemessen wird. [Joseph Wilfert, Die Malereien der Katakomben Roms, Freiburg 1903, I. E.]

I

Da die altchristliche Kunst meist, zum mindesten früher, den Gegenstand einer Spezialwissenschaft gebildet hat und getrennt sowohl von der klassischen als auch von der nachfolgenden mittelalterlichen untersucht wurde, gewann ihr Bild naturgemäß mehr einen archäologisch nach den Realien gegliederten als einen dem allmählichen historischen

Werden entsprechenden Charakter. Die Entstehung der für das Mittelalter maßgebenden Typen der neuen Kultanlagen, der Katakombengemälde, Sarkophagreliefs, sowie der historischen Zyklen der monumentalen Wandmalerei wurden als verschiedene Gebiete einer und derselben Kunst behandelt, wobei man wenig beachtete, daß es sich vielfach um Tatsachen handelt, die erstens weder gleichzeitig noch gleichartig sind und die zweitens nicht tale quale als die Anfänge der christlichen Kunst angesehen werden können, sondern zum Teil eher den Abschluß ihrer Entstehungsgeschichte bilden, die Jahrhunderte gedauert und zweifellos verschiedene Wandlungen und Wendungen durchgemacht hat. Schöpfungen des IV. oder V. Jahrhunderts, zu denen zum Beispiel auch die Basilika in der für die folgende abendländische Kunst maßgebenden Form gehört, haben mit dem Urchristentum ebensowenig zu tun wie etwa die Dichtungen des Prudentius, sondern sie bedeuten wie diese bereits das Ergebnis eines langen Assimilationsprozesses der alten klassischen und der neuen christlichen Elemente.
Nun geht allerdings die heute geläufige Anschauung dahin, daß zwischen der antiken und der christlichen Kunst überhaupt keine scharfe Trennung besteht und daß die altchristliche Kunst nur das letzte Kapitel in der Entwicklung der klassischen bedeutet, die unter dem Einfluß einer allmählichen inneren Wandlung oder, wie von anderen angenommen wird, unter der Einwirkung fremder Einflüsse neue Bahnen eingeschlagen habe. Der christliche Inhalt wäre dementsprechend nebensächlich gegenüber der im Rahmen der antiken Kunst sich vollziehenden neuen Orientierung, weshalb auch für die älteste christliche Kunst vielfach der Name der „christlichen Antike" gewählt wurde. Sie löse die heidnische ab, ohne von ihr irgendwie durch eine Kluft getrennt zu sein, da sie sich ja stilgeschichtlich vollkommen als die Fortsetzung der Umbildung darstelle, die bereits in der Kaiserzeit begonnen habe und bei der nur zweifelhaft sein könnte, ob sie, wie man einst angenommen hatte, als Niedergang, als Barbarisierung oder Orientalisierung, oder, wie man heute glaubt, als Fortschritt und natürliche Weiterbildung anzusehen sei. Der historische Vorgang wird dadurch unendlich vereinfacht und gleichsam auf das eine Band des gleichmäßig fortschreitenden Kunstwollens oder

der folgerichtigen Stilumbildung oder gar auf eine ethnographische Formel aufgefädelt, so daß die kunstgeschichtlichen Vorgänge eines halben Jahrtausends in einigen wenigen Schlagworten zusammengefaßt erscheinen.
Ist dies jedoch berechtigt? Ist nicht eine solche eindeutige, gleichmäßig fortschreitende Entwicklung, mit der man das historische Gewissen beruhigte, zuallerletzt „ein kunstvolles logisches Gespinst, von innen heraus gesponnen und nun bodenlos in der Luft schwebend" (Dilthey), schief und irreführend der Totalität des geschichtlichen Geschehens gegenüber, das unter dem Namen „Altchristliche Kunst" zusammengefaßt werden kann?
Daß diese Befürchtung berechtigt ist, beweisen die Katakombenmalereien. Sie werden, soweit man die Ereignisse chronologisch betrachtet, als der Anfang der christlichen Kunst behandelt. Die ältesten werden von Wilpert bis ins I. Jahrhundert zurückdatiert, also in die Zeit beiläufig, in der die Evangelien geschrieben wurden und eine Generation lebte, die noch mit den Aposteln unmittelbar in Berührung kam. Die späteren werden, abgesehen von einigen Nachzüglern, auf die folgenden drei Jahrhunderte verteilt, so daß sich uns in diesen unterirdischen Pinakotheken die christliche Urkunst von der apostolischen Zeit an bis in jene Periode hinein erhalten hätte, in welcher ihr der Sieg des Christentums neue Aufgaben stellte und sie über jenes bescheidene Vorspiel hinaus rasch auf der ganzen Linie die Erbschaft der spätantiken heidnischen Kunst übernahm.
In der Darstellung ihrer künstlerischen Merkmale pflegt man auf ihren ursprünglichen engen Zusammenhang mit der allgemeinen profanen malerischen Dekoration der Kaiserzeit hinzuweisen. Man schmückte eben, so schließt man, die Kammern in den Katakomben in derselben Weise, wie man sonst Räume mit Malereien verzierte: die Wände wurden durch Linien und Rahmenwerk in verschiedene Felder eingeteilt und diese mit mythologischen Figürchen belebt, so daß man an ein rokokoartiges Ausklingen der pompejanischen gemalten Architekturen denken könnte. Nur war alles einfach und handwerksmäßig – Kunst armer Leute, wie einmal gesagt wurde, nach Wilperts Vermutung in ihren ältesten Beständen sogar von heidnischen Dekorationsmalern ausgeführt, denen ein größeres technisches Geschick als ih-

ren Nachfolgern zur Verfügung stand. Mit den von ihnen eingeführten dekorativen Schemen haben sich christliche Motive verbunden, mannigfaltige Symbole und Andeutungen, Oranten und andere Gestalten und kleine biblische Szenen in bestimmter Auswahl, auf die die Totenliturgie einen Einfluß ausgeübt hat. In diesen Darstellungen, nicht in ihrem Stil, erblickt man das eigentlich christliche Element der Katakombenmalereien. Mit der antiken Dekorationsmalerei habe sich „gewissermaßen eine Bilderschrift" vereinigt, die nach Wilpert als eine selbständige Schöpfung der christlichen Kunst angesehen werden kann, dadurch bedingt, daß die christlichen Künstler neue Stoffe mit strenger Beschränkung auf ihre symbolische Bedeutung darzustellen sich bemühten. Dementsprechend waren die spezifisch christlichen Elemente im wesentlichen inhaltlicher Natur und hatten auf formale Probleme nur mittelbar durch die Vereinfachung der bildlichen Erfindung, in deren Beschränkung auf das inhaltlich Wesentliche, eingewirkt. Als Quelle der dabei benützten bildlichen Schemen wurden von anderer Seite volkstümliche Devotionalien genannt, durch die hauptsächlich aus dem Osten bestimmte bildliche Vorstellungen in der neuen christlichen Welt verbreitet worden seien. Sie hätten auch in den italienischen Katakomben als Vorbilder gedient. Zu erwähnen wäre noch, daß über die vermeintliche orientalische Herkunft des christlichen Bilderkreises, wie er sich in den italienischen Katakomben erhalten hat, verschiedene Vermutungen und Behauptungen geäußert wurden, die aber alle mehr oder weniger in der Luft hängen, da sich außerhalb Italiens keine ähnlichen Denkmäler erhalten haben.
Zweifellos wurden durch die bewunderungswürdige Fülle an wissenschaftlicher, dem Studium der Katakombenkunst gewidmeter Arbeit, deren kunstgeschichtliche Ergebnisse ich kurz zu skizzieren versuchte, bleibende Grundlagen für die Behandlung der Materie geschaffen; doch auch, wie ich glaube, für Gesichtspunkte, die von den bisherigen wesentlich abweichen oder zumindest jene nicht als die einzig möglichen erscheinen lassen.
Da wäre vor allem darauf hinzuweisen, daß nicht nur ikonographisch, sondern nicht minder ihrem ganzen künstlerischen Charakter nach die Katakombengemälde von der

gleichzeitigen spätantiken Kunst wesentlich, und zwar so ziemlich in jeder Beziehung, verschieden sind. Wohl sind uns bei der Lückenhaftigkeit und geringen Kenntnis der Monumente seit dem Beginn des II. Jahrhunderts noch lange nicht alle Phasen in der Umbildung der spätantiken Kunst vor ihrer vollständigen Christianisierung bekannt, doch ist immerhin so viel klar, daß der Geist und die künstlerischen Absichten, die auf die Künstler in den Katakomben eingewirkt haben, nicht zu ihren allgemein geltenden Kriterien gezählt werden können.

Unantik ist trotz einzelner heidnischer Motive das dekorative System in den Katakombenmalereien. Falls die ältesten der Katakombengemälde tatsächlich aus dem I. Jahrhundert stammen sollten – wir werden auf die Datierungsfrage zurückkommen –, müßten sie sich zeitlich unmittelbar den pompejanischen Malereien des vierten Stiles anschließen. Künstlerisch werden sie jedoch von ihnen durch eine unüberbrückbare Kluft getrennt. Der pompejanische Wandschmuck ist auch in seiner letzten illusionistischen Periode eine gemalte Architektur. Er beruht auf tektonischen und plastischen Formen. Es sind Körper, die in ihrer am wenigsten materiellen Form, nämlich als eine transitorische optische Erscheinung, dargestellt werden – mehr Phantasiegebilde als Nachahmung der Wirklichkeit –, aber doch Körper, geformte Materie, den Gesetzen unterworfen, denen die Materie zu folgen hat. In den Katakomben finden wir jedoch nur Linien und Streifen, nur Flächenmotive als Einrahmung der figuralen Darstellungen, nie plastische oder tektonische Formen, kein Relief, keine Auflösung der Wand in Körper, keinen architektonischen Aufbau. So ist hier das Prinzip, nach dem die einzelnen Felder und Kompartimente aneinandergereiht sind und die Einrahmungen zu einer einheitlichen Negation der plastischen und tektonischen Form zusammenwirken, durchaus unantik. Eine Baukunst oder Skulptur, die den künstlerischen Grundsätzen entsprechen würde, die wir im dekorativen Stil der Katakombenmalereien beobachten können, hätte analog diesen auf jedes Streben nach plastischer und tektonischer Wirkung zugunsten körperlos wirkenden Flächenschmukkes verzichten müssen, wovon keine Rede sein kann. Im Gegenteil. Die barocke Steigerung des materiellen Kräfte-

spieles bis zur Sprengung der alten Gleichgewichtsmomente behält, abgesehen von einer vorübergehenden Renaissancebewegung, die aber auch nicht die Überwindung der Körperhaftigkeit, sondern Versuche, sie in ihrer alten klassischen Gesetzmäßigkeit wiederherzustellen, bedeutet, im II. und III. Jahrhundert im ganzen Bereiche der klassischen Kultur die Führung.
Wir können sie im Rahmen der alten peristylen Baukunst, die ein Vermächtnis der Griechen war, wahrnehmen. Aus derselben Zeit beiläufig, in die die ältesten Katakombengemälde verlegt werden, stammt das Forum des Domitian in Rom. Der Gegensatz kann kaum größer sein. Säulen und Gebälk, die tektonischen und plastischen Ausgangsformen der griechischen Baukunst, werden hier unabhängig von dem baulichen Grundgedanken, dem sie ihren Ursprung verdanken und der ihrer selbständigen Wirkung eine Grenze zog, in schwerer barocker Pracht und Wucht, im stärksten Relief und mit einer Schattenwirkung, die den Eindruck der gewaltigen Körperlichkeit noch erhöht, zu einer plastischen Scheinfassade mit verkröpftem Gebälk und blockartigen Gebilden anstelle der Attika entwickelt, die sich zu den linearen Dekorationen in den Katakomben wie die Vorhalle der Laurenziana zu einem gotischen Glasgemälde verhält. Daß man auf diesem Wege auch im II. Jahrhundert weiter fortschreitet, beweisen Bauten in allen Provinzen des römischen Weltreiches: die Trajansbögen in Ancona und Timgad, um nur einige Beispiele zu nennen, das von Hadrian erbaute Stadttor zu Adalia, die Bauten von Gerasa, Palmyra und Baalbek. Besonders in den letzteren sind die plastischen und tektonischen Ausdruckswerte ins Maßlose gesteigert und sprengen alle Fesseln. Die Proportionen wachsen ins Gigantische; ein Kolossalportal, größer als je eines in der Barockkunst der Neuzeit, schließt die Säulenstraße in Palmyra ab oder führt in den sogenannten kleinen Tempel zu Baalbek, dessen Innenwand durch abgestufte, aus der Mauer hervorquellende und zu Gruppen und Bündeln zusammengefaßte Pfeiler fast in derselben Weise gegliedert wird, wie bei Michelangelo die Außenseite der Peterskirche. Der Außenwand des Tempels ist eine Riesenordnung von Säulen vorgelegt, zwischen welche Nischen und Tabernakel in zwei Geschossen eingepreßt

sind, die die Säulen förmlich auseinandertreiben, so daß die übermenschlichen Massen von einem dramatischen Ringen der entfesselten Kräfte erfüllt werden. In anderen Bauten, wie in dem kleinen Rundtempel zu Baalbek, biegen sich die Gesimse wie bei Borromini. Die Wand ist geformt, wie wenn sie aus Teig wäre, und alles ist in kontrapostische Kurven aufgelöst.
Gleichzeitig mit dieser schrankenlosen Potenzierung der plastischen und tektonischen Funktion der alten Bauelemente entwickelt sich ein neues Verhältnis zwischen Form und Raum. In der griechischen und hellenistischen Architektur spielte es keine Rolle, da dort nicht die räumliche Erscheinung, sondern die tektonische Bedeutung der Formen die Grundlage des architektonischen Schaffens gebildet hat. Nachdem aber diese Bedeutung in den Hintergrund getreten war, konnte naturgemäß der Begriff des Architektonischen auf Wirkungen erweitert werden, die sich aus dem Verhältnisse der baulichen Formen zu dem sie umgebenden Freiraume ergeben. So sehen wir zum Beispiel auf dem Torbau, den Kaiser Hadrian in den Jahren 117 bis 118 in Athen ausführen ließ, im Widersinn zu der ursprünglichen Bedeutung des Motivs auf einem massiven Unterbau wie auf einem Sockel einen leichten Portikus, damit er sich in der Fernsicht in schöner Silhouette von dem freien, weiten, räumlichen Hintergrunde abhebe. Auch die bizarre Erfindung der aus jedem tektonischen Gefüge losgelösten Triumphsäulen ist nur so zu verstehen, daß anstelle dieser Bindung die Wirkung im freien räumlichen Ambiente und der optische Zusammenhang mit der ganzen Szenerie der architektonischen Umgebung getreten sind. Auch unmittelbarer gewinnt der Freiraum in der architektonischen Komposition als Wechsel von Raum und Form oder von Mauerkern und Mauerdurchbruch eine neue künstlerische Bedeutung.
All dies bedeutet zweifellos die Auflösung der alten griechischen tektonischen Gesetzmäßigkeit und jener Ideallösungen, in denen sie, wie die synthetische Darstellung des Menschen in den Göttergestalten, ihre reinste Verkörperung fand. Doch nirgends führt dieser Auflösungsprozeß zur Unterdrückung der künstlerischen, plastischen und tektonischen Verherrlichung des Körperhaften, das nun im

Gegenteil, jenseits der Grenzen des früheren harmonischen Ausgleiches der Gewalten, ein Spiegelbild des mit allen Mitteln der sinnlichen Wirkung souverän die Massen gestaltenden Willens geworden ist.
Und derselbe Grundzug tritt uns auch in der zweiten Hauptrichtung der antiken Baukunst in der Zeit der Antonine und Flavier entgegen, die nicht auf einer Weiterbildung der griechisch-hellenistischen Architektur beruhte, sondern von ihr grundsätzlich verschieden war. Etwa in derselben Zeit, aus der die ältesten Katakomben stammen sollen, entstehen in Rom Bauwerke neuer Art. Es sind dies, um die wichtigsten zu nennen, die Titusthermen, die von Domitian gebauten Teile der kaiserlichen Residenz auf dem Palatin, die Domus Flavia und der mit Unrecht Domus Augustana benannte Palast, wie auch die Trajansthermen. Diese Bauten beruhen nicht wie die der griechisch-hellenistischen Architektur auf tektonischen und plastischen Einzelformen, aus denen sich der Aufbau organisch entwickelt, sondern auf der homogenen Baumasse, die zu gewaltigen Baukörpern und deren Hohlform zu ebenso gewaltigen Raumkörpern geformt wird. Es entstanden da große Säle und Komplexe von gewölbten Räumen mit kompakten Wänden und merkwürdigen Konstruktionen – von der griechisch-hellenistischen Baukunst so verschieden wie eine moderne Bahnhofshalle aus Beton und Eisen von einer gotischen Kathedrale.
Vielleicht stimmt dieser Vergleich auch insofern, als die Voraussetzungen für diesen neuen Profanbau in den Schöpfungen der römischen Ingenieure enthalten waren, in den Befestigungsbauten, Aquädukten, Brücken, Tepidarien, Arenen, Hafenbauten und anderen Anlagen, die uns als technische Leistungen noch heute in Erstaunen setzen. Was im Zusammenhange mit der Lösung technischer Aufgaben, die in der Lebensstruktur des römischen Weltreiches eine so wichtige Rolle spielten, entstanden ist, gewann im gegebenen Momente auch eine darüber hinausgehende künstlerische Bedeutung. Dieser Moment war gekommen, als der Kampf um die Weltherrschaft abgeschlossen war und die Beherrscher der Welt das Hochgefühl des Stolzes auf jene kulturelle Eigenart zu erfüllen begann, die sich zur ersten Stelle in der Menschheit durchgerungen hatte. Sie

setzten der griechischen ästhetisch-wissenschaftlichen Auffassung des Lebens eine andere entgegen, die auf Macht, staatlicher Autorität und rechtlicher Ordnung beruhte. Auf ihr waren das neue Kaisertum, das neue Imperium, die neue imperiale Organisation der Welt aufgebaut, und ihre Gesichtspunkte, Mittel und Schöpfungen traten naturgemäß überall in den Vordergrund, als dieser Aufbau vollendet war und in dem neuen Kaisertum seinen Höhepunkt fand. Dazu gehörte als treues Widerspiel der staatlichen Machtfülle und Verwaltung eine Baukunst, in der die Kunst der römischen Ingenieure, gewaltige Massen technisch zu organisieren, zum Ausdruck kam.

Ihre konstruktiven Mittel, die mächtigen Maueranlagen oder kühnen Wölbungen werden dabei zu ästhetischen Faktoren erhoben. Gleichzeitig beginnt aber auch das architektonische Schaffen sich auf neue Aufgaben und Probleme zu konzentrieren, auf Schönheit der Räume und der kompakten Baublöcke, so daß sich zu dem neuen architektonischen Empfinden auch ein neuer Phantasieinhalt gesellte. Dieser hatte einen alten Stammbaum, denn eine Baukunst der geformten Massen und Räume finden wir schon bei den altorientalischen Völkern, und aus dem Osten mögen auch neue, bauliche, auf dieser alten Entwicklung beruhende Vorstellungen in die römische Kunst um so leichter eingedrungen sein, als sie autokratischen Lebensformen entsprochen haben, deren Einfluß auf die Cäsaren und ihre Umgebung auch sonst beobachtet werden kann. Sicher aber nicht mehr als das; denn nirgends lassen die Schöpfungen der römischen Architekten eine Durchbildung der Komposition durch die überlegene Darstellung der natürlichen tektonischen Kräfte vermissen, die nicht möglich wäre, wenn die römische Blockarchitektur nicht auf einer Kunst beruhen würde, die durch die Schule der Griechen gegangen war, nirgends den auf der ganzen antiken und auch spezifisch römischen Kultur und Bildung beruhenden klassischen Charakter, der sie von allen älteren Analogien nicht minder unterscheidet, als etwa das römische Kaisertum von altorientalischen Despotien oder die römische Stoa von den Lehren Hammurabis verschieden war.

Ich verweilte länger bei dieser zweiten Richtung in der offiziellen Baukunst der römischen Kaiserzeit, weil ihr die Folgezeit höchst wichtige Neuerungen zu verdanken hat. Dazu gehört die neue künstlerische Bedeutung der Räume. Nicht aus der griechischen Säulenarchitektur, sondern aus dieser neuen Raumarchitektur entwickelt sich die Baukunst des Mittelalters und der Neuzeit. Mit der architektonischen Schönheit des Raumes gewinnt aber auch seine Begrenzung, die Wand, eine neue künstlerische Funktion. Daß eine glatte Mauerfläche durch ihre Proportionen, durch den Gegensatz zur plastischen Form allein als ein künstlerisches Element empfunden wurde, war ein so bahnbrechender Fortschritt wie etwa die künstlerische Nobilitierung der Verstrebungskonstruktion in der gotischen Baukunst. Dazu kam die neue Rolle der Wölbung und des Bogens, die in der neuen Architektur eine ähnliche Bedeutung erlangten, wie sie in der griechischen die Säulen und das Gebälk besessen hatten, worin nicht nur eine Änderung der Formensprache, sondern zugleich ein Aufgeben des ideellen Inhaltes der griechischen Tektonik enthalten war. Ihr harmonisch ausgeglichenes oder barock gesteigertes Kräftespiel mußte dem weichen, was in den Bögen und Wölbungen zum Ausdruck kommt: einem freien Formen der Massen und Räume, indem die Schwerkraft nicht wie bei den Griechen von Glied zu Glied in sublimer natürlicher Gesetzmäßigkeit behoben, sondern in ihren elementarsten Erscheinungen durch die Macht des tatkräftigen Willens technisch und künstlerisch bezwungen und der angestrebten Form dienstbar gemacht wurde.

Mit der späteren christlichen Kunst verbinden diese Architektur viele Brücken, von der Katakombenkunst ist sie jedoch nicht minder gegensätzlich verschieden als von der hellenistischen Überlieferung, mit der sie auch in verschiedener Weise verbunden ist. Entschiedener noch als diese Architektur in ihren Spätformen beruhen die Erfindungen der neuen römischen auf Momenten der körperlichen Wirkung, auf der Wucht kubischer Gebilde, auf der Schönheit der körperlich gedachten Raumform, auf der kompakten Massivität und materiellen Beschaffenheit ihrer Begrenzung. Als eine Apotheose auf die körperliche Schönheit eines breit und schwer ruhenden Raumes erscheint im Pantheon die Übertragung der neuen architektonischen Ideale auf Kultanlagen, und der Geist, der aus den Ruinen am Palatin spricht, ist der alte, wie ihn der ganze antike Kult der plastisch und tektonisch objektivierten Körper und der diesem Kulte entsprechende Begriff der künstlerischen Größe und Monumentalität geschaffen haben. Dieser Geist nimmt nicht etwa allmählich ab, sondern bringt auch im III. Jahrhundert noch Werke hervor, die an Entfaltung der materiellen Großartigkeit oder sinnlichen Pracht alle vorangehenden überbieten oder ihnen zumindest nicht nachstehen sollten, wobei jedoch nicht nur das Maß der Absichten, sondern nicht minder der Reichtum der Lösungen gewachsen ist, indem einerseits die Raumkompositionen kühner und mannigfaltiger gestaltet, anderseits aber die Elemente der peristylen Architektur mit dem neuen Blockbau enger verbunden und dadurch neue Wege eingeschlagen worden sind. Kolossalordnungen mit reichem verkröpftem Gebälke werden in die Säle hineingestellt, den Wänden entlang, denen sie, wie in den Tepidarien der Thermen des Caracalla oder des Diokletian oder in dem großen Tempel des diokletianischen Palastes in Spalato, die denkbar stärkste Reliefform verliehen haben. Oder die Baumasse selbst wird zu einer solchen Reliefform gestaltet, wie in der Porta Nigra zu Trier. Und am Ende dieser Periode steht die Basilika des Maxentius, ein Bau, der neben dem Pantheon das imposanteste Beispiel dieser vorchristlichen Raumkunst ist, für die die Räume Raumkörper sind, überall übersichtlich geformt und wie aus der Baumasse herausgeschnitten, und in der auch diese Baumasse nicht nur die Funktion einer an sich nebensächlichen Hülle hat, nicht nur gleichsam ein notwendiges Übel bildet, sondern zu dem substantiellen Inhalt der künstlerischen Wirkung des Baues gehört. Wem die Unvereinbarkeit einer solchen Kunst mit dem dekorativen System der Katakomben nicht genügend verständlich wäre, der vergleiche es mit dem Werke, das an der Pforte der Epoche des staatlichen Christentums steht, seinem Zwecke und seiner Form nach aber noch der untergehenden Periode angehört: mit dem Konstantinsbogen, bei dem, wie bei seinem Vorbild, dem Bogen des Septimius Severus, eine pompöse Scheinarchitektur aus Säulen, Gebälk und Freistatuen auf Postamenten der Wandfläche vorgelegt wird und den Eindruck des Denkmals so beherrscht, daß die erzählenden Reliefs, die sie einrahmt, nur als ein unselbständiger und untergeordneter Schmuck wirken können.

So lehrt uns aber diese Betrachtung, daß zwischen den Katakombenmalereien und der gleichzeitigen offiziellen antiken Kunst ein tiefgehender Unterschied in den künstlerischen Absichten bestanden hat. Denn es kann kein Zufall sein, daß man dort bestimmten Bestrebungen, die zu dem grundlegenden Inhalt der formalen Probleme in dem gleichzeitigen heidnischen Kunstschaffen zu zählen sind, ebenso ängstlich und allseitig aus dem Wege ging, wie umgekehrt in diesem für die wichtigsten Kriterien der formalen Auffassung, deren Niederschlag das dekorative System der Katakombenmalereien bildet, kein Beleg gefunden werden kann.

Noch deutlicher wird dieser Sachverhalt in den figuralen Kompositionen. Die Vereinfachung und der damit verbundene Verzicht auf die bis dahin geläufigsten und größten Ruhmestitel der antiken darstellenden Kunst sind über alle Maßen auffallend. Von den schönen architektonischen und landschaftlichen Hintergründen und den mit ihnen verbundenen mannigfaltigen Schilderungen der Natur und des Lebens, wofür gerade die Gemälde des letzten Stiles in Pompeji unzählige Beispiele bieten, findet man in den Katakomben nur ganz geringe und vereinzelte Überreste, die sehr bald ganz verschwinden. Es handelt sich dabei nicht nur um einzelne Hintergrundmotive, sondern um das ganze Prinzip des räumlichen Zusammenhanges, wie es die klassische Kunst erfunden hat und welches darin bestand, daß jedes Ding im Konnex eines natürlichen, unmittelbar mit ihm verbundenen räumlichen Zusammenhanges dargestellt wurde. Diese Erfindung, die etwa in dieselbe Zeit fällt, in der die Peripatetiker die Lehre von der überall waltenden natürlichen Kausalität aufgestellt haben, führte dazu, daß die Künstler von da an mit jedem dargestellten Vorgang eine begrenzte und in sich geschlossene räumliche Bühne in der Weise verbunden haben, daß diese Rekonstruktion des natürlichen Raumzusammenschlusses mit der Erfahrung möglichst in Einklang stand.

Während diese Art der bildlichen Erfindung sonst in der spätantiken Kunst der zweiten Hälfte des I. und der ersten Hälfte des II. Jahrhunderts nicht nur die durchaus herrschende war, sondern auch in gewissem Sinne auf dem Höhepunkte ihrer Entwicklung stand, fehlt sie in den Katakomben ganz. Die Darstellung der materiellen Raumzusammenhänge beschränkt sich hier auf einen schmalen Bodenstreifen, die Komposition auf wenige Figuren, zumeist auf eine einzige. Bei mehrfigurigen Kompositionen weist die Anordnung ein ganz einfaches Schema auf:

1. Die Figuren sind nicht in verschiedener Tiefe des Bildraumes dargestellt, sondern möglichst in gleicher Entfernung vom Beschauer, und zwar in der Regel ganz an den Rand der Darstellung gerückt, so daß sich ihre Tiefenausbreitung nicht hinter die Bildfläche auszudehnen scheint.
2. In dieser einen Raumschicht stehen sie entweder nur koordiniert nebeneinander oder symmetrisch, links und rechts von einer Mittelfigur gereiht, wie auch die Darstellungen in verschiedenen Feldern möglichst korrespondierend erfunden sind.

Wie die bewegteren oder freieren Kompositionen, so fehlen auch alle komplizierten Stellungs- und Bewegungsmotive. In den meisten Fällen treten uns die Figuren in unbewegter Frontalität entgegen, was um so primitiver wirkt, als die Maler bei der Darstellung der Figuren auch sonst auf vieles verzichtet haben, was in der klassischen Malerei das höchste Ziel des künstlerischen Strebens gebildet hat: auf die Fülle der Anschauung und auf die überlegene Sicherheit in der Wiedergabe der Natur und in der Lösung aller formalen Probleme, die als Frucht einer jahrhundertelangen Entwicklung und Schulung in der unmittelbar vorangehenden und auch in der gleichzeitigen heidnischen Kunst einen so hohen Grad der Vollendung besessen hat. Anstelle des alten Reichtums an Beobachtungen und formalen Lösungen trat eine begrenzte Anzahl von Typen und Schablonen, und wo in der klassischen Kunst eine ausführliche lebendige Schilderung herrschte, da finden wir in den christlichen Grabkammern eine knappe Abbreviatur.

Man wäre zunächst versucht, diese ganz auffallenden Merkmale als eine vollständige Verarmung der Malerei zu bezeichnen, wie sie kaum zum zweitenmal in dem Verlaufe der Geschichte der Kunst als eine so plötzliche und weitgehende beobachtet werden dürfte. Denn es geht nicht an, sie durch ein allgemeines Versagen der schöpferischen Kraft

der klassischen Kunst zu erklären, da sie ganz unvermittelt, mit einem Schlage an einer Fülle von Denkmälern wahrgenommen werden kann, und zwar in einer Zeit, in der, wie wir noch hören werden, die heidnische Skulptur und Malerei noch durchaus im Besitze der alten Schulung war. Ebensowenig kann sie aber auf die relative Minderwertigkeit der Denkmäler, auf das geringe künstlerische Können der in den Katakomben beschäftigten Maler zurückgeführt werden. Wäre dies der Fall, so müßten zumindest Versuche vorliegen, die Vorzüge der übrigen klassischen Kunst irgendwie nachzuahmen. Was wir jedoch in den Katakomben finden, ist nicht eine geringere Qualität des Gewollten und Erreichten, sondern eine andere Kunst, der klassischen gegenüber eine neue Kunst. Für die üblichen Darstellungen der Katakombengemälde wurde dies von den meisten Forschern angenommen, wobei man sich in der Regel mit der Feststellung des christlichen Ursprungs begnügte. Einen weitergehenden Erklärungsversuch hat Wulff aufgestellt. Seiner Meinung nach war die Katakombenkunst eine „Urzeugung", das heißt, sie bedeute den Beginn einer neuen Kunst, die sich aus primitiven Bildideen entwickelte. In den Amuletten der altchristlichen Zeit, von denen sich viele aus späteren Jahrhunderten erhalten haben, seien Proben einer Darstellungsgattung zu erblicken, in welcher sich Gebete und Zauberformeln zum bildlichen Ausdruck verdichtet haben. Aus solchen Neubildungen, die sich in der Komposition an uralte orientalische, in der Volkskunst erhaltene Schemen angeschlossen hätten, sei, vermischt mit Entlehnungen aus der Antike, zuerst in Alexandrien der älteste Bilderzyklus entstanden, dessen Erfindungen sich in den Wandgemälden der römischen Cœmeterien erhalten haben. So habe die Kunst – nach Wulffs eigenen Worten – „neu angefangen". [Oskar Wulff, Die altchristliche Kunst von ihren Anfängen bis zur Mitte des ersten Jahrtausends, Berlin o. J., I. E.]
Diese Erklärung ist zunächst ganz hypothetisch, da die Devotionalien, auf die sich Wulff beruft, jünger sind als die Darstellungen in den Katakomben. Diese stehen bekanntlich in engster Verbindung mit den Totengebeten, dürften also schon deshalb für die Katakomben und nicht für Pilgeramulette erfunden worden sein. Aus Alexandrien sind uns

nur spätere Denkmäler erhalten, die überdies mit den Malereien in den italienischen Katakomben nichts gemein haben. Die Annahme, daß christliche Maler oder besser gesagt unbeholfene Dilettanten, nur aus den dunklen Quellen einer volkstümlichen Superstition schöpfend, mitten in der spätantiken Entwicklung eine neue Urkunst erfunden hätten, ist ebenso romantisch, als sie offenkundigen Tatsachen widerspricht. Denn es handelt sich bei den Neuerungen der Katakombengemälde nicht nur um neue Bildideen, sondern um weit mehr: um eine neue künstlerische Orientierung, die sowohl in den bildlichen Erfindungen als auch in der ganzen Auffassung der formalen Probleme in gleichem Maße zutage tritt und weder primitiv noch altorientalisch noch volkstümlich ist.

Obwohl die Katakombenmalerei von der klassischen diametral verschieden ist, setzt sie sie doch voraus und entwickelt sich aus ihr. Der Zusammenhang beschränkt sich nicht, wie manchmal behauptet wird, auf einzelne Entlehnungen, sondern erstreckt sich nicht minder auf allgemeine Stilmerkmale, unter denen besonders zwei als wichtig und charakteristisch hervorzuheben sind. Das eine liegt in der ganzen Formenauffassung, die zwar auf die naturalistischen und artistischen Ziele und Vorzüge der klassischen Kunst verzichtet, im übrigen jedoch von antiken formalen Normen vorläufig ganz abhängig bleibt. Die neuen Bilder und Dekorationen entwickeln sich nicht aus skurrilen Anfängen zu einem größeren Reichtum, sondern werden deutlich in umgekehrtem Vorgang aus einem ursprünglich reichen Vorrat an Formen und bildlichen Vorstellungen herauskristallisiert. Ähnlich verhält es sich auch mit dem malerischen Stil der Gemälde, dessen Grundlage überall der spätantike Impressionismus bildet, der in den älteren Gemälden in seiner klassischen Entwicklungsstufe und Bedeutung stärker und reiner ist als in den späteren, so daß auch in dieser Beziehung die Katakombenmalerei nicht als eine Urkunst, sondern als eine Erscheinung aufzufassen ist, die bei allen Verschiedenheiten mit dem spätantiken Kunstleben verbunden ist.

Der Impressionismus war eine der letzten und feinsten Blüten der antiken Kunstentwicklung. An die Kunst, die Dinge darzustellen, nicht wie sie sich in der objektiven Erfahrung zeigen, sondern wie sie der subjektiven Wahrnehmung in immaterielle Eindrücke umgesetzt erscheinen, konnte das Christentum leichter anknüpfen als an jede andere – ähnlich wie die christliche Wissenschaft an die neuplatonische Philosophie sich anschließen konnte, die die Welt als ein Erzeugnis des Geistes zu verstehen und die Quelle der Schönheit in der Einstrahlung des geistigen Lichtes in die sinnliche Materie zu suchen begonnen hat.

So ist der Ausgangspunkt der Kunst der Katakombenmalereien nicht eine Urzeugung, sondern die Kunst ihrer Zeit, der Stil der antiken Malerei der ersten Jahrhunderte nach Christus. Sie bleibt jedoch nicht bei diesem Stil stehen, sondern verändert ihn. Diese Veränderung besteht nicht in einer volkstümlichen Rustifikation, die bloß auf einer Vergröberung der Darstellungsmittel beruhen soll. In den Katakomben werden folgerichtig bestimmte Qualitäten der vorangehenden und gleichzeitigen Kunst unterdrückt und durch andere ersetzt.

Ausgeschieden hat man nach Möglichkeit alles, was an den alten Körperkult und Naturalismus erinnerte, an deren Stelle neue Werte traten.

Dazu gehört in erster Linie ein neues Verhältnis zur Grundebene. Die geschlossenen begrenzten Raumbühnen sind verschwunden, doch nicht der Raum selbst. Obwohl die Schilderung einer bestimmten räumlichen Szenerie zumeist ganz fehlt, wirkt doch der Hintergrund der Figuren nicht wie eine materielle Grundebene, sondern wie freier Raum. Diese Wirkung wird durch die erwähnte parallele Anordnung der Figuren in gleicher Entfernung vom Beschauer, die auch in der Ausbreitung der Formen eine seichte Raumzone nicht überschreitet, erreicht. Es fehlt jedes Relief, jede kubische Wirkung, die Verkürzungen werden möglichst vermieden. Die Körperlichkeit wird dadurch auf ein Minimum eingeschränkt, daß die Gestalten mit einer optischen Sehebene zusammenfallen, und da diese Sehebene sich im wesentlichen mit dem Hintergrunde deckt, wird dieser im Bewußtsein des Beschauers in die Illusion eines die Figuren frei umgebenden Raumes verwandelt. Das Tastbare, Plastisch-Dreidimensionale ist fast ganz eliminiert. Wie Schatten oder Phantome scheinen die Gestalten

irgendwo aus dem sie umgebenden unbegrenzten, ungeformten Freiraume emporzutauchen.
Damit war sicher nicht ein naturalistischer Fortschritt beabsichtigt, wie man ihn sonst in der spätantiken Malerei zuweilen findet: in der Wiedergabe der Beleuchtung und Luftstimmung oder in der Darstellung des atmosphärischen Hintergrundes bei Motiven, die ihn erfordert haben. Bei den Katakombengemälden handelt es sich nicht um diesen oder jenen natürlichen Freiraumausschnitt, nicht um diese oder jene malerische Wirklichkeitsbeobachtung, sondern um einen idealen Raum, um den Raum an sich, der anstelle des alten Reliefgrundes tritt.
Woher kommt diese Wandlung? Aus derselben Quelle, aus der die Vermeidung des plastisch und tektonisch Körperlichen floß. Um dies zu verstehen, müssen wir uns den Sinn und Zweck dieser cœmeterialen Malerei im Zusammenhange mit der neuen christlichen Auffassung der Kunst überhaupt vor Augen führen. Ebenso tiefgehend wie die formale ist auch die inhaltliche Wandlung, die die Katakombenmalerei von der klassischen Kunst unterscheidet. Dieser Unterschied besteht nicht nur in neuen Darstellungsstoffen, sondern nicht minder in einer neuen Auffassung der inhaltlichen Bedeutsamkeit.
Verfolgt man die Entwicklung der spätantiken Kunst in ihrem Verhältnis zum Darstellungsinhalt, so macht man die Wahrnehmung, daß insbesondere bei sakralen Darstellungen das Inhaltliche stark an Interesse verloren hat. Die alten religiösen Vorstellungen werden immer mehr zu dem nur äußeren Vorwand für rein künstlerische Wirkungen, und so verwandeln sich vielfach die Gestalten der alten Mythologie in artistische und dekorative Motive, denen man inhaltlich so gleichgültig gegenüberstand, daß die altchristlichen Maler keine Bedenken hatten, sie als anmutiges Beiwerk zur Füllung leerer Flächen zu verwenden. Scheinbar gilt das auch für die christlichen Darstellungen. Alles Epische, Dramatische, auf Willensakten und Handlungen Beruhende, alles, was inhaltlich einen antiken Menschen gefesselt hätte, fehlt, und einem nichteingeweihten Beschauer könnten die regelmäßig in den verschiedenen Feldern verteilten Gestalten auch nur als inhaltlich indifferente Motive erscheinen. Das sind sie aber nicht, im Gegensatze zu ihren heidni-

schen Parallelen. Sie sind im Gegenteil von höchster inhaltlicher Bedeutsamkeit, die allerdings ganz anderer Natur ist, als die, welche der klassischen Kunst verlorengegangen war. Nicht darin, was sie dem Beschauer sinnfällig vor Augen führen, sondern woran sie ihn erinnern und was in den einfachen Proto-Urkunden der christlichen Malerei gar nicht sichtbar ist, liegt ihre Bedeutung. Auch wenn sie historische Ereignisse und Personen darstellen, sind sie Symbole, deren Aufgabe mit dem objektiven Inhalt der Darstellung nicht erschöpft ist; sie sollen dem Beschauer die Mysterien und Wahrheiten des neuen Glaubens zum Bewußtsein bringen.

Auch die Alten hatten natürlich ihre Sinnbilder. Ihr Ausgangspunkt war aber fast durchwegs die anthropomorphe Personifikation von Vorstellungen, die in der bildlichen Darstellung unmittelbar sinnfällig wirken konnten und deren geistiges Substrat überdies durch die davon unabhängige Entwicklung der bildlichen Typen vielfach ganz nebensächlich geworden war. In der Katakombenmalerei handelt es sich dagegen um abstrakte Lehren und Gedankenverbindungen, die mit nur mittelbar mit ihnen zusammenhängenden Darstellungen verbunden werden, woraus sich jene gedankliche Symbolik und Allegorie entwickelte, die anstelle der klassischen poetischen Fiktion und Veranschaulichung der Umwelt trat und zu den merkwürdigsten Zügen der ganzen mittelalterlichen Kunst gezählt werden muß.

So unterscheiden inhaltlich zwei wichtige Eigentümlichkeiten die Katakombengemälde von der gleichzeitigen klassischen Kunst:

1. Der Sinn und Zweck des Kunstwerkes verschiebt sich ganz und gar zugunsten seines abstrakten, gedanklichen, theologischen Inhalts.

2. Zum Verständnis dieser Bedeutung der Darstellung ist das Mitwissen, die subjektive gedankliche Beteiligung des Beschauers in weit größerem Maße als je in der Antike notwendig.

Man blieb nicht bei einzelnen Zeichen und Sinnbildern stehen, welche auch anderen, insbesondere älteren und neuen orientalischen Kulten bekannt waren und wovon auch sonst manches in die spätantike Kunst aufgenommen worden war, sondern legte auch ganzen Darstellungen bestimmte Gedankenzusammenhänge zugrunde. Es sind dies Gedanken, die sich auf die Erlösung nach dem Tode, auf die Errettung aus der Versuchung, auf Christus als Erlöser und Wundertäter, auf die Wege der Gnade, die Taufe und Eucharistie beziehen, oder mit Gebeten um Gottes Beistand für die Verstorbenen, wie auch mit Vorstellungen von ihrem Sein in ewiger Seligkeit verbunden sind. Man hat bekanntlich den Ursprung dieser cœmeterialen Darstellungen in Totenliturgien gesucht. Auch auf andere Quellen hat man hingewiesen. So auf das ergreifende Gebet der Commendatio animae, das heute noch der Priester am Sterbelager betet und das bereits im II. Jahrhundert nachgewiesen werden kann. Ferner auf die pseudocyprianischen Gebete und deren exorzistische Grundlagen, in denen man Parallelen zu den Beschwörungs- und Erlösungsideen der ältesten Katakombengemälde gefunden zu haben vermeinte.

Jedenfalls fließt all dies zuallerletzt aus einem und demselben neuen, unantiken Gefühls- und Vorstellungsleben, dessen wichtigstes Merkmal die Abwendung von den Gütern dieser Welt und die Konzentration der Gedanken und Gefühle aufs Jenseits war. Die Grundprobleme der antiken Weltanschauung, die auf dem irdischen Sein und Werden beruhten, verloren ihre Macht, und Gesichtspunkte der eschatologischen Bestimmung der Menschheit traten an ihre Stelle. Mit ihnen neue Gedanken, Gefühls- und Gesinnungswerte, die von den alten naturalistischen oder die Naturgewalten nur einschränkenden Idealen durch eine tiefe Kluft getrennt waren. Der Zweck der Malerei hat sich verändert. Sie hatte in den Katakomben nicht formvollendete Körper, heroische Menschen, irdisch denkwürdige Taten und Situationen darzustellen, sondern zum Gebete aufzufordern und die Seelen über alles Irdische zu erheben.

Und diesem Zweck hatte auch die künstlerische Form zu dienen. Ihm zuliebe wurde alles aufgegeben, was in der Richtung der weltlichen Orientierung der Kunst hätte wirken können. Die Gedanken und Gefühle sollten sich nur auf das eine, auf Gestalten und Zeichen einstellen, die das christliche geistige Geheimnis, das Erlösungswerk und das neue überirdische Ziel der Menschheit zum Ausdruck bringen, und diese Einstellung durfte nicht durch eine allzu materielle Wirkung, man könnte sagen materielle Gegenwart der Figuren und Situationen gestört werden. Durch den Impressionismus schon früher zuweilen als natürliche optische Erscheinung entmaterialisiert, wurden sie nun in den Katakomben jenseits der Grenzen und Kräfte des irdisch Bedingten in die Sphäre der freien, unbegrenzten, zeitlosen Räumlichkeit übertragen. Aus einem physischen und optischen Phänomen verwandelt sich der Raum in einen metaphysischen Begriff und damit zugleich aus einem erläuternden Element der bildlichen Erfindung in ein konstitutives. Der Schauplatz der dargestellten Visionen und Zeichen ist nicht mehr eine irdisch bedingte und begrenzte Szenerie, sondern ein idealer Freiraum, in dem das Tastbare, Meßbare, mechanisch Zusammenhängende jede Macht und Bedeutung verloren hat. Er leitet das Auge in unbegrenzte Tiefen, und in diese Tiefenbewegung ordnen sich die Figuren ein, ohne sie durch kubische Wirkungen zu stören, fern von jeder Wirklichkeitsnachbildung, als eine traumhafte Projektion von personifizierten Erlösungs- und Jenseitsideen oder Andachtsgefühlen, in Zonen eines transzendenten Seins, in dem die Gesetze des weltlich gebundenen Geschehens gegenstandslos geworden sind. So liegt aber in dieser neuen Einheit von Form und Raum nicht ein unmittelbarer Fortschritt im Sinne der klassischen oder modernen Naturwiedergabe, sondern eine sowohl der Antike als auch allen anderen älteren Kunstperioden gegenüber neue, auf neuen metaphysischen Bedürfnissen und Anschauungen beruhende vollständige Umwertung der Kunst, die darin bestanden hat, daß alles am körperlichen Dasein und Sinnenleben Orientierte als Ziel der künstlerischen Bestrebungen der neuen psychozentrischen Auffassung der Welt weichen mußte und der Glaube an einen übersinnlichen Zusammenhang der Dinge über die sinnliche Erfahrung erhoben wurde. Aus diesem Sachverhalte erklärt sich auch die bereits erwähnte Anordnung der Figuren. Nur in Szenen, welche noch eine Erinnerung an irdische Begebenheiten im Rahmen der neuen geistigen Bedeutsamkeit hervorrufen sollten, wie zum Beispiel in den Jonasszenen, blieb eine Spur der alten naturalistischen Kompositionen zurück, wogegen in allen Darstellungen, die die Gedanken und Gefühle des Beschauers unmittelbar über alles Irdische erhe-

ben sollten, ein neues kompositionelles Prinzip beobachtet werden kann.
Die Figuren sind dem entrückt, womit im irdischen Dasein die Menschen untereinander in vergänglichen Handlungen und Ereignissen verbunden werden. Sie sind gleichsam aus dem weltlichen, physischen und psychischen Leben und Erleben ausgeschaltet, was sie als starr und leblos erscheinen läßt. Diese Erstarrung beruht aber nicht wie in der altorientalischen Kunst auf der Unbewegtheit eines Idols, das den Wirklichkeitsrelationen in ihrer verwirrenden Mannigfaltigkeit blockartig die indifferenzierte Urkraft entgegenstellt, sondern auf der Unterordnung der physischen Bewegungsmomente unter höhere geistige Faktoren, denen gegenüber das physische Geschehen in den Hintergrund treten mußte.
Wenn auch der physische und psychische Kontakt der Figuren untereinander fehlt, so kommt doch in ihrer Frontalität und in ihren Gesten die Verbindung mit dem Beschauer einerseits, mit höheren geistigen Gewalten anderseits zum Ausdruck. Sie sind nicht unbeweglich oder eine organisch nicht erschöpfend artikulierte Masse, sondern nur dem entrückt, was die Menschen aufgrund von Willensakten und Handlungen untereinander verbindet. Dies ist Nebensache geworden gegenüber einer höheren ordnenden Kraft, die in der Welt der ewigen Werte waltet und von den Menschen durch Gottes Erleuchtung erkannt wird. Sie sind nicht fetischartig objektive Gebilde oder der Niederschlag eines religiösen, philosophischen und künstlerischen Naturkultes und der mit ihm verbundenen Bestrebungen, die künstlerische Darstellung mit der natürlichen Gesetzmäßigkeit in Einklang zu bringen, sondern Sinnbilder dieser inneren Erleuchtung und Erhebung, wie sie sich der Geist losgelöst von Zeit und irdischer Begrenzung in der Welt der Unendlichkeit vorzustellen vermag. Dabei sind sie doch nicht ganz ohne Verbindung untereinander. Was sie zu einer Einheit zusammenschließt, ist einerseits ein abstraktes kompositionelles Prinzip, die rhythmisch intermittierende Reihung, anderseits aber der ihnen gemeinsam zugrunde liegende gedankliche Inhalt. Die frontal nebeneinander gestellten Figuren, scheinbar ohne Verbindung, wirken doch als eine Einheit, weil wir die Empfindung haben, daß sie

durch die geistige Bedeutsamkeit, die sie erfüllt und von der sie Zeugnis ablegen, zu einer Einheit, zu einem einzigen Sursum verkettet werden. Sie bilden untereinander und mit den Andächtigen eine heilige Gemeinschaft in Zeit und Ewigkeit; zum ersten Male tritt uns hier als Grundlage der bildlichen Anordnung jener Begriff der transzendenten Vereinigung entgegen, der in der Folgezeit stets in jenen Zeiten im Mittelpunkte der künstlerischen Vorstellungen stand, in denen der christliche Jenseitsglaube einen starken Einfluß auf die Einbildungskraft ausübte.

In all dem drückt sich die neue Bedeutung aus, welche das rein Geistige und Ideelle für die Kunst gewonnen hat. Während es sich in dem klassischen Kunstschaffen der formalen Schönheit und Vollendung unterordnen oder zumindest den formalen und materiellen Vorzügen in harmonischem Gleichgewichte anschließen mußte, verdrängt es nun alle anderen Gesichtspunkte und wird der ausschlaggebende Inhalt der künstlerischen Darstellung.

Dies mußte natürlich auch auf die Bildung jeder einzelnen Figur einwirken. Man wird kaum darauf achten, was die suggestiven Orantengestalten in den Grabkammern der Katakomben von dem formalen Reichtum ihrer klassischen Vorstufen verloren haben, wenn man ihren neuen geistigen Reichtum verstehen lernt, der ihre weitgeöffneten großen Augen mit heiligem Feuer erfüllt und der sie durch keine physische, sondern durch eine rationell unfaßbare, wunderbare Kausalität der irdischen Schwere zu entrücken scheint. „Die Seele ist alles, der Körper ist nichts“ – diese Lehre, die wir immer wieder in den Schriften der geistigen Urheber des Christentums finden, erfüllt auch die malerischen Erfindungen der Katakombenkunst. Der geistige Ausdruck ist das Wichtigste, womit sie sich an den Beschauer wenden, wobei es sich nicht um individuelle psychische Vorgänge handelt, sondern um allgemeine, überindividuelle geistige Gewalten und Wahrheiten, die den Christen durch die Kunst vermittelt werden und zu denen jede materielle Form nur eine Brücke bedeutet. Nicht sinnlichen Genuß sollen sie bereiten, sondern geistige Erlebnisse auslösen, in Übereinstimmung mit der neuen „Anbetung Gottes im Geiste“, die anstelle der alten Idolatrie getreten ist.

Wenn wir nun die gleichzeitige heidnisch-klassische darstellende Kunst zum Vergleiche heranziehen, so finden wir dieselbe grundsätzliche Verschiedenheit, wie wir sie zwischen dem dekorativen System der cœmeterialen christlichen Kunst und den Kunstabsichten der damaligen klassischen Architektur beobachten konnten.
Ich kann mich da auf die klassische Darstellung Riegls (Die spätrömische Kunstindustrie ...) berufen. Die Katakombengemälde hat Riegl, da eine ausreichende Publikation damals noch nicht vorlag und die Originale für einen ausländischen Forscher nur in sehr beschränktem Maße zugänglich waren, nicht einbezogen, so daß seine Schilderung der Entwicklung des II. und III. Jahrhunderts ausschließlich auf heidnischen Denkmälern beruht. Auch da zieht er ausdrücklich nur jene heran, die eine fortschrittliche Strömung verkörpern, der sich im allgemeinen „die Vulgärkunst, wozu auch die religiöse Kunst zu zählen ist", ferngehalten hat. Man könnte wohl richtiger sagen: die offizielle Kunst, denn mit Ausnahme der Porträts, die wie so oft auch damals fast durchwegs der Entwicklung voraneilten, blieb die konservative Richtung bis zum IV. Jahrhundert die herrschende, zum Beispiel auch in den triumphalen Reliefs.
Diese Richtung hat mit den Katakombengemälden überhaupt nichts gemein, sondern weist alle Merkmale der hellenistischen und römischen Überlieferung auf, von der man sich in den Katakomben ganz abgewendet hatte. So finden wir in den zahlreichen Reliefs, die zur Verherrlichung Trajans errichtet wurden, oder in den zu Ehren des Antoninus Pius und Marc Aurel geschaffenen, und ebenso im III. Jahrhundert am Bogen des Septimius Severus eine Entwicklung, die sich durchaus in der alten Auffassung der formalen Probleme bewegt. Gestalten, denen die alten Typen und Ideale der körperlichen Vollendung und plastischen Wirkung zugrunde liegen, Kompositionen, die von der alten, engumschriebenen Raumbühne und den in verschiedener Tiefe auf ihr verteilten Figuren ausgehen; und die Wiedergabe des Geistigen überschreitet nicht die Grenzen, die ihr im ganzen Altertum gezogen waren. Und daß auch noch hundert Jahre später die Werke dieser retrospektiven Richtung zumindest nicht perhorresziert wurden, beweist nebst anderen Tatsachen besonders deutlich die Verwendung der

ihr vollkommen angehörenden Reliefs von Bauten Trajans und Marc Aurels am Konstantinbogen.
Doch auch jene andere Richtung, die von Riegl als die Modekunst bezeichnet wird, bildet einen Gegensatz zu der Katakombenmalerei. Wohl berührt sich diese Richtung, die verschiedene Strömungen umfaßt, in vielen Punkten mit den Neuerungen, die wir in den Katakomben beobachten konnten. Dazu ist zu zählen – wir können in der Hervorhebung dieser Momente Riegl folgen – das fortschreitende Eindringen der optischen Elemente in die ganze Formendarstellung, womit eine gewisse Entstofflichung verbunden war, eine größere Subjektivisierung der Kunst – „der künstlerisch maßgebende Teil der damaligen Menschheit hat begonnen, einen Reiz darin zu finden, beim Genusse des Kunstwerks zugleich eine geistige Anstrengung vollziehen zu müssen" –, eine größere Betonung des Geistigen – „die Ausdrucksfähigkeit des von innen gelenkten Blickes wurde das Problem der Porträtkunst" –, das Schwinden des Interesses für das Nackte, für körperliche Schönheit und Vollendung, wie auch eine Wandlung der Komposition, die darin bestand, daß Freiraum sie zu durchsetzen begann und daß die Figuren möglichst in eine und dieselbe Ebene gezwängt und in Übereinstimmung damit mit Vorliebe en face dargestellt wurden.
Trotz dieser unleugbaren Verwandtschaft der Bestrebungen trennt dennoch die Katakombenmalerei von der übrigen vorkonstantinischen Kunst eine unüberbrückbare Kluft. Es sind teilweise dieselben Darstellungsmittel und neuen künstlerischen Bestrebungen, die wir in dieser und jener finden, doch in den letzten künstlerischen Zielen und Absichten, in dem künstlerischen Confiteor ist die älteste christliche Malerei von der gleichzeitigen heidnischen ebenso verschieden wie in dem religiösen. Im Gegensatze zu der Katakombenmalerei bleiben die Figuren auch dort, wo sie in optische Werte umgesetzt werden, den alten, ihnen zugrunde liegenden, kubisch-räumlichen Formvorstellungen treu und werden trotz des Eindringens des Freiraumes, selbst in den vorgeschrittensten Fällen, nur „in gleichsam viereckigen Nischen von möglichst geringer, das ist der Ebene angenäherter Raumtiefe dargestellt, gerade tief genug, um die Gestalten darin in ihrer tiefräumlichen

Isolierung zu zeigen, aber anderseits so knapp beschränkt, daß der Gedanke an einen Ausschnitt aus dem unendlichen freien Raum nicht aufkommen konnte". Die Auffassung der Grundebene als eines Ausschnittes aus dem unbegrenzten Idealraum, die in der Katakombenmalerei überall vorhanden ist, fehlt in der übrigen vorkonstantinischen Kunst, und nicht anders verhält es sich mit der Reihung und Frontalität der Figuren, zu denen wohl auch außerhalb der Katakomben Beispiele vorhanden waren, die jedoch nur in der cœmeterialen Kunst das entscheidende kompositionelle Prinzip geworden sind. Das Lebensvolle, physisch Bewegte, in menschlichen Handlungen und Willensakten Wurzelnde blieb in der heidnischen Kunst des II. und III. Jahrhunderts auch weiter bestehen, wurde wohl teilweise entmaterialisiert, doch nie grundsätzlich vermieden wie in den Katakomben. Nie wurde es durch transzendente Bedeutsamkeit, durch eine Kunst ersetzt, in der die Welt der Sinne nur so weit in Geltung blieb, als sie in Zusammenhang mit der überweltlichen Bestimmung der Menschheit gebracht werden konnte. Die fortschreitende Vergeistigung, die wir etwa an den Porträts der mittleren Kaiserzeit verfolgen können, hält sich bis Konstantin in den Grenzen einer weltlichen Charakteristik. Überkultur, Grausamkeit, Eitelkeit, müde Erschlaffung, Cäsarenwahn in allen Formen, dann wiederum wilde Brutalität oder mutlose Resignation und Verzweiflung sprechen aus den Kaiserköpfen des II. und III. Jahrhunderts, doch nie ist die überindividuelle Vergeistigung, das Seelenhafte, der Vergänglichkeit der Körper als das wahrhaft Göttliche und Unveränderliche entgegengestellt. Und so bleiben auch die Porträts der vorkonstantinischen heidnischen Kunst durch die Wiedergabe individueller physischer und psychischer Merkmale mit dem naturalistischen Fundament der klassischen Kunst verbunden, während es in der Katakombenmalerei, auch wenn es sich um die Darstellung bestimmter Personen handelt, grundsätzlich aufgegeben wurde und allgemeinen antinaturalistischen Idealtypen der seelischen Schönheit und Unvergänglichkeit weichen mußte.

II

Was ergibt sich nun aus diesem Gegensatze?
Zunächst könnte die Frage gestellt werden, ob die verglichenen Erscheinungen tatsächlich gleichzeitig sind, das heißt, ob die geläufige Datierung der Katakombenmalereien als unbezweifelbar angesehen werden kann – eine Frage, die um so berechtigter erscheinen könnte, als gegen diese Datierung kürzlich von patrologischer Seite Bedenken erhoben wurden. In einer Untersuchung über die altchristliche Bilderfrage nach den literarischen Quellen schließt Hugo Koch aus den Äußerungen der Kirchenväter und Apologeten, daß bis zum IV. Jahrhundert die Kirche jeden Bildergebrauch konsequent abgelehnt hat, was allerdings – wie er selbst hervorhebt – mit den bisherigen Anschauungen über die Zeit der Entstehung der Katakombenmalerei und mit ihrer, ohne kirchliche Zustimmung, undenkbaren Entfaltung in den ersten drei Jahrhunderten der christlichen Ära nicht zu vereinen wäre.
Kochs Klage darüber, daß die Stimmen der Väter allzusehr zugunsten der „Wände" beiseite geschoben und abgeschwächt wurden, ist zweifellos berechtigt. Anderseits geht es auch nicht an, die monumentalen Belege der ältesten christlichen Kunst gar nicht zu befragen, und nur ein Versuch, beide Quellengruppen in Einklang zu bringen, kann eine Klärung des Sachverhaltes herbeiführen. Dies ist aber durchaus möglich.
Auch vom kunstgeschichtlichen Standpunkte bestehen gegen die bisherige Datierung der Katakombenmalereien gewichtige Bedenken. Was zugunsten ihrer Entstehung im I. Jahrhundert vorgebracht wurde, ist nicht unbedingt beweiskräftig. Der stilistische Befund aber ist mit den frühen Zeitansätzen noch weniger in Einklang zu bringen.
1. Mit Ausnahme von Malereien, die deutlich unter dem Einfluß einer neuen, nachkonstantinischen Entwicklung stehen, ist der stilistische Charakter sämtlicher italienischer Katakombenmalereien im großen und ganzen so homogen, daß eine Entstehung, die bis ins I. Jahrhundert zurückreicht und mit einer größeren Stilwandlung verbunden sein müßte, im höchsten Grade unwahrscheinlich ist.
2. So selbständig auch die Katakombengemälde der vorkon-

stantinischen heidnischen Kunst gegenüberstehen, beruhen sie doch auf bestimmten künstlerischen Voraussetzungen, die in der Zeit, in die man die ältesten Katakombengemälde datiert, noch nicht gegeben waren, sondern erst in der Kunst der mittleren Kaiserzeit entstanden sind.
Anderseits liegt aber die Entwicklung der Katakombenmalerei im wesentlichen vor dem Zeitalter Konstantins, in dem die christliche Kunst, worauf wir noch zurückkommen werden, neue Wege eingeschlagen hat.
Diese Abgrenzung läßt sich gut mit den literarischen Zeugnissen vereinigen.
Um die Wende des II. und III. Jahrhunderts schreibt Tertullian gegen die Darstellungen des guten Hirten, woraus wir schließen können, daß die symbolische Darstellung der biblischen Personen damals bereits verbreitet, aber noch nicht alt und festeingewurzelt oder allgemein üblich war.
Auch die Schriften des heiligen Clemens von Alexandrien enthalten einen Hinweis auf bildliche Symbole, daneben aber eine Auseinandersetzung mit dem Problem des Verhältnisses des Christentums zur Kunst, und zwar in der Form einer Ablehnung der künstlerischen Darstellung der Gottheit, wie sie bereits vor ihm, in der ersten Hälfte des II. Jahrhunderts bei Aristides, in der zweiten Hälfte bei Justin, Tatian, Irenäus und Minucius Felix, nach ihm aber, im III. Jahrhundert, bei Origenes und Methodius von Olympus und im IV. Jahrhundert bei Laktatius, Eusebius von Cäsarea, Epiphanius, Arnobius, Makarius von Magnesia und noch um die Wende des IV. Jahrhunderts bei Asterius von Amasea zu finden ist. Diese Warnung bezieht sich nicht auf symbolische Darstellungen, gegen die Clemens nichts einzuwenden hat und die sicher auch unter seinen Nachfolgern im Gebrauch geblieben sind, sondern gilt den Gefahren, die für die Christen in der heidnisch-materialistischen Auffassung der religiösen Bildwerke und der ganzen Kunst enthalten waren. Wogegen sich alle die genannten Schriftsteller wenden, ist die antike Identifikation der bildlichen Darstellung mit der Gottheit selbst und der Vorzug des sinnlich Wahrnehmbaren vor dem Übersinnlichen, des Stofflichen, Körperlichen vor dem rein Geistigen. Es ist charakteristisch, daß die Kunstwerke der Alten als tot und leblos bezeichnet werden, weil sie dessen entbehren, was

den Christen allein als Leben erschien. Ihr naturalistischer Charakter wird als Lüge und Täuschung empfunden und hingestellt: „wer die Wahrheit und Weisheit liebt", wird jene zurückweisen, da ein wahres Bild Gottes nicht in der Nachahmung des Irdischen, sondern in der menschlichen Seele zu suchen ist. Logos ist das wahre Gottesbild, es kann daher in greifbarer physischer Ähnlichkeit nicht dargestellt werden. Es ist sinnlos, Bilder der Gottheit, die die Zeit zerstört, zu verehren. In uns, in unserem Geiste, in unserer Gesinnung tragen wir das wahre Bild Gottes, und dort ist er zu verehren – „in nostro immo consecrandus est pectore" (Minucius Felix). Nicht im Greifbaren und Zerbrechlichen, in Bildern und Statuen sollen wir das Heilige und Unsterbliche suchen, sondern zum Himmel die Augen erheben.
Es handelt sich weder um Kunsthaß noch um Kunstverachtung oder Kunstverneinung. Der Antispiritualismus und Sensualismus der heidnischen Kunst, die von ihr untrennbare künstlerische und religiöse Idolatrie, das Kunstwerk als die vom subjektiven Leben unabhängige, dingliche und objektiv existierende Verkörperung der höchsten, auf sinnlicher Erfahrung beruhenden Schönheit, Vollendung und Gesetzmäßigkeit, wie auch die Bilderverehrung – dies waren die Gefahren, gegen die die Kirchenschriftsteller kämpften, und zwar in einer Zeit noch, in der nach dem Denkmälerbefunde der Bestand einer christlichen, formal und inhaltlich spiritualistischen, von der heidnischen, wie wir gehört haben, heterogen verschiedenen Kunst kaum angezweifelt werden kann.
Warum wird jedoch diese spezifisch christliche, spiritualistisch orientierte Kunst vor Tertullian und Clemens und nach ihnen nirgends erwähnt, warum beruft man sich nicht auf sie, um die Ablenkung der heidnischen zu stützen?
Zunächst könnte auf den konventionellen und dialektischen Charakter der Polemik hingewiesen werden, die weniger von bestimmten Zuständen als von grundsätzlichen theologischen Fragen ausgeht und sich in verschiedenen Fassungen, im Grunde aber doch formelhaft, von einem Autor zum anderen fortgepflanzt hat, bis sie endlich durch die realen Verhältnisse ganz überholt war und gegenstandslos wurde. Dessenungeachtet läßt sich ein gewisser Widerschein der tatsächlichen Entwicklung im Ein-

klang mit den Denkmälern auch in dieser Formelhaftigkeit feststellen.

Ein großer Teil der Proteste stammt aus dem II. Jahrhundert, das heißt aus einer Zeit, in der es wahrscheinlich tatsächlich keine irgendwie entwickeltere und allgemein verbreitete christliche Kunst gegeben haben mag, was auch aus dem Wortlaute der literarischen Nachrichten geschlossen werden kann. Daß ihr Allgemeinwerden gegen das Ende des II. Jahrhunderts fällt, liegt durchaus im Bereiche der Möglichkeit und entspricht dem, was wir aus dem Stilcharakter der Katakombenmalereien geschlossen haben. Aus dieser Zeit stammen aber Äußerungen, in denen christliche Darstellungen erwähnt – von Tertullian bekämpft, von Clemens gestattet werden.

In der Folgezeit, das ganze III. Jahrhundert hindurch, wird aber das alte Problem den zahlreichen Autoren der vorangehenden Periode gegenüber nur von zwei Schriftstellern, von Origenes und Methodius von Olympus, behandelt. Wie diese Verminderung des literarischen Interesses, so sprechen auch der Inhalt und das ganze Gepräge der Äußerungen der beiden Griechen dafür, daß sich der Sachverhalt geändert hat. Origenes, der wie später Dante die Kunst von Gott ableitet, erwähnt zwar in seiner Widerlegung der Vorwürfe des Celsus, daß die Christen keine Altäre, Bilder und Tempel errichten, die christliche Kunst nicht. Er beschränkt sich darauf, der heidnischen Idolatrie den christlichen religiösen und sittlichen Psychozentrismus entgegenzusetzen. Doch seine Ablehnung des anthropomorphen Götterkultes unter Berufung auf das alttestamentliche Bilderverbot ist von Gedanken erfüllt, die sich mit der ältesten christlichen Kunst auf das engste berühren, ja geradezu wie eine Erläuterung zu ihr klingen. So zum Beispiel wenn er sagt, daß die Bekämpfung der anthropomorphen Götterverehrung und der christliche Glaube, daß der Mensch nach dem Bilde Gottes geschaffen sei, keinen Widerspruch enthalte, da die Ähnlichkeit nicht körperlicher, sondern geistiger Natur sei; oder wenn er den Bildwerken der Heiden die Gebete der Christen entgegenstellt und wenn er schreibt, die christlichen Altäre und Bilder seien nicht leblos und gefühllos oder für lüsterne und am Leblosen hängende Dämonen, sondern für den Geist Gottes empfänglich. All dies bezieht sich auf die menschliche Seele, könnte aber beinahe mit denselben Worten auch von den vergeistigten Darstellungen in den Katakomben gesagt werden. Ich denke dabei selbstverständlich nicht an direkte Beziehungen, sondern es handelt sich offenbar um zwei verschiedene, äußerlich unabhängige Emanationen einer und derselben Phase in der geistigen Entwicklung des Christentums – jener Phase, in der sich das Christentum mit dem spätantiken philosophischen Idealismus verbunden hat und die christlich-idealistische Welterkenntnis und Auffassung der sinnlichen Umwelt begründet wurde, deren Spiegelung wir auch in den Katakombengemälden finden können. Daß Origenes sie oder andere Denkmäler dieser spiritualistischen Urkunst des Christentums nicht erwähnt, erklärt sich leicht daraus, daß er nach dem großen Kaiserfrieden geschrieben hat, in der Zeit der Verfolgungen, als es gewiß nicht opportun war, auf christliche Symbole und Darstellungen besonders hinzuweisen.

Weniger geistvoll als Origenes, doch in ähnlichem Sinne schrieb auch Methodius von Olympus über Kunst. Wer die Schönheit der vernünftigen und unsterblichen Seele, die Gott nach dem Bilde seines Bildes geschaffen hat – dies sind seine Gedanken – „makellos bewahrt und unversehrt und so, wie der Bildner und Maler selber sie entwarf in Nachahmung der ewigen und geistigen Natur, von der der Mensch ein Bild und Gleichnis ist, der wird wie ein hochherrliches und heiliges Götterbild sein und von dieser Erde entrückt in die Stadt der Seligen, den Himmel, dort wohnen wie in einem Tempel“. Er bezeichnet die Kirche als „Bild der himmlischen Wohnung“, das alttestamentliche Zelt als „Schatten des Bildes“, was den Grundideen des bildlichen Systems der Katakombengemälde entspricht, und betont in deutlicher Unterscheidung, daß die Kunst nicht ihrem Wesen nach, sondern nur wegen der Absicht, die Bildwerke zu verehren und wie Gott anzurufen, zu verdammen sei.

Erst vom Anfang des IV. Jahrhunderts an wird die Polemik der Kirchenschriftsteller gegen die Kunst wieder lebhafter. Sie gilt wiederum in erster Linie dem Realismus und Materialismus in der religiösen Kunst (Eusebius von Cäsarea, Laktantius) oder steigert sich bis zum Bilderverbote (Canon 36 von Elvira) und zum leidenschaftlichen Verlangen, jede bildliche Darstellung religiöser Stoffe zu unterdrücken (Epiphanius). Die literarischen Erörterungen nähern sich ihrem Ausgangspunkte im II. Jahrhundert, was um so befremdender erscheinen könnte, als sie in eine Zeit fallen, aus der wir unzweifelhaft datierte oder datierbare Denkmäler der christlichen Kunst besitzen.

Der Widerspruch klärt sich jedoch, wenn man sich den kunstgeschichtlichen Prozeß vergegenwärtigt, der sich damals vollzogen hat. Die Kunst des siegreichen Christentums war von jener, deren Zeugnisse sich uns in den Katakomben erhalten haben, wesentlich verschieden. Die allegorischen und symbolischen Darstellungen weichen historischen und repräsentativen, das Streben nach unkörperlicher Verbildlichung der religiösen Geheimnisse und Empfindungen wird vielfach mit realistischen und materialistischen Darstellungsformen der offiziellen klassischen Kunst verbunden, aus der unverkennbar auch Elemente des antiken Bilderkultes in die christliche Kunst eindringen. Was die Apologeten vom Anfang an gefürchtet und bekämpft und später im stolzen Bewußtsein der Überlegenheit des christlichen Standpunktes als nichtig und überwunden behandelt hatten, wird seit Konstantin in Verbindung mit der Umwandlung der Kirche in eine Staatsreligion wiederum eine drohende Gefahr, gegen die die Kirchenschriftsteller mehr oder weniger nachdrücklich aufgetreten sind, ohne sie wie einst bannen zu können. Abgesehen von erhaltenen Kunstwerken bezeugen die Worte, mit denen in der zweiten Hälfte des IV. Jahrhunderts Gregor von Nazianz, Prudentius oder Gregor von Nyssa christliche bildliche Darstellungen schildern und ihre Pracht und Naturtreue rühmen, daß in derselben Zeit, in der die Katakombenmalerei versiegte, auch der Kampf, den die Kirchenschriftsteller durch drei Jahrhunderte gegen die heidnische Auffassung der Kunst geführt hatten, sein Ende fand.

III

Nach dieser chronologischen Betrachtung können wir zu unserer Untersuchung des inhaltlichen und formalen Charakters der Katakombengemälde zurückkehren. Sie zeigte uns – um das Gesagte noch einmal zusammenzufassen – den weiten Abstand, der die cœmeteriale Malerei von der gleichzeitigen Kunst der mittleren Kaiserzeit trennt. Es geht nicht an, die älteste christliche Kunst einfach als christliche Antike aufzufassen. Ihre Geschichte berührt sich wohl mit der Umbildung, die sich in der spätantiken Kunst vollzogen hat, fällt jedoch nicht mit ihr zusammen und wird nicht durch sie erschöpft. Den Berührungspunkten steht die größte Selbständigkeit gegenüber, die der ältesten christlichen Kunst einen revolutionären Charakter verleiht und sie als eine zielbewußte Verneinung der klassischen erscheinen läßt. Es handelt sich dabei nicht nur um die Darstellungsstoffe, sondern nicht minder um einen neuen Begriff der Kunst, die eine neue Bedeutung für die Menschen erlangt und auf einem neuen Verhältnisse zur sinnlichen Umwelt und geistigen Gütern wie auch auf einer neuen Auffassung der Wahrheit, Schönheit und Erhabenheit aufgebaut wird. Nichts ist falscher, als von dem kunstlosen oder primitiven Charakter der Katakombenmalereien zu sprechen. Dies hatte nur so lange einen Sinn, als man sie mit dem Maßstabe des künstlerischen Realismus und des religiösen Materialismus der heidnisch-klassischen Kunst gemessen hat. Ein solcher Maßstab kommt aber gar nicht in Betracht, da er auf Werten beruht, die von den christlichen Künstlern nicht angestrebt, sondern bekämpft, überwunden und durch neue ersetzt werden, für die die ältere oder gleichzeitige heidnische Kunst keinen Maßstab bietet. Es ist ein Irrtum, wenn man die Katakombengemälde als handwerksmäßige Leistungen und als Schöpfungen untergeordneter Dekorationsmaler hinstellt, die die „guten" Vorbilder der klassischen Kunst vergröbert haben. Solche Vorbilder gibt es sicher nicht. Was in der cœmeterialen Malerei künstlerisch und inhaltlich das Wichtigste ist und das Neue, wodurch sich die kompositionellen und formalen Erfindungen und Ausdrucksmittel der Katakombenmalerei von den klassischen unterscheiden, bedeutet nicht Unvermögen oder Niedergang, sondern ist die Verwirklichung von neuen künstlerischen Ideen und Absichten. Nach diesen beurteilt, verkörpert die Katakombenmalerei einen geistigen und künstlerischen Fortschritt, der auf die Zukunft hinweist und der im Gegensatz zu der erwähnten Annahme die Fes-

seln der klassischen formalen Überlieferung sprengt, welche wohl auch in der gleichzeitigen heidnischen Kunst mehr oder weniger ein handwerksmäßiger Ballast geworden waren, den man neuen Ideen anzupassen versuchte, ohne sich jedoch von ihm ganz loslösen zu können.
Ebensowenig wie sie eine klassische Verfallskunst ist, erscheint die Katakombenmalerei im Lichte ihrer eigenen Werte als primitiv oder volkstümlich. Die ältesten symbolischen Zeichen, mit denen die Christen Erlösungsgedanken und eine mystische Gemeinschaft angedeutet haben, entsprechen der spätantiken Mysterienbewegung, die in das Christentum des II. Jahrhunderts einmündet und in den sozialen Unterschichten ihre Basis besaß. Diese Zeichen waren aber nur ein einfaches Verständigungsmittel, mehr eine Bilderschrift als künstlerische Darstellung und hängen mit der Katakombenmalerei nur insoweit zusammen, als sie ihre symbolische Art einleiten und von ihr auch übernommen wurden. Doch weder der entwickelte Bilderkreis der Katakombenmalerei noch ihre künstlerische Beschaffenheit kann aus dieser Quelle allein abgeleitet werden. Wie etwa die Werke des heiligen Clemens oder des heiligen Origenes von den Schriften des heiligen Irenäus die spätantike Philosophie und das ganze intellektuelle Vermächtnis des Altertums trennt, so liegt zwischen der Katakombenmalerei und den bescheidenen Hieroglyphen des christlichen Mysterienkultes die klassische Kunst in ihrer letzten Entfaltung. Es ist nicht das dekorative System allein, worauf es dabei ankommt. Ebensowenig genügt es, die Katakombenmalerei als eine Verbindung neuer religiöser Darstellungen mit der heidnisch-profanen Kunst hinzustellen. Was die cœmeteriale Kunst mit der gleichzeitigen heidnischen verbindet, ist weit mehr als einzelne ikonographische Motive und dekorative Schemen. Die große künstlerische Bewegung, die sich in der Kunst der mittleren Kaiserzeit vollzog und die als eine Frucht der höchsten Bildung und künstlerischen Kultur ihrer Zeit angesehen werden kann, wirkt auch in der Katakombenmalerei, die einen Teil dieser Bewegung bildet, sich aber von den heidnischen neuen Strömungen in der Kunst dadurch unterscheidet, daß sie im Bündnis mit der neuen religiösen Weltanschauung und als ihr künstlerischer Ausdruck sich nicht mit einzelnen Versuchen begnügt, die

alten Normen einem subjektiven und spirituellen Verhältnisse zur Umwelt anzupassen, sondern die Kunst als Ganzes in ihren tiefsten und letzten Voraussetzungen und Zielen in eine Sphäre der reinsten geistigen Idealität überträgt. Die Katakombenmalerei verkörpert mit anderen Worten nach einer bestimmten Richtung hin die radikalste, vorgeschrittenste und konsequenteste künstlerische Strömung des III. Jahrhunderts – indem sie aus den Bemühungen um Vergeistigung der künstlerischen Darstellung Folgerungen zog, zu welchen sich die heidnische Kunst nicht entschlossen hat und wohl auch ihrer Bestimmung, ihrer geistigen Einstellung und Vergangenheit nach nicht entschließen konnte.

Daß die Katakombenmalerei so weit gehen konnte, beruhte auf der Transzendenz der christlichen Weltanschauung, die es den christlichen Künstlern ermöglichte, sich über Stofflichkeit, sinnliche Wirkung und natürliche Gesetzmäßigkeit ganz hinwegzusetzen. So führte aber zugleich ihr Radikalismus, und zwar nicht erst allmählich, sondern von Anfang an, zu einem schroffen Gegensatz zwischen ihr und der gleichzeitigen heidnischen Kunst. In dem Antimaterialismus ihrer neuen Richtungen fand das Christentum eine Auffassung der Kunst, mit der eine Verbindung der christlichen Stellung zur Welt möglich war. Durch diese Verbindung erhielten auch jene neuen fortschrittlichen Strömungen in der spätantiken Kunst, die auf die Entstofflichung und Vergeistigung der Darstellung gerichtet waren, einen neuen Inhalt, in dem ein vollständig neuer, die ganze Evolution der antiken Kunst verneinender Begriff des Künstlerischen enthalten war. Das irdisch bedingte, zeitlich und örtlich begrenzte, durch Sinneswahrnehmungen hervorgerufene geistige Erleben der Umwelt, zu dem sich die antike Kunst in ihrer letzten Periode in fortschreitender Weiterbildung ihrer naturalistischen Grundlagen entwickelt hat, wurde durch das von Sinneseindrücken Unabhängige, nur im Geiste Faßbare, Ewige, Zeit- und Grenzenlose, über jede natürliche Gesetzmäßigkeit sich Hinwegsetzende abgelöst – durch neue künstlerische Güter, die nur auf dem Grabe der antiken entstehen und von der Kunst Besitz ergreifen konnten. –

So bedeutet die Katakombenmalerei einen entscheidenden

Wendepunkt in der Geschichte der Kunst. Aus dem spätantiken geistigen und künstlerischen Leben herauswachsend, ist sie nicht nur inhaltlich, sondern auch formal und in der ganzen Auffassung der künstlerischen Probleme etwas Neues. Durch die Verkettung der künstlerischen Fortschrittstendenzen der mittleren Kaiserzeit mit den Umsturzideen und dem ganzen geistigen Substrat des Altchristentums entsteht eine künstlerische Umsturzströmung, die wir mit vollem Recht als eine christliche bezeichnen können, denn ihr künstlerisches Verhältnis zur klassischen Kunst ist ein analoges, wie das der neuen Religion zum klassischen Götterkulte, zur klassischen Philosophie und Wissenschaft, zur ganzen geistigen und materiellen Kultur des Altertums. Es gibt nichts in den vorangehenden Perioden der Kunst, was man mit ihr vergleichen könnte, denn alle scheinbaren Analogien verblassen, wenn man ihre künstlerische Bedeutung näher untersucht.

Deshalb stellen sich auch der Beantwortung der Frage, wo diese neue christliche Malerei entstanden ist, unüberwindliche Schwierigkeiten entgegen. Es ist auffallend, daß sich uns ihre Denkmäler fast nur in Italien erhalten haben, und dort in großen Massen, denn das außeritalienische Material, das man mit ihr in Beziehung bringt, ist spärlich, spät und zumeist nur in Äußerlichkeiten mit ihr verwandt. Besonders beweiskräftig ist dieses Argument allerdings nicht, da es immerhin möglich wäre, daß die Denkmäler dieser Richtung sich in solchen Gebieten nicht erhalten haben, wo sie nicht die Sitte der Katakombenanlagen vor der Vernichtung bewahrte. Manches spricht auch für den alexandrinischen Ursprung der einzelnen Symbole, doch dies besagt nichts für den Ursprung des neuen Stiles, dessen Radikalismus vielmehr für Rom als für die Emporien der alten hellenistischen Kultur zu sprechen scheint und dessen Grundanschauungen vor allem im Westen in aller Folgezeit weiterwirken, während sie im Osten ältere Überlieferungen nie ganz überwinden konnten.

Wahrscheinlich war der Kunstkreis, dessen Zeugnisse sich uns so geschlossen und zahlreich in den Katakomben erhalten haben, nicht der einzige der vorkonstantinischen christlichen Malerei, wie man aus Spuren von gedanklich und formal den Katakombenmalereien verwandten und doch von ihnen verschiedenen Zyklen schließen kann, die in der Kunst der konstantinischen Periode vielfach verfolgt werden können. So liegt aber die Vermutung nahe, daß die christliche Kunst des III. Jahrhunderts sich in verschiedenen Zentren mit einer einheitlichen neuen Grundtendenz, doch getrennt nach verschiedenen Sondererscheinungen, entwickelt hat, von denen nur eine, die der italienischen cœmeterialen Malerei, in reicherem Material uns überliefert wurde. Ist dies jedoch der Fall, so kompliziert sich die Frage nach dem örtlichen Ursprung der neuen künstlerischen Ideen in einem Maße, daß wir kaum hoffen dürfen, sie je beantworten zu können, und uns mit der Tatsache begnügen müssen, daß in der vorkonstantinischen Zeit eine christliche Malerei bestanden hat, der eine der klassischen entgegengesetzte Auffassung zugrunde lag und in der, und zwar gleich am Anfang, auf das entschiedenste Wege beschritten wurden, zu denen die christliche Kunst der Folgezeit immer wieder zurückkehrte.

Werfen wir noch einen Blick auf die folgenden Jahrhunderte.

Wie wir gehört haben, entbrannte in der ersten Hälfte des IV. Jahrhunderts von neuem ein Kampf gegen die christliche bildliche Kunst, der veränderte Verhältnisse entsprungen sind. Das Christentum war nicht mehr eine verfolgte oder geduldete Minorität, nicht mehr eine jenseits des Staates stehende geistige Bewegung, sondern wurde Staatsreligion, das heißt übernahm selbst die Regierung. Ein derartiger Prozeß vollzieht sich nie ohne Kompromisse, und wir können dies auch auf dem Gebiete der Kunst beobachten. Konstantin der Große, der erste Imperator, der den neuen Verhältnissen Rechnung trug, verrichtet vor dem Labarum, dem christlichen Symbol seines Reiches, die Gebete: was einst die Schriftsteller des II. Jahrhunderts befürchteten, die Übertragung der Bildverehrung auf das Christentum, rückte wiederum in greifbare Nähe, und daher das leidenschaftliche Sichauflehnen der rigorosen Theologen. Es war diesmal vergeblich. Die partielle Paganisierung war nicht aufzuhalten, und so wird das II. Jahrhundert der christlichen Kunstentwicklung durch eine klassische Reaktion charakterisiert. Diese drückt sich inhaltlich darin aus, daß anstelle des rein symbolischen und allegorischen Inhaltes von der offiziellen heidnischen Kunst repräsentative und historische Darstellungen übernommen werden. Die Vorstellungen der anthropomorphen Gegenwart Christi und der Heiligen gewinnen an Boden, und ihre Darstellung beginnt sich mit einer Auffassung zu verbinden, die als eine den christlichen Erfordernissen angepaßte Übernahme der klassischen Kultgedanken, wie sie insbesondere in der Vergöttlichung der Imperatoren ihren letzten heidnischen Ausdruck gefunden hatten, angesehen werden kann. Christus erteilt wie ein weltlicher Machthaber Gesetze, wird wie ein Weltbeherrscher dargestellt, thront in der Mitte seiner Würdenträger, deren Erscheinung und Gehaben mit ihrer weltlichen Mission im Einklang stehen. So tritt uns die repräsentative christliche Malerei in den beiden legislativen Szenen in Santa Constanza, in der Taufkirche des heiligen Johannes in Neapel, in San Aquilino zu Mailand und in Santa Prudenziana entgegen. Zugleich werden die biblischen Erzählungen in den heroischen Stil der römisch- oder späthellenistisch-heidnischen, epischen oder triumphalen Darstellungen übertragen. Die Miniaturen der Quedlinburger Italafragmente oder die Bilder der altchristlichen Vorlage des Josuarotulus oder die Mosaiken der Langhauswände in Santa Maria Maggiore stehen den Bilderepen der römischen Triumphsäulen oder den Illustrationen des älteren vatikanischen Vergils und der Mailänder Ilias unvergleichlich näher als den Katakombenmalereien, deren über alles irdische Geschehen sich erhebende Geistigkeit durch die Schilderung historischer, zeitlich und örtlich begrenzter Handlungen ersetzt wurde. Und sowohl in den repräsentativen als auch in den historischen Darstellungen geht Hand in Hand mit diesem Versuch, die Kluft zwischen der neuen christlichen und der alten klassischen Kunst zu überbrücken, auch eine Rezeption des formalen Apparates, der der späten Antike für derartige Darstellungen zur Verfügung stand.

Diese partielle Paganisierung der altchristlichen Kunst war aber keine ganze, und die ihr entgegengesetzte christliche Kunstanschauung des III. Jahrhunderts wirkt neben ihr und in ihr weiter und formt allmählich die paganen Elemente in ihrem Sinne um, so daß die christliche Kunst des V. Jahrhunderts wiederum einen neuen Charakter gewinnt.

In den repräsentativen Darstellungen erlangen symbolische

Erfindungen abermals das Übergewicht. Es handelt sich dabei aber nicht mehr, oder zumindest nicht mehr nur um die Versinnbildlichung des übersinnlichen Jenseitsglaubens in seinen einfachen Grundgedanken wie im III. Jahrhundert, sondern mit der Symbolik verbindet sich ein großes theologisches System der Offenbarungsgeschichte und der Erlösung der Menschheit, der christlichen Lehren und der kirchlichen Autorität, wodurch sie viel mehr als in der Katakombenkunst mit weltlichen Dingen versponnen wird. War sie in dieser ein Spiegelbild der Andacht und der reinen gefühlsmäßigen geistigen Erhebung über das Irdische, so wird sie nun gedankenhaft und belehrend, eine bildlich dargestellte Theosophie und Dogmatik, die auch in den historischen Darstellungen zu Worte gelangt. Wir können diese Wendung sowohl in der Literatur, in den Dichtungen des Prudentius, in der didaktischen Bildererläuterung des Paulinus von Nola oder in dem bekannten Briefe des heiligen Nilus als auch in den erhaltenen Denkmälern beobachten: an den Mosaiken in Santa Sabina, am Triumphbogen von Santa Maria Maggiore, in Santa Matrona zu San Prisco in Rom, im Mausoleum der Galla Placidia, im Baptisterium der Orthodoxen und in der erzbischöflichen Kapelle in Ravenna, in der Kapelle des heiligen Victor in Sant Ambrogio zu Mailand und in anderen, deren ursprüngliche Kompositionen wir, wie in Santa Agata in Subura oder der Apsis von San Paolo fuori in Rom, aus Nachbildungen oder dem gegenwärtigen restaurierten Zustand erschließen können.
Die historischen Darstellungen haben sich auch noch in einer anderen Beziehung grundsätzlich verändert. Das Neue wird uns klar, wenn wir die Miniaturen der Wiener Genesis, des bedeutendsten Denkmals dieser im V. Jahrhundert sich vollziehenden Wendung, mit den Bildern der Italafragmente oder des Josuarotulus vergleichen. In diesen bewegte sich, wie schon angedeutet wurde, der ganze Vorstellungsinhalt in den Grenzen der klassischen Kunst. Die biblischen Helden sind heroische Gestalten, den antiken Idealen der körperlichen Schönheit und Vollkommenheit nachgebildet, getragen im Stil und Vollbringer wichtiger Handlungen. Kraft und Wille entscheiden bei ihnen, so daß sie als christliche Vertreter des klassischen Begriffes von Größe, Würde und menschlicher Erhabenheit erscheinen, wie dies

der paganen Reaktion des IV. Jahrhunderts entsprochen hat. Ganz anders die Miniaturen der Wiener Genesis! Der heroische Grundcharakter aller älteren Illustrationen, in denen bedeutsame epische Ereignisse geschildert wurden, ist verschwunden. Wem die dargestellten Begebenheiten nicht vertraut sind, könnte glauben, daß es sich um harmlose bukolische Szenen und alltäglich unbedeutende Geschichten oder poetische Fiktionen handelt. Hirten behüten Herden oder versammeln sich bei Nacht um ihre Zelte, Frauen holen Wasser vom Brunnen, eine Karawane zieht langsam des Weges, ein Kranker liegt umgeben von Freunden im Bette, Männer beraten sich oder sprechen mit einem Herrscher, und es gibt keine inhaltliche Konzentration, keine großen Handlungen, keine Helden, die immer wieder auftreten würden, um die Phantasie des Beschauers zu fesseln und dauernd in Spannung zu halten. Nicht das Genremäßige ist das Neue – das kommt auch in den vorangehenden klassischen Kunstperioden häufig genug vor! Das Neue liegt vielmehr darin, daß die einfachen Begebenheiten dieselbe Rolle spielen wie in der Antike die Götter- und Heldentaten. Wie diese führen sie uns in ein mythisch-historisches Zeitalter und schildern dessen merkwürdige Begebenheiten, nur bildet ihren Inhalt nicht der auf physischen oder materiellen Vorzügen beruhende Ruhm, nicht eine materielle Gottähnlichkeit, sondern die Geschichte eines auserwählten Volkes, das zum Wohle der ganzen Menschheit durch Gottes Hand – die auch bildlich dargestellt in einzelnen Miniaturen erscheint – in mannigfaltigen Schicksalen und Gefährnissen nach einer diesem Volke selbst unbekannten, in Ewigkeit durch die Vorsehung getroffenen Bestimmung geleitet wird. Die historischen Darstellungen haben somit eine neue Bedeutung erhalten:

1. Das Außergewöhnliche, episch Bedeutsame und Erhebende wird nicht mehr in Grenzen der natürlichen physischen und geistigen Vorzüge der Menschen gesucht, sondern in dem Eingreifen übernatürlicher und übersinnlicher Gewalten.

2. So werden aber die heroischen Gestalten und Taten gleichsam entthront, die neue Deutung des geschichtlichen Geschehens bedarf ihrer nicht, denn der entscheidende Faktor in den Geschicken der Menschheit ist die göttliche

Vorsehung geworden, die nicht in bestimmten Idealgestalten, sondern in allem irdischen Geschehen waltet – mag es die Geschicke eines Volkes oder seiner geistigen Führer oder das Schicksal einzelner Menschen betreffen. Die Bilder verwandeln sich in Zeugnisse, die poetische Fiktion wird durch den Begriff der historischen Wahrheit ersetzt – „non est inanis aut anilis fabula", schreibt Prudentius, „historiam pictura refert, quae tradita libris veram vetusti temporis monstrat fidem". Dadurch siegt einerseits der grundsätzliche transzendente Idealismus der neuen christlichen Kunst über die pagane Lebensvergötterung, es wird aber anderseits auch eine Brücke zu den Realitäten des irdischen Daseins gewonnen, und zwar weit über die stoffliche und formale Begrenzung hinaus, an die der klassische Götter- und Heroenkult gebunden war.
Auf diese Weise entsteht noch im Rahmen der Antike und doch ganz und gar unantik eine ganze Welt von neuen bildlichen Kompositionen. Es entstehen die großen christlichen historischen Bilderzyklen, auf die die mittelalterliche Kunst immer wieder zurückgegriffen hat. Es war ungemein wichtig, daß sie in einer Zeit entstanden sind, in der die neuen bildlichen Vorstellungen noch mit den allgemeinen formalen Errungenschaften der klassischen Kunst verbunden waren, die dadurch der folgenden neuen christlichen Kultur als bildliche Grundelemente übermittelt wurden. Ihren klassischen Charakter haben sie allerdings zum größten Teil bereits im V. Jahrhundert eingebüßt. Denn in dem Maße, wie in den Voraussetzungen und Aufgaben der bildlichen Erzählung die christliche Auffassung die klassische verdrängt, verlieren auch die formalen Ideale der antiken Kunst den Rest ihrer alten Geltung, den sie auch im christlichen Gewande durch die Reaktion des IV. Jahrhunderts noch zu behaupten vermochten. Mit dem Siege der „Wahrheit" über die Inania rerum somnia des Homeros und Apelles verliert auch das Streben nach Schönheit und Harmonie der Körperformen jeden Einfluß auf die Phantasie, und zwar nicht zugunsten einer naturalistischen Nachbildung der Wirklichkeit, sondern einer antinaturalistischen Typik, die sich den Naturvorbildern nur so weit nähert, als es zum Verständnis der neuen realistischen Darstellungsstoffe notwendig ist. Während früher die körperlichen Vorzüge das

Merkmal der führenden Helden bildeten, kommt es nun auf individuelle Züge überhaupt nicht mehr an. Es ist gleichgültig, wie diese oder jene Person ausgesehen hat, das Entscheidende in dem der Darstellung nunmehr allein würdigen geschichtlichen Geschehen ist der göttliche Wille geworden, dessen Werkzeuge alle Menschen sind.
Ähnlich schrumpfen auch die Szenerien zu gedanklichen Schemen zusammen. Ohne daß sie zu der abstrakten Idealität der Raumdarstellung der Katakombenmalerei zurückkehren würden, schränken sie doch das „Trugspiel" der naturalistischen Ausstattung auf Andeutungen ein, deren Aufgabe nicht in der Nachahmung der realen Form und Erscheinung bestand, sondern die, wie die Aufschriften auf der Bühne zu Shakespeares Zeiten, nur darauf hinzuweisen hatten, in welcher Situation sich die Abfolge der wunderbaren und wissenswerten Ereignisse – zeitlich und örtlich begrenzt und doch für alle Menschen wichtig und in diesem Sinne universell, nicht Täuschung, sondern geschichtliche, nicht zu bezweifelnde Tatsächlichkeit – vollzogen hat.
Zugleich wirkt die antimaterielle und supranaturale Richtung, die wir in der Katakombenmalerei an der Pforte der christlichen Kunst als ihren Rechtstitel und ihr Programm kennenlernten, dem Rückschlage des IV. Jahrhunderts gegenüber nicht nur antiantik, sondern auch positiv stilbildend weiter und verwandelt allmählich im Verlaufe des V. Jahrhunderts die Kompositionen und Formen in einen von der Natur ganz abgewandten und auf der möglichsten Eliminierung der körperlichen Wirkung beruhenden großen hieratischen Stil, dessen Höhepunkt im Rahmen der Kultur des Altertums die Kunst des VI. Jahrhunderts bedeutet. In den Mosaiken von San Vitale oder San Apollinare Nuovo in Ravenna, von Santi Cosma e Damiano, im Oratorium des heiligen Venantius zu Rom wie auch in den Miniaturen des Kodex von Rossano und anderen Handschriften des VI. Jahrhunderts schließt sich der Kreis der vollständigen Umwertung der Kunst, die mit der Katakombenmalerei begann.
Der historische Prozeß, den er in dreihundertjähriger Dauer erfüllt, ist nicht mehr wie einst als Verfall der Kunst, doch auch nicht als folgerichtige allgemeine Weiterentwicklung zu deuten, woran man heute zu denken pflegt. Er ver-

körpert die Entstehung, den Kampf und den Sieg einer neuen Idee auf dem Gebiete der Kunst, eines neuen Begriffes der Kunst, der revolutionär, in der spirituellsten Konzentration und Reinheit der Form – eine Parallele des neuen Glaubens und ein neuer Glaube selbst – dem alten entgegengesetzt wird, und der – typisch für derartige Vorgänge – in dem Maße, als er an Boden gewinnt und im allgemeinen Kunstschaffen die Führung übernimmt, den überlieferten Anschauungen Zugeständnisse machen und sich mit konservativen Strömungen vereinigen muß, um schließlich doch das Übergewicht zu bekommen und das ganze Kunstschaffen in seinem Sinne zu verändern. Damit verschwindet aber der Gegensatz zwischen der alten und der neuen Kunst. Es gibt nur mehr eine Kunst – und die ist keine klassische mehr: die alte Welt gehört auch auf dem Gebiete der Kunst der entschwundenen und überwundenen Vergangenheit an. Und auf der neuen Grundlage beginnen neue Kräfte zu wirken.

Irma Emmrich

Max Dvořák und die Wiener Schule der Kunstgeschichte

I

Max Dvořák, bis zu seinem frühen Tod 1921 über ein Jahrzehnt lang Ordinarius für Kunstgeschichte an der Universität Wien, gehört zu den bedeutendsten Kunstwissenschaftlern in der ersten Hälfte des XX. Jahrhunderts. Seine Arbeiten erregen bis auf den heutigen Tag Bewunderung durch Originalität und Beweiskraft. Die Tatsache, daß sich seit dem Ende des ersten Weltkriegs Kunstgeschichte und Kunsttheorie in den verschiedenen sozialen und nationalen Bereichen mit unterschiedlichen Akzenten und oft divergierenden methodologischen Grundlagen weiterentwickelt haben, beeinträchtigt nicht Wert und Wirkung seiner Leistung. Hat doch Max Dvořák Wege eröffnet, Argumente gefunden und Beispiele geschaffen für einen fundierteren und zugleich sensibleren wissenschaftlichen Umgang mit dem Kunstwerk als einem ästhetischen Gebilde von individueller Gestalt, als einem Zeugnis der Geschichte mit vielfältigen sozialen Bedingungen und geistigen Aspekten und als Leistung einer Künstlerpersönlichkeit in ihrer geschichtlichen Position, ihrer charakterlichen Ausprägung und ihrem ästhetischen und geistigen Anspruch. So sind beispielsweise wesentliche Leistungen der Kunstwissenschaft auf methodologischem Gebiet, wie die Entwicklung der Ikonologie oder der Strukturforschung, nicht zu denken ohne das Fundament, das Dvořák geschaffen hat. Allerdings ist er nie mit dem Anspruch aufgetreten, ein neues probates System der Kunstgeschichte zu entwickeln. Bei allen theoretischen Fähigkeiten konzentrierte er sich auf das Phänomen des Kunstwerks in seinem jeweiligen Beziehungsgefüge, wobei er der Vorstellungswelt der entsprechenden Zeit mit ihrer Skala ideeller Werte und ethischer Regulative, ihren Traditionsbindungen und -verleugnungen und ihren wissenschaftlichen Bemühungen den Vorrang gab. Selbst Alltagsverhalten einer Epoche stellte sich ihm nicht in erster Linie als praktischer Lebensvollzug dar, sondern als von Gefühls-

und Denkmodellen der jeweiligen Entwicklungsphase bestimmt. Soziale Probleme erfaßte er vor allem in ihrer Transmittierung als geistige Bewegungen von politischer Brisanz.

Max Dvořák war Idealist, sowohl in seiner ethischen Haltung wie in seiner philosophischen Orientierung. Es wäre jedoch verfehlt, ihn einer der zu Beginn des XX. Jahrhunderts herrschenden philosophischen Richtungen des subjektiven Idealismus zuordnen zu wollen. Er war kein Neukantianer, obwohl er gelegentlich Argumente in der Nachfolge Kants verwandte. Am allerwenigsten war er Positivist, der allein vom logischen Bezug des Sinnlich-Wahrnehmbaren ausgeht, ohne das jeweilige historische Umfeld und die entsprechende Stellung im sozialen und ideellen Wertgefüge zu berücksichtigen. Was seiner Parteinahme für eine der streitenden Richtungen des Idealismus entgegenstand, waren seine profunden historischen Kenntnisse und künstlerisches Urteilsvermögen. Beides führte ihn zu genauer Beobachtung und exakter Analyse, zu Entdeckerfreude gegenüber dem Sinnlich-Konkreten eines Kunstwerks und dessen historischen Bedingtheiten. Idealist war er insofern, als er vor allem den geistigen Strömungen nachspürte, die das Weltverhältnis eines Künstlers formen und, individualisiert im künstlerischen Schaffensprozeß, das Kunstwerk als Weltbild entstehen lassen.

Sozialpsychologische Momente klingen an. Aber dem Persönlichkeitsprofil einer Künstlerpersönlichkeit wird nur gelegentlich Aufmerksamkeit geschenkt, ebenso wie Werkstatt- und Arbeitsbedingungen und die soziale Problematik nahezu unberührt bleiben. Dies resultierte aus der lebenslangen leidenschaftlichen Kontrastellung Dvořáks gegenüber Utilitarismus und vordergründigem Positivismus, der die Verhaltensnormen und Denkweisen weiter Kreise des Bürgertums seiner Zeit vielfach prägte.

Wir stimmen im wesentlichen Jaromir Neumann zu, der sich in seinem Vortrag über „Das Werk Max Dvořáks und die Gegenwart“ zum 40. Todestag des Kunsthistorikers 1961 in Prag wie folgt äußerte: „... in dem besonderen Vermögen der Kunst, die Vorstellungen und Ideen der Menschen widerzuspiegeln, besteht das methodologische Fundament der ganzen Konzeption Dvořáks, einer Konzeption,

die die Kunstentwicklung allseitig mit dem gesamten Geistesleben verbindet.“[1]
Der Rigorismus, mit dem sich Dvořák gegen das schrankenlose Erwerbsstreben der kapitalistischen Welt und gegen die Degradierung des Kunstwerks zur Ware wandte, wurzelte in schmerzlichen Erfahrungen, dem Erlebnis der Vernichtung von wertvollen Kulturdenkmalen, um der Industrialisierung oder einer Stadterweiterung willen, die den Beginn unseres Jahrhunderts kennzeichnen. Die Beflissenheit des Bildungsbürgertums, Kenntnis über Kunst und Kunstwerke durch Lektüre oder Reisen wie ein modisches Beiwerk zu erwerben, das den Träger schmückt und der Gunst des Tages empfiehlt, verabscheute er aus vollem Herzen als einen vulgären, die Empfindungsfähigkeit zerstörenden Materialismus.
In einem seiner letzten Vorträge, gehalten am Denkmalpflegetag in Bregenz 1920, äußerte er sich über das schrankenlose Gewinnstreben, legitimiert durch seichte Fortschrittsgläubigkeit: „Es entstanden Riesenstädte als Erwerbszentren, Welthandel und Weltimperialismus, Multimillionäre, Riesenmuseen und profane Prunkbauten, wie sie die Welt seit dem Untergange des römischen Imperiums nicht gesehen hat, doch die die Menschen innerlich vereinigende Kunst wurde immer seltener, weil es keine innerlich die Menschen vereinigende Ideale gegeben hat, und verwandelte sich aus einer Empfindungssache in eine seichte Bildungsfrage, das heißt in eine Angelegenheit mehr des Wissens als Empfindens; sie war nicht ein Bekenntnis, sondern Lebensverschönerung, deren man sich gern bediente, wo dies mit wirtschaftlichen Interessen in Einklang zu bringen war, aber über die man sich jedoch gewaltsam hinwegsetzte, wo dies nicht der Fall gewesen ist. Man publizierte, photographierte alte Bauten, Statuen und Gemälde, schrieb über sie gelehrte Bücher, doch wehe ihnen, wenn sie etwa finanziellen Projekten oder dem, was man technischen Fortschritt nannte, im Wege standen.“[2]
Diese Polemik offenbart auf indirekte Weise Dvořáks Verhältnis zur Kunst. Das Werk der bildenden Kunst wie das der Literatur ist ihm ein Bekenntnis. Es entstammt dem Wesen seines Schöpfers und trifft das des Aufnehmenden, Betrachtenden, wenn dieser bereit ist, die ideellen Werte

des Kunstwerks in ihrer überindividuellen Gültigkeit aufzunehmen. Das ästhetisch Erlebbare, die Form, galt Dvořák in seinen philosophischen Reflexionen als das Wirklichwerden der Idee, war Trägerin eines allumfassenden Gedankens von Menschlichkeit und Ewigkeit. Er verallgemeinerte polemisch die Spezifik einer Kunst, wie sie sich von frühchristlicher Zeit bis zum späten Mittelalter mit ihren wechselnden Äußerungen des Spiritualismus entwickelt hatte. Bei seinen kunsthistorischen Analysen hingegen, wie in der Entgegensetzung von Antike und mittelalterlicher Kunst, arbeitete er mit großem Einfühlungsvermögen und beispielhafter Sorgfalt die fundamentalen Unterschiede der geistigen Voraussetzungen, der sozialen Funktion und des Weltbildes innerhalb der Epochen heraus. So in seiner wohl berühmtesten Abhandlung, die 1917 entstanden ist, *Idealismus und Naturalismus in der gotischen Skulptur und Malerei.* Zur Charakterisierung der neuen Naturauffassung in der gotischen Kunst und ihrer Idealgestalten, in denen sich ebenso wie einst in Griechenland anthropomorphe religiöse Vorstellungen verdichteten, bemerkte er: „Es lag ihnen ein von dem antiken grundverschiedener Begriff der Idealität zugrunde, dessen Ausgangspunkt nicht wie in der griechischen Kunst die metaphysische Projektion der sinnlichen Erfahrung war, sondern bei dem umgekehrt *die generelle Bedeutsamkeit* der künstlerischen Ergebnisse der letzteren nach ihrem Verhältnisse zu übersinnlichen geistigen Werten bemessen wurde.“[3]

Die Diskrepanz zwischen der wissenschaftlichen Beweisführung und dem weltanschaulichen Bekenntnis, das in der Stellungnahme zu Problemen der Denkmalpflege beschlossen ist, dürfte weitgehend sozialpsychologisch motiviert sein. Die Zerstörung wertvollen Kulturgutes im Namen wirtschaftlicher Prosperität mußte in einer Zeit tief verletzen und als Hohn empfunden werden, in der die zahllosen Wunden des ersten Weltkrieges noch kaum vernarbt und unersetzliche Werte, Gut und Menschenleben, vernichtet worden waren. Zugleich fühlte sich Dvořák der zweitausendjährigen Traditionskette einer Kunst verbunden, deren spiritueller Charakter auch in den lebensbejahenden und schönheitstrunkenen Schöpfungen der Renaissance und des Barocks niemals verlorengegangen ist. Hier war er Partei und äußerte sich als Zeitgenosse und Christ. Zugleich zeigte jedoch seine Argumentation auf der Bregenzer Tagung eine gewisse Simplifizierung philosophischer Fragen und ein fast naiv zu nennendes Herangehen an soziale Phänomene und Probleme der sozialökonomischen Entwicklung.

Zweifellos wurde Dvořáks Denken, seine individuelle Wertskala vom philosophischen Weltbild Wilhelm Diltheys (1833–1911) beeinflußt. Der große alte Mann in Berlin hatte ein Menschenalter lang sein philosophisches Konzept eng mit den Gegenständen der historischen Wissenschaft verbunden, die er als „Geistesgeschichte" verstand, das heißt als Geschichte verinnerlichten und reflektierten Erlebens der Individualität in ihrer historischen Verwurzelung. Aus diesem Grunde fühlten sich auch die Herausgeber der wichtigsten Arbeiten Dvořáks nach dem Tode des Kunsthistorikers legitimiert, die Aufsätze unter dem Titel „Kunstgeschichte als Geistesgeschichte" zu veröffentlichen. Die hier vorgelegte Auswahl, zu der auch Publikationen von Vorlesungen herangezogen worden sind, zeigt jedoch, daß die Bindung Dvořáks an Dilthey, wie sie die Herausgeber Svoboda und Wilde 1923 zum Ausdruck brachten, in dieser ausschließlichen Art und Weise nicht stattgefunden hat. Auch bei seinen theoretischen Darlegungen verlor Dvořák nie das Kunstwerk in seiner konkreten Gestalt, seiner sinnenhaften Erlebbarkeit und historischen Bedingtheit aus dem Auge. Die Faszination des unmittelbaren Kunsterlebnisses bleibt bei ihm immer spürbar. Sie gab seinen Ausführungen die Direktheit einer intensiven persönlichen Beziehung zum Kunstwerk, dem Gegenstand seiner Untersuchungen, bei denen er ebenso viel Leidenschaft wie Sachlichkeit bewiesen hat.

Dvořák bemühte sich, den gesamten Komplex der seelisch-geistigen Bewegungen einer Zeit, die ideellen Bedürfnisse und Wertungen, das komplizierte Gefüge der sich mit der historischen Entwicklung verändernden Weltbildstrukturen in die künstlerische Motivation einzubringen und der Gestaltqualität des Kunstwerks jenen Weltbildcharakter zuzumessen, der sie als Individual- oder Gruppenleistung dem weltanschaulichen Potential einer Epoche auf ihre spezifische Weise verbindet. Er näherte sich damit späteren Auffassungen wie sie in der Kunstwissenschaft von Erwin Panofsky (1892–1968), von 1926 bis 1933 Professor an der Universität Hamburg, vertreten und als „Ikonologie" bekanntgeworden sind: Die Lehre von der inneren Beziehung des Werkes der bildenden Kunst zu den anderen Künsten und den Erkenntnissen, den Denk- und Urteilsmodellen der Wissenschaften innerhalb einer Epoche, von der Philosophie und Theologie bis zu den Naturwissenschaften. Dieses Beziehungsgefüge, das sich auf verschiedenen Ebenen konstituiert und durch die bildhafte Form, Zuordnung von Formen, Gegenständlichkeit, Sinngebung und Bedeutung ausgewiesen wird, ermöglichte das tiefere Eindringen in die ideelle Motivation und das geistige Bezugsfeld des Kunstwerks. Die Entwicklung der Ikonologie als spezieller Methode der Kunstgeschichte, die Panofsky zur Zusammenarbeit mit dem Kreis um den Hamburger Kunsthistoriker Aby Warbung führte und die er nach seiner Emigration 1933 in den USA als Universitätslehrer in Princeton vervollkommnete, ermöglichte es unter anderem, die Strukturuntersuchungen der Kunstwissenschaft in der zweiten Hälfte unseres Jahrhunderts wieder zu beleben und ihnen Kriterien qualitativer Bestimmbarkeit zu liefern. Diese mußte ihnen die Informationsästhetik schuldig bleiben. Die Arbeiten Max Dvořáks haben Grundlinien dargeboten und das weite Gesichtsfeld eröffnet, innerhalb dessen Panofsky und seine Mitarbeiter zu eigenständigen Methoden, Problemfindungen und -lösungen gelangten.

Dvořák wandte sich gegen eine Verengung, die Kunstentwicklungen allein nach der größeren oder geringeren Nähe zur Naturform wertete. Wenn er das Entstehen eines Kunstwerks den künstlerischen Transformationsprozeß, in dem die Vorstellungen, Gedanken, Empfindungen, die der Künstler mit dem Thema seiner Aufgabe entwickelt, die Vorbildorientierungen und handwerklichen Erfahrungen sich zum ästhetischen Gebilde verdichten, dem Wirken des „künstlerischen Idealismus" zuschreibt, so hat dieser Begriff die Funktion eines Codewortes. Idealismus bedeutet für ihn die Gesamtheit der geistig-seelischen Prozesse, die sich im Kunstschaffen vollziehen und in die es eingebunden ist. Er ist kein „Antirealist", auch wenn er den Begriff „Realismus" selten verwendet. Er hätte sonst niemals eine so über-

zeugende Charakterisierung der klassischen Antike im Gegensatz zur Kunst des Spiritualismus formulieren können: „Die klassische Kunst konnte sich, indem sie körperliche und kosmische Gesetzmäßigkeit, Schönheit und Harmonie in bestimmten Phantasieschöpfungen objektivierte, zur größten Blüte, zu einem tiefgehenden Einfluß auf das Leben entfalten, doch in ihrem sinnlichen Objektivismus lag auch eine Begrenzung, die früher oder später dem Aufstieg ein Ende bereiten mußte, und im reinen Spiritualismus der späten Antike und des frühen Mittelalters lag wiederum für die Kunst die Gefahr, zuallerletzt jede Möglichkeit des im sittlichen Erleben, in der lebendigen Anschauung und Erfahrung wurzelnden Fortschrittes zu verlieren."[4]
Dvořák sprach nie vom metaphorischen Grundcharakter der Kunst, der sowohl im realistischen Werk als auch in der abstrakten oder nonfigurativen Schöpfung zum Ausdruck kommt. Das war einer späteren Zeit vorbehalten. Seine antinaturalistische Polemik richtete sich gegen die Verflachung des Kunsturteils, verbunden mit der Intoleranz des landläufigen Kunstgeschmacks zu Beginn des XX. Jahrhunderts, der alle Werke jenseits der zur Zeit der Renaissance geschaffenen Gestaltungsnormen und Bewertungskriterien für barbarisch und unentwickelt hielt. Wie stark sein künstlerisches Gefühl ausgeprägt war, das sein dialektisches Denken und seine präzisen Urteile fundierte, beweist seine Stellungnahme zu zeitgenössischen Leistungen, beispielsweise die Wertschätzung, die er der Kunst Kokoschkas entgegenbrachte.
Die Schärfe der Beobachtung, das innere Beteiligtsein am Gegenstand der Untersuchung, die Genauigkeit der Formulierung, die Logik der Beweisführung sind beispielhaft bei Dvořák. Obwohl der tragende Grund der sozialökonomischen und sozialpolitischen Bedingtheiten eher angedeutet als ausgeführt ist, erhellen seine Bemühungen den unendlich fein strukturierten Bereich historisch bedingter geistiger Prozesse und seelischer Bewegungen, an denen der Künstler Anteil hat, die er im Kunstwerk individualisiert und zugleich objektiviert.

II

Max Dvořák war einer der prominenten Vertreter der „Wiener Schule", die in der Erforschung der Kunstgeschichte internationalen Ruf erlangte und in der ersten Jahrhunderthälfte beispielgebend wirkte. Er führte das Werk seines berühmten Vorgängers und Lehrers Alois Riegl weiter, setzte neue Akzente und erreichte durch seine Veröffentlichungen und sein Wirken als Hochschullehrer das größere Maß an Ausstrahlung.

In den heftigen Auseinandersetzungen innerhalb der Kunstwissenschaft um die Jahrhundertwende hatte das Kunsthistorische Institut der Universität Wien unter der Leitung von Alois Riegl (1858–1905) eine Position bezogen, die sich gegen das additive Prinzip reiner Faktenforschung richtete sowie gegen eine normative Ästhetik mit ihren Ableitungen aus dem Wertgefüge der klassischen Antike. Gleichzeitig stellte man sich gegen eine Theorie mechanisch-materialistischer Determination, die das Kunstwerk aus dem Zweck, dem einzusetzenden Material und dem technologischen Prozeß der Herstellung erklärte, eine Theorie, wie sie Gottfried Semper in seiner Abhandlung „Der Stil in den technischen und tektonischen Künsten" (1860–1863, 1878) entwickelt hatte. In der Konfrontation mit Semper aber zeigten sich die Grenzen Riegls, und in gewisser Hinsicht gilt dies mit unterschiedlicher Gewichtigkeit für die gesamte „Wiener Schule": Aus der Kritik am Prosperitäts- und Profitdenken, am krassen Materialismus ihrer Zeit, aus der weltanschaulichen Bindung an die Philosophie Schellings und Hegels, die bezeichnend war für die geistige Orientierung weiter Kreise des Bildungsbürgertums im deutschsprachigen Raum, resultierte die Ablehnung der Theorie Sempers mit ihren materialistischen Komponenten. Es zeigte sich jedoch auch in diesem Falle, daß Denk- und Gefühlskonventionen außerordentlich stark und anhaltend wirken können, denn ein Wissenschaftler wie Alois Riegl, der das bedeutsame Buch über die „Spätrömische Kunstindustrie" (1901) geschrieben hat, wäre im Prinzip prädestiniert gewesen, das Verflochtensein von geistigem Anspruch, von Zweckbestimmung, Kunst des Machens und von der Eigengesetzlichkeit des Materials aufzuspüren. Die Sempersche Verabsolutierung der genannten Faktoren, das Apodiktische seiner Beweisführung mögen zudem die Auseinandersetzung von einem anderen Blickpunkt her verhindert haben.

Das Wirken des Kunsthistorischen Instituts der Universität Wien begann mit Franz Wickhoff (1853–1909), unter dessen Leitung der Fachbereich Kunstgeschichte aus dem Institut für Geschichtsforschung herausgelöst und als selbständige Einrichtung etabliert wurde. Dies erfolgte, nachdem Wickhoff 1891 zum ordentlichen Professor berufen worden war. Die enge Beziehung des Faches Kunstgeschichte zum Institut für Geschichtsforschung blieb auch nach der Trennung erhalten. Dies wirkte sich günstig aus; denn die Kenntnis der Arbeit mit dem Quellenmaterial, die Fähigkeit, Kunstwerk und Kunstprozeß in der Gesamtheit des historischen Geschehens zu verstehen und zu beurteilen, erhöhte das Niveau der Beweisführung und entzog den Untersuchungsgegenstand weitgehend spekulativem Denken.

Dennoch waren der von Wickhoff entwickelten genetischen Methode der Problemdarstellung und -lösung, der auch Dvořák in seinen ersten Arbeiten folgte, Grenzen gesetzt. Erscheinungsformen der Kunst, Übereinstimmung oder Annäherung, wurden nach dem Kausalitätsprinzip zueinander in Beziehung gesetzt und die historische Bedingtheit des Kunstwerks als Stufe der Formentfaltung und des Formwandels interpretiert.

Wickhoff, der vor seiner Berufung Kustos der Textilsammlung des Österreichischen Museums für Kunst und Gewerbe gewesen war und den textilen Künsten zugetan blieb, brachte als weiteren Aktivposten die Beziehung zur Museumsarbeit in das neugegründete Institut ein. Seine Nachfolger pflegten entsprechend ihren besonderen Interessenrichtungen diese Kontakte zu den kunstbewahrenden Institutionen.

Wenn Wickhoff auch nicht die starke Ausstrahlung seiner Nachfolger Riegl und Dvořák besessen und letztlich, wie angedeutet, auf positivistische Argumente nie ganz verzichtete, so bewies er doch mit seiner wichtigsten Arbeit, einer Publikation über die „Wiener Genesis“ (1894/95), gemeinsam mit dem Philologen Härtel, seine historisch und philologisch fundierte methodologische Grundlage, ohne die Kunstgeschichte als Wissenschaftsdisziplin seither nicht denkbar ist. Die „Wiener Genesis", eine kostbare Purpurprunkhandschrift mit Miniaturen zu Begebenheiten des Alten Testaments aus dem byzantinischen Kulturbereich des VI. Jahrhunderts, wahrscheinlich aus Kleinasien stammend, gehört zu den bedeutendsten Kunstschätzen der Republik Österreich und befindet sich heute in der Nationalbibliothek in Wien.

Diese Veröffentlichung Wickhoffs wirkte im Thematischen wegweisend für die künftige Arbeit des Instituts. Sie wies hin auf die Übergangsphasen von spätantiker zu frühmittelalterlicher Kunst und befreite diese vom Makel des nach klassischen Normen Unbewältigten und Divergenten. Sowohl Riegl als auch Dvořák folgten diesem Beispiel und widmeten sich jenen Spannungsfeldern der Kunstentwicklung, die das dramatische Wechselspiel von Tradition und Innovation ausmachen und dem oberflächlichen Blick als Zäsuren erscheinen. Dvořáks 1919 entstandener Aufsatz *Die Anfänge der christlichen Kunst* stellt dann den Höhepunkt dieser von Wickhoff eröffneten Untersuchungsrichtung dar.

Alois Riegl, der unmittelbare Vorgänger Dvořáks, war ebenfalls wie Franz Wickhoff zunächst am Österreichischen Institut für Geschichtsforschung und im Museum für Kunst und Gewerbe in der Abteilung Textilkunst tätig. Zweifellos hat er sich dort durch seine Arbeit der Aufmerksamkeit Wickhoffs empfohlen. 1897 trat er als Ordinarius für Kunstgeschichte dem nur wenige Jahre älteren Kollegen zur Seite. Mit ihm begann die Ära internationaler Wirksamkeit des Instituts. Seine Tätigkeit wurde beispielgebend für eine methodologische Neuorientierung der Kunstgeschichte, die das Kunstschaffen zum jeweiligen historischen Umfeld in Beziehung setzte, theoretische Aspekte implizierte und die ästhetische Wertung von der Gestaltqualität des Kunstwerks herleitete. Damit war der Weg für eine induktive Beweisführung gebahnt, die dem Werk in seiner historisch bedingten Eigenart gerecht zu werden suchte. Riegls mehr als zehn Jahre währender Umgang mit den Schätzen textiler Kunst hatte ihn angeregt, Bedeutung und Wirkung des unmittelbar sinnenhaften Reizes beim Kunsterlebnis in seine Untersuchungen einzubeziehen.

Das psychologische Moment des Kunstprozesses erfuhr durch Riegl eine erste, wenn auch ins Metaphysische entgleitende Würdigung. Zur Triebkraft des Kunstschaffens erklärte er das „Kunstwollen“ als alles beherrschende Kraft, die den Schöpfungsprozeß auslöst, lenkt und leitet und seine historisch bedingten Formen verantwortet. Interessanterweise war dies eine der Auffassungen, die sein Nachfolger Max Dvořák nicht übernommen hat, obwohl sie in der bürgerlichen Kunstwissenschaft der ersten Hälfte unseres Jahrhunderts eine nicht unbedeutende Rolle spielte. Was Riegl als „Kunstwollen“ apostrophierte, bot dennoch einen für Dvořák wichtigen Ansatz: Das geistige Umfeld, die Unausweichlichkeit von Denk- und Urteilsmustern, von Wertvorstellungen einer Epoche, die der Künstler in seinem Schaffen individualisiert und objektiviert.
Ein anderes Moment der Rieglschen Theorie bot ebenfalls einen tragfähigen Ansatz. Wenn er die Verwirklichung des Wollens im Kunstwerk als ein Ringen mit dem Material, den handwerklichen Techniken und mit der Zweckbestimmung interpretierte, so näherte er sich von der Gegenposition her, mit anderer Wertung, der Auffassung Sempers, der jene drei Faktoren für gestaltbestimmend erklärte. Auf die Notwendigkeiten der Auseinandersetzung mit dem vorgegebenen Zweck, mit Material und Technik und deren Bewältigung als Teil der kreativen Leistung hingewiesen zu haben, bleibt Riegls Verdienst. Sein weitgespannter Kreis wissenschaftlicher Interessen gab dem Institut jene Universalität, die eine souveräne Arbeitsweise mit übergreifenden Aspekten und methodische Differenziertheit zur Folge hatte. Seine Veröffentlichungen galten beispielsweise dem Verhältnis von Kunstgeschichte und Universalgeschichte (1898), dem holländischen Gruppenporträt (1902) und der „Entstehung der Barockkunst in Rom“, 1908 aus dem Nachlaß veröffentlicht. Dies fügte sich zusammen mit der „Spätrömischen Kunstindustrie“ zu einem Geflecht von Untersuchungsrichtungen, die das Phänomen einer historischen Kunstleistung mit den vielfältigen Aspekten des Geschichtsprozesses, nicht zuletzt mit der Sozialgeschichte, verbanden.
Mit Alois Riegl begann die fruchtbare Verbindung des Wiener Instituts mit der Praxis der Denkmalpflege. Als Gene-

ralkonservator trug er maßgeblich zu ihrem hohen Niveau bei. Es steht außer Frage, daß dieser Erfahrungsbereich einen Gewinn für seine Lehr- und Forschungstätigkeit bedeutet hat.

Ruhm und Wirksamkeit des Kunsthistorischen Instituts sind im Zusammenhang zu betrachten mit den kulturellen Leistungen in Wien um die Jahrhundertwende bis hinein in die ersten Jahrzehnte des XX. Jahrhunderts. Es ist, als habe diese Stadt zu diesem Zeitpunkt die wichtigsten Möglichkeiten kultureller Hervorbringung an sich gerissen und in Aktionen verwandelt. In Architektur und bildender Kunst entstand Wegweisendes. Nachdem die repräsentative Bebauung der Ringstraße mit der Adaption historischer Stile unter maßgeblichem Anteil Gottfried Sempers Ende des XIX. Jahrhunderts im wesentlichen abgeschlossen worden war, entwickelte die folgende Generation der Architekten ein funktional betontes Bauen, das bei Otto Wagner und Joseph Olbrich dem Sezessionsstil nahestand, bei Adolf Loos hingegen Momente des Konstruktivismus ausprägte. Die neue Gestaltqualität, die den Eklektizismus überwand und die Funktionen des Raumes betonte, bezog folgerichtig die Gebrauchsgegenstände mit ein: Die Geräte des täglichen Lebens bestimmen den Charakter eines Raumes. Sie signalisieren das Wirken des Menschen.
Die Gründung der „Wiener Werkstätte" 1903 und ihre Ziele bezeugen die Konsequenz, mit der neuen Bedürfnissen Rechnung getragen werden sollte. Es kennzeichnet diese Reformbewegung, daß sie die Ausdrucksmöglichkeiten der traditionellen Künste, Plastik und Malerei, mit einbezog. Die klassische Einheit von Architektur und bildender Kunst sollte zur Einheit der ästhetisch gestalteten räumlich-gegenständlichen Lebenswelt erweitert werden. Künstler, so der aus der Wiener Sezession kommende Gustav Klimt, beeinflußten das Programm und die künstlerische Entwicklung der Werkstätte.
Der große Impuls der bürgerlichen Reformbewegung erwuchs aus dem gesteigerten Bedürfnis nach Selbstdarstellung, nach Ausbruch aus den erstarrten Konventionen einer routinierten eklektischen Kunstproduktion mit austauschbarem historischem Dekor, dem Anspruch auf neue Le-

bensformen, als deren stimulierender Faktor die Kunst betrachtet wurde. Es entstand eine Art Gesellschaftsutopie, wie es die Manifeste jener Künstlervereinigungen zeigen, die unter der unscharfen Bezeichnung „Expressionismus“ die klassische Moderne der Kunst eröffneten.

Zu Beginn des XX. Jahrhunderts war die Entwicklung getragen von dem Bedürfnis nach neuen Lebensqualitäten, wie es auf pragmatische Weise in der Gestaltung der räumlich-gegenständlichen Lebenswelt handgreiflich im unmittelbaren Wortsinne zum Ausdruck kam. Die fundamentalen sozialen und politischen Umwälzungen, die sich seit Mitte des XIX. Jahrhunderts in ganz Europa immer rascher vollzogen und von der Sensibilität des Künstlers erfaßt wurden, gaben die Orientierung für all die Reformprogramme, die letztlich den arbeitenden Menschen in seinem Lebens- und Glücksanspruch im Blickfeld hatten. Wien mit seiner aktiven Arbeiterbewegung, seiner Funktion als Konzentrationspunkt unterschiedlicher nationaler Gruppen aus der Weite der k. u. k. Monarchie besaß zu Jahrhundertbeginn jene kulturelle Potenz, die soziale Fragestellungen zu integrieren in der Lage war, was sich am deutlichsten in den städtebaulichen Leistungen zeigte. Aber auch in der Literatur entstand Bedeutsames. Es sei auf Schnitzler und Hofmannsthal, auf die Repräsentanten der literarischen Ära kurz vor dem ersten Weltkrieg hingewiesen. Der kulturphilosophisch-kritische Anspruch der Werke von Karl Kraus (1874–1936) beeinflußte nachdrücklich die Denkhaltung weiter Kreise der Intellektuellen in den ersten Jahrzehnten unseres Jahrhunderts. Die Rigorosität, mit der er Zustand und Befindlichkeit seiner Zeit als permanenten Weltuntergang apostrophierte, zielte auf Konfrontation als ersten Schritt der Überwindung.

Das musikalische Schaffen des Jahrhundertbeginns brachte den zweiten großen Höhepunkt nach der Wiener Klassik. Gleichsam wie eine Protesthaltung gegenüber der Walzerseligkeit und unverbindlich liebenswürdigen Heiterkeit angenehmer Harmonien entfaltete sich in dieser Stadt die klassische Moderne der Musik. Nach der monumentalen Eröffnung durch das Werk Gustav Mahlers schuf Arnold Schönberg (1874–1951) musikalische Strukturen von jener herben Schönheit, die Klassizität mit der Lust am musikali-

schen Experiment verbindet. Seiner Auffassung von der „Emanzipation der Dissonanz“ zum bestimmenden Strukturelement folgte er auch auf dem Gebiet der Malerei. Dem „Blauen Reiter“ nahestehend, von Kandinsky ermutigt,[5] schuf er Arbeiten, in denen sich Antlitz und Gestalt des Menschen zu Zeichen seelischer Bewegung, Körperlichkeit zu Chiffren der Empfindungen wandeln.
Zur Kennzeichnung jenes kulturellen Klimas, das den Mut zu grundlegenden Fragestellungen und unkonventionellen Lösungen förderte, gehörten auch die Arbeiten Sigmund Freuds. Der Wiener Arzt und Wissenschaftler trat Erkundungsgänge an in das bis dahin Unberührbare, nur Geahnte, die Bereiche des Vor- und Unbewußten der menschlichen Seele, in das komplizierte Gefüge der Psyche, in dem die Motivationen und Haltungen der Individualität begründet sind. Wir stehen angesichts dieser Konzentration exemplarischer Kulturleistungen vor einem Phänomen, das in der Kunst- und Kulturgeschichte Europas nicht einzig dasteht. Jene Schöpfungen entstanden inmitten der Destruktion, jenes unterirdischen Bebens, das sozialen und politischen Umwälzungen vorausgeht. Zu diesen Phänomenen gehören beispielsweise auch die italienische Hochrenaissance, die Kultur und Kunst Spaniens vom Ende des XVI. und im XVII. Jahrhundert. Wir berühren damit eine der tiefsten und weitesttragenden Motivationen des Kunstschaffens: Das durch die Sensibilität des Künstlers hervorgerufene Bedürfnis, einer problematischen Gegenwart ästhetische Entwürfe der Zukunft abzuringen, mit ihnen Zukunft sich ereignen zu lassen.
Das Wirken der Kunsthistoriker, dem das Wiener Institut seinen internationalen Rang verdankt, erweist sich bei näherer Betrachtung der Ziele und Methoden als ein gewichtiger Teil jener hervorragenden kulturellen Leistungen Österreichs, die zu Beginn unseres Jahrhunderts in Wien kulminierten. Die Bereitschaft, das Kunstwerk in seiner historischen Bedingtheit, seiner Verflechtung mit den vielfältigen sozialen und geistigen Aktivitäten, den physischen und psychischen Möglichkeiten seiner Schöpfer wie seiner Nutzer zu erfassen, erschloß nicht nur ein neues Gesichtsfeld. Sie öffnete die Kunstwissenschaft für die Kommunikation mit anderen wissenschaftlichen Disziplinen, nicht nur

den philologischen, und mit dem zeitgenössischen Kunst- und Kulturgeschehen.

III

Max Dvořáks Leben scheint auf den ersten Blick ohne Brüche und Komplikationen verlaufen, sein Erfolg allein das Ergebnis hoher Intelligenz und innerer Dynamik gewesen zu sein. Sein früher Tod macht jedoch nachdenklich und legt die Frage nahe, ob nicht unter der Oberfläche eines liebenswürdigen, weltgewandten Mannes die Spannungen divergenter Erlebnisse und Impulse Lebenskraft und Widerstandswillen beeinträchtigten. Er wurde am 14. Juni 1874 in Raudnitz (Roudnice) in Nordböhmen geboren. Sein Vater war Archivar beim Fürsten Lobkowitz. Es ist anzunehmen, daß Dvořák, der einer tschechischen Familie entstammte, zweisprachig aufgewachsen ist; denn wir wissen, er sprach auch als Hochschullehrer das typisch böhmische Deutsch, slawisch eingefärbt, vorwiegend fränkischer Herkunft. Die Tatsache, daß er bei persönlichen Gesprächen mit seinem Schüler und späteren Amtsnachfolger K. M. Swoboda sich der tschechischen Sprache bediente (Diese Information verdanke ich Prof. Dr. H. Gerhard Franz, em. Ordinarius für Kunstgeschichte der Karl-Franzens-Universität Graz.), läßt den Schluß zu: Dvořák verstand und bekannte sich als Tscheche, der, aufgewachsen im Vielvölkerstaat des Habsburgischen Österreich-Ungarn, Verständigung und Ausgleich suchte und nationalistische Ressentiments weder verstand noch duldete.
Wenn wir uns das Porträtfoto betrachten, das als Frontispiz der postumen Veröffentlichung „Kunstgeschichte als Geistesgeschichte" vorangestellt ist, so begegnet uns das liebenswürdige Antlitz eines sensiblen Mannes von schmaler Gestalt, eines Mannes, der trotz aller Zartheit durchaus nicht vergeistigt im landläufigen Sinne wirkt. Die bäuerliche Festigkeit der breiten Stirnpartie, die freundliche Listigkeit der schmalen tiefliegenden Augen lassen die Beharrlichkeit ahnen, mit der Dvořák den Weg seiner Wahl gegangen ist. Die Arbeiten, die er veröffentlichte, seit er sich aus seinem Schülerverhältnis zu Wickhoff und Riegl

geistig gelöst und eigene Wege beschritten hatte, entstanden neben seinen beruflichen Verpflichtungen als Hochschullehrer und Generalkonservator der österreichischen Denkmalpflege. Die weitgespannten wissenschaftlichen Interessen, die sich nicht nur auf eine kunsthistorische Epoche beschränkten, sondern Nahtstellen fundamentaler struktureller Veränderungen von der Antike bis zur Neuzeit bloßlegten, deuten auf ein Lebenskonzept des Einsatzes ohne Rückversicherung.
Mit aller gebotenen Vorsicht sei angedeutet, daß Dvořák möglicherweise bewußt oder unbewußt einem Erfolgszwang in Aktionen der Selbstbehauptung und Selbstbestätigung nachgegeben hat und so seine Kräfte über Gebühr beanspruchte. Die Situation am Wiener Institut war keineswegs unproblematisch. Wissenschaftliche Kontroversen mit dem über ein Jahrzehnt älteren Josef Strzygowski (1862–1941), die 1910 auch de jure zur Teilung des Instituts führten, belasteten ohne Zweifel in weitaus stärkerem Maße als die üblichen und notwendigen Auseinandersetzungen unter Fachkollegen. Strzygowski stellte die Forschungsrichtungen Riegls und Dvořáks in Frage, insbesondere in dem, was das Verhältnis von antiker und frühmittelalterlicher Kunst anlangte.

Die enge Beziehung des Wiener Kunsthistorischen Instituts zum Österreichischen Institut für Geschichtsforschung, insbesondere die Verpflichtung gegenüber geschichtswissenschaftlichen Methoden und Aspekten, wurde durch die Übernahme von Max Dvořák als Assistent am Lehrstuhl Wickhoff 1897 weiterhin gefestigt. Der Weg des jungen Wissenschaftlers hatte mit dem Studium der Geschichtswissenschaft an der Karlsuniversität zu Prag begonnen. Hier wurde er mit der tschechischen Geschichtsauffassung vertraut, die von der universellen Verflochtenheit historischer Prozesse ausging – eine Auffassung, der Dvořák ein Leben lang verpflichtet blieb. Der Wechsel an die Universität Wien und zur Kunstgeschichte entsprach Neigung und besonderer Befähigung. Seine spezifische Begabung zeigte sich auch in der Kunst der induktiven Beweisführung, im Fingerspitzengefühl für Eigenarten, Qualitäten und Zusammenhänge. Im gleichen Jahr wie sein Eintritt ins Kunsthistorische Institut erfolgte die Berufung Alois Riegls zum Ordinarius an der Seite Wickhoffs. Damit war jene Konstellation geschaffen, die das Antlitz der Wiener Schule prägte.

Zunächst bewegte sich Dvořák auf den Spuren seines Lehrers und wandte sich einem bis dahin kaum bearbeiteten Gebiet zu, der Entwicklung der Miniaturmalerei in den böhmischen Ländern. Sein Beitrag *Byzantinischer Einfluß auf die Miniaturmalerei im Trecento* in den „Mitteilungen des Instituts für Österreichische Geschichtsforschung" aus dem Jahre 1900[6] führte eine Untersuchungsrichtung weiter, die Wickhoff mit seiner „Wiener Genesis" begonnen hatte. Seinem Ziel, die Entwicklungsgeschichte der Buchmalerei im XIV. Jahrhundert zu erhellen, folgte Dvořák weiterhin mit der Publikation über die *Illuminatoren des Johann von Neumarkt*, veröffentlicht 1901 im Jahrbuch der Kunsthistorischen Sammlungen des Allerhöchsten Kaiserhauses.[7] Die Art seiner Vorarbeiten war typisch für einen in den Methoden der Geschichtswissenschaft geschulten Kunsthistoriker: Das Vordringen in konzentrischen Kreisen zur internationalen Verflechtung, ausgehend von jener Gruppe böhmischer Handschriften, deren Miniaturen das Grundmuster für die böhmische Tafelmalerei zur Zeit Karls IV. geliefert hatten. Bei diesen Handschriften entdeckte er die strukturellen Beziehungen zur Kunst Italiens und Südfrankreichs. Im Tal der Rhône waren ihm die monumentalen Zeugnisse römischer Antike und frühmittelalterlicher Kunst begegnet. Dort erhielt er Impulse für eine seiner späteren Untersuchungen, den Beweis der Kontinuität in der Entwicklung von der Antike bis zum Mittelalter, einer Entwicklung, die keine jähen Brüche kennt, sondern sich in Akzentverlagerungen und Bedeutungswandel tradierter Formensprache und den daraus erwachsenen Neuschöpfungen entsprechend dem veränderten Weltverhältnis mit seinen adäquaten Wertvorstellungen darbietet. „Les Alyscamps", die prachtvolle Gräberstraße von Arles, dem ehemaligen römischen Verwaltungszentrum Galliens, jene Nekropole mit den gallorömischen und frühchristlichen Sarkophagen, gaben den Anstoß für die erste Präzisierung seiner wissenschaftlichen Lehrmeinung.

Bereits in dem Aufsatz mit dem provokatorischen Titel *Das*

Rätsel der Kunst der Brüder van Eyck, ebenfalls 1903 erschienen, behandelte er das Verhältnis von Gotik und Renaissance. Die Grundposition, von der aus Dvořák argumentierte, ist im Prinzip die gleiche wie bei den „Alyscamps". Gotik und Renaissance waren für ihn keine Antinomien. Er spürte der Eigenart des Wirklichkeitsverhältnisses zur Zeit der Gotik nach und betrachtete die Renaissance nicht als demonstrative Entgegensetzung, sondern wies auf die innere Verflechtung beider Epochen hin. Er war ein hervorragender Dialektiker. Seine Beweisführung vermied im allgemeinen lineare Konstruktionen, die zwar eingängig, aber nichtsdestoweniger unzureichend sind, wenn es sich um gesellschaftliche Phänomene mit ihren stark subjektiven Momenten und den Imponderabilien ästhetischer Produktion handelt.

In dem Jahr, in dem Alois Riegl starb, 1905, wurde Max Dvořák zum außerordentlichen Professor am Kunsthistorischen Institut berufen. Das folgende Jahrfünft stand für ihn in besonderem Maße unter dem Zeichen der Denkmalpflege. Als grundlegende Voraussetzung für eine planvolle denkmalpflegerische Arbeit legte Dvořák ein Programm für die kunsttopographische Inventarisierung des immobilen und mobilen öffentlichen und privaten Kunstbesitzes vor, das in den „Kunstgeschichtlichen Anzeigen" 1906 veröffentlicht wurde.[8] Dieses Programm ist die Grundlage der im gleichen Jahr begründeten „Österreichischen Kunsttopographie", zu der Dvořák die Aufnahme des Schlosses Raudnitz, seines Geburtsortes, beisteuerte. Auch an der Gründung des Deutschen Vereins für Kunstwissenschaft war er maßgeblich beteiligt. Dvořák forderte die Orientierung auf die allgemeine Geschichte mit jener für ihn typischen polemischen Schärfe, wie beispielsweise in dem Aufsatz über *Spanische Bilder einer österreichischen Ahnengalerie* aus dem Jahre 1907: „Man könnte ruhig die Kunstgeschichte, dieses Herzenskind des Dilettantismus, aufgeben, wenn sie über den angestrebten gesteigerten ästhetischen Genuß der Kunsterzeugnisse der vergangenen Perioden hinaus nicht unmittelbar auch die Erkenntnis des allgemeinen Verlaufs der historischen Entwicklung fördern würde."[9]
Als Max Dvořák 1910 zum Ordinarius des II. Kunsthistori-

schen Instituts berufen wurde, hatten er und seine Mitarbeiter sich gegen einen Mann zu behaupten, der 1909 aus Graz gekommen war, nachdem er bereits 1887 bis 1892 in Wien gelehrt hatte, Josef Strzygowski, den Ordinarius des I. Kunsthistorischen Instituts. Die Schaffung zweier getrennter Institute mit konträren wissenschaftlichen Methoden und Zielen war offensichtlich eine Kompromißlösung, bei der pragmatische Erwägungen den Ausschlag gegeben haben dürften. Auf Dvořák, den Spiritus rector der Denkmalpflege, konnte man nicht verzichten, auf Strzygowski wollte man es nicht. Es steht heute außer Frage, daß die wissenschaftliche Grundposition Strzygowskis, der seinen Lehrstuhl bis 1933 innehatte, im Prinzip die Arbeit aller Kunsthistoriker der Universität Wien hätte vertiefen und bereichern können, wenn nicht apodiktisches Vorgehen, aus verabsolutierten Erkenntnissen gewachsene Unduldsamkeit, eine Zusammenarbeit unmöglich gemacht hätte. Heute können wir beurteilen, in welchem Maße die Kunst des Vorderen Orients im spätrömischen Imperium die frühchristliche Kunst mit ihrer Tendenz zur Abstraktion, dem Ideogrammatischen ornamentaler Äußerung beeinflußt hat – die Position Strzygowskis –, zumal zu den in der Tradition römischer Antike ausgebildeten Produzenten Vertreter anderer kultureller und ethnischer Herkunft stießen. Das gemeinsame Band war der Spiritualismus der christlichen Vorstellungswelt, der die bildnerischen Äußerungen zur Formverknappung und betonten Metaphorik führte. Leider hat Strzygowski den Wert seiner Forschungen selbst relativiert, indem seine Theorie nach dem Tode seines wissenschaftlichen Gegners in Spekulationen ausuferte, die die klassische Antike und ihre traditionsbildende Kraft negierten und schließlich im Vorfeld rassistischen Kunstverständnisses landeten.

In der Zeit des Ordinariats entstanden die meisten der Publikationen Dvořáks, auf die sich der Ruhm des Wissenschaftlers gründet. Wie ein persönliches Credo klingt jene Äußerung aus den „Kunstgeschichtlichen Anzeigen" von 1911, deren Leitung Dvořák von Wickhoff übernommen hatte. „Man wird sich einmal wundern, wie wenig in der schier unübersehbaren kunsthistorischen Literatur des vorigen Jahrhunderts über die darin behandelten Kunstwerke gesagt wurde. Man sprach von allem anderen, nur von dem allerwichtigsten nicht, von den Wandlungen der künstlerischen Voraussetzungen und Ziele, von dem, was die Kunst zur Kunst macht, dem ununterbrochenen Ringen um die Bewältigung der künstlerischen Probleme, dem tausendfachen und doch einheitlichen Werdegang der Kunst."[10]

Die relativ kurze Zeit, die Max Dvořák vergönnt war, ist der Grund dafür, daß von dem groß angelegten Plan, die entscheidenden Dreh- und Angelpunkte europäischer Kunstentwicklung seit der späten Antike in ihren Voraussetzungen, Charakteristika und Folgen darzustellen, nur zwei Problemkreise systematisch behandelt wurden: „Idealismus und Naturalismus in der gotischen Skulptur und Malerei", von 1915 bis 1917 allmählich ausgearbeitet, 1918 erstmals veröffentlicht, und der erste Teil der Abhandlung über die Anfänge christlicher Kunst, der, 1919 entstanden, zu Lebzeiten des Autors nicht publiziert worden war, weil noch ein zweiter Teil, Untersuchungen über altchristliche Architektur, folgen sollte.[11]

In diesen Arbeiten wird zum erstenmal mit einer subtilen Beweisführung die These vom Kontradiktorischen der Stilepochen widerlegt. Damit entfiel zugleich die Notwendigkeit von Zäsuren, die eine Epoche beenden, um einer neuen Raum zu geben und deren Traditionsverständnis gleichsam voraussetzungslos dieses oder jenes Leitbild der Vergangenheit aufgreift, in welche die ästhetischen Bedürfnisse der jeweiligen Gegenwart zurückprojiziert werden. Dvořák plädiert dabei keineswegs für ein lineares Kontinuum menschlicher Kultur- und Kunstentwicklung, sondern kommt den Ergebnissen der Strukturuntersuchungen aus der jüngsten Vergangenheit sehr nahe, bei denen sich das komplizierte Gefüge der Kunstprozesse in dem Mit-, Nach- und Nebeneinander von Tradition, Modifikation und Innovation ästhetischer Strukturen und Strukturelemente äußert. Gleichsam als Kontrahent zur wissenschaftlichen Überzeugung Dvořáks betonte Heinrich Wölfflin mit seinen „Kunstgeschichtlichen Grundbegriffen" (1915) das Antithetische im Verhältnis aufeinanderfolgender Stilepochen.

Wesentlich durch diese Publikation, durch die Handlichkeit

der Begriffspaare, die jeweils gegensätzliche Strukturelemente als Bestimmungsfaktoren des Klassischen und des Antiklassischen einander gegenüberstellen, hatte Wölfflin eine weitaus größere Popularität in der Fachwelt wie in kunstinteressierten Kreisen erlangt, als sie Dvořák jemals erreichen konnte. Auch dies eine Bestätigung der alten Erfahrung, daß Begreifen zunächst mit Sonderung, Abgrenzung, Entgegenstellen des zu Begreifenden verbunden ist. Bei tieferem Eindringen allerdings wird spürbar, wie wenig die Extrapolation bestimmter Formeigentümlichkeiten geeignet ist, Aufschluß zu geben über das Bedingungsgefüge, das Motivationen und Richtungen des Kunstprozesses bestimmt.

Für Dvořák stand der ideelle Anspruch als Impulsgeber der Formfindung so deutlich im Vordergrund, daß der Hinweis auf die sozialen Motivationen und Abhängigkeiten leicht übersehen werden kann. Doch spätestens mit seinem Vortrag über *Dürers Apokalypse* wurde evident, was sich schon in der großen Abhandlung über die Gotik ankündigte: Der Zusammenhang von sozialhistorischer Determination und den daraus resultierenden geistigen Bewegungen mit ihren Zielvorstellungen und der Eigenart des hervorgebrachten Formgefüges.

Es liegt ein Moment des Tragischen darin, daß mit Ausnahme der großen Aufsätze über die Gotik und über die Katakombenmalerei alle anderen Veröffentlichungen Dvořáks mehr oder minder Gelegenheitsarbeiten in dem Sinne waren, daß sie aus aktuellem Anlaß jeweils Schwerpunkte der geplanten umfassenden Veröffentlichungen boten, die der Tod verhindert hat. „Martin Schongauer und die niederländische Malerei“, als Zeitschriftenaufsatz 1920/21 konzipiert, führte die mit den Darlegungen über die Gotik begonnene Untersuchungsrichtung weiter und verdichtete sich zu einer Darstellung der Entwicklung deutscher Kunst im XV. Jahrhundert.

Wir können uns des Eindrucks nicht entziehen, daß die Ereignisse und Folgen des ersten Weltkriegs, der Zerfall der Habsburger Monarchie, bei Dvořák sowohl den Blick für soziale Problemlagen schärften als ihm auch die Kunst des deutschen Kulturbereichs in ihren vielfältigen Beziehungen

zur italienischen, niederländischen und französischen Kunst näherrückten. Auch hierbei folgte er seinem Auswahlprinzip. Er wandte sich nicht unmittelbar den Leistungen von Weltrang zu, die nicht nur den Höhepunkt, sondern in gewisser Weise auch den Abschluß einer Entwicklungslinie bilden, nicht den Großen der deutschen Kunst aus der ersten Hälfte des XVI. Jahrhunderts. Er konzentrierte sich auf die „Schaltstellen", die Phasen, in denen ikonographische und strukturelle Traditionen durch spezifische Bedürfnisse des ästhetischen Erlebens und der Information entsprechend der sozialhistorischen Entwicklung im XV. Jahrhundert zu Abwandlungen, Modifikationen, führten und den Siegeszug der graphischen Künste, vor allem des Kupferstichs, mit seinen strukturellen Besonderheiten einleitete, die bis zu Innovationen führen sollten.
Fragmente des wohl folgenreichsten Projektes, das Dvořák in Angriff nehmen wollte, sind die Essays über den europäischen Manierismus geblieben. Ungeachtet ihrer Skizzenhaftigkeit haben sie Zeichen gesetzt, die dem Epochenverständnis und der Wertung der internationalen Kunstwissenschaft neue Wege gewiesen haben. Max Dvořák beabsichtigte, das Zwielicht um die Kunst des Manierismus aufzuhellen, negative Vorurteile zu widerlegen, wie sie beispielsweise noch Alois Riegl geäußert hatte. Die Eckpfeiler seiner Beweisführung bildete das Werk zweier äußerst gegensätzlicher Künstlerpersönlichkeiten, deren große Namen bis dahin kaum jemand mit dem Manierismus ernsthaft in Verbindung gebracht hatte: Pieter Bruegel d. Ä. und El Greco. Der Aufsatz über Bruegel entstand im Frühjahr 1920. Der Vortrag über El Greco wurde im Oktober 1920 im Österreichischen Museum gehalten.[12]
Beide Arbeiten verbindet die Kühnheit, mit der Kunst von Weltrang in ein geistiges Bezugsfeld gestellt wird, das vom Ringen um ein neues Persönlichkeitsverständnis mit allen Erlebnissen der Gefährdung, vom Mühen um die Wahrung der Integrität gekennzeichnet ist. Die sozialen Divergenzen der zusammenbrechenden Renaissancewelt, die Geburtswehen des Absolutismus spiegeln sich in Dvořáks feinstrukturierten Untersuchungen der geistigen Prozesse, die das Entstehen jener Kunst beeinflußten und deren strukturelle Besonderheit er zum Kronzeugen des Manierismus in sei-

ner stilbildenden Funktion erhob. Dies war der Paukenschlag, mit dem eine Kunstrichtung, der man bisher im allgemeinen höchstens den Rang des Artifiziell-Geschmäcklerischen oder des Epigonalen, bzw. den eines Vorläufers des Barocks, zugebilligt hatte, als hochkarätig und epochebildend angekündigt wurde. Entscheidend war für Dvořák das prononcierte Formbewußtsein, mit dem jene beiden Großen das Szenische vom Ausdruck geistiger Prozesse, der Darstellung von Haltungen und Entscheidungen dominieren ließen, wobei sie in souveräner Weise tradierte Elemente italienischer, niederländischer und französischer Kunst umformten.

Zweifellos traf die Kritik an Dvořáks Auffassungen ein methodologisches Problem. Werner Weisbach wandte sich 1928 im „Repetitorium der Kunstwissenschaft" dagegen, „weil er [Dvořák, d. Verf.] den Begriff des Manierismus von einer so problematischen und eigenwilligen Persönlichkeit wie Greco aus zu bestimmen und auf ihn hin zu konstruieren unternahm".[13] Eine exzeptionelle künstlerische Leistung wie die El Grecos, die alles Gleichzeitige überragt und dazu angetan ist, das Vorher und Nachher zu relativieren, eignet sich nur sehr bedingt, Allgemeingültigkeit stilbildender Faktoren innerhalb einer Epoche zu demonstrieren. El Greco wie Bruegel d. Ä. können kaum als Exponenten einer Stilentwicklung angesehen werden, blieb doch ihr Werk, bei aller Bewunderung durch spätere Meister, im Prinzip folgenlos. Was übernommen und weitergeführt wurde, waren Formelemente und Bildsequenzen in einem völlig andersgearteten geistigen Bezugsfeld. Daß dennoch der Vorstoß Dvořáks so außerordentliche Bedeutung gewann, beruht auf dem Ingeniösen des Aufspürens von Beziehungen, die veränderte Wertpositionen zur Folge hatten. Denn tatsächlich entwickelten El Greco wie Bruegel eine Bildsprache von höchster Expression, dargeboten mit der Knappheit und Verschlüsselung von Figurationen, die ornamentaler Metaphorik nahestehen. Damit war eine Verbindung zum internationalen Manierismus geschaffen, dessen Innovation, Bildformen für Irritation, Gefährdung, Irrationales, Verletzlichkeit, Ambivalenzen und erotische Sensationen nicht nur beider Schaffensprozeß tangierten,

sondern in ihn eingingen und, wie bei El Greco, verwandelt wurden in Zeichen der Grenzüberschreitung, des Hineinwachsens des Körperlichen ins Geistige, des Realen ins Transzendente.
Der dritte der Essays, *Über die geschichtlichen Voraussetzungen des niederländischen Romanismus*, im Herbst 1920 niedergeschrieben, war gedacht als Einführungskapitel zu Untersuchungen der niederländischen Malerei im XVI. Jahrhundert, deren einander überlagernde Bezugs- und Bedeutungsebenen zu jener Vielgestalt geführt hatten und deren Quellen nachzuspüren einen Mann wie Dvořák reizen mußte. Nachlebende römisch-florentinische Renaissance-Adaptionen, Michelangelos heroische Schöpfungen vergöttlichter Menschlichkeit und die Stoßkraft der Reformation bezeichnete er als die Bestimmungsgrößen, die der niederländischen Kunst ihr Gepräge gegeben hatten.

In den „Mitteilungen des Bundesdenkmalamtes", Heft 5/1921, erschien als erster Beitrag der Nachruf für Max Dvořák. Er begann mit den Worten: „Am 8. Februar 1921 schied in Grusbach in Mähren plötzlich der Universitätsprofessor Dr. Max Dvořák mitten aus einem Leben des intensivsten geistigen Schaffens und idealsten Strebens heraus, so wie er es im Leben gewollt und ersehnt hatte, auf dem Höhepunkt seines schöpferischen Wirkens."[14]
Der geistige Aktionsradius, die Fülle der fruchtbaren Momente im wissenschaftlichen Wirken Dvořáks werden nirgendwo deutlicher belegt als durch die Leistungen seiner Schüler. Zu den namhaftesten zählen Frederick Antal und Arnold Hauser, die insbesondere den soziologischen Aspekt des Kunstprozesses ins Zentrum ihrer Untersuchungen stellten. Auf Strukturprobleme orientierten sich E. H. Gombrich und Michail W. Alpatow, der Nestor der sowjetischen Kunstwissenschaft, der sich ausdrücklich als Schüler Dvořáks bekannte.

Die Nachfolge als Ordinarius trat 1922 Julius von Schlosser (1866–1938) an, der bereits seit Gründung des II. Kunsthistorischen Instituts neben Dvořák gewirkt hatte. Mit ihm begann die Ära der sogenannten Jüngeren Wiener Schule mit etwas veränderter Akzentuierung der wissenschaftlichen Schwerpunkte. In den zwanziger Jahren fanden nicht nur die Erkenntnisse der von Freud inaugurierten Tiefenpsychologie, sondern auch die aus der Reformbewegung gewachsene Ganzheitslehre in Philosophie und Psychologie, die auch die Pädagogik erreichte, verstärkt Zugang in die Kunstwissenschaft. Methoden und Instrumentarium wurden weiter differenziert. Allerdings führte der betonte Subjektivismus, die Konzentration auf Wahrnehmungsqualitäten, in bestimmten Punkten wiederum zurück zu neoplatonischen Denk- und Vorstellungsmodellen der prästabilierten Ideen.

IV

Die Anordnung der ausgewählten Aufsätze und Vorlesungen Dvořáks in diesem Band folgt nicht der Chronologie ihres Entstehens, sondern sowohl nach thematischen Komplexen als auch nach Gesichtspunkten der wachsenden Rezeptionsanforderungen an den Leser.

Dürers Apokalypse erreichte als Vortrag zuerst nur einen kleinen Kreis der Öffentlichkeit. Max Dvořák sprach über dieses Thema im Januar 1921 in der ersten Versammlung der Vereinigung zur Förderung der Wiener Kunsthistorischen Schule.[15] Dieser Aufsatz zählt wohl zum Glanzvollsten, was Dvořák geleistet hat. Die Knappheit und Präzision der Beweisführung, die Konfrontation der literarischen Vorlage, der Offenbarung des Johannes, mit der ersten großen Holzschnittfolge Dürers in ihren wechselseitigen sozialen Bedingtheiten und strukturellen Eigenarten setzte Zeichen für die Kunstwissenschaft, die keineswegs allenthalben aufgenommen wurden. Dvořák erreichte hier eine neue Stufe seiner wissenschaftlichen Entwicklung. Von dort aus weiterzuschreiten, hat ihn der frühe Tod gehindert. Profunde philologisch-historische Kenntnisse, sensibles Erfassen der ästhetischen Eigenart und politischen Bedeutung jener Weltgerichtsvisionen des Johannes, des Judenchristen, sowie der bildnerischen Interpretation durch Dürer führte zur Pointiertheit der Darstellung, die das Exemplarische

der Holzschnittfolge betont und ihren Rang innerhalb der europäischen Kunst an der Wende vom XV. zum XVI. Jahrhundert bestimmt.
Dvořák stellt insbesondere die ingeniöse Leistung Dürers heraus, der die gedankliche Phantasie der literarischen Vorlage, gewachsen aus der Bilderfeindlichkeit altjüdischer Kultur, aufgelöst und in bildliche Ausdrucksmittel, ins Sinnliche, umgesetzt habe. Dabei weist er auf den subjektiven Anspruch des Künstlers, der Beobachtung und Erfahrung mit dem Vorstellungsschatz innerer Bilder vereinigt. Daraus gewinnt Dvořák seine Argumente für die Bestimmung der Eigenart deutscher Kunst im Verhältnis zum Westen und Süden. Den Vorrang der inneren Erfahrung, der Bereicherung durch Erbauung und geistiges Selbstbilden, bezeichnet er als Ausdruck eines neuen Weltverhältnisses im Gegensatz zu anderen, aus äußerer, sinnlicher Erfahrung, der Nachahmung der Natur und der Erkenntnis ihrer Gesetzmäßigkeit gewachsenen Kunst des mediterranen Bereichs.
Wir sind überzeugt, daß diese polemische Entgegensetzung, wären Dvořák weiterführende Arbeiten vergönnt gewesen, ebenso zur Darstellung einer wechselseitigen Integration der unterschiedlichen Grundrichtungen gefunden hätte wie bei seinem großen Aufsatz über die Gotik.
Wenn Dvořák Dürers „Apokalypse“ als erstes großes Kunstwerk der Neuzeit und als *Predigt von Luthers Tiefe und Beredsamkeit vor Luther* bewertete, so bestimmte er zugleich europäischen Rang und nationale Bedeutung der Holzschnittfolge, die den Ruhm des Künstlers auch im mediterranen Bereich begründete. Nirgendwo hat Dvořák die moralisch-politische Tragweite eines Kunstwerks so genau artikuliert wie bei der Gegenüberstellung der „Offenbarung Johannis“ mit Dürers „Apokalypse“. Beide vereint die Stoßrichtung gegen Rom, gegen das neronische Rom der Imperatoren und gegen das päpstliche Rom der Zeit Dürers. Er bezeichnete die Holzschnitte als Revolutionslied, gewachsen aus dem Ringen um geistige Erneuerung des Christentums, verbunden mit dem Persönlichsten eines individuellen Bekenntnisses wie später das Werk Michelangelos. Dieser Vergleich ist deshalb so bemerkenswert, weil erst wesentlich später, lange nach Dvořáks Tod, sich immer deutlicher

in den kunstwissenschaftlichen Publikationen aus romanischen Ländern abzeichnete, welches Maß an Bedeutung und Wirkung der Kunst nördlich der Alpen für die strukturelle Entwicklung der italienischen Kunst zugemessen wird.

Pieter Bruegel der Ältere: Dvořák eröffnete seine Manierismus-Studien mit diesem Aufsatz, geschrieben im Frühjahr 1920[16], doch erst 1924 in *Kunstgeschichte als Geistesgeschichte* veröffentlicht.

Die knappe Einführung umreißt die theoretische Position des Kunsthistorikers. Sie beinhaltet zugleich das wissenschaftliche Credo eines Mannes, der bemüht war, Kunstprozesse als Teil des allgemeinen Geschichtsprozesses zu erfassen und jeder romantisierenden und sentimentalisierenden Betrachtungsweise von Kunst und Künstlerschicksalen eine präzise Beweisführung entgegenstellte, in der sich Induktion und Deduktion die Waage hielten. *Nie steht ein führender, bahnbrechender Künstler jenseits der geistigen Gesamtlage seiner Zeit, und wenn uns die Fäden, die ihn mit ihr verbinden, nicht sichtbar sind, so besagt dies, daß wir in der Auffassung entweder seiner Kunst oder des Zeitalters nicht tief genug gedrungen sind.*

Geistiges Klima und sozialpsychologische Situation in der Zeit vom zweiten Drittel des XVI. Jahrhunderts bis zu Beginn des XVII. Jahrhunderts lotete Dvořák aus, um die Motivation für die Absage an die Ideale der Hochrenaissance, für die Herausbildung der strukturellen Besonderheit des Manierismus darzulegen, die aus der veränderten sozialen Funktion der Kunst gewachsen waren. Diese Neuorientierung jenseits der Renaissance sah er in der Funktion der Kunst als *Hilfsmittel des geistigen Ringens der Menschheit* im Gegensatz zur Gestaltung des Inbegriffs der höchsten Werte, wie in den vorausgegangenen Epochen. Er sah in ihr den Versuch einer Antwort in einem unermeßlichen Komplex von ungelösten Fragen, Widersprüchen, geistigen Notwendigkeiten, beruhend auf dem erneut dominierenden eschatologischen Glauben, jenem kunstvollen dualistischen System *von geistigen und materiellen, irdischen und himmlischen Gütern.* Daß er die sozialökonomischen und politischen Faktoren dabei unberücksichtigt ließ, resultiert nicht allein aus seiner Konzentration auf das geistige Potential der Kunst, auf die ideellen Momente der Motivation. Wir können uns des Eindrucks nicht erwehren, daß er die sozialökonomischen Bedingtheiten des Kunstprozesses für ebenso selbstverständlich wie nachgeordnet erachtete. Es war ihm nur dann der Mühe wert, darauf einzugehen, wenn es zur Erhellung der individuellen Situation und der Entwicklung einer Künstlerpersönlichkeit erforderlich war. So bei Pieter Bruegel der Hinweis auf die Tätigkeit des Künstlers für die Verlagshandlung Hieronymus Cock und auf die Rolle solcher Unternehmen im Sozialgefüge der Niederlande.

Entscheidend für die Beweisführung Dvořáks war das Aufzeigen der Divergenzen innerhalb des Manierismus als bestimmende Charakteristika der neuen Kunstrichtung, die Spannung vom Artifiziellen eines Virtuosentums bis hin zu dem leidenschaftlichen Ausdruck inneren Erlebens und innerer Gesichte, einer Weltbetrachtung, die auf Wissen und Einbildungskraft beruhte. Er wies als erster auf das provozierende Nebeneinander von hartem Realismus und abstrahierender Chiffre, von Wirklichkeit und Transzendenz hin, gewachsen aus der neu errungenen Freiheit, den Realitätsgrad subjektiv zu bestimmen. Dies wurde ihm zum Ausgangspunkt für die Bewertung der Kunst Bruegels als Ausdruck der Individualität und als epochales Ereignis; denn jener Künstler folgte den Forderungen der Zeit, geistig *über dem Stoff und über der Form* zu stehen. Dies offenbarte sich in der Fähigkeit Bruegels, die Tragikomödie des Lebens künstlerisch zu erfassen. Hierbei stieß Dvořák zu der grundlegenden Erkenntnis vor, die den Manierismus der bildenden Kunst vom Odium des Verfalls befreien sollte: die Erkenntnis vom Gewinn neuer Aussagebereiche und neuer ästhetischer Werte. Er widerlegte die Auffassung von einem ins Abseits führenden Nebengleis der Kunstentwicklung, indem er den Manierismus als repräsentativ für die Gesamtheit des Kunstgeschehens einer Epoche betrachtete und sowohl den späten Michelangelo als auch Shakespeare zu dessen Exponenten zählte. Der Verweis auf den großen Engländer erwies sich im Falle Bruegel als außerordentlich fruchtbar. Das Tragikomische in den Dramen Shakespeares erhielt seine Entsprechung durch Bruegels ungeschminkte realistische Volksszenen mit dem Neben- und Ineinander von komischen, grotesken, rührenden, heiteren, sinnenden und andächtigen Haltungen und Charakteren. Dvořák nannte es: Leben als Maßstab des Menschlichen. Diese *frohmütige, gedankenkühne Wirklichkeit,* getragen von breiten Volksschichten, die Bruegel als Hauptakteure in die Kunst einführte, stellte Dvořák in den Zusammenhang der fortgeschrittensten religiösen Strömungen des Zeitalters, sah er als Beweis für die Konstituierung eines neuen bildlichen und poetischen Realismus. Rabelais, Cervantes, Shakespeare, Callot sind ihm Zeugen jener internationalen Entwicklungsphase der Kunst. Auf diese Weise erfuhr der Begriff „Manierismus" eine Wertsteigerung hohen Grades. Selbst wenn wir heute den Wirkungsbereich des Manierismus zurückhaltender einschätzen und seine zeitliche Begrenzung etwa im ersten Jahrzehnt des XVII. Jahrhunderts sehen, so hat Dvořák das entscheidende Moment für das Verständnis und die Wertung dieser Epoche hervorgehoben und bewiesen: Die ungeheure Spannung zwischen realistischer Drastik der Strukturelemente und den Bildformeln für Grenzüberschreitungen, den Wandel vom Stofflichen ins Immaterielle, von räumlich-körperlicher Begrenzung ins Unendliche einer Bewegung oder eines Raumes.

Die Darstellung der künstlerischen Entwicklung und Eigenart Bruegels erreichte bei Dvořák ihren Höhepunkt mit den Analysen der Werke aus der letzten Schaffensphase des Künstlers, eingeleitet durch die „Epiphanie" von 1564 (heute National Gallery London), jenem Gemälde voll innerer Monumentalität, ungeachtet des relativ bescheidenen Formates. Immer wieder ging er dem Verhältnis des Künstlers zur italienischen Malerei, der eigenwilligen Verarbeitung der aus seiner italienischen Reise gewonnenen Erfahrungen nach und präzisierte am individuellen Beispiel ein Wesensmerkmal des Manierismus: das souveräne Spiel mit Kompositionsprinzipien und Strukturelementen der Hochrenaissance, das bis zu diametral entgegengesetztem Charakter der Gesamtstruktur führte.

Die eigentümliche „unitalienische" Wirkung der „italienisch" komponierten „Epiphanie" führte er auf die Besonderheit der dargestellten psychischen Momente zurück; denn Bruegel *baute als erster das geistige Geschehen der Erzäh-*

lung auf dem auf, was wir als Volksseele zu bezeichnen gewöhnt sind, d. h. auf Tatsachen, die für das geistige Leben breiter Volksmassen charakteristisch sind.

Von dieser Position her interpretierte Dvořák die späten Sittenbilder, „Die Lahmen" und „Die Blinden". Erstaunlicherweise blieb er bei ersterem trotz eindringlicher Darstellung der kompositionellen Eigenarten das schuldig, was er bei letzterem mit einem kühnen Vergleich, der dennoch etwas überzogen wirkt, einbringen konnte: Den Hinweis auf die betonte Metaphorik dieser Bilder in ihrer didaktisch-moralischen Komponente, die an das Vanitasmotiv einer späteren Zeit rührt. Der Vergleich der „Blinden" mit Michelangelos „Jüngstem Gericht", so befremdlich er zunächst durch die Divergenzen der Bezugsebenen erscheint, trifft dort zu, wo Dvořák beide Werke als Auseinandersetzung mit den tiefsten Daseinsfragen, den über dem Einzelschicksal stehenden Gewalten, versteht. Allerdings ist nicht zu übersehen, daß ihn hier der Enthusiasmus zu Deklarationen allgemeiner Art führt, die der sonstigen Präzision seiner Beweisführung entbehren.

Die abschließenden Bemerkungen berühren noch einmal das Naturverhältnis Bruegels, dessen künstlerische Formulierung zu den großen Leistungen des Manierismus zählt. Bruegel überwand den formalen Naturalismus vergangener Epochen durch *inhaltlichen Lebensrealismus* als poetische Erfindung und Kunstform, so wie er der unendlichen Variabilität der Natur einen einheitlichen und geschlossenen künstlerischen Organismus entgegenstellte.

Über Greco und den Manierismus: Im Gegensatz zu dem sorgfältig durchstrukturierten Essay über Pieter Bruegel d. Ä. zeigt der Vortrag über El Greco mehr skizzenhaften, aphoristischen Charakter mit nicht ganz ausgewogenen Proportionen der einzelnen Glieder der Beweisführung. Es ist zu spüren, daß in diesem Beitrag konzeptionelle Vorstellungen für eine spätere größere Arbeit entwickelt werden, denen mit Sicherheit da und dort noch Vertiefung zuteil geworden wäre, wenn der Tod dem Bemühen Dvořáks nicht ein Ende gesetzt hätte. So eindrucksvoll und rhetorisch geschickt sich die Eröffnung des Vortrags mit der Interpreta-

tion des „Begräbnisses des Grafen Orgaz" darstellt, die Analyse der Bildstruktur, der Hinweis auf die Verarbeitung von künstlerischen Impulsen, erfahren auf dem langen Weg der Wanderschaft von Kreta über Venedig, Rom nach Spanien, so verzögern die größeren Passagen über das Spätwerk Michelangelos zunächst den Blick auf die Kunst El Grecos. Aber gerade mit dieser Würdigung der bis dahin wenig geschätzten späten Äußerungsformen des großen Bildhauers, Malers und Architekten wird jenes künstlerische Potential ins Bewußtsein gehoben, das eine neue Phase der Kunstentwicklung eröffnen und richtungweisend wirken sollte, wobei auch El Greco auf vielfältige Weise mit einbezogen war. Dennoch können wir uns des Eindrucks nicht entziehen, daß Dvořák, möglicherweise unter Zeitdruck, die Beziehungen allzu geradläufig darstellte und die anaturalistische expressive Bildsprache des alten Michelangelo, das „non-finito" transitorisch gewordener plastischer Formen zu engschlüssig den ornamentalen Konfigurationen vergeistigten Lebens verband, wie sie der Maler aus Kreta geschaffen hat. Tatsächlich war das Verhältnis El Grecos zur Kunst Michelangelos ein ambivalentes gewesen, zwischen Faszination und Abneigung schwingend.
Von Michelangelo übernahm Greco den Anaturalismus der Form, von Tintoretto die anaturalistische Farbe und Komposition. Die Eleganz der Sentenz läßt nicht übersehen, daß Dvořák, der dem Positivismus ablehnend gegenüberstand, unversehens eine positivistische Position anbot, wobei die mit feinem Gefühl ertasteten Spuren eines Beziehungsgefüges zu einer eklektischen „Übernahme" von entscheidenden Strukturelementen vereinfacht worden sind. El Greco war eine viel zu ausgeprägte Persönlichkeit mit hohem Selbstwertgefühl, so daß bewußte Adaptionen bei ihm undenkbar sind. Das schließt jedoch nicht das innere Betroffensein aus, das den jungen Maler in Venedig angesichts des Markus-Zyklus von Tintoretto überwältigt haben mag. Denn die künstlerische Verpflichtung El Grecos gegenüber dem zu seiner Zeit ebenfalls umstrittenen Venezianer wirkte ungleich direkter, die Bindung enger als gegenüber Michelangelo, dem El Greco mit hoher Wahrscheinlichkeit nie begegnet ist.
Dvořák relativierte im Grunde seine apodiktische Feststellung, indem er bemerkte, daß diese nicht ausreichend sei,

den Toledaner Stil des Meisters zu erklären. Wie immer richtete er bei der Suche nach Antworten sein Hauptaugenmerk auf die geistigen Bewegungen der Zeit, die wie alle psychisch fundierten Prozesse den emotionalen Bereich menschlichen Wirkens so stark berühren. Was er zu ergründen suchte, ist die Bedeutung von Reformation und Gegenreformation für die Herausbildung des internationalen Manierismus und im besonderen für die Kunst El Grecos in der Toledaner Zeit. Obwohl der Problemkreis nur angedeutet ist, gelingt es Dvořák, die Vielzahl divergenter Bestrebungen, der geistigen Beunruhigung, die ekstatischen Ausbrüche und rigorosen Verzichtleistungen, die das Weltbild El Grecos mit geformt haben, in einem Punkte darzulegen, wenn er von den Gefühlen und Empfindungen als Quellen der Kunst, vornehmlich in Frankreich und Spanien, spricht, *wo der gewaltige Versuch Luthers, die Religion in die Sphäre des gedanklichen und innerlich Erlebten zu übertragen, so sonderbar es auch klingen mag, tiefer gewirkt hat, als in den protestantischen Ländern selbst, wo dieser Versuch an ein offizielles Kirchentum gebunden blieb* ... Andacht, Meditation, Gefühlserhebung waren ihm Voraussetzungen für einen neuen Spiritualismus der bildenden Kunst. Auch sein Hinweis auf El Grecos Verhältnis zur Mystik berührte Wesentliches, wenn auch die Vermutung Dvořáks, der Weg nach Spanien sei um des mystischen Weltverhältnisses willen erfolgt, das dort so hervorragende Exponenten wie Teresa von Ávila gefunden hatte, eine spätere Entwicklungsstufe El Grecos in die römische Zeit zurückprojiziert. Die unmittelbaren Anlässe für den Aufbruch nach Spanien dürften im Anreiz gelegen haben, den das gewaltige Bau- und Kunstvorhaben Philipps II., die Entstehung des Escorial, auf die Künstler Europas ausübte, und in der für El Greco belastenden Situation römischer Querelen.
Vermerkt sei nochmals, daß Dvořáks Polemik gegen den „Materialismus" immer die mechanistische Ausformung meint, sie mit Utilitarismus gleichsetzt und die Verkümmerung geistigen Lebens und seelischer Werte impliziert.
Der Intensität Rechnung tragend, mit der sich Dvořák in den letzten Jahren seines Lebens dem internationalen Manierismus zugewandt hatte, seien im folgenden drei seiner akademischen Vorlesungen über die Geschichte der italie-

nischen Kunst einbezogen, die den Problemkreis zum Gegenstand haben. Das gesamte Vorlesungsmaterial ist erst sieben Jahre nach dem Tode Dvořáks veröffentlicht worden.

Michelangelo: Den Darlegungen über Michelangelos Werdegang bis zu den Deckenfresken der Sixtinischen Kapelle stellte Dvořák eine Polemik gegen Wölfflins dogmatischen Begriff der Hochrenaissance voran. Jene konservative Auffassung ging davon aus, daß nach 1520 „wohl kein einziges ganz reines Werk mehr entstanden" sei. Diese Meinung implizierte eine Wertung der Hochrenaissance als Absolutum, Ergebnis kontinuierlicher Entwicklung seit dem Quattrocento. Dvořák setzte sich dagegen leidenschaftlich zur Wehr. Er spürte den Divergenzen und heterogenen Strömungen der Renaissance nach. Die Leistung Michelangelos erkannte er als Synthese der künstlerischen Bestrebungen des ganzen Jahrhunderts, die im gesamten europäischen Kulturleben wirksam geworden sind.
Es erscheint selbstverständlich, daß ein Mann, der sich für das Werk Oskar Kokoschkas engagiert hatte und den großen Bewegungen der Kunst am Beginn des XX. Jahrhunderts nahestand, jede verabsolutierende Wertung der Hochrenaissance ablehnen mußte. Die Zeit hat ihm recht gegeben. Auch im Hinblick auf die Großen jenseits der Renaissance, Michelangelo, Tintoretto, El Greco, bewahrheitete sich das Wort, das er für Pieter Bruegel d. Ä. fand: Ein bahnbrechender Künstler stünde niemals außerhalb der geistigen Gesamtlage seiner Zeit; seien die Fäden, die ihn mit ihr verbänden, nicht sichtbar, so läge dies an der noch mangelnden Durchdringung seiner Kunst oder des Zeitalters. – Genau dies traf auf die allgemeine kunstwissenschaftliche Lehrmeinung über den Manierismus am Beginn des XX. Jahrhunderts zu. Erst Jahrzehnte später sollte international den Leistungen des Manierismus die ihnen gebührende Würdigung zuteil werden.

Bereits Michelangelos „David" galt für Dvořák, ungeachtet mancher realistischen Drastik, als eine Schöpfung des *individualistischen Idealismus,* der Verarbeitung der Naturkennt-

nisse und -erfahrungen zu idealer Allgemeingültigkeit und dem Gewinn seelischer Vertiefung. Von diesem gedanklichen Ansatz her erklärte Dvořák auch den aggressiven Gegensatz zu Leonardo da Vinci, dessen Brüskierung im Wettstreit durch Michelangelos Karton zur Schlacht von Cascina, die Darstellung jener beim Baden im Fluß vom Kampfsignal überraschten Soldaten, anstatt der erwarteten Hymne auf martialisches Schlachtgetümmel. In diesem Zusammenhang fand Dvořák die Formel zum Verständnis der Kunst Michelangelos: vollkommene Beherrschung der Anatomie als freies Ausdrucksmittel der Gestaltungskraft, Kunst als freie geistige Tätigkeit, mit der die Fesseln des Empirismus gesprengt werden. So gewann die Kunst *einen völlig selbständigen, von anderen Wertmaßstäben unabhängigen Zweck und Inhalt.* Nachdem er den Emanzipationsprozeß der Kunst, die Betonung des subjektiven Anspruchs und die Freiheit von Formfindungen am Schaffen Michelangelos nachgewiesen hatte, eröffnete sich Dvořák den Weg zu den späteren Künstlerpersönlichkeiten des XVI. Jahrhunderts und befestigte das Fundament, auf dem er seine Wertung des Manierismus aufgebaut hatte.
Bemerkenswert ist weiterhin Dvořáks Sicht auf die in der Kunstgeschichtsschreibung immer wieder apostrophierte „Tragödie des Julius-Grabmals", die aus Unverständnis des Auftraggebers und seiner Erben entstanden sei. Mit der ursprünglich gewaltigen Konzeption, dem Hymnus auf den menschlichen Geist, der um Befreiung von seinen Fesseln ringt, mußte der Künstler an die Grenzen dessen rühren, was als Apotheose eines Kirchenfürsten denkmöglich war. Die Gründe für das Scheitern des Projekts, ungeachtet des dokumentarischen Materials, eher in Michelangelos gewandelter innerer Haltung als im Unverständnis des Papstes zu sehen, zeugt von großem Einfühlungsvermögen in die Divergenzen eines bedeutenden Charakters; denn *hielt das Feuer einer inneren Begeisterung an, so bewältigte er auch das Ungeheuerlichste spielend.*
Ein Beispiel für die präzise sozialpsychologische Argumentation ist Dvořáks Interpretation des Verhaltens von Julius II. Der Papst mag von seiner Warte aus die Hybris des Projekts tatsächlich empfunden haben, die darin lag, eine Begräbnisstätte für den höchsten Diener der Kirche als De-

monstration des siegreichen Geistes, des Göttlichen im Menschen, künstlerisch interpretiert zu wissen. Die Schlußfolgerung, anstelle dessen sei in der Wertskala des Papstes der Neubau des Petersdomes an die erste Stelle getreten, wirkt durchaus überzeugend. Auch der Hinweis, Michelangelo habe die bildlichen Vorstellungen des Grabmals in den Fresken der Sixtinischen Kapelle verwirklicht, gehört zu den Einsichten, die tieferes Verständnis bewirken. Bei der Frage nach dem Sinn des Ganzen nahm Dvořák im Grunde spätere Diskussionen vorweg und widerlegte geistreiche Argumentationen, die bis heute immer wieder laut werden. Handelt es sich bei der ideellen Aussage Michelangelos um die Darstellung einer Vereinigung der platonischen Ideen mit dem Christentum, um eine Bezugnahme zur Ästhetik des Marsilio Ficino oder zu Dantes „Göttlicher Komödie"? Dvořák spricht diesen Bezügen mit Recht nur sekundäre Bedeutung zu. Kunst ist keine Illustration ästhetischer Postulate und philosophischer Sentenzen. Er wies auf jenes Moment hin, das ihm erstaunlicherweise bei der Interpretation der vorausgegangenen Arbeiten nicht ins Gesichtsfeld getreten war: die Verpflichtung Michelangelos gegenüber traditionellen inhaltlichen Organisationsprinzipien von Bildfolgen. Wenn er davon sprach, daß die Decke das Walten Gottes ante legem, vor der Gesetzgebung durch Moses, die Wände die Gesetzgebung durch Moses und Jesus zum Gegenstand hätten, berührte er, ohne es auszusprechen, die augustinische Typologie, der Michelangelo, wenn auch in freier Weise, folgte. So finden wir die Gliederung in drei große thematische Komplexe szenischer Darstellungen, die aufeinander bezogen sind, bei den Fresken in der Sixtinischen Kapelle abgewandelt wieder. Die Deckengemälde bieten das alttestamentliche Geschehen „ante legem" neben dem „sub lege", unter dem Gesetz Gottes, das Moses übermittelt hatte. Demgegenüber formuliert das „Jüngste Gericht" der Stirnwand, auf das Dvořák in der Vorlesung über den Spätstil Michelangelos einging, das große Thema der Gnade Gottes – sub gratia – als Gegentyp zu den Darstellungen alttestamentlicher Begebenheiten.

Dvořáks Interpretation der Deckenfresken Michelangelos und der Cappella Medici dürfte als beispielhaft gelten. Sachliche Information, einfühlsame Analysen der Bildstruktur, die zu einer Darstellung des ideellen Gehaltes hinleiten, befestigen das Bild von der epochalen Leistung Michelangelos: künstlerische Verkörperung der materiellen und geistigen Gewalten, die dem menschlichen Dasein Inhalt und Größe verleihen.

Der Spätstil Michelangelos: War schon in der vorangegangenen Vorlesung über Michelangelo von Dvořák darauf hingewiesen worden, daß dessen die Raumgrenzen negierenden Fresken einen Bruch mit dem architektonischen Empfinden bedeuteten, so konstatierte er beim „Jüngsten Gericht" einen neuen Begriff des Raumes, der nichts Begrenztes, Körperliches habe, kein bloßer optischer Eindruck sei, *sondern einzig und allein ein an sich unmeßbarer und jeder künstlerischen Gestaltung sich entziehender Gegensatz zum Körperlichen, der nur aus der kubischen Ausbreitung der Körper und ihrer Bewegung erkannt werden kann.*
Damit kennzeichnete Dvořák das strukturbestimmende Moment des Manierismus, das diese Kunst fundamental von der des Barocks mit ihrem Pathos räumlicher Unendlichkeit unterscheidet: der Raum als Attribut und Hülle beseelter Körper. Auch der Feststellung, daß das „Jüngste Gericht" zur Quelle eines neuen Stiles und einer neuen künstlerischen Gesinnung geworden sei, dürfen wir uneingeschränkt zustimmen. Aus der Distanz fast eines dreiviertel Jahrhunderts können wir heute die Wertung Dvořáks weitergehend verallgemeinern: Seit über vierhundert Jahren kann kein Künstler, der sich der Mühe figuraler Darstellung unterzieht, am späten Michelangelo vorbei, ohne unglaubwürdig zu werden.
Der Tatsache, daß die Vorlesungen Dvořáks zunächst gar nicht für eine Veröffentlichung gedacht waren, mag es zuzuschreiben sein, wenn insbesondere bei der knappen Skizzierung des „Jüngsten Gerichts" mancher Wunsch nach überzeugender Interpretation offenbleibt. So mutet es seltsam pauschal und formelhaft an, das Wandgemälde als die *in einem einzigen dramatischen Geschehen zusammengefaßte ewige Tragödie der Menschheit* zu bezeichnen, dargeboten von Gestalten, die um ihr Schicksal ringen. Gewiß, in einem weiten Sinne trifft jene verallgemeinernde Formulierung zu,

nur gleitet sie über die Schroffen und Abgründe bildgewordener existentieller Entscheidungsfragen einer Epoche nach Bewahrung oder Verlust der Integrität, den Freiheitsgraden von Gnade oder Verdienst, seltsam ornamental-jugendstilhaft dahin. Auch ist verwunderlich, daß einem so einfühlsamen Kenner der niederländischen Malerei angesichts des „Jüngsten Gerichts“ nicht die Frage nach dem tiefgehenden Wandel in der künstlerischen Formulierung des Höllensturzes und seines geistigen Gehaltes aufgetaucht ist.

Dvořáks Bewertung der letzten skulpturalen Ausformung des Pietà-Motivs bricht eine weitere Bahn im Feld der Vorurteile und ästhetischer Klischees. Sie, die Pietà Rondanini, die zu jahrhundertelanger Kritik an Michelangelo Anlaß gegeben hatte, erschien nunmehr in ihrer Würde und Schönheit durch das Wort dargeboten: ... *eine vollkommene Einheit von materieller Form und geistigem Inhalt, Körper und Gefühl und beides reiner Ausdruck inneren geistigen Lebens.*

Aus dem berechtigten Bedürfnis heraus, das ingeniöse Werk Michelangelos in seiner epochemachenden Bedeutung herauszustellen und dem mißvergnügten Gemäkel eines mediokren Geschmacksurteils Einhalt zu gebieten, ist Dvořák auf die Schaffensprobleme des Meisters kaum eingegangen, auf die Qualen des Nicht-Genügens, die mangelnde Willfährigkeit der schaffenden Hände, die dem „concetto“, dem sich wandelnden inneren Bild, nicht Genüge getan hatten, und nicht auf die quälenden Tücken des Materials. Denn die Genialität des Unvollendeten war Ergebnis, aber nicht Intention des Künstlers gewesen. Wie dem auch sei, wir verdanken Dvořák jene Sicht auf Michelangelo, in der die Persönlichkeit und das Werk in allen Phasen des Werdens und Vollendens als eine spannungsreiche Einheit erscheint und nicht selektiv dieses oder jenes, einem flüchtigen Tagesurteil der Opportunität zuliebe, in das Licht gestellt wird, um anderes zu verdunkeln.

Tintoretto: Die glanzvollste der Vorlesungen, Tintoretto gewidmet, ist in vielem unübertroffen bis auf den heutigen Tag. Nirgendwo sonst hat Dvořák ein so dichtes Gewebe von genauen Beobachtungen und Bildanalysen, dem Aufspüren von Beziehungen, Motivationen sozialer und individueller Gegebenheiten ausgebreitet, auch nicht in der „Apokalypse", wie bei der Darstellung einer Kunst und eines Künstlers, den er als den eigentlichen Erben Michelangelos erkannte. Hier verließ er erneut die traditionellen Bahnen enger Kausalität, des Nachweisens von direkten Einflüssen und Übernahmen, und stieß zum Kern vor: die Kongenialität zweier unterschiedlicher Künstlerpersönlichkeiten, ihre geistige Nähe im Anliegen und der strukturellen Grundlage ihrer Kunst, obwohl beide aus sehr unterschiedlicher künstlerischer Umgebung kamen. In diesem Sinne geht der Exkurs über Tintoretto auch methodologisch über das Niveau des Greco-Aufsatzes hinaus. So fixierte Dvořák bereits zu Beginn der Darlegungen seine Position und schuf die Urteilsbasis für die Bewertung. Nirgendwo ist er derart intensiv auf die sozialen Bedingungen der Zeit und des engeren Lebenskreises eingegangen, in dem der Künstler sich bewegte. Auch die Entgegensetzung zu Tizian deutete er dadurch an, daß er auf die unterschiedlichen sozialen Sphären hinwies, denen die Auftraggeber der beiden venezianischen Meister entstammten. Indirekt erfolgte auch der Hinweis auf die spezifische soziale Funktion der Kunstwerke, die ebenfalls bei beiden nicht deckungsgleich war. Tintoretto habe in der Hauptsache für andere Auftraggeber gearbeitet als Tizian: ... *nicht für Fürsten und Könige und zunächst auch nicht für die Republik – erst in seinem Alter erhielt er größere Staatsaufträge –, sondern für Zünfte und besonders für Konfraternitäten, die in Venedig eine große Rolle spielten.* Die knappe Schilderung der Sozialstruktur, der karitativen und religiösen Aufgaben, der Blick auf die Geschichte der Bruderschaften, legten ihm den Schluß nahe, Tintoretto sei am Anfang der Lieblingsmaler kleiner Leute gewesen. Es fällt heute relativ leicht, ausgestattet mit dem Wissen um neues Quellenmaterial und um die komplizierten Vorgänge der Kunstrezeption, zu vermerken, daß Dvořák sowohl die soziale Position der Bruderschaften als auch den anfänglichen Widerstand führender Mitglieder der Scuola Grande di San Rocco gegenüber der Kunst Tintorettos, die latente Rivalität mit Tizian auch auf diesem Felde zu gering veranschlagt hat. Das Sozialprestige dieser Vereinigungen war außerordentlich hoch, die Wahl zum

Mitglied eine Auszeichnung, die, von Tintoretto heiß ersehnt, dem Künstler erst nach Jahren seines Wirkens zuteil wurde.
Von grundlegender Bedeutung blieb jedoch der Hinweis auf den unmittelbaren Zusammenhang zwischen dem Aufblühen der Konfraternitäten im XVI. Jahrhundert und einer breiten Volksbewegung vertiefter Religiosität und sittlicher Erneuerung. Wenn auch nicht ausdrücklich die Gegenreformation mit ihren divergenten Strömungen benannt wurde, so konstatierte Dvořák beim Lieblingsthema Tintorettos, dem „Letzten Abendmahl", die besondere Bedeutung der Eucharistie als Ausdruck der mystischen Vereinigung mit Gott. Auch hier deutete Dvořák ein Bezugsfeld an, das mehr darstellt als den Ausdruck eines bestimmten geistigen Klimas, aus dem Kunst erwächst. Dieses Bezugsfeld implizierte die soziale Motivation, das Bedürfnis weiter Kreise des Volkes nach Selbstverwirklichung durch Bestätigung der Integrität in einer verinnerlichten Religionsausübung und in Werken der Humanitas. Folgerichtig konzentrierte sich Dvořák auf die Interpretation der Werke religiöser Thematik, um sein Zwischenresümee der Wertung vorzubereiten bzw. zu bestätigen. Als Quintessenz der Kunst Tintorettos formulierte er: *Alles, was die Kunst an realistischer Schilderung, an formalen Lösungen und farbiger Wirkung als Vermächtnis von der vorangehenden Entwicklung übernommen hat, erhält einen neuen Sinn: ist kein selbständiger Inhalt mehr, sondern nur der Wirkungskreis einer höheren Geistigkeit und Ausdruck übermaterieller Ereignisse, die diesen Kreis mit ihrer Bedeutsamkeit und ihrem Zauber erfüllen.*
Auch der Hinweis auf Tintorettos Nähe zu einem Maler des Nordens, Rembrandt, erhellt eine geistige Berührung, die dem Gestaltungsmittel des Hell–Dunkel, den lockeren Pinselspuren, die strömendes Licht oder diffuse Schattenzonen bezeichnen, den Glanz des Immateriellen verleihen und nicht mehr Beleuchtung, sondern Chiffren des Seelischen sind, Unendlichkeit beschwören. Jene Bemerkung Dvořáks läßt wieder die unkonventionelle Art der Problemfindung sichtbar werden. Hier geht es nicht in erster Linie um Einflußnahmen, Traditionslinien nationaler und territorialer Provenienz, sondern um das Grundmuster des Intentionalen, das den Venezianer und gläubigen Katholiken mit

dem holländischen Kalvinisten, dem Verfechter Spinozascher Toleranzgedanken, verbindet: die Überwindung der dinglichen Begrenztheit im Räumlich-Gegenständlichen durch Bildstrukturen, die Zeichen für das Unwägbare seelischer Spannungen und geistiger Aktionen zu Metaphern von Unendlichkeit und Ewigkeit werden lassen.

Der Verzicht auf eine Interpretation der Gemälde zu mythologischen Themen, die den gesamten Entwicklungsgang Tintorettos begleiten, birgt allerdings die Gefahr einer gewissen Einseitigkeit. In jenen Arbeiten, vor allem in denen für den Dogenpalast, gelangt höchst Bedeutsames zum Ausdruck, das signifikant ist für das Weltverhältnis Tintorettos: die Verinnerlichung und psychologische Durchdringung mythologischer Gestalten. Die Geschehnisse werden dadurch zu persönlichen Entscheidungen in Grundsituationen menschlichen Zusammenlebens. Aber zu Beginn des XX. Jahrhunderts war die Zeit noch nicht gekommen, die Antikerezeption von Renaissance und Manierismus nicht als Kontrahenten christlicher Lebenshaltung, sondern als deren integrierenden Teil zu erkennen.

Die Kunst Tintorettos in den Zusammenhang mit dem internationalen Manierismus gestellt und ihren geistigen Gehalt der Erneuerung mystischen Weltverhältnisses durch die revolutionären Bewegungen im XVI. Jahrhundert verbunden zu haben, ist das entscheidende Verdienst Dvořáks.

Hinsichtlich der Abfolge der Entstehung bei den Bilderzyklen in der Scuola Grande di San Rocco wissen wir heute Genaueres – der Marienzyklus der Sala Terrena, des unteren Saales, ist als letzter 1582–1587 entstanden. Dies schmälert jedoch nicht den Wert der Bildinterpretationen. Auch hinsichtlich der Farbhaltung ist Dvořák durch den Augenschein zu einer irrtümlichen Schlußfolgerung gelangt. Seinerzeit standen noch nicht die modernen Methoden chemo-physikalischer Untersuchung zur Verfügung. Tintoretto hatte seine „coloristischen Effekte“ keineswegs in der letzten Schaffensperiode aufgegeben. Die Gemälde der Sala Superiore täuschten eine gewisse Stumpfheit und Monochromie nur vor: die Folge eines zu mageren Farbauftrages, vor allem des kostbaren Ultramarins, aus Gründen der Sparsamkeit. Den Gegenbeweis liefert die edelsteinartige Farbigkeit der letzten Werke Tintorettos, die „Mannalese“ in der Kirche San Giorgio Maggiore, und das restaurierte monumentale „Jüngste Gericht“ aus dem Saal des Großes Rates im Dogenpalast.

Idealismus und Naturalismus in der gotischen Skulptur und Malerei: Keiner der Aufsätze Dvořáks besitzt eine solch polemische Schärfe wie diese Arbeit. Die Abhandlung entstand in den ersten beiden Jahren des Ordinariats und wurde mit besonderer Sorgfalt ausgearbeitet, galt es doch, eine der großartigsten Epochen europäischer Kunst durch eindringliche und umfassende Beweisführung vom Odium des Primitiven in Malerei und Skulptur zu befreien. Jenes Vorurteil entstammte wesentlich den kunsttheoretischen Bemühungen der italienischen Renaissance und wurde durch alle Phasen programmatischer Antike-Adaption hindurch weitergereicht. Die Architektur hingegen mit ihrer konstruktiven Kühnheit und ihrer tektonisch genau kalkulierten Formphantasie stand seit Goethes Aufsatz über das Straßburger Münster (erschienen 1773) und den enthusiastischen Lobpreisungen der Romantik in Wort und Bild im Bewußtsein der kunstinteressierten Öffentlichkeit als spezifisch nationale Leistung deutscher Kultur und Kunst. So richtete sich Dvořáks Offensive nicht zuletzt gegen die Auffassungen, die Wilhelm Worringer (1881–1964) in seiner Veröffentlichung „Formprobleme der Gotik“ (erschienen 1911) vorgetragen hat. Jene Behauptungen eines „gotischen Formwillens“ nordischer Völker, die Tendenz zu „übersinnlicher Ausdruckssteigerung“ waren nicht nur willkürlich und historisch falsch, sondern leisteten zwanzig Jahre später der Hypertrophie rassistischen Denkens in Kunst und Kunstgeschichte Vorschub.
Von Anfang an umriß Dvořák seine Position gegenüber der bildenden Kunst der Gotik mit äußerster Genauigkeit, eine Position, die er im übrigen grundsätzlich bei der Beurteilung von Kunstleistungen einnahm, aus welcher Epoche sie auch stammen mochten: er anerkannte das Inkomparable, die Unmöglichkeit, eine abstrakte Wertung mittelalterlicher Kunst im Hinblick auf Antike oder Neuzeit zu vollziehen. Gerade bei derartigen Versuchen ereigneten sich die ten-

denziösen Entstellungen, das Übersehen oder absichtsvolle Verschweigen wesentlicher Sachverhalte, wie zum Beispiel der realistischen Komponenten gotischer Kunst, von Dvořák als *naturalistische Errungenschaften* bezeichnet, die den Ansatz boten für das Herausbilden realistischer Dominanten zur Zeit der Renaissance.

Zu wiederholten Malen wies Dvořák auf die Notwendigkeit hin, die Weltanschauung des Mittelalters als etwas sich Entwickelndes, Dynamisches, und nicht allein als starre Dogmatik zu betrachten. Beweis dessen war ihm die immer stärkere Zuwendung des Denkens zur Realität, zur Natur und zu den Erscheinungsformen und Wirkungsweisen des menschlichen Lebens. Diese neuen Blickpunkte wurden dem mittelalterlichen Transzendentalismus verbunden und die daraus resultierenden Sachverhalte in dessen Wertskala integriert. *Nicht der kümmerliche Behelf des Werkstattbetriebes, die Rezeptenbücher, auf die man sich zu berufen pflegt, sind der theoretische Kommentar zu der Wiedergeburt einer idealistischen, monumentalen Kunst im Mittelalter und zu den in ihr beschlossenen neuen Schöpfungen aus der Natur, sondern die Werke der großen mittelalterlichen Denker, für die das Problem der Stellung der Menschen zu gewaltigen geistigen Abstraktionen in die durch sie bedingte Auffassung der Welt der Sinne durch Jahrhunderte der Mittelpunkt der geistigen Interessen gewesen ist.*
Die Aufhebung des Sensualismus antiker Kunst durch den in der Spätantike sich vorbereitenden Spiritualismus betrachtete Dvořák als die Grundvoraussetzung für die Entwicklung der mittelalterlichen Kunst. Immer aber bemühte er sich, das Wesen der Gotik deutlich von der frühmittelalterlichen Kunst mit ihrem chiffrenhaften Antimaterialismus abzuheben. Die Komplexität vom Erlebnis des Sinnlich-Wahrnehmbaren und den transzendenten Zielvorstellungen erfuhr durch ihn erstmals eine ebenso feinfühlige wie logisch-konsequente Darstellung. Die Entdeckung und Wertung von Natur und Menschenleben vom Blickpunkt des christlichen Spiritualismus aus wird zum Angelpunkt für Dvořáks Beweisführung. Besonders verdienstvoll ist der Hinweis auf die Motivation für den Eintritt der germanischen Völker in den Kreis der alten Mittelmeerkunst, ein Hinweis, der ebenso Gültigkeit für die keltischen und sla-

wischen Völkerschaften besitzt, die im 1. Jahrtausend unserer Zeitrechnung die gleiche Konfrontation erlebten. Der chiffrenhafte Abstraktionsgrad einer phantasiereichen, spiritualistischen Kunst ermöglichte die Aufnahme und Verarbeitung des ornamental-symbolhaften Formenschatzes jener herandrängenden Völkerschaften. Im Prinzip erfolgte durch diese Auffassung schon die Absage an jede nationalistische und rassistische Kunsttheorie späterer Zeit.

Vielleicht hat Dvořák dem gewaltigen emotionalen Schub und dem weltanschaulichen Potential der Mystik, die sich seit dem XIV. Jahrhundert als eine kontroverse geistige und soziale Bewegung herausgebildet hatte, nicht genügend Aufmerksamkeit gewidmet. Gewiß, die führenden Vertreter, wie Meister Eckhart, verstanden sich als Sachwalter der Scholastik, insbesondere des Thomas von Aquino, doch die Proklamation des Rechts auf ein persönliches Verhältnis zum Göttlichen steigerte die Intensität subjektiven Erlebens und öffnete die Individualität den Erscheinungsformen des Lebendigen inmitten kosmischer Weite.
Dvořák wandte sich gegen die abwertende Haltung, die Darstellung der Natur in der gotischen Kunst als „erste Versuche“ zu bezeichnen, und wies zu wiederholten Malen darauf hin, daß die mittelalterliche Kunst die Welt der materiellen Werte in das System geistiger Weltordnung eingefügt habe. Alle natürlichen Formen erläutern eine a priori gegebene ideale Konzeption. Naturalismus und Idealismus gotischer Kunst befinden sich nach Dvořák nicht im Zwiespalt, beide bauten auf dem Primat einer spirituell-idealistischen Weltkonstruktion. Für Dvořák lag der Dualismus der mittelalterlichen Kunst in der verschieden angestrebten oder erzielten Vereinigung der alten und neuen Elemente der natürlichen Erfahrung mit denen einer ins Transzendente strebenden Glaubenshaltung. So wird durch Dvořáks Darstellung der gotischen Kunst die Fähigkeit zur Originalität der Formfindung und das Recht auf eigenständige Konzeption außerhalb der klassischen Normen nach Jahrhunderten der Abwertung und des Zweifels wieder zuerkannt, die Nachahmung der Natur als alleingültige Forderung allen Kunstschaffens relativiert und mit dem jeweiligen historischen Kontext verbunden.

Im Kapitel „Das neue Verhältnis zur Natur" konzentrierte sich Dvořák auf die Entwicklung des Menschenbildes, der beseelten menschlichen Gestalt in der gotischen Kunst. Die Überwindung des Kristallinisch-Unbewegten frühmittelalterlicher Skulptur erfolgte durch geistige Belebung, durch *Auffassung des Menschen als geistiger Persönlichkeit.* Die menschliche Gestalt wurde als Individualität interpretiert. Dem Figurenaufbau und der Komposition lagen Beziehungen des Geistigen zugrunde, die auch in den Erscheinungen der Realität und nicht allein im Transzendenten gesucht worden sind. Dvořák äußerte sich nicht über die sozialhistorischen Vorgänge und deutete die sozial-psychologischen Momente nur an, die dieser neuen Kunstauffassung der Gotik zugrunde lagen, wenn er vom *inneren Säkularisierungsprozeß* seit der zweiten Hälfte des XII. Jahrhunderts sprach. Uns bleibt zu ergänzen, daß jener Säkularisierungsprozeß durch das wachsende Potential des Städtebürgertums getragen wurde, durch das allmähliche Bewußtwerden des Persönlichkeitsanspruchs aufgrund der zunehmenden sozialen Bedeutung jener Schichten.
Wichtig war, daß Dvořák auf die Stoßkraft der aus der Scholastik erwachsenen Gegenströmung, repräsentiert durch Duns Scotus, Roger Bacon und die Averroisten hingewiesen hat und die Lehre von der doppelten Wahrheit mit dem durchaus noch zwiespältigen Verhältnis zur Natur als Wiege der autonomen, unabhängigen Wissenschaft apostrophierte. Grundlagen also, ohne die Giottos Stil, Paraphrase und Monumentalisierung der sinnlichen Wirklichkeit, nicht denkbar gewesen wäre.
Diese Entwicklung zur Autonomie der Kunst, oder, wie Dvořák sagte, zur dritten geistigen Weltmacht neben Theologie und Naturwissenschaften im späten Mittelalter, schuf einen neuen Begriff des Kunstwerks, dem nunmehr die sinnliche Anschauung und Erfahrung zugrunde lag. Der Norden und der Süden gingen dabei verschiedene Wege bei der Lösung des Problems, über die Vereinzelung der Naturstudien hinauszugehen und zu einem ästhetisch überzeugenden Bildbau zu gelangen, der mehr war als die Summierung von einzelnen Naturbeobachtungen. Als ihre Repräsentanten nannte er Jan van Eyck und die Malerei von Florenz, von Giotto zum Quattrocento führend.

Katakombenmalerei: Auch der 1919 geschriebene Aufsatz über die Anfänge der christlichen Kunst ist Fragment geblieben. Ihm fehlt der abschließende Teil, die Untersuchungen über die altchristliche Architektur. Dies war auch der Grund, weshalb die vorliegenden Ausführungen nicht schon zu Lebzeiten des Autors veröffentlicht worden sind, obwohl sie mit Schärfe und Entschiedenheit in die damalige Diskussion über Herkunft und Wertposition der altchristlichen Kunst eingreifen. Dvořák verteidigte deren künstlerische Eigenständigkeit und ästhetische Überzeugungskraft. Den ersten Anstoß für die Problemfindung mag das Erlebnis der Gräberstraße Alyscamps bei Arles gegeben haben mit dem Nebeneinander von gallorömischen und frühchristlichen Sarkophagen, den zweiten die Veröffentlichung von Joseph W. Wilpert „Die Malereien der Katakomben Roms", Freiburg 1903. Mit jener Publikation war das Feld der divergenten Meinungen abgesteckt; denn Wilpert setzte der ebenso gängigen wie bequemen These von der frühchristlichen Kunst als Teil der Spätantike, nur mit verändertem ideologischem Vorzeichen, eine differenziertere entgegen, die, wie wir heute wissen, in einigen Punkten das kunstvolle Geflecht struktureller Innovation und heterogener Traditionsbeziehungen anvisierte. Diese Tatsache entkräftet jedoch nicht den prinzipiellen Einwand Dvořáks und entwertet ebensowenig die vorgetragene Gegenposition. Zunächst bestimmte der Wiener Kunsthistoriker den Rang der Katakombenmalereien, indem er sie den Wandmalereien Pompejis zur Seite stellte. Auch seine zeitliche Bestimmung besitzt Gültigkeit bis auf den heutigen Tag: Beginn im II. Jahrhundert unserer Zeit, Höhepunkt im III. Jahrhundert, Ausklang und Strukturwandel im IV. Jahrhundert, als das Christentum Staatsreligion geworden war. Er wandte sich gegen die Annahme, die ältesten Malereien seien zur Zeit der Abfassung der Evangelientexte im I. Jahrhundert entstanden. Wäre dies der Fall, müßten sie sich seiner Meinung nach strukturell unmittelbar an den vierten pompejanischen Stil anschließen, jenen spätantiken Sensualismus visueller Phantasie. Das Gegenteil war jedoch der Fall. Dvořák wies ausdrücklich darauf hin, daß, ungeachtet der Übernahme einzelner antiker Symbole und deren Transposition in das christliche Verständnis, sich die Kata-

kombenmalereien ikonographisch und strukturell weitgehend von der gleichzeitigen spätantiken Kunst unterscheiden. In gewisser Weise scheint Dvořák hier seiner Grundauffassung von einer Kunstentwicklung ohne jähe Brüche und Zäsuren zu widersprechen, wie er sie zuerst bei der Interpretation der Alyscamps geäußert hatte. Im weiteren Verlauf der Darlegungen wird jedoch deutlich, daß, vor allem in der Auseinandersetzung mit Wilpert, zunächst einmal Positionen präzisiert und eingegrenzt werden, von denen aus Dvořák allmählich, vielleicht nicht immer mit letzter Ausgewogenheit, Beziehungen und Bindungen gelten ließ, denen er allerdings anderes Gewicht zumaß, als es seine wissenschaftlichen Kontrahenten getan hatten. Die energische Positionsbestimmung hatte zur Folge, daß die eine oder andere nachdenkenswerte Feststellung Wilperts unberücksichtigt blieb, zum Beispiel der Unterschied im Artifiziellen der Wandmalereien, die Vermutung, einige davon seien von Künstlern mit spätantiker Tradition geschaffen und stünden im Gegensatz zum Handwerksmäßigen jener Kunst armer Leute, womit er indirekt auf veränderte soziale Faktoren hingewiesen hat. Auch die Annahme eines Einflusses, den die orientalische Vorstellungswelt auf die frühchristliche Kunst ausgeübt haben könnte, gehört zu den wichtigen Punkten der Wilpertschen Darlegungen.
Dvořák anerkannte jedoch das Grundlegende der Leistung von Joseph W. Wilpert trotz abweichender oder entgegengesetzter Gesichtspunkte. Die Quintessenz der eigenen Untersuchungen lag in der Feststellung des fundamentalen Unterschieds zwischen Katakombenmalerei und gleichzeitiger offizieller antiker Kunst: *Was wir jedoch in den Katakomben finden, ist nicht eine geringere Qualität des Gewollten und Erreichten, sondern eine andere Kunst, der klassischen gegenüber eine neue Kunst.*

Dvořák distanzierte sich ebenfalls von Oskar W. Wulffs „Die altchristliche Kunst von ihren Anfängen bis zur Mitte des 1. Jahrtausends“. Nach Auffassung dieses Autors hatte sich die neue Kunst als „Urzeugung“ aus primitiven Bildideen entwickelt, wie sie durch Amulette altchristlicher Zeit, orientalische und folkloristische Schemata sowie antike Relikte repräsentiert sei. Die Begründung für die Ablehnung war relativ einfach und ergab sich aus der Funktion der Katakombenmalerei in ihren innigen Beziehungen zu den Totengebeten, wie auch aus der Absurdität der Annahme, in den Wandgemälden monumentalisierte Bildschemata primitiver Devotionalien sehen zu wollen. Die Grundtendenz der Auffassung Wulffs mußte den Historiker Dvořák ob ihrer pseudo-mystischen Verschwommenheit im Besonderen stören. Der Gedanke an eine aus den Tiefen der Volksseele gewachsene Urkunst inmitten der hochdifferenzierten Kunst der Spätantike signalisierte jedoch bereits jene „völkische" Hybris späterer Tage. Im Zusammenhang mit diesen Entgegnungen betonte Dvořák die generelle Beziehung der frühchristlichen Kunst zur Antike und kennzeichnete die Amplituden der Entwicklung: das allmähliche Herauskristallisieren chiffrenhafter Abstraktionen aus dem reichen Formenschatz spätantiker Kunst durch die Prägnanz des Linearen, den Verzicht auf alles Illusionistische des Räumlich-Körperlichen. Er begründete diesen Vorgang, der uns in der vieltausendjährigen Entwicklung der Kunst gar nicht selten begegnet, indem er auf die veränderte soziale Funktion und die veränderten Motivationen und Intentionen einging. Auf diese Weise vollzog er den notwendigen Schritt zur Wertung der frühchristlichen Kunst als eines sozialen und künstlerischen Phänomens. Jene Wertung führte zur entscheidenden Orientierung für das Verständnis der gesamten mittelalterlichen Kunst.

Wenn er die Katakombenmalerei als die radikalste, vorgeschrittenste und konsequenteste Strömung des III. Jahrhunderts bezeichnete, so bezog er sich auf die Kühnheit der Formfindung, den Ausdruck eines gegenüber der Spätantike weiterentwickelten Spiritualismus mit der Notwendigkeit der subjektiven emotionalen und gedanklichen Beteiligung des Betrachters. Dieser sollte durch die prägnante Kunst der Symbolzeichen und -beziehungen aufgefordert werden, sein empfindendes Ich mit der Unendlichkeit des Göttlichen in Beziehung zu setzen, dem Gedanken des bevorstehenden Weltgerichts Raum zu geben und sich innerlich darauf vorzubereiten. Eine solche, wie Dvořák sagte, psychozentristische Auffassung der Welt relativierte die Erfahrung der Wirklichkeit, schuf Freiheit im Geiste in einer bedrohlichen, destruktiven Welt, bot psychische Überlebenschancen für eine Minorität, deren seelische Spannkraft neue soziale Beziehungen und Abhängigkeiten ahnungsvoll vorwegnahm und gedanklich vorbereitete, Zukunft in sich barg.

Dresden, Mai 1988

1 Jaromir Neumann, Das Werk Max Dvořáks und die Gegenwart, S. 183, in: Acta Historiae Artium, Budapest 1962.
2 Max Dvořák, Denkmalpflege, in: Mitteilungen des Bundesdenkmalamtes Band II–V, Heft 5, S. 93ff., Wien 1920.
3 Max Dvořák, Idealismus und Naturalismus in der gotischen Skulptur und Malerei, in unserer Ausgabe, S. 226.
4 Ebenda.
5 Werner Hofmann, Experiment Weltuntergang – Wien um 1900, Katalog der Hamburger Kunsthalle, München 1981.
6 Nach Dagobert Frey, Max Dvořáks Stellung in der Kunstgeschichte, in: Max Dvořák zum Gedächtnis, Wien 1922, S. 5.
7 Ebenda, S. 5.
8 Ebenda, S. 4.
9 Max Dvořák, Spanische Bilder einer österreichischen Ahnengalerie, Kunstgeschichtliches Jahrbuch der K. K. Zentralkommission für Denkmalpflege I, 1907, S. 27, in: Dagobert Frey, a. a. O., S. 2.
10 Max Dvořák, Kunstgeschichtliche Anzeigen 1911, S. 90, in: Dagobert Frey, a. a. O., S. 9.
11 Karl M. Swoboda, Johannes Wilde, Vorwort der Herausgeber, in: Kunstgeschichte als Geistesgeschichte, München 1924, S. X.
12 Ebenda, S. XI.
13 Werner Weisbach, Gegenreformation – Manierismus – Barock, in: Repetitorium für Kunstwissenschaft, Bd. 49, Berlin/Leipzig 1928.
14 Fortunat Schubert-Soldern, Professor Dr. Max Dvořák, in: Mitteilungen des Bundesdenkmalamtes Bd. II–V, Heft 5, S. 13ff., Wien 1920.
15 Karl M. Swoboda, Johannes Wilde, a. a. O., S. XI.
16 Ebenda, S. XI.

Zu den Abbildungen und Texten

Die Maße der Holzschnitte von Dürer (1–3): Apokalyptische Reiter 39,4 × 28,1; Johannes verschlingt das Buch 39,1 × 28,4; Johannes erhält die Weisung 39,3 × 28,1. Technik, Maß, Standort bei Pieter Bruegel d. Ä. (4–7): Die Anbetung Öl/Holz, 108 × 83 cm; London, National Gallery; Der Bauerntanz Öl/Holz, 114 × 164 cm, Wien, Kunsthistorisches Museum; Das Gleichnis von den Blinden Tempera/Leinwand, 86 × 154 cm, Neapel, Museo Nationale. El Greco (8–11): Das Begräbnis Öl/Leinwand, 480 × 360 cm, Toledo, San Tome; Heiliger Lucas Öl/Leinwand, 100 ×76 cm; Die Eröffnung Öl/Leinwand, 225 × 193 cm, New York, Metropolitan Museum of Art; Die Vertreibung Öl/Leinwand, 106 × 104 cm. Tintoretto (20–23): Das Abendmahl Öl/Leinwand, 538 × 487 cm, Venedig, Scuola Grande di San Rocco; Kampf des Erzengels Öl/Leinwand, 318 × 220 cm, Dresden, Gemäldegalerie Alte Meister; Auffindung des Leichnams Öl/Leinwand, 405 × 405 cm, Mailand, Pinacoteca di Brera; Das Markuswunder Öl/Leinwand, 416 × 544, Venedig, Galleria dell'Accademia. Jan van Eyck (28): Die Hochzeit, Öl/Holz, 82 × 60 cm, London, National Gallery. Rogier van der Weyden (29): Bildnis Öl/Holz, 36 × 27 cm.

Die hier ausgewählten Aufsätze wurden folgenden Publikationen entnommen:

Kunstgeschichte als Geistesgeschichte, München 1924; Geschichte der italienischen Kunst im Zeitalter der Renaissance, Akademische Vorlesungen, Bd. II, München 1928.

Um dem Leser den Überblick über die Beweisführung Dvořáks zu erleichtern, wurde auf die Wiedergabe der Fußnoten verzichtet, die aus den Bedürfnissen der Tagespolemik entstanden, Problemstellung und -lösung aber weder bereichern noch vertiefen.
Orthographie und Interpunktion wurden behutsam den heutigen Gepflogenheiten angepaßt.

Inhalt

Dürers Apokalypse 5
Pieter Bruegel der Ältere 16
Über Greco und den Manierismus 59
Michelangelo 76
Der Spätstil Michelangelos 119
Tintoretto 137
Idealismus und Naturalismus in der gotischen Skulptur und Malerei
Einleitung 160
I. Idealistische Grundlagen 168
Idealismus und Naturalismus in der Gotik 208
II. Das neue Verhältnis zur Natur 214
III. Das neue Verhältnis zur Kunst 230
Katakombenmalereien. Die Anfänge der christlichen Kunst . 269
Irma Emmrich. Max Dvořák und die Wiener Schule der Kunstgeschichte 311
Zu den Abbildungen und Texten 359